"十三五"职业教育系列教材

DIANLI XITONG

电力系统

（第二版）

主编　杜文学

编写　辛　华　蔡　雯　李依凡

主审　杜正春　张　明

中国电力出版社
CHINA ELECTRIC POWER PRESS

U0657962

内 容 提 要

本书为"十三五"职业教育系列教材、普通高等教育"十一五"国家级规划教材（高职高专教育）。

全书共分十四章，内容包括电力系统基本知识、电网的参数及等值电路、简单电力系统的潮流计算、复杂电力系统的潮流计算、电力系统的有功功率平衡及频率调整、电力系统的无功功率平衡和电压调整、电力系统三相短路分析、电力系统三相短路电流的实用计算、对称分量法及电力系统各元件的序阻抗和等值电路、不对称故障的分析和计算、电力系统稳定性问题概述、电力系统静态稳定性、电力系统暂态稳定性及交流远距离输电。全书力求结合生产实际，并充分反映了电力系统的最新发展成果。在各章后还附有小结和习题，以便于学习和掌握。

本书可作为高职高专院校电力技术类专业的教材，也可作为从事相关工作的工程技术人员参考用书。

图书在版编目（CIP）数据

电力系统/杜文学主编. —2 版. —北京：中国电力出版社，2017.7（2023.6重印）

"十三五"职业教育规划教材

ISBN 978 - 7 - 5198 - 0419 - 0

Ⅰ.①电…　Ⅱ.①杜…　Ⅲ.①电力系统－职业教育－教材　Ⅳ.①TM7

中国版本图书馆 CIP 数据核字（2017）第 031831 号

出版发行：中国电力出版社

地　　址：北京市东城区北京站西街 19 号（邮政编码 100005）

网　　址：http://www.cepp.sgcc.com.cn

责任编辑：乔　莉　（010 - 63412535）

责任校对：李　楠

装帧设计：张　娟

责任印制：钱兴根

印　　刷：望都天宇星书刊印刷有限公司

版　　次：2007 年 4 月第一版　2017 年 7 月第二版

印　　次：2023 年 6 月北京第二十次印刷

开　　本：787 毫米×1092 毫米　16 开本

印　　张：18.75

字　　数：453 千字

定　　价：39.00 元

前　言

随着国民经济快速稳定增长，电力系统面临前所未有的发展机遇。大机组电厂和超高压乃至特高压电网的不断建设，使得电力系统间的联系越来越紧密，容量也越来越大。为了尽力反映电力系统的技术进步和大机组、超高压以及特高压电网的特点，并能适应职业学校应用性、实用性及针对性的教学要求，根据电力系统分析课程教学大纲的要求，组织编写了这本反映现代电力系统现状和最新成果的《电力系统》教材。

全书共分十四章。其中前十三章包括了电力系统稳态分析和暂态分析两部分内容，为电力系统课程的基本内容。第十四章交流远距离输电为扩展内容，以达到开阔学生视野、拓展知识面的目的，视教学需要可适当增删。

本书的第八、十一、十二章由辛华编写，第九章第一节部分内容由蔡雯编写，其余各章节由杜文学编写。本书由杜文学担任主编，并对全书进行了统稿工作。

全书由西安交通大学博士生导师杜正春教授和西安电力高等专科学校张明教授主审，并对全书提出了许多宝贵意见，在此表示衷心的感谢。

限于编者水平和经验，书中错误和不足之处在所难免，恳请读者评改指正。

编　者

2017 年 5 月

目　录

第一章 电力系统基本知识

第一节 电力系统的组成及特点

一、电力工业的发展现状

能源是社会生产力的基础。随着社会生产力的不断发展，人类使用的能源不仅在数量上越来越大，而且在品种和结构上也越来越多样化。其中煤炭、石油、天然气、水能、核能、风能、地热和潮汐等自然界直接提供的能源，称为一次能源；人们日常生产和生活中广泛使用的电能称为二次能源。电能是由一次能源转换而来的，通常将一次能源转换成二次能源的产业称为电力工业。

由于电能具有输送、分配、转换、控制及使用方便等诸多优点，在现代社会中，电能已经成为工业、农业、交通和国防等各行各业不可缺少的动力和人民生活的必需品。世界各国的发展表明，国民经济每增长1%，电力工业要相应增长1.3%～1.5%才能为国民经济快速稳定增长提供足够的动力。因此，电力工业是国民经济发展的基础产业，没有电力工业的先行，就没有国民经济的快速稳定增长。

我国电力工业发展速度很快，尤其是近10年来，全国发电装机容量和发电量翻了一番多。截至2015年底，全国装机容量达到149 000万kW，年均增长约10%；发电量达到56 184亿kWh，年均增长约8.43%。自2013年以来，我国装机容量和发电量已稳居世界第一。表1-1所列为我国2015～2050年发电装机容量构成预测。为了节约能源和减少大气污染，燃煤火电机组装机占比将逐步下降，而对应的核电、风电和太阳能发电装机占比将大幅度提高。

表1-1　　　　　　2015～2050年发电装机容量构成预测表（万kW）

年份	2015	2020	2050
总装机容量	149 000	200 000	380 000
火电（煤电）	101 150（95 550）	124 650（116 650）	154 700（132 700）
气电	5600	8000	22 000
水电	29 000	42 000	47 000
核电	4000	5800	34 000
风电	10 400	20 000	80 000
太阳能	2100	5000	60 000
其他	2350	2550	4300
火电占比	67.9%	62.3%	40.7%
煤电占比	64.1%	58.3%	34.9%

与电源建设相对应的电网建设和发展也有了质的飞跃。我国在原500kV（西北330kV）主网架基础上，西北地区已经建成750kV电压等级的主网架，连接陕甘青宁新五省区。自

2009 年 1 月首条 1000kV，全长 653.8km 的晋东南－南阳－荆门特高压线路投运以来，截至 2015 年底，已基本建成图 1-1 所示的三纵三横 1000kV 特高压电网网架，形成三华（华北、华中、华东）电网、西北电网和东北电网三大同步电网。原 500kV（西北 330kV）电网则降为各省的主干电网。除上述交流输变电工程外，我国还建成了四川向家坝到上海、贵州锦屏到苏南、哈密到郑州、云南到广东、普洱到江门的 ±800kV 特高压直流输电工程。基本将我国西部的能源基地与东部负荷中心紧密联系起来，形成交直流并存的特高压混合电网。

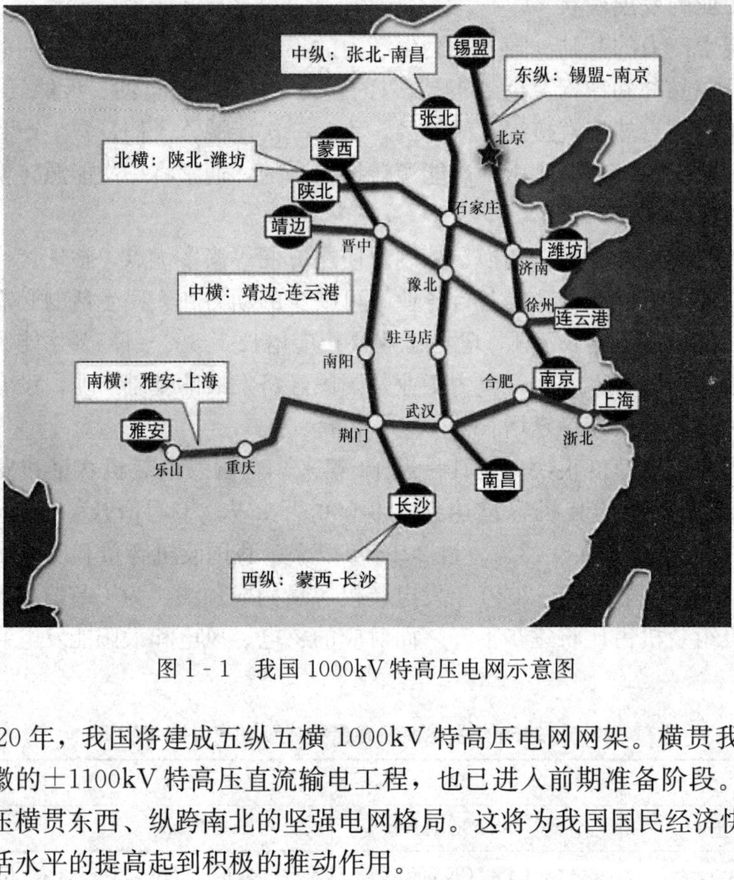

图 1-1　我国 1000kV 特高压电网示意图

预计到 2020 年，我国将建成五纵五横 1000kV 特高压电网网架。横贯我国东西六省的新疆准东到安徽的 ±1100kV 特高压直流输电工程，也已进入前期准备阶段。届时我国将形成交直流特高压横贯东西、纵跨南北的坚强电网格局。这将为我国国民经济快速和可持续发展以及人民生活水平的提高起到积极的推动作用。

二、电力系统的组成

在自然界中，发电所需的一次能源和电能客户通常不在同一地方。水能资源集中在水流落差比较大的偏远山区，煤炭和石油资源集中在矿区，而电能客户一般都集中在大、中城市和负荷集中的大工业区，与一次能源产地相距甚远。虽然火力发电厂也可以建设在负荷中心附近，但高昂的燃料运输成本和严重的环境污染是人们无法接受的。因此，必须建设升压变电站和输电线路，将地处偏远地区的水力发电厂和位于矿区的大型火力发电厂并列起来，通过输电线路将各类发电厂发出的电能输送到负荷中心来，再经过降压变电站降压和配电网配送和分配，最后将电能提供给广大客户。

为了提高供电的可靠性和经济性，通常将发电厂和客户之间通过升、降压变电站和输配电线路联系起来，如图 1-2 所示。由发电厂中的电气部分、各类变电站及输电、配电线路及各种类型的用电设备组成的统一整体称为电力系统。电力系统中各种类型的变电站及输配电线路组成的统一体，称为电网。如果将各种类型发电厂的源动力部分，如水电厂的水库和水轮机、火力发电厂的锅炉和汽轮机、核电厂的核岛（反应堆）及汽轮机等考虑进去，它们与电力系统所组成的统一整体，称为动力系统。

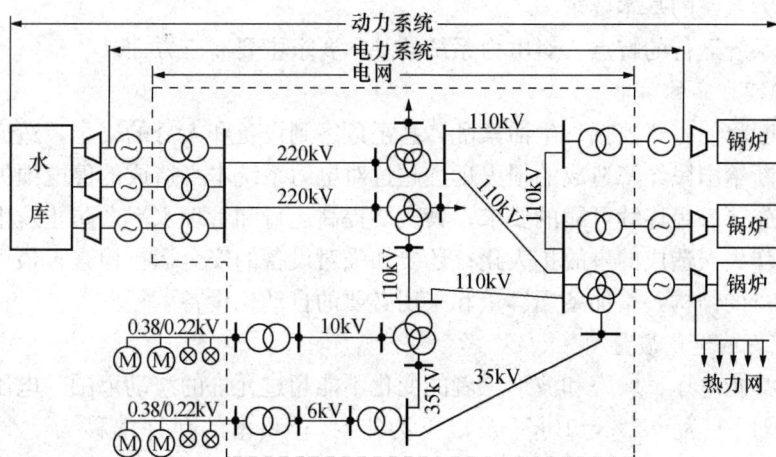

图1-2 动力系统、电力系统及电网示意图

三、电力系统的特点

在电力系统短短的100多年发展历史中，电力系统从早期的直流到后来的交流，再到现代的交直流并存，其规模越来越大，输电距离也越来越远，已经出现了大型的跨国、跨区域联合电力系统。将小系统联合成大系统具有下列几方面明显的优点：

（1）提高了供电可靠性；

（2）提高了供电的电能质量；

（3）可以减少系统的备用容量，提高设备利用率；

（4）便于安装大机组，且机组容量越大，技术经济效益越好；

（5）可以合理利用动力资源，提高了系统运行的经济性。

虽然联合电力系统具有上述优点，但是随着系统容量的不断扩大，故障影响和波及的范围也在扩大，系统的短路容量也在扩大，对电气设备开断短路电流的能力也提出了更高的要求，这也正是联合电力系统的缺点。

电力系统运行的特点，概括起来有以下几方面。

1. 发供用电的同时性

现阶段电能尚不能大量地、廉价地储存，发电、变电、输电、配电及用电几乎同时完成，其中任一环节出现故障，都必将影响电力系统的运行。因此，必须努力提高各环节的可靠性，以保证电力系统的安全、经济、连续、可靠运行和对客户的不间断供电。

2. 与国民经济各部门关系密切

电力工业与国民经济及人民生活息息相关，是国民经济发展的动力和基础，是人们生活的必需品，电力供应的中断或不足，将直接影响到社会生产、人民生活和国民经济的方方面面。

3. 过渡过程的短暂性

电力系统中发电机、变压器、线路等元件的投入和切除要求非常迅速，由此而引起的系统电磁、机电暂态过程是非常短暂的。因此，在正常和故障情况下电力系统所进行的调整和切换操作要非常迅速，必须依赖自动化程度高和动作可靠的继电保护设备及自动装置来完成，同时还需要大量、高素质的专门人才来加以控制。

四、对电力系统的基本要求

根据电力系统运行的特点，对电力系统的基本要求主要有三方面。

1. 保证连续可靠的供电

供电的中断将使生产停顿、生活紊乱，甚至危害到设备和人身的安全，造成十分严重的后果。供电中断给国民经济造成的损失远远超过对电力系统本身造成的停电损失。因此，电力系统运行首先要满足连续可靠的要求；其次要提高运行和管理水平，防止发生误操作和不必要的人为操作失误造成的事故扩大化；还要加强对设备的安全运行检查；最后要加强和完善电力系统本身的结构，增加备用容量和采用必要的自动化设备。

2. 保证良好的电能质量

电能质量是指电压、频率和波形三者的变化不能超过允许的波动范围。电压的允许波动范围：35kV 及以上为 ±5%，10kV 及以下为 ±7%；频率的允许偏移为 50Hz±（0.2～0.5）Hz（小系统为 ±0.5Hz，大系统为 ±0.2Hz）；波形应为标准正弦波且谐波不应超过标准。电压质量合格，用电设备正常工作时具有最佳的技术经济效果；相反，电能质量不合格，不仅对用电设备运行产生影响，对电力系统本身也有危害。

3. 保证电力系统运行的经济性

电力系统运行时，要尽可能地降低发电、变电和输配电过程中的损耗，最大限度地降低电能成本。这不仅意味着大量地节约了能量资源，而且也降低了各用电部门的生产成本，使国民经济整体受益。

第二节　电力系统的额定电压和接线方式

一、额定电压等级

为了使电气设备的生产实现标准化、系列化，使各元件能够合理配套，电力系统中发电机、变压器、线路及各种电气设备等，都是按照规定的额定电压进行设计制造的。电气设备在额定电压下运行时，其技术和经济性能最佳。

在电力系统中，从输送电能的角度来看，三相交流输电线路传输的有功功率为

$$P = \sqrt{3}UI\cos\varphi \tag{1-1}$$

式中　U——三相线电压，kV；

　　　I——线路电流，kA；

　　　P——传输的有功功率，MW；

　　　φ——功率因数角。

三相导线中的损耗可表示为

$$\Delta P = 3I^2 R_{\mathrm{ph}} = 3\left(\frac{P}{\sqrt{3}U\cos\varphi}\right)^2 \rho\,\frac{l}{S} = \frac{P^2 \rho l}{U^2 \cos^2\varphi S} \tag{1-2}$$

式中　ΔP——三相线路的功率损耗，MW；

　　　R_{ph}——一相导线电阻，Ω；

　　　ρ——导线的电阻率，Ω·mm²/km；

l——输电线路长度，km；

S——导线截面积，mm^2。

由式（1-1）和式（1-2）可以看出，当输送功率一定时，线路的电压越高，导线中的电流就越小，所用导线的截面积就可以减小，对应的导线投资也减少，导线中的功率损耗和电能损耗也相应降低。因此大容量和远距离输电时要采用高电压等级。但是，电压越高，线路的绝缘水平也应相应提高，除对应的线路杆塔尺寸、输电走廊等应加大外，变压器和电气设备等的投资也需增大。因此，对电力系统电压等级的选择，过高或过低都不合理。对应一定的传输距离和传输功率，有一个最合理的线路电压值。但为了设备制造方便，电压值又不能任意设定，且电压等级规定得过多也不利于电力工业的发展。考虑到电力系统现有的实际情况和进一步发展的需要，国家制定了一系列标准（额定）电压等级。通常将 100V 以下的电压称为第一类额定电压，将 100～1000V 的电压称为第二类额定电压，1000V 以上的电压称为第三类额定电压。第二类和第三类额定电压见表 1-2 和表 1-3。电力线路的电压等级只能选用国家规定的额定电压等级。

表 1-2　　　　　　　　　1000V 以下（第二类）额定电压（V）

用电设备			发电机		变压器			
直流	三相交流		直流	三相交流	三相		单相	
	线电压	相电压			一次绕组	二次绕组	一次绕组	二次绕组
110	(127)		115	(133)	(127)	(133)	(127)	(133)
220	220	127	230	230	220	230	220	230
440	380	220	400	400	380	400	380	

表 1-3　　　　　　　　　3kV 级以上（第三类）额定电压（kV）

用电设备	线路平均额定电压	交流发电机	变压器	
			一次绕组	二次绕组
3	3.15	3.15	3 及 3.15	3.15 及 3.3
6	6.3	6.3	6 及 6.3	6.3 及 6.6
10	10.5	10.5	10 及 10.5	10.5 及 11
		13.8，15.75，18，20，24	13.8，15.75，18，20，24	
35	37		35	38.5
(60)	63		(60)	(66)
110	115		110	121
(154)	(162)		(154)	(169)
220	230		220	242
330	345		330	363
500	525		500	550
750	775		750	800
1000	1025		1000	1050

二、电气设备的额定电压

1. 用电设备的额定电压

用电设备的额定电压应和电网的额定电压相一致。但由于电能输送时，在线路和变压器等元件上会产生电压损失，使线路上各处的电压不相等，各点的实际电压偏离额定电压，即线路首端的电压将高出额定电压，末端将低于额定电压。其电压分布如图 1-3 所示。

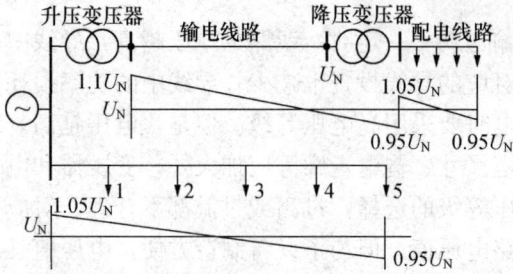

图 1-3　电网各元件额定电压示意图

为了使电气设备有良好的运行性能，国家标准规定各级电网电压在客户处的电压偏差不得超过 ±5%，即电力线路从首端至末端的电压损失允许为 10%。这样，无论图中的负荷（1~5）接在哪一点，都能保证其承受的电压不超过额定电压的 ±5%。

2. 发电机的额定电压

因为发电机总是接在线路的首端，所以它的额定电压应比电网的额定电压高 5%，用以补偿电网上的电压损失。

3. 变压器的额定电压

变压器具有发电机和用电设备的双重性质。在电力系统中，变压器的一次绕组相当于用电设备，接受电能；二次绕组输出电能则相当于发电机。因此规定变压器一次绕组的额定电压等于电网的额定电压，即 U_N。但是当变压器的一次绕组直接与发电机的出线端相连时，其一次绕组的额定电压与发电机的额定电压相同，即 $1.05U_N$。变压器二次绕组的额定电压是指变压器空载运行时的电压。当变压器在额定负荷下运行时，其内部阻抗会造成大约 5% 的电压损失。为使变压器在额定负载下工作时，二次绕组的电压比同级电网的额定电压高 5%，因此规定变压器二次绕组的额定电压应比同级电网的额定电压高 10%，即 $1.1U_N$。当变压器的二次侧输电距离较短或变压器的阻抗较小（一般为 35kV 及以下，阻抗电压小于 7.5%）时，则变压器二次绕组的额定电压可比同级电网的额定电压高 5%，即 $1.05U_N$。

必须指出，为了适应电力系统运行调节的需要，通常在变压器的高压绕组上设有一定数目的分接头（即抽头），以便根据变压器内部电压损耗的大小及电网的实际电压要求适当地加以调整。分接头用百分数表示，即分接头电压与主抽头电压的差值为主抽头电压的百分之几。对于同一电压等级的升压变压器和降压变压器，即使分接头百分值相同，分接头的额定电压也不同。图 1-4 所示为用线电压表示的 SSPL-63 000/220±2×2.5% 型变压器的抽头额定电压。对 +2.5% 的抽头，升压变压器为 $242kV \times 1.025 = 248.05kV$，降压变压器为

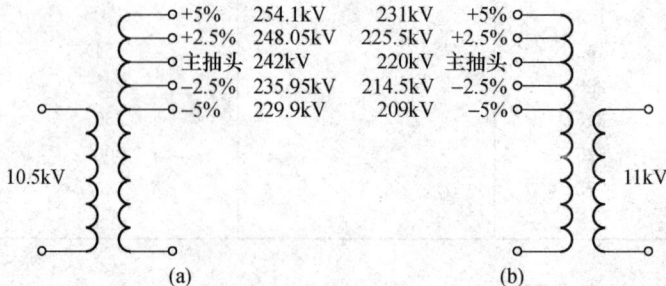

图 1-4　用线电压表示的变压器标准分接头
(a) 升压变压器；(b) 降压变压器

$220kV \times 1.025 = 225.5kV$。

【例1-1】 图1-5所示为一简单电力系统接线图，各线路的额定电压注明于图中。试求：

(1) 发电机 G 和变压器 T1、T2、T3 高、低压绕组的额定电压。

(2) 变压器 T1 工作于 +2.5% 抽头、T2 工作于主抽头、T3 工作于 −5% 抽头时的实际变比。

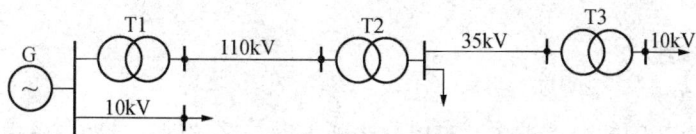

图1-5 ［例1-1］图

解 (1) 发电机与 10kV 线路相连接，故发电机 G 的额定电压为 10.5kV。

升压变压器 T1 的一次绕组直接与发电机连接，相当于负荷，额定电压为 10.5kV；T1 的二次绕组接 110kV 线路首端，额定电压应在线路额定电压的基础上提高 +10%，故为 121kV。

降压变压器 T2 的一次绕组与 110kV 线路连接，相当于负荷，额定电压为 110kV；T2 的二次绕组与 35kV 线路首端连接，相当于电源，其额定电压应在线路额定电压的基础上提高 +10%，故为 38.5kV。

降压变压器 T3 的一次绕组与 35kV 线路连接，额定电压为 35kV；T3 的二次绕组接 10kV 线路首端，但由于该变压器的阻抗电压小于 7.5%，故二次绕组额定电压应为 10.5kV。

(2) 变压器的实际变比。

T1：124.025/10.5kV；

T2：110/38.5kV；

T3：33.25/10.5kV。

三、电网中各级电压的经济输送容量

选择电网的电压时，应根据输送容量、输电距离及周围电网的额定电压情况，拟定几个方案，通过经济技术比较确定。如果两个方案的技术经济指标相近或较低电压等级的方案优点不太明显时，应采用电压等级较高的方案。表1-4所示为各级电压的经济输送功率与输送距离的关系，可供选择电压等级时参考。

电力工业发展的经验表明，电压等级不宜过多或过少，即相邻的两个电压等级的级差不宜过大或过小。级差过小，将导致电压等级过多，使电气设备制造部门的生产复杂化，即增加了设备成本，也增大了重复降压时的变电损耗。相反，过少的电压等级又会使电压等级的选择受到限制，不易达到合理配置。根据经验，额定电压的级差，在 110kV 及以下时以 3 倍左右为宜，110kV 以上时以 2 倍左右为宜。

表 1 - 4　　　　　　架空输电线路的额定电压与输送功率和输送距离的关系

线路电压（kV）	输送功率（MW）	输送距离（km）	线路电压（kV）	输送功率（MW）	输送距离（km）
0.38	0.1 以下	0.6 以下	110	10～50	50～150
3	0.1～1.0	1～3	220	100～500	100～300
6	0.1～1.2	4～15	330	200～800	200～600
10	0.2～2.0	6～20	500	1000～1500	250～850
35	2.0～10	20～50	750	2000～2500	500 以上

四、电网的接线

1. 电网的分类

电网按照供电范围和输送距离，可以分为地方网、区域网和远距离输电网三类。电压在 110kV 及以下的电网，由于电压较低、输送功率小、线路距离短，主要供地方负荷用电，称为地方网；电压在 110kV 以上的电网，其传输距离和传输功率都比较大，一般供电给大型区域性变电站，称为区域网；而对于供电距离在 300km 以上、电压在 330kV 及以上的电网，称为远距离输电网。

电网按照电压的高低可以分为低压网、中压网、高压网、超高压网和特高压网等几类。电压在 1kV 以下的电网称为低压网，低压网主要用于低压客户的配电，又称为低压配电网。电压在 1～20kV 的电网称为中压网，中压网作为城市和农村电网的主网，担负着向广大中小客户供电的任务，中压网又称为中压配电网。全国中压配电网以 10kV 为主，3kV 和 6kV 中压配电网已经趋于淘汰，20kV 目前仅限于局部地区使用。电压在 35～220kV 的电网称为高压网，高压网主要用于城市和农村电网配电，又称为高压配电网。高压配电网目前以 35～110kV 为主，35kV 主要用于农村电网，60kV 和 110kV 主要用于城市配电网；220kV 则主要用于特大型城市的高压配电网中。电压在 330～750kV 的电网通常称为超高压网，而将 750kV 以上电网称为特高压网，超高压网和特高压网主要用于跨区域、大功率、远距离输电。

2. 电网的接线图

电网的接线图分为电气接线图和地理接线图。电气接线图反映了系统中发电厂、变电站、负荷之间的电气联系。地理接线图按一定比例反映了发电厂、变电站、负荷的相对位置。无论哪一种接线图，一般都将三相用单线表示。

3. 电网的接线方式

为了满足电力系统运行的基本要求，电网接线应考虑以下几方面的问题：

（1）必须满足电力系统运行可靠性的要求，对于可靠性要求较高的客户，应保证当一个元件故障时，其余元件仍能继续供电。

（2）必须能灵活地适应各种可能的运行方式，保证在各种运行方式下供电的可靠性和良好的电能质量。

（3）力求节约所需要的设备及材料，减少设备费用和运行费用，使电网的建设和运行都比较经济。

按照上述要求，在实际电力系统中根据发电厂特点及各负荷性质和大小，电网采取多种接线方式。这些接线方式概括起来可以分为无备用接线和有备用接线两类。

（1）无备用接线。无备用接线又称为单电源接线，是指负荷只能从一个方向获得电能的接线方式。其主要包括放射形、干线形、树形等几种，如图 1-6 所示。

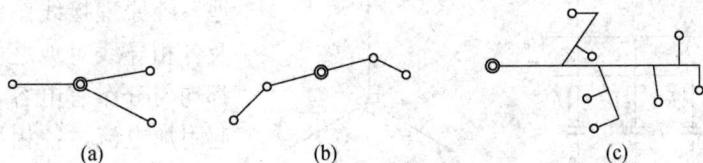

图 1-6 无备用接线

(a) 放射形；(b) 干线形；(c) 树形

这种接线的特点是简单、经济、运行方便，但供电的可靠性和灵活性差，线路故障或检修，就要中断供电。这种接线可用于城网对不太重要负荷的供电及农网中短时停电不会造成太大损失的客户供电。

(2) 有备用接线。有备用接线又称为"手拉手"接线，是指负荷可以从两个或两个以上方向获得电源的接线方式，如双回路放射形、干线形、链形及环形、两端（或多端）供电网以及它们的组合，如图 1-7 所示。在有备用接线中，双回路放射形、干线形、链形不常用，这些供电网的优点在于供电可靠性和电压质量较高，缺点是经济性较差。双回路放射型由于对每一负荷都采用双回路供电，使每一回路的负荷都不大，但为了防止电晕，不得不选用较大的导线截面积，从而造成有色金属的大量浪费。干线形和链形由于所需要的高压断路器数目较多，因而不经济。环形供电网供电可靠性较高，而且也比较经济，缺点是运行调度较复杂。两端供电网较为常见，但需要两个独立电源。实际系统中接线方式多种多样，所有接线方式均需要经过经济技术比较后才能确定。

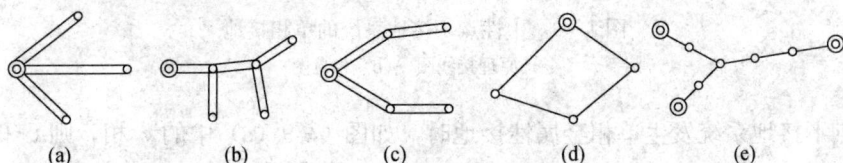

图 1-7 有备用接线

(a) 放射形；(b) 干线形；(c) 链形；(d) 环形供电网；(e) 多端供电网

电力系统中还常将无备用接线的电网和有备用接线的放射形、干线形、链形供电网称为开式电网，将两端（或多端）供电网及环形供电网称为闭式电网。

第三节 电力系统中性点接地方式

电力系统中性点是指接成星形的三相变压器绕组或发电机绕组的公共点。目前，我国电力系统中性点的接地方式可分为两大类：一类是有效接地系统，即中性点直接接地系统，包括中性点直接接地和中性点经小电抗接地系统；另一类是中性点非有效接地系统，即小电流接地系统，包括中性点不接地、中性点经消弧线圈接地以及中性点经电阻接地系统。

一、中性点不接地系统

中性点不接地系统中发电机或变压器绕组的中性点在电气上对地是绝缘的。中性点不接地系统又称为中性点绝缘系统。

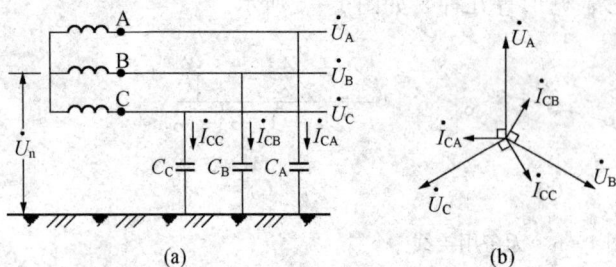

图 1 - 8　中性点不接地系统正常运行方式

（a）原理接线图；（b）相量图

图 1 - 8（a）所示为中性点不接地系统原理接线图。三相导线之间及各相导线对地之间，沿导线全长都均匀分布有电容，这些电容将引起附加电流。各相导线对地之间的分布电容，分别用集中的等效电容 C_A、C_B 和 C_C 代替。

设系统三相电压分别为 $\dot{U}_A$、$\dot{U}_B$ 和 $\dot{U}_C$，且三相对称，在三相电压作用下，三相对地电容电流分别为 $\dot{I}_{CA}$、$\dot{I}_{CB}$ 和 $\dot{I}_{CC}$，其相量关系如图 1 - 8（b）所示。由于三相对地分布电容基本相等，故三相对地电容电流也对称，地中没有电流，中性点电位 $\dot{U}_n$ 为零。

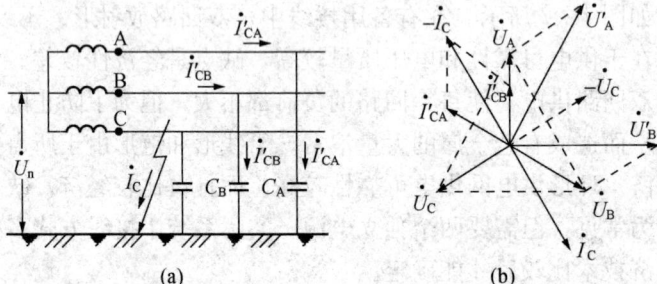

图 1 - 9　中性点不接地系统的单相接地

（a）原理接线图；（b）相量图

中性点不接地系统发生单相金属性接地时，如图 1 - 9（a）中的 C 相，则 C 相的对地电压变为零，即 $\dot{U}_C = 0$。此时中性点电压为 $\dot{U}_n = -\dot{U}_C$，即中性点对地电压由原来的零升高为相电压，其相量关系如图 1 - 9（b）所示。由相量关系可以看出，在单相接地后，非故障相（A、B 相）对地电压分别为

$$\dot{U}'_A = \dot{U}_A + \dot{U}_n = \dot{U}_A - \dot{U}_C = \sqrt{3}\dot{U}_C e^{-j150°} \tag{1-3}$$

$$\dot{U}'_B = \dot{U}_B + \dot{U}_n = \dot{U}_B - \dot{U}_C = \sqrt{3}\dot{U}_C e^{j150°} \tag{1-4}$$

式（1 - 3）和式（1 - 4）表明，中性点不接地系统发生单相接地时，非故障相电压升高了 $\sqrt{3}$ 倍，即非故障相对地电压升高为线电压。但此时三相线电压不变（仍然对称），故对电力系统的正常工作没有影响，系统仍可带故障运行一段时间（通常为 2h），可由运行人员排除故障。由于非故障相电压升高为线电压，就要求系统中的各种电气设备的绝缘必须按线电压设计。但在电压等级较高的系统中，绝缘费用比较高，降低绝缘水平带来的经济效益比较显著，因此一般不采用中性点不接地方式，只有在电压等级较低的系统中一般采用中性点不接地方式，以提高系统的供电可靠性。

由于单相接地后非故障相的电压升高了 $\sqrt{3}$ 倍，所以两相的对地电容电流也较正常时增大了 $\sqrt{3}$ 倍，即 $I'_{CA} = \sqrt{3}I_{CA}$、$I'_{CB} = \sqrt{3}I_{CB}$。由于 C 相接地，其对地电容被短接，所以 C 相的对

地电容电流变为零。则 A、B 两相的对地电容电流分别为

$$\left.\begin{array}{l} \dot{I}'_{CA} = j\omega C \times \sqrt{3}\dot{U}_{C}e^{-j150°} = \sqrt{3}\omega C\dot{U}_{C}e^{-j60°} \\ \dot{I}'_{CB} = j\omega C \times \sqrt{3}\dot{U}_{C}e^{j150°} = \sqrt{3}\omega C\dot{U}_{C}e^{-j120°} \end{array}\right\} \tag{1-5}$$

但经过 C 相接地点流进地中的电流（即接地电流）不再为零，其值为

$$\dot{I}_{C} = -(\dot{I}'_{CA} + \dot{I}'_{CB}) = -\sqrt{3}\omega C\dot{U}_{C}(e^{-j60°} + e^{-j120°}) = j3\omega C\dot{U}_{C} \tag{1-6}$$

式 (1-6) 表明，中性点不接地系统发生单相接地故障时，接地点处的接地电流为一容性电流，其值为正常时一相电容电流的 3 倍。若接地点的电流不大，则接地点处的电弧通常可以自行熄灭。系统的运行经验表明，10kV 及以下电网的接地电流不超过 30A，35kV 等级电网接地电流不超过 10A，接地电弧通常可以自行熄灭。当 10kV 电网接地电流超过 30A，35kV 电网接地电流超过 10A 时，可能在接地点处产生间歇性电弧或稳定燃烧的电弧。在间歇性电弧的作用下，网络中的电感和电容可能产生振荡，造成电弧过电压，其幅值可达 2.5~3.5 倍的相电压值，在网络绝缘薄弱点可能发生击穿，从而造成两相两点，甚至多点接地故障。因此，当 3~10kV 电网电容电流大于 30A，或 35kV 系统电容电流大于 10A 时，应采用中性点经消弧线圈接地或经电阻接地方式。

二、中性点经消弧线圈接地

消弧线圈实质上是一个铁芯具有空气间隙的电感线圈，线圈的电阻很小，电抗很大，且具有很好的线性特性，电抗值可用改变线圈的匝数来调节。它装在系统中发电机和变压器的中性点与地之间，其接线如图 1-10 (a) 所示。

正常工作时，由于三相对称，中性点电位等于地电位，即 $\dot{U}_{n} = 0$，消弧线圈中没有电流流过。当发生单相接地时，中性点电压升高为相电压，消弧线圈中将有感性电流通过，其电流值 $\dot{I}_{L}$ 为

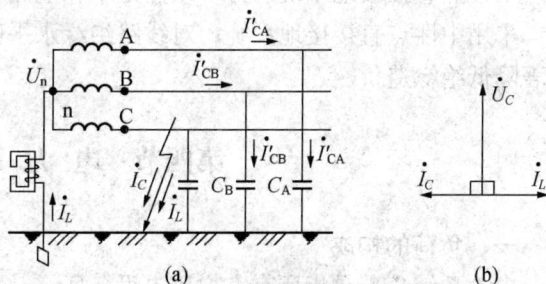

图 1-10 中性点经消弧线圈接地系统的单相接地
(a) 接线图；(b) 相量图

$$\dot{I}_{L} = -\frac{\dot{U}_{n}}{j\omega L} = \frac{\dot{U}_{C}}{j\omega L} \tag{1-7}$$

该电流与其他两相非故障相的容性电流同时流过接地点，其相量关系如图 1-10 (b) 所示。此时的接地电流为

$$\dot{I}_{k} = \dot{I}_{C} + \dot{I}_{L} = j\left(3\omega C - \frac{1}{\omega L}\right)\dot{U}_{C} \tag{1-8}$$

因容性电流与感性电流方向相反，故接地电流 $\dot{I}_{k}$ 减小。由于电感电流对电容电流进行了有效补偿，接地电流减小，电弧将自行熄灭，消弧线圈也正是由此而得名。

若选择电感 L 使其满足 $3\omega C - 1/\omega L = 0$，则 $\dot{I}_{k} = 0$。这种情况称为全补偿。在实际系统中不采用全补偿，因为此时电感和电容正好构成串联谐振关系，将会在系统中引起很高的谐振过电压。当 $\dot{I}_{L} < \dot{I}_{C}$ 时，称为欠补偿，这种补偿会由于运行方式的改变或部分线路退出运行后，电容电流减小而使网络接近或变为全补偿，故实际系统中也很少采用。当 $\dot{I}_{L} > \dot{I}_{C}$

时，称为过补偿，过补偿不会出现上述问题，故在系统中得到了广泛的应用。但需注意，采用过补偿时，接地电流的残余量不能过大，否则将造成因残余电流过大而使电弧不能自行熄灭的问题。

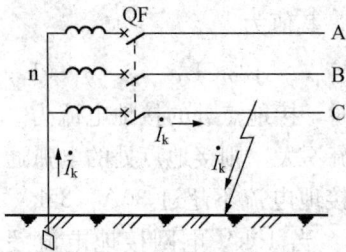

图 1 - 11　中性点直接接地系统

三、中性点直接接地系统

中性点不接地系统在发生单相接地故障时，相间电压不变，依然对称，系统可继续运行 2h，所以供电可靠性高，但非故障相电压升高 $\sqrt{3}$ 倍，显然不适于高压电网中。因而我国在 110kV 及以上系统中广泛采用中性点直接接地方式，如图 1 - 11 所示。

中性点直接接地系统将变压器中性点与大地直接连接，强迫中性点保持地电位，正常运行时，中性点无电流流过，单相接地时构成单相短路，接地回路通过单相短路电流，各相之间电压不再对称，为了防止大的短路电流损坏设备，必须迅速切除接地相甚至三相，因而供电可靠性较低。为了提高系统供电可靠性，可采用装设自动重合闸装置等措施。

中性点直接接地系统的另一缺点是单相短路对邻近通信线路有电磁干扰。

采用中性点直接接地系统，对线路绝缘水平的要求较低，可按相电压设计绝缘，因而能显著降低绝缘造价。

第四节　电 力 系 统 负 荷

一、负荷的构成

电力系统负荷是指所有客户用电设备所需功率的总和。这些设备包括异步电动机、同步电动机、电热器、电炉、照明和整流设备等。对于不同的行业，这些设备的构成比例不同，在工业部门用电设备中异步电动机所占比例最大。所有客户消耗功率之和称为电力系统综合用电负荷。综合用电负荷加上传输和分配过程中的网络损耗（简称网损）称为电力系统的供电负荷，即发电厂应供出的功率。供电负荷加上各发电厂本身消耗的厂用电功率即为发电机应发出的功率，称为电力系统的发电负荷。它们之间的关系如图 1 - 12 所示。

图 1 - 12　电力系统负荷间的关系

二、负荷曲线

在进行电力系统的分析和计算及调度部门决定开停机等，必须知道负荷的大小。由于电力系统的负荷是随时间变化的，因此电力系统中的功率分布、功率损耗及电压损耗等都是随负荷变化而变化的。所以在分析和计算电力系统的运行状态时，必须了解负荷随时间变化的规律。

客户的用电规律通常以负荷曲线表示。根据运行中的测量记录可以作出以往的负荷曲线。但由于负荷的变化是随机的，很难确切地预知未来负荷的变化规律，因此往往采用负荷预测的方法，即由系统调度中心制定运行方式的人员根据以往的运行资料加之科学的计算方法，编制出未来负荷变化的曲线，进而制定出发电计划。负荷预测是目前十分重要而又未完全解决的一项研究课题。

电力系统中的负荷曲线通常有三种。

1. 日负荷曲线

日负荷曲线反映负荷在一天 24h 内随时间变化的规律。不同地区、不同负荷的日负荷曲线是不同的。典型的日负荷曲线如图 1 - 13 所示。图中一天之内最大的负荷称为日最大负荷 P_{max}，也称为尖峰负荷；最小的负荷称为日最小负荷 P_{min}，也称为低谷负荷；最小负荷以下的部分称为基本负荷，简称基荷，显然基荷是不随时间变化的。

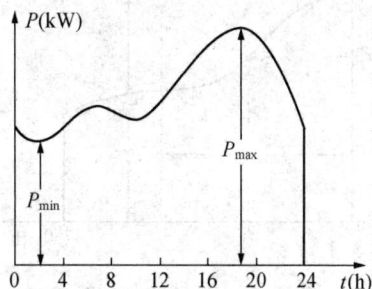

图 1 - 13 日负荷曲线

日负荷曲线除了表示负荷随时间变化的规律外，还可以反映客户消耗电能的多少。由于某一时间 Δt 内客户所消耗的电能 ΔA 等于该客户的有功功率 P 乘以 Δt。因此，在一天内客户所消耗的总电能为

$$A = \int_0^{24} P(t)\mathrm{d}t \tag{1 - 9}$$

很明显，客户一天中消耗的电能即为日负荷曲线下面所包围的面积。如有功功率 P 的单位取 kW，时间 t 的单位取 h，则电能 A 的单位是 kWh（千瓦小时）。

全天的平均负荷为

$$P_{av} = \frac{A}{24} = \frac{\int_0^{24} P(t)\mathrm{d}t}{24} \tag{1 - 10}$$

为了反映负荷曲线的起伏状况，系统中常用到负荷率 K_P 的概念，其定义式为

$$K_P = \frac{P_{av}}{P_{max}} \tag{1 - 11}$$

K_P 值大则表示日负荷曲线平坦，即每天的负荷变化小，这是系统运行所需要的，可以避免频繁地开停机，提高系统运行的经济性。K_P 值小则表示负荷曲线起伏大，发电机的利用率较差。

日负荷曲线是安排日发电计划，确定各发电厂发电任务以及确定系统运行方式等的重要依据。

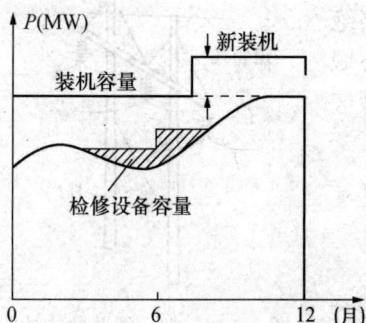

图 1 - 14 年最大负荷曲线

2. 年最大负荷曲线

在电力系统的运行和设计中，不仅要知道一天 24h 负荷变化的规律，而且要知道一年之内负荷的变化情况，经常用到的是年最大负荷曲线。将每天（或每月）的最大负荷纪录按年绘制成曲线，称为年最大负荷曲线，如图 1 - 14 所示。这种负荷曲线主要用来指导制定发电设备检修计划和制定新建、扩建电厂的规划等。

为了确保系统中因有机组检修或个别机组突然发生故障退出运行时不减少对客户的供电，系统中的装机容量应大于系统最大负荷，大于部分称为备用容量。图 1 - 14 中斜线部分为系统检修机组时间，显然，检修机组应安排在负荷最小的时间；而且随负

荷的增加应当不断装设新的发电设备。

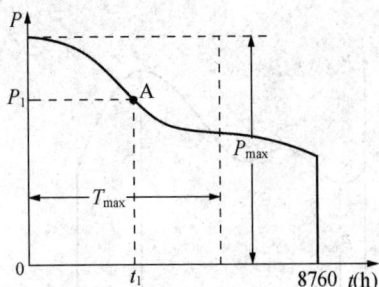

图 1 - 15　年持续负荷曲线

3. 年持续负荷曲线

在电力系统的分析和计算中，还经常用到年持续负荷曲线，如图 1 - 15 所示。它是将年最大负荷按照累计时间由大到小重新排列而得到的曲线，如曲线中的 A 点反映了在一年内负荷数值超过 P_1 的累计持续时间为 t_1。根据年持续负荷曲线可以计算全年负荷所消耗的电能 A，即

$$A = \int_0^{8760} P(t)\mathrm{d}t \qquad (1 - 12)$$

它等于年持续负荷曲线下面包围的面积。

将负荷全年取用的电能与一年中的最大负荷相比，得到的时间 $T_{\max}$，称为年最大负荷利用时间，即

$$T_{\max} = \frac{A}{P_{\max}} = \frac{\int_0^{8760} P(t)\mathrm{d}t}{P_{\max}} \qquad (1 - 13)$$

$T_{\max}$ 的物理意义是负荷以最大功率 $P_{\max}$ 连续运行 $T_{\max}$ 时间所消耗的电能 A 与负荷以实际功率运行一年所消耗的电能相等。$T_{\max}$ 的大小，在一定程度上反映了实际负荷在一年中变化的大小。$T_{\max}$ 值较大，则负荷曲线比较平坦；$T_{\max}$ 值较小，则负荷曲线随时间的变化较大。它在一定程度上反映了负荷用电的特点。电力系统长期运行的经验表明，各种不同类型的负荷，其 $T_{\max}$ 大体上在一定的范围内。因此，若已知各类客户的性质，则可得到 $T_{\max}$，进而由 $A = T_{\max} P_{\max}$ 可以估算出负荷全年的用电量。

第五节　电力线路结构

电力线路按结构可分为架空线路和电缆线路两大类。架空线路的构成如图 1 - 16 所示。其导线及避雷线等架设在露天的杆塔上。一般电缆线路的电缆直接埋设在地下或敷设在电缆沟道中，如图 1 - 17 所示。

由于架空线路的建设费用比电缆线路低得多，且架空线路具有施工周期短、检修维护方便等优点，因此输、配电线路绝大多数采用架空线路。只有在负荷密度大、人口稠密的中心城市的繁华地段，发电厂和变电站内部或附近，以及严重污秽区不宜采用架空线路时，才采用电缆线路。

架空线路主要由杆塔、绝缘子、导线、避雷线、横担及金具等构成。它们的主要作用分别如下所述：

（1）导线用来传输电流、输送电能；

（2）避雷线用来把雷电流引入大地，保护线路绝缘，使其免遭大气过电压的破坏；

（3）杆塔用来支持导线和避雷线，并使带电体之间、带电体与接地体之间保持必要的安全距离；

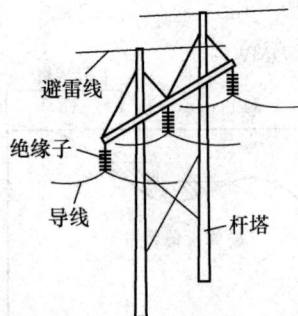

图 1 - 16　架空线路的构成

（4）绝缘子用来使导线与杆塔之间保持绝缘。它应能承受线路最高运行电压和各种过电压，而不致击穿；

（5）金具是用来固定、悬挂、连接和保护以上各主要元件的金属件。

电缆线路的电缆主要由导体（线芯）、绝缘层、包护层等构成，其结构如图 1 - 18 和图 1 - 19 所示。它们的主要作用是：导电线芯用来传输电能；绝缘层用来使线芯与线芯、线芯与保护层间互相隔离，并要求绝缘性能和耐热性能良好；包护层用来保护绝缘层，使电缆在运输、储存、敷设和运行时，绝缘层不受外力损伤和防止水分浸入。在油浸纸绝缘电缆中，包护层还具有防止绝缘油外流的作用。

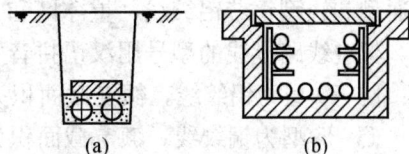

图 1 - 17　电缆敷设
（a）地中直埋电缆；（b）沟道敷设电缆

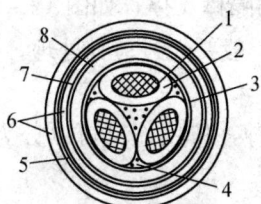

图 1 - 18　三芯统包型电缆

1—导体；2—芯绝缘；3—统包绝缘；
4—填料；5—铅包；6—沥青防腐层；
7—沥青黄麻层；8—铠装层

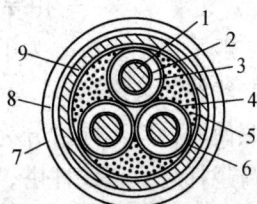

图 1 - 19　分相屏蔽电缆结构示意图

1—线芯；2—线芯屏蔽；3—绝缘层；4—打孔
金属带屏蔽；5—填充材料；6—扎紧带；
7—金属护套；8—铠装层；9—外被层

一、架空线路的导线及避雷线

架空线路的导线及避雷线暴露在大气之中，不仅受到风吹、覆冰和气温变化等的影响较大，而且承受的张力也很大，同时还受到空气及各种有害物质的侵蚀。因此，对导线及避雷线的要求是具有良好的导电性能、必要的机械强度和抗腐蚀性能，且制造工艺简单、质量轻、价格低廉。

导线的材料主要是铜、铝、钢等。铜是理想的导线材料，但由于铜的用途广、价格高，只在负荷较大的配电线路上使用。铝的导电率仅次于铜，但成本比铜低得多，所以目前导线多采用铝材料；为了提高铝导线的强度，铝中加少量的镁、硅等元素，可制成强度较高的铝合金绞线。钢的导电率较差，但由于其强度高且价格低廉，故避雷线一般采用钢绞线。导线及避雷线的截面如图 1 - 20 所示。

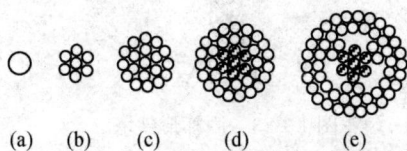

图 1 - 20　导线及避雷线的截面图
（a）单股线；（b）、（c）单金属多股绞线；
（d）钢芯铝绞线；（e）扩径钢芯铝绞线

为了充分利用铝和钢的优点，将两者结合制成钢芯铝绞线，其截面如图 1 - 20（c）所示。由于交流电的集肤效应，外部的铝在导电方面的优点得到了充分利用，而钢芯仅承受机械张力。钢芯铝绞线被广泛应用于 35kV 及以上的线路上。

钢芯铝绞线按铝、钢截面比的不同，又分为普通型、轻型和加强型三种。一般地区的架空线路常采用普通型和轻型钢芯铝绞线，重冰区和大跨越档距的架空线路应采用加强型钢芯铝绞线。

架空线路导线的型号用汉语拼音字母表示，举例如下：

LJ-70 型为铝绞线，额定截面积为 $70mm^2$；

TJ-35 型为铜绞线，额定截面积为 $35mm^2$；

GJ-25 型为钢绞线，额定截面积为 $25mm^2$；

LGJ-240 型为钢芯铝绞线，铝线部分额定截面积为 $240mm^2$。

根据需要，钢芯铝绞线铝线部分截面相同时，可以有数种不同的钢芯截面积，如轻型钢芯铝绞线（LGJQ）和加强型钢芯铝绞线（LGJJ）等。

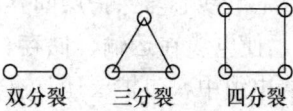

双分裂　三分裂　四分裂

图 1 - 21　分裂导线

为了防止电晕并减小线路感抗，220kV 及以上电压等级的线路多采用扩径或分裂导线。扩径导线结构如图 1 - 20（e）所示。分裂导线多用 2～4 根钢芯铝线作为次导线（或称子导线）组成一相导线，次导线之间用金属间隔棒支撑，如图 1 - 21 所示。

避雷线一般采用钢绞线。为了防止导线腐蚀，钢绞线一般要经过镀锌处理。

二、架空线路的杆塔

杆塔按照使用材料不同可分为木杆、水泥杆和铁塔三种，按用途又可以分为终端杆塔、转角杆塔、跨越杆塔、直线杆塔、耐张杆塔和换位杆塔等。

直线杆塔包括直线水泥杆塔和直线铁塔等，直线水泥杆塔通常用于线路的直线走向段内，一般采用离心浇铸而成，锥形结构，长度可达 18m，可单根使用，也可双杆组成门形结构，如图 1 - 22 所示。酒杯形铁塔（见图 1 - 23）、拉 V 塔、猫头铁塔等，由于和直线铁塔的作用基本类似，主要起支撑导线作用，不承受导线张力，因而也将其视作直线塔。直线杆塔的数量约占杆塔总数的 80％以上。终端杆塔位于线路的首、末端。转角杆塔设于线路转角处，线路转向内角的补角称为转角，如图1 - 24（a）所示。跨越杆塔位于线路跨越河流、山谷、铁路、公路等地方，其高度较一般杆塔高。在线路较长时，一般每隔 3～5km 还需设一基耐张杆塔，以便承受导线及避雷线顺线路方向的水平张力，所以耐张杆塔又称为承力杆塔，如图 1 - 24（b）所示。换位杆塔是 110kV 及以上的架空线路为使三相导线在空间进行换位所使用的特种杆塔。

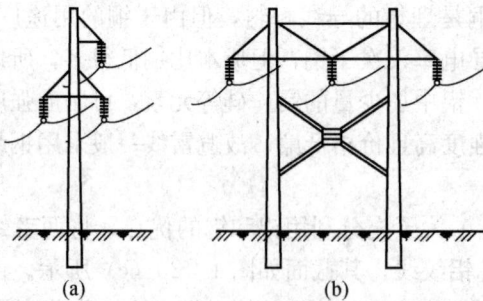

(a)　　　　　　　　　　(b)

图 1 - 22　直线水泥杆塔
(a) 单杆；(b) 门形杆

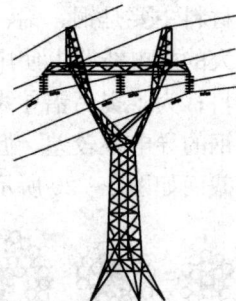

图 1 - 23　酒杯形铁塔

由于三相导线在杆塔上的布置，均不能保证其线间距离和对地距离相等，这样当电能传输一段距离后，将出现三相电气参数不平衡的情况。为此，有关规程规定在中性点直接接地

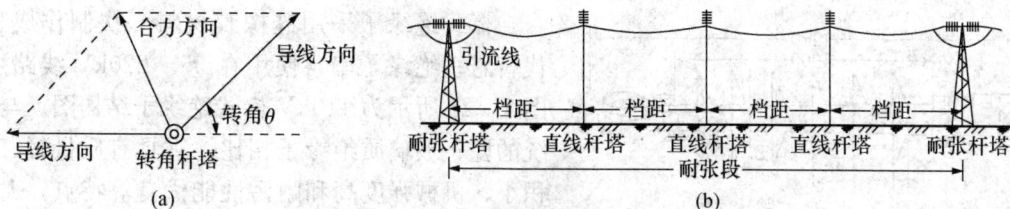

图1-24 直线、耐张、转角杆塔示意图

（a）线路转角；（b）一个耐张段示意图

的电网中，长度超过100km的线路，需要在线路上每隔一定距离，轮流变换三相导线在空间的排列位置（即换位），以使三相电气参数对称。

经过换位的线路，其各相导线在空间每一位置和相等者之间的换位称为完全换位。进行一次完全换位称为一个换位循环。规程规定："换位循环长度不宜大于200km"。图1-25所示为换位循环示意图。

常用的换位杆塔有直线换位杆塔和耐张换位杆塔两种，如图1-26所示。

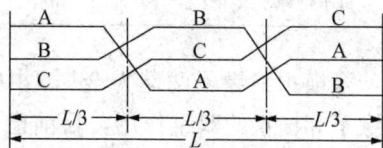

图1-25 换位循环示意图

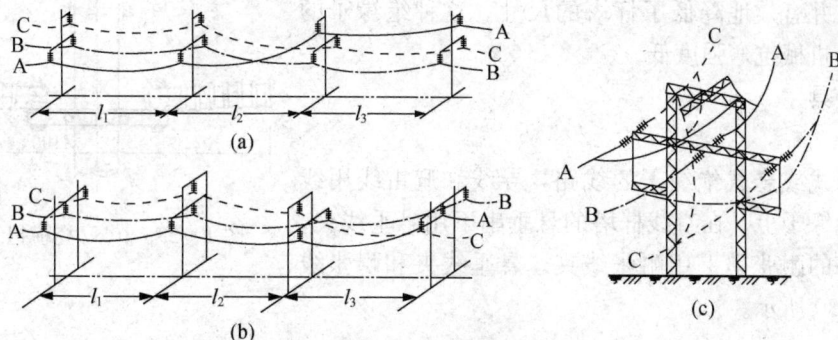

图1-26 换位杆塔

（a）单柱直线换位杆塔；（b）门形直线换位杆塔；（c）耐张换位杆塔

三、绝缘子

架空线路的绝缘子分针式、悬式、棒式及瓷横担绝缘子等几种。

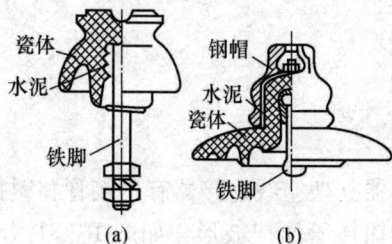

图1-27 针式和悬式绝缘子

（a）针式绝缘子；（b）悬式绝缘子

针式绝缘子用在35kV及以下的线路上，其外形如图1-27（a）所示。悬式绝缘子用在35kV及以上的线路上，其外形如图1-27（b）所示。悬式绝缘子在直线杆塔上组成悬垂串，在耐张杆塔上组成耐张串。悬式绝缘子的型号为X-4.5、X-6等，其中4.5和6表示其所能承受的机械荷载为4.5t或6t。

悬垂串中绝缘子的个数是根据线路额定电压按绝缘配合条件确定的。悬垂串中绝缘子的最少个数见表1-5。耐张串中绝缘子的个数比同级电压线路的悬垂串中多1～2个。

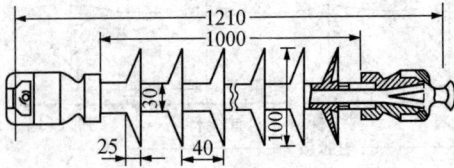

图 1-28　棒式绝缘子结构图

棒式绝缘子采用硅橡胶材料一次制作成型，代替悬垂绝缘子串，使用在 35～220kV 线路上，图 1-28 所示为 110kV 棒式绝缘子结构图。与传统的瓷、玻璃质绝缘子相比，它具有质量轻、体积小、机械强度高和耐污性能优良等特点，尤其适用于城市电网中输电线路的紧凑型布置。

表 1-5		直线杆塔上悬垂串中绝缘子最少用量				
额定电压（kV）	35	60	110	220	330	500
每串绝缘子最少个数	3	5	7	13	19	24

瓷横担绝缘子两端为金属，中间为瓷质部分，起到绝缘子和横担的双重作用，目前已广泛应用在 110kV 及以下线路上。其外形如图 1-29 所示。瓷横担绝缘子的绝缘水平较高，由于部分地代替了横担，因此能大量地节约材料，并有效地降低了杆塔的尺寸。这种绝缘子的主要缺点是机械抗弯强度低。

四、金具

1. 线夹

使用棒式或悬式绝缘子的线路，导线和避雷线用线夹固定在绝缘子上。在直线杆塔的悬垂串下用悬垂线夹，在耐张杆塔的耐张串上用耐张线夹。悬垂线夹和耐张线夹如图 1-30 所示。

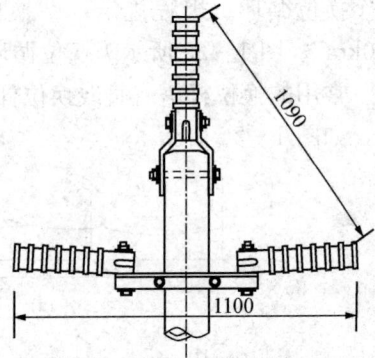

图 1-29　10kV 瓷横担绝缘子

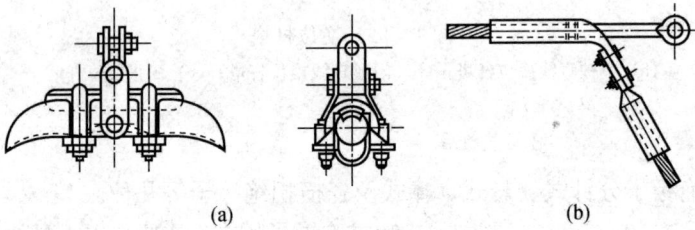

(a)　　　　　　　　(b)

图 1-30　悬垂线夹和耐张线夹

(a) 悬垂线夹；(b) 耐张线夹

2. 连接金具

导线及避雷线在档距中间连接时，需使用架空线连接器。架空线连接器有压接管和钳接管两种。铝绞线用铝质钳接管，用专用管钳将穿入导线的钳接管压成波形，如图 1-31（a）所示；钢绞线用钢质压接管，压接管需用小型专用液压机压接；钢芯铝绞线的铝线和钢芯要分开压接，如图 1-31（b）所示。近年来，多采用爆炸压接技术连接导线和避雷线，其接头形状如图 1-31（c）所示。

3. 保护金具

风对导线除产生横向作用力外，还将引起架空线的振动。架空线振动时在悬挂点反复拗折，会造成导线疲劳、断股，甚至发生断线事故。防止振动可以从两方面着手：一是吸收或消耗架空线的振动能量，二是提高架空线的耐振强度。前者广泛采用防振锤和阻尼线，后者采用护线条和降低架空线的使用应力。防振锤和阻尼线产生与导线振动方向相反的阻尼力，因而可以削弱导线振动。护线条是缠绕在导线上的预绞丝，可以降低导线的使用应力。防振锤及其安装如图1-32所示。

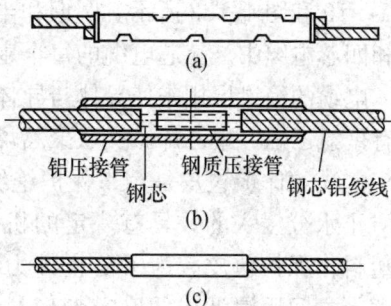

图1-31 架空线的连接
(a) 钳接管连接铝绞线；(b) 压接管连接钢芯铝绞线；(c) 爆炸压接管的导线接头

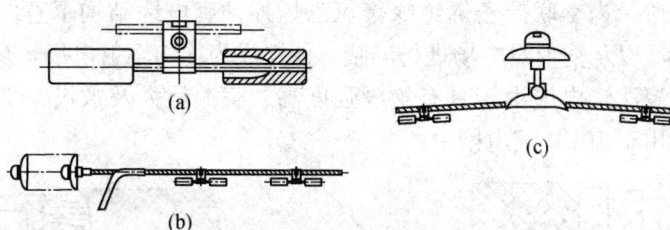

图1-32 防振锤及其安装
(a) 防振锤结构；(b) 耐张杆防振锤安装；(c) 直线杆防振锤安装

五、电缆

电力电缆种类较多。电缆按电压可分为高压电缆和低压电缆，按线芯数可分为单芯、双芯、三芯和四芯等，按结构特征可分为统包型、分相型、钢管型、扁平型和橡胶绝缘电缆等，按绝缘材料可分为油浸纸绝缘电缆、塑料绝缘电缆和橡胶绝缘电缆及近期发展起来的交联聚乙烯绝缘电缆等。下面介绍按绝缘材料分类的几种电缆：

（1）油浸纸绝缘电缆。这种电缆分黏性浸渍纸绝缘电缆和不滴油浸渍纸绝缘电缆两种。前者成本低、工作寿命长、结构简单且易于安装维护。其缺点是油易淌流，不宜作高落差敷设。后者浸渍剂不淌流，因而适用于高落差地方的敷设，但价格较前者高。

（2）塑料绝缘电缆。这种电缆的特点是安装工艺简单、敷设维护方便，适宜大落差敷设。其缺点是耐热性能差，受热易变形、易延燃、易发生应力龟裂。塑料绝缘电缆主要有聚氯乙烯绝缘电缆和聚乙烯绝缘电缆，聚乙烯绝缘电缆的电气性能优于聚氯乙烯绝缘电缆。

（3）交联聚乙烯绝缘电缆。这种电缆的容许温升较高，故允许载流量较大；有优良的介电性能、耐热性能，适宜高落差和垂直敷设。其缺点是接头工艺要求较高。目前这种电缆在电力部门已经广泛应用。

（4）橡胶绝缘电缆。这种电缆的特点是柔韧性好、易弯曲，适用于多次拆装的线路，耐寒性能好，且有较好的电气性能；但其耐热和耐电弧能力较差，只能作低压电缆使用。

电缆导体通常由多股铜绞线或铝绞线制成。铜的导电性能好，机械强度高且具有较好的柔韧性，但其价格较高。线芯截面形状可分为圆形、半圆形和扇形三种，如图1-18、

图 1-19 和图 1-33 所示。圆形和半圆形线芯用得较少，扇形线芯大量使用于 1~10kV 三芯和四芯电缆中。三芯电缆的每个扇形芯成 120°角，而四扇芯的每个扇形芯成 90°角。

电缆的绝缘层用来使导体与导体、导体与保护包皮之间绝缘。绝缘层所用的绝缘材料主要有聚氯乙烯、聚乙烯、交联聚乙烯、棉、麻、绸、纸、矿物油、植物油和橡胶等。

电缆的保护包皮是用来保护绝缘层，使其在运输、敷设和运行过程中不受外力损伤，并防止水分浸入的，具有一定的机械强度。过去多采用铅做保护包皮，现在大都采用铝和塑料作保护包皮。为了防止外力破坏，在保护包皮外还绕包有钢带铠甲，并在铅包皮与钢带之间用浸沥青的麻布带作衬垫隔开，钢甲的外面再用麻带浸渍沥青作保护层，以防止生锈。

图 1-33 所示为统包型扇形三芯电缆结构示意图。这种电缆在三芯线芯的绝缘层以外有一个共同的铅包，内部的电场分布不均匀，绝缘强度不能充分利用，故只能用于 10kV 以下的电缆。图 1-34 所示为交联聚乙烯绝缘聚氯乙烯外护套电缆结构示意图。这种电缆采用内、外两层半导电层以及铜带对电场进行屏蔽，使之成为均匀辐射电场，从而更好地利用了电缆的绝缘。交联聚乙烯电缆由于具有绝缘强度高、载流量大及敷设、维护方便等诸多优点，目前已广泛应用于 10kV 配电网中。

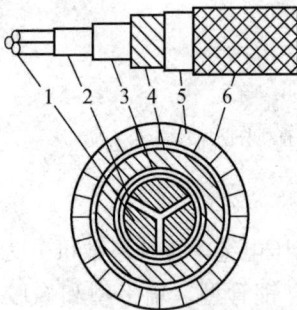

图 1-33 扇形三芯电缆结构示意图
1—导体；2—绝缘层；3—铅包皮；
4—黄麻层；5—钢带铠甲；
6—黄麻保护层

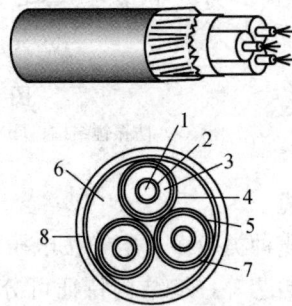

图 1-34 交联聚乙烯绝缘电缆结构示意图
1—导体；2—内半导电屏蔽；3—交联聚乙烯绝缘；
4—外半导电屏蔽；5—铜带屏蔽；6—填充物；
7—包带；8—聚氯乙烯外护套

小　结

发电厂中的电气部分、各类变电所及输电、配电线路和各种类型的用电设备组成的统一整体称为电力系统；由各种类型的变电站及输、配电线路组成的统一整体称为电网。电网按输电容量和供电范围可分为地方网、区域网和远距离输电网，按电压等级高低可分为配电网、高压输电网、超高压输电网及特高压输电网等。

为使电气设备的生产标准化、系列化和规格化，国家规定了一系列标准电压等级，即额定电压。额定电压分为三类。

电力系统中性点接地方式分为中性点有效接地和非有效接地两大类。

电力负荷对系统的运行有着重要的影响，要明确电力系统的综合负荷、供电负荷、发电负荷的概念，掌握三种常用负荷曲线的特点及作用。

电力线路分为架空线路和电缆线路两大类。

习 题

1-1 我国电力工业的主要特点是什么？

1-2 电力系统主要由哪几部分组成？其作用是什么？

1-3 什么是输电网？什么是配电网？它们是如何分类的？

1-4 电力系统的特点有哪些？对电力系统的基本要求是什么？

1-5 我国有哪些跨省电力系统、独立省电力系统？

1-6 电能质量的标准是什么？

1-7 什么是额定电压？我国的额定电压分哪几类？

1-8 中性点不接地系统中发生单相金属性接地时，有哪些主要特点？

1-9 试用相量图分析中性点不接地系统中发生单相金属性接地时，各相对地电压、电流及接地点电流如何变化？

1-10 试简述消弧线圈的消弧原理。电力系统中性点采用经消弧线圈接地方式运行时，通常有哪几种补偿方式？一般应选用哪种方式运行？

1-11 110kV 及以上电网为什么采用中性点直接接地的接地方式？它具有哪些优缺点？

1-12 什么是综合用电负荷？什么是发电负荷？

1-13 什么是最大负荷利用时间？它的意义是什么？

1-14 架空线路由哪几部分组成，其作用是什么？

1-15 为什么架空线多采用钢芯铝绞线？

1-16 电缆由哪几部分组成？如何分类？

1-17 试标出图 1-35 所示电力系统中各变压器的额定电压。

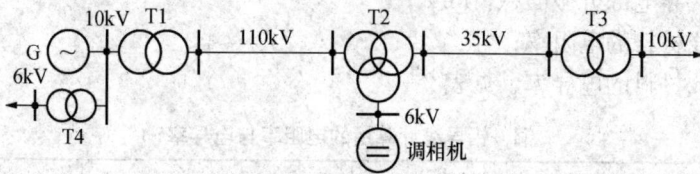

图 1-35 习题 1-17 图

第二章 电网的参数及等值电路

第一节 电力线路的电气参数计算

架空线路传输电能时，伴随着一系列的物理现象。首先，电流流过导线时，会因电阻损耗而产生热量。其次，当交流电流通过电力线路时，在三相导线内部和三相导线周围都要产生交变磁场，而交变磁通匝链导线后，将在导线中产生感应电动势。第三，电力线路上的交流电压会使三相导线的周围产生交变电场，在它的作用下，不同相的导线之间和导线与大地之间将产生位移电流，从而形成容性电流和容性功率。第四，在高电压的作用下，当导线表面的电场强度达到一定数值时，将导致输电线周围的空气游离放电，即发生电晕现象，而且由于绝缘的不完善，可能引起少量的绝缘泄漏等。在电网分析和计算中，通常用电力线路的电气参数反映这些物理现象。用电阻 R 来反映电力线路的发热效应，用电抗 X 来反映线路的磁场效应，用电导 G 来反映线路的电晕现象和泄漏现象，用电纳 B 来反映线路的电场效应。这些电气参数通常又称为网络参数。电力线路的参数主要取决于导线的材料、结构（单股线、多股线、是否分裂等）、导线截面及各相导线的布置方式等因素，并且这些参数是沿线均匀分布的。本节将主要介绍三相导线对称时的基本参数。

一、线路的电阻

线路的功率损耗和电压降落取决于线路的电阻。由物理实验得知，单位长度导线的电阻 r_1 的计算式为

$$r_1 = \frac{\rho}{S} = \frac{10^3}{\gamma S} \quad (\Omega/\text{km}) \tag{2-1}$$

式中　S——导线导电部分截面积，mm^2；

　　　ρ——导线材料的电阻率；

　　　γ——导线材料的电导率，见表 2-1。

表 2-1　　　　　　　　　　铜、铝导线计算用的电阻率与电导率

名称	单位	铜	铝
电阻率 ρ	$\Omega \cdot \text{mm}^2/\text{km}$	18.8	31.5
电导率 γ	$\text{m}/(\Omega \cdot \text{mm}^2)$	53	32

应用式（2-1）计算的电阻为线路的直流电阻，在计算交流电阻时，必须注意以下因素的影响：

（1）架空线路大多为多股绞线，因扭绞使得股线的实际长度增长了 2%～3%，因此，ρ 的取值也应相应增大 2%～3%。

（2）导线的实际截面积一般比标称截面积略小，而使用式（2-1）时，S 为标称截面积，ρ 的取值有所增大。

（3）由于交流电路中存在着集肤效应和邻近效应的影响，使得导线中的电流密度分布不均匀，因而同截面导线的交流电阻略大于直流电阻。一般工频交流下，这些效应使电阻值增

大约 0.2%～1% 左右。

此外，导线的电阻值还会受到环境温度变化的影响，但运行中导线温度的变化范围很小，对电阻影响不大，故电阻率 ρ 的值多取环境温度 20℃ 时的值，但在计算精度要求较高时，可以根据实际温度进行修正，即

$$r_1 = r_{20}[1 + \alpha(t - 20)] \tag{2-2}$$

式中　r_1、r_{20}——实际温度为 t 和 20℃ 时的电阻，Ω/km；

　　　　α——电阻温度系数，铜为 0.003 82/℃，铝为 0.0036/℃。

若导线的长度为 $l(km)$，则每相导线的电阻为

$$R = r_1 l \quad (\Omega) \tag{2-3}$$

为了应用方便，本书已将各种型号导线在 20℃ 时每千米的电阻列于附录 A 中，以供查阅。

二、线路的电抗

线路电抗是由于交流电流通过导线时，在导线内及导线周围产生交变磁场，从而在导线中感应电动势而产生的。在电力系统稳态计算中，这一感应电动势用电流流过电抗产生的电压降来代表。在三相交流线路系统中，每一相导线都产生了与自身磁通相对应的自感和与其他两相的外部磁通相对应的互感。每相导线本身的自感和与其他两相对该相的互感之和，称为该相的总电感。电感与交流电角频率的乘积称为感抗（或称电抗）。

1. 普通导线的线路电抗

三相交流架空线路，经过整循环换位，每相导线每千米长的电抗 x_1 的计算式为

$$x_1 = 2\pi f\left(4.6\lg \frac{D_m}{r} + 0.5\mu_r\right) \times 10^{-4} \quad (\Omega/km) \tag{2-4}$$

其中　　　　　　　　　　$D_m = \sqrt[3]{D_{AB}D_{BC}D_{CA}}$

式中　　　　f——交流电频率，Hz；

　　　　　　r——导线的计算半径，mm；

　　　　　　μ_r——导线材料的相对导磁系数，铜和铝的 $\mu_r = 1$，钢的 $\mu_r \gg 1$；

　　　　　　D_m——三相导线线间几何平均距离，简称几何均距；

D_{AB}、D_{BC}、D_{CA}——两相导线间的距离，mm。

若取 $f = 50Hz$，$\mu_r = 1$，则

$$x_1 = 0.1445\lg \frac{D_m}{r} + 0.0157 \quad (\Omega/km) \tag{2-5}$$

2. 分裂导线的线路电抗

在高压和超高压电网中，为了防止在高电压作用下导线周围的空气游离而产生电晕，往往采用分裂导线。在分裂导线线路中，每相用几根同型号的次导线并联组成复导线，次导线对称地分布在半径为 R 的圆周上，次导线之间用间隔棒支撑。图 2-1 所示为四分裂导线线路的布置情况。由于分裂导线等值地增大了导线半径，从而减小了导线表面的电场强度，避免了正常运行时导线表面产生电晕的问题。

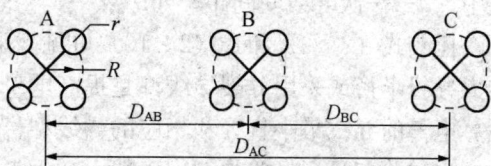

图 2-1　采用四分裂导线的三相线路示意图

导线分裂时，每相线路的电抗的计算式为

$$x_1 = 0.1445 \lg \frac{D_m}{r_{eq}} + \frac{0.0157\mu_r}{n} \quad (\Omega/\text{km}) \qquad (2-6)$$

其中
$$r_{eq} = \sqrt[n]{rd_{12}d_{13}\cdots d_{1n}} = \sqrt[n]{rd_m^{n-1}} \qquad (2-7)$$

式中　n——导线分裂次数；

r_{eq}——次导线等值半径；

r——次导线半径；

d_m——次导线几何均距。

若线路长度为 l（km）时，线路每相的电抗 X 为

$$X = x_1 l \quad (\Omega) \qquad (2-8)$$

为了应用方便，本书将各类导线每相每千米长度的电抗值列于附录 A 中，以供查阅。

三、线路的电导

线路的电导主要是由线路的泄漏损耗和电晕损耗引起的，与此对应的参数即为线路的电导。线路泄漏引起的有功损耗一般较小，可以忽略不计。因此，线路的电导可以看作是由线路的电晕损耗引起的。

所谓电晕现象，就是架空导线带有高电压的情况下，导线表面的电场强度超过空气的击穿强度时，导线表面的空气分子被游离所产生的放电现象，同时发出"嗤嗤"的放电声，并产生臭氧，夜间还可以看见蓝紫色荧光，此即为电晕现象。电晕要消耗电能，电晕放电所发生的脉冲电磁波对无线电和高频通信有干扰，放电所产生的臭氧对导线及金属元件有腐蚀作用。因此，线路在运行时，不允许有全面电晕发生，也就是参数电导 $g_1 = 0$。

当线路电压达到某一值时，导线产生全面电晕，此时的电压称为电晕起始临界电压。导线不会产生全面电晕的条件是线路正常运行电压低于电晕起始临界电压。

电晕起始临界电压可以通过经验公式求得，其表达式为

$$U_{cr} = 84m_1 m_2 \delta r \left(1 + \frac{0.301}{\sqrt{\delta r}}\right) \lg \frac{D_m}{r} \quad (\text{kV}) \qquad (2-9)$$

式中　m_1——导线表面的光滑系数，单股导线为 0.83～1，绞线为 0.83～0.87；

m_2——天气状况系数，约为 0.81～1（晴天、干燥气候为 1）；

δ——空气相对密度，近似估算时可取 $\delta = 1$。

对于分裂导线，电晕起始临界电压的计算式为

$$U_{cr} = 84m_1 m_2 \delta r \frac{n}{k_n} \left(1 + \frac{0.301}{\sqrt{\delta r}}\right) \lg \frac{D_m}{r_{eq}} \quad (\text{kV}) \qquad (2-10)$$

$$k_n = 1 + 2(n-1) \frac{r}{d} \sin \frac{\pi}{n}$$

式中　d——次导线间间距，cm。

比较式（2-9）和式（2-10）可见，采用分裂导线可以有效地提高电晕起始临界电压。增大导线半径或采用分裂导线都是提高电晕起始临界电压的有效方法。表 2-2 列出了不必验算电晕的导线最小直径和相应的导线型号。

由试验和运行经验得知，一般 110kV 以下电压的架空线路和 35kV 以下的电缆线路，由于电压低，不会发生全面电晕，因此也不必验算电晕损耗和绝缘介质损耗。

额定电压（kV）	110	220	330		500	750
			单导线	双分裂	（四分列）	（四分列）
导线外径（mm）相应型号	9.6 LGJ-50	21.4 LGJ-240	33.1 LGJ-600	2×LGJ-240	4×LGJQ-300	4×LGJQ-400

表 2 - 2 　　　　　　　　**不必验算电晕的导线最小直径和相应导线型号**

注 1. 对于 330kV 及以上电压等级的超高压线路，表中所列供参考；

2. 分裂导线次导线间几何均距为 40cm。

若已知架空线路的电晕损耗或电缆线路的绝缘介质损耗功率 ΔP_g，则每千米导线的电导 g_1 的计算式为

$$g_1 = \frac{\Delta P_g}{U^2} \quad (\text{S/km}) \tag{2 - 11}$$

式中　ΔP_g——三相线路每千米电晕损耗或绝缘介质损耗功率，MW/km；

　　　U——线电压，kV。

四、线路的电纳

架空输电线路的相与相之间以及相与地之间存在电位差，在电压作用下，相间和相对地间就存在分布电容，与此对应的参数即为电纳。经过整循环换位的三相架空线路，每相每千米导线对理想中性线的电容 c_1 的计算式为

$$c_1 = \frac{0.0241}{\lg \dfrac{D_m}{r}} \times 10^{-6} \quad (\text{F/km}) \tag{2 - 12}$$

对于工频交流电，$f = 50\text{Hz}$，每相每千米电纳 b_1 的计算式为

$$b_1 = 2\pi f c_1 = \frac{7.58}{\lg \dfrac{D_m}{r}} \times 10^{-6} \quad (\text{S/km}) \tag{2 - 13}$$

式中各符号的意义与式（2 - 4）中相同。

与电抗的计算式相似，对于分裂导线，只需将式（2 - 12）和式（2 - 13）中的导线半径用分裂导线的等值半径代替即可。

为了计算方便，将各种型号的导线每相每千米电纳列于附录 A 中，以供查阅。

若线路长度为 l(km)，每相线路的容性电纳 B 为

$$B = b_1 l \quad (\text{S}) \tag{2 - 14}$$

若线路工作电压为 U，则长度为 l 的线路，每相的电容电流 I_C 以及三相线路的电容功率 Q_C 的计算式分别为

$$I_C = \frac{U}{\sqrt{3}} B \tag{2 - 15}$$

$$Q_C = \sqrt{3} U I_C = U^2 B \quad (\text{Mvar}) \tag{2 - 16}$$

上两式中　U——线电压，kV。

【例 2 - 1】　某 330kV 输电线路长为 200km，采用 LGJQ-2×300 型双分裂导线架设，三相水平排列，相间距离为 8m，次导线间距为 40cm，试计算该线路的电阻和电抗。

解　（1）计算每相电阻。LGJQ-2×300 型双分裂导线每相线路单位长度的电阻为

$$r_1 = \frac{1}{2} \times \frac{\rho}{S} = \frac{31.5}{2 \times 300} = 0.0525(\Omega/\text{km})$$

线路每相的总电阻为

$$R = 0.0525 \times 200 = 10.5(\Omega)$$

（2）计算每相电抗。

查表 A-1 得 LGJQ-300 型导线的计算外径 $\phi = 23.7$mm，则分裂导线的等值半径为

$$r_{\text{eq}} = \sqrt[2]{rd^{2-1}} = \sqrt{11.85 \times 400} = 68.85(\text{mm})$$

三相导线的几何均距为

$$D_{\text{m}} = \sqrt[3]{8 \times 8 \times (2 \times 8)} = 10.1(\text{m})$$

双分裂导线每相单位长度的电抗为

$$x_1 = 0.1445\lg\frac{10.1 \times 10^3}{68.85} + \frac{0.0157}{2} = 0.321(\Omega/\text{km})$$

线路每相的总电抗为

$$X = 0.321 \times 200 = 64.2(\Omega)$$

（3）计算每相电纳。

双分裂导线每相单位长度的电纳为

$$b_1 = \frac{7.58}{\lg\dfrac{D_{\text{m}}}{r_{\text{eq}}}} \times 10^{-6} = \frac{7.58}{\lg\dfrac{10.1 \times 10^3}{68.85}} \times 10^{-6} = 3.5 \times 10^{-6}(\text{S/km})$$

线路每相的总电纳为

$$B = b_1 l = 3.5 \times 10^{-6} \times 200 = 7.0 \times 10^{-4}(\text{S})$$

线路三相总的电容功率为

$$Q_{\text{C}} = U^2 B = 330^2 \times 7.0 \times 10^{-4} = 76.23(\text{Mvar})$$

由于该线路所使用的导线截面面积大于不必验算电晕的最小允许截面面积，故电导 $g_1 = 0$。

【例 2-2】　有一额定电压为 110kV 的双回路输电线路，长度为 100km，采用 LGJ-185 型导线，三相水平排列，相间距离 4m。试求线路参数。

解　由表 A-1 查得导线外径 $\phi = 19$mm，导线间几何均距为

$$D_{\text{m}} = \sqrt[3]{4 \times 4 \times 8} = 1.26 \times 4 = 5.04(\text{m})$$

（1）单回线路每相每千米长的参数，分别计算为

$$r_1 = \frac{\rho}{S} = \frac{31.5}{185} = 0.17(\Omega/\text{km})$$

$$x_1 = 0.1445\lg\frac{D_{\text{m}}}{r} + 0.0157$$

$$= 0.1445\lg\frac{5.04 \times 10^3}{19/2} + 0.0157$$

$$= 0.394 + 0.0157 = 0.409(\Omega/\text{km})$$

$$b_1 = \frac{7.58}{\lg\dfrac{D_{\text{m}}}{r}} \times 10^{-6} = \frac{7.58}{\lg\dfrac{5.04 \times 10^3}{19/2}} \times 10^{-6} = 2.78 \times 10^{-6}(\text{S/km})$$

由表 2-2 得知，由于 LGJ-185 型导线截面积大于 LGJ-50，线路不会发生全面电晕，

所以每相每千米电导 $g_1 = 0$。

（2）双回线路每相参数与三相电容功率，分别计算为

$$R = \frac{1}{2}r_1 l = \frac{0.17}{2} \times 100 = 8.5(\Omega)$$

$$X = \frac{1}{2}x_1 l = \frac{0.409}{2} \times 100 = 20.45(\Omega)$$

$$B = 2b_1 l = 2 \times 2.78 \times 10^{-6} \times 100 = 5.56 \times 10^{-4}(S)$$

$$Q_C = U^2 B = 110^2 \times 5.56 \times 10^{-4} = 6.73(Mvar)$$

第二节　输电线路的等值电路

输电线路是一个均匀分布参数的电气元件，其电气参数 r_1、x_1、g_1、b_1 是沿线均匀分布的。为了计算方便，常用集中参数的等值电路来描述输电线路的电气特性。下面从均匀分布参数的输电线路输送电能的物理过程入手，逐步过渡到集中参数表示的等值电路。

一、输电线路的方程式

线路传输电能时，由于 r_1、x_1 是与线路电流相联系的物理量，因此用阻抗 $z_1 = r_1 + jx_1$ 表示，并将其作为串联元件；而 g_1、b_1 是与线路电压相联系的物理量，用导纳 $y_1 = g_1 + jb_1$ 表示，并将其作为并联元件。在考虑线路参数分布特性的情况下，线路的一相电路如图 2-2 所示，其中任一微小长度 dx 内的阻抗为 $z_1 dx$，导纳为 $y_1 dx$。

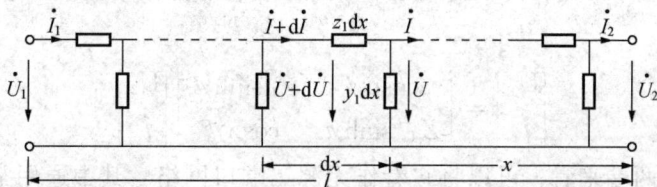

图 2-2　均匀分布参数线路的一相电路图

设距离末端 x 处的电压和电流分别为 $\dot{U}$ 和 $\dot{I}$，$x + dx$ 处的电压和电流分别为 $\dot{U} + d\dot{U}$ 和 $\dot{I} + d\dot{I}$，则对 dx 微段可列出方程式

$$\left.\begin{aligned} d\dot{U} &= \dot{I} z_1 dx \\ d\dot{I} &= \dot{U} y_1 dx \end{aligned}\right\} \tag{2-17}$$

或

$$\left.\begin{aligned} \frac{d\dot{U}}{dx} &= \dot{I} z_1 \\ \frac{d\dot{I}}{dx} &= \dot{U} y_1 \end{aligned}\right\} \tag{2-18}$$

式（2-18）对 x 求导数，即

$$\left.\begin{aligned} \frac{d^2\dot{U}}{dx^2} &= z_1 \frac{d\dot{I}}{dx} = z_1 y_1 \dot{U} \\ \frac{d^2\dot{I}}{dx^2} &= y_1 \frac{d\dot{U}}{dx} = z_1 y_1 \dot{I} \end{aligned}\right\} \tag{2-19}$$

解微分方程式（2-19），并代入边界条件，得参数沿线均匀分布的输电线路的输电方程为

$$\left.\begin{aligned}
\dot{U} &= \frac{\dot{U}_2 + \dot{I}_2 Z_C}{2} e^{\gamma x} + \frac{\dot{U}_2 - \dot{I}_2 Z_C}{2} e^{-\gamma x} \\
\dot{I} &= \frac{\dot{U}_2/Z_C + \dot{I}_2}{2} e^{\gamma x} - \frac{\dot{U}_2/Z_C - \dot{I}_2}{2} e^{-\gamma x}
\end{aligned}\right\} \tag{2-20}$$

式中　$\dot{U}$、$\dot{I}$ —— 距离线路末端 x 处的电压和电流，kV 和 kA；

　　　$\dot{U}_2$、$\dot{I}_2$ —— 线路末端的电压和电流，kV 和 kA；

　　　Z_C —— 输电线路的特性阻抗，又称波阻抗，$Z_C = \sqrt{z_1/y_1}$，Ω；

　　　γ —— 输电线路的传播系数，$\gamma = \sqrt{z_1 y_1}$。

当线路末端的电压 $\dot{U}_2$ 和电流 $\dot{I}_2$ 已知时，通过式（2-20）可以计算出沿线任一点电压、电流的大小和相位。

一般在计算输电线路的电压和电流时，常常利用双曲函数来表示输电线路的方程式，将式（2-20）改为双曲函数的形式，可得

$$\left.\begin{aligned}
\dot{U} &= \dot{U}_2 \cosh\gamma x + \dot{I}_2 Z_C \sinh\gamma x \\
\dot{I} &= \frac{\dot{U}_2}{Z_C} \sinh\gamma x + \dot{I}_2 \cosh\gamma x
\end{aligned}\right\} \tag{2-21}$$

当 x 等于线路全长 l 时，可以得到用末端电压和电流表示的线路首端电压和电流的表达式，即

$$\begin{bmatrix} \dot{U}_1 \\ \dot{I}_1 \end{bmatrix} = \begin{bmatrix} \cosh\gamma l & Z_C \sinh\gamma l \\ Z_C^{-1} \sinh\gamma l & \cosh\gamma l \end{bmatrix} \begin{bmatrix} \dot{U}_2 \\ \dot{I}_2 \end{bmatrix} \tag{2-22}$$

显然，从线路两端来看，可以将它看作无源二端口网络，其中通用常数 A、B、C、D 分别为

$$A = \cosh\gamma l; \quad B = Z_C \sinh\gamma l$$
$$C = Z_C^{-1} \sinh\gamma l; \quad D = \cosh\gamma l$$

对这样的无源二端口网络可以用 Π 形或 T 形等值电路来代替，实质上是考虑了分布参数影响后，用集中参数表示的输电线路的等值电路，而这种等值只是对输电线路始末端而言的。用这种等值电路显然不能求出输电线路沿线的电压和电流的分布情况。由于 Π 形等值电路应用较为广泛，下面主要介绍 Π 形等值电路。至于 T 形等值电路，留给读者自行推导。

二、长距离输电线路的等值电路

当输电线路的长度超过 300km 时应视为长距离线路。根据以上讨论，线路的 Π 形等值电路如图 2-3 所示。按图中的电路及参数，可得出以下关系

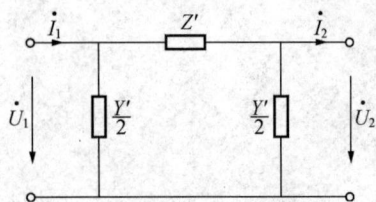

图 2-3　线路的 Π 形等值电路

$$\left.\begin{aligned}
\dot{U}_1 &= \left(1 + \frac{Z'Y'}{2}\right)\dot{U}_2 + Z'\dot{I}_2 \\
\dot{I}_1 &= Y'\left(1 + \frac{Z'Y'}{4}\right)\dot{U}_2 + \left(1 + \frac{Z'Y'}{2}\right)\dot{I}_2
\end{aligned}\right\} \tag{2-23}$$

为了使 Π 形等值电路与输电线路等效，式（2-23）

中系数矩阵元素应与输电线路方程式（2-22）的系数矩阵元素相等，故有

$$1 + \frac{Z'Y'}{2} = \cosh\gamma l \; ; \quad Z' = Z_C\sinh\gamma l \; ; \quad Y'\left(1 + \frac{Z'Y'}{4}\right) = \frac{1}{Z_C}\sinh\gamma l$$

由以上任两式可解得

$$Z' = Z_C\sinh\gamma l \; ; \quad Y' = \frac{1}{Z_C} \times \frac{2(\cosh\gamma l - 1)}{\sinh\gamma l} \tag{2-24}$$

将式（2-24）改写为

$$Z' = \sqrt{Z/Y}\sinh\sqrt{ZY} = \frac{\sinh\sqrt{ZY}}{\sqrt{ZY}}Z = k_Z Z \tag{2-25}$$

$$Y' = \sqrt{\frac{Y}{Z}} \times \frac{2(\cosh\sqrt{ZY} - 1)}{\sinh\sqrt{ZY}} = \frac{2(\cosh\sqrt{ZY} - 1)}{\sqrt{ZY}\sinh\sqrt{ZY}}Y = k_Y Y \tag{2-26}$$

以上两式中，$Z = (r_1 + jx_1)l$，$Y = jb_1l$；k_Z、k_Y 分别为阻抗和电纳的修正系数，显然有

$$k_Z = \frac{\sinh\sqrt{ZY}}{\sqrt{ZY}} \; ; \quad k_Y = \frac{2(\cosh\sqrt{ZY} - 1)}{\sqrt{ZY}\sinh\sqrt{ZY}} \tag{2-27}$$

这样，输电线路的等值电路可以用图2-4所示的等值电路表示。

式（2-25）、式（2-26）说明了在长距离输电线路中，如采用集中参数的等值电路表示线路，则必须考虑它们的分布参数特性，即将全线路的总阻抗 Z 和总导纳 Y 分别乘以修正系数 k_Z 和 k_Y，可得到 Π 形等值电路的精确参数。k_Z 和 k_Y 还有用 r_1、x_1 以及 b_1 表示的近似修正系数 k_r、k_x 和 k_b，读者可以自行推导。

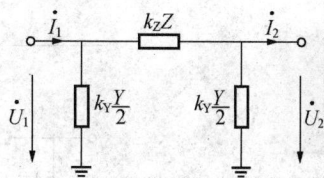

图2-4　长距离输电线路的 Π 形等值电路

三、中距离输电线路的等值电路

中距离输电线路是指线路长度在 100km 以上、300km 以下的架空输电线路和不超过 100km 的电缆线路。中距离输电线路的修正系数 k_Z 和 k_Y 都接近于 1。因此，中距离输电线路可用图2-5所示的 Π 形等值电路表示。图中

$$Z = (r_1 + jx_1)l$$
$$Y = jb_1l$$

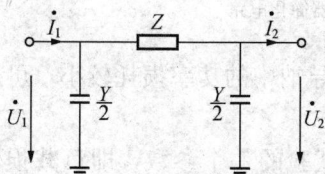

图2-5　中距离输电线路的 Π 形等值电路

修正系数 k_Z 和 k_Y 近似等于 1，说明在中距离输电线路中，输电线路的分布参数作用影响小，可以用集中参数直接表示。这种简化相当于将输电线路阻抗的影响集中起来，使线路对地电容对称地集中在线路的两端。

四、短距离输电线路的等值电路

长度不超过 100km 的输电线路为短距离输电线路。当电压不高时，其线路电纳的影响可以不计，即忽略线路的充电现象。在线路短、电压低的情况下，这种简化不会对计算结果产生较大的误差。短距离输电线路的等值电路如图2-6所示。

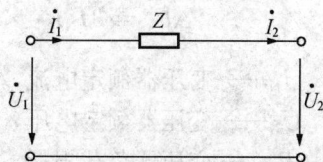

图2-6　短距离输电线路的等值电路

第三节　电力变压器的电气参数和等值电路

变压器是电网的主要元件之一。变压器按结构可以分为单相变压器、三相变压器，按绕组可分为双绕组变压器、三绕组变压器及自耦变压器等，按调压方式可分为无励磁调压变压器和有载调压变压器等类型。电力变压器为三相对称元件，其等值电路和参数可以只讨论一相的。

一、双绕组变压器

由电机学得知，变压器可以用 T 形等值电路表示，如图 2 - 7（a）所示。但在工程计算中，为了简化计算，将变压器励磁阻抗移到电源侧，并将励磁阻抗用导纳或三相励磁功率表示，即所谓的 Γ 形等值电路，如图 2 - 7（b）、（c）所示。

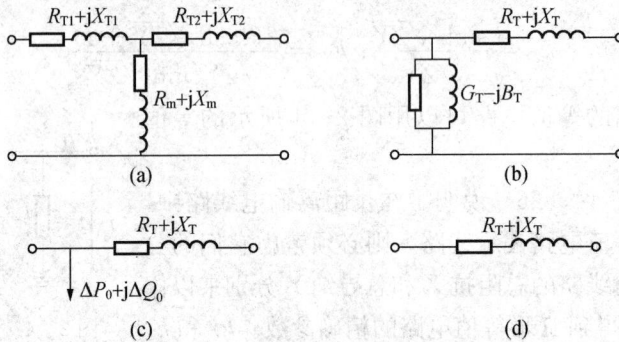

图 2 - 7　双绕组变压器等值电路

（a）T 形电路；（b）Γ 形电路（励磁回路用导纳表示）；
（c）Γ 形电路（励磁回路用功率表示）；（d）配电变压器简化电路

对于高压侧电压在 35kV 及以下的配电变压器，由于励磁导纳中的功率损耗较小，可以略去不计，等值电路可以简化为如图 2 - 7（d）所示的形式。

在变压器铭牌或试验报告中，一般给出空载试验和短路试验的 4 个参数，即负载损耗 ΔP_k、阻抗电压百分数 $U_k\%$、空载损耗 ΔP_0、空载电流百分数 $I_0\%$。由这些基本参数可以求得变压器的电阻 R_T、电抗 X_T、电导 G_T（励磁有功损耗 ΔP_0）和电纳 B_T（励磁无功损耗 ΔQ_0）。

1. 电阻

变压器的电阻 R_T 与绕组的铜损耗有关，而绕组的铜损耗近似等于短路损耗，因而负载损耗与电阻有如下关系

$$\Delta P_k = 3I_N^2 R_T \times 10^{-3} = 3\left(\frac{S_N}{\sqrt{3}U_N}\right)^2 R_T \times 10^{-3} = \frac{S_N^2}{U_N^2}R_T \times 10^{-3} \qquad (2-28)$$

式中　I_N——变压器额定电流，A；

　　　U_N——变压器额定电压，kV；

　　　ΔP_k——变压器负载损耗，kW；

　　　S_N——变压器额定容量，kVA；

　　　R_T——变压器一、二次绕组的总电阻，Ω。

所以
$$R_T = \frac{\Delta P_k U_N^2}{S_N^2} \times 10^3 \qquad (2\text{-}29)$$

2. 电抗

根据阻抗电压的定义，可以写出

$$U_k\% = \frac{\sqrt{3} I_N Z_T}{U_N} \times 100 = \frac{S_N Z_T}{U_N^2} \times 100$$

从而得

$$Z_T = \frac{U_k\%}{100} \times \frac{U_N^2}{S_N} \times 10^3 = \frac{U_k\% U_N^2}{S_N} \times 10 \quad (\Omega) \qquad (2\text{-}30)$$

式中，U_N 单位为 kV，S_N 单位为 kVA，Z_T 单位为 Ω。

在工程计算中，考虑到变压器的电阻远小于电抗，可以近似地取 $Z_T = X_T$，所以变压器的电抗计算式为

$$X_T = \frac{U_k\% U_N^2}{S_N} \times 10 \quad (\Omega) \qquad (2\text{-}31)$$

3. 励磁导纳以及导纳中的功率损耗

变压器励磁导纳中功率损耗，包括电导中空载有功损耗和电纳中空载无功损耗两部分。其中，空载有功损耗 ΔP_0 可以直接由附录 B 查得；励磁无功损耗可以近似地用 $I_0\%$ 求出，根据空载电流百分数 $I_0\%$ 的定义，有

$$I_0\% = \frac{I_0}{I_N} \times 100 = \frac{\sqrt{3} U_N I_0}{\sqrt{3} U_N I_N} \times 100 \approx \frac{\Delta Q_0}{S_N} \times 100 \qquad (2\text{-}32)$$

所以，励磁无功损耗为

$$\Delta Q_0 = \frac{I_0\% S_N}{100} \quad (\text{kvar}) \qquad (2\text{-}33)$$

变压器励磁导纳的计算式为

$$\left. \begin{array}{l} G_T = \dfrac{\Delta P_0}{U_N^2} \times 10^{-3} \quad (\text{S}) \\[3mm] B_T = \dfrac{\Delta Q_0}{U_N^2} \times 10^{-3} \quad (\text{S}) \end{array} \right\} \qquad (2\text{-}34)$$

上三式中　ΔP_0、ΔQ_0——变压器空载有功损耗和空载无功损耗，kW、kvar；

　　　　　I_0、$I_0\%$——变压器空载电流（A）及空载电流百分数。

I_N、U_N、S_N 与式（2-28）代表的意义相同。

【例 2-3】　某变电站安装了两台型号为 SFL1-31500/110 的降压变压器，变比为 110/11kV。试求两台变压器并联时归算到高压侧的参数，并画出等值电路图。

　解　由附录 B 查得 SFL1-31500/110 型变压器的特性参数为 $\Delta P_k = 190$kW，$\Delta P_0 = 31.05$kW，$U_k\% = 10.5$，$I_0\% = 0.7$。

并联电阻

$$R_T = \frac{1}{2} \times \frac{\Delta P_k U_N^2}{S_N^2} \times 10^3 = \frac{1}{2} \times \frac{190 \times 110^2}{31500^2} \times 10^3 = 1.16(\Omega)$$

并联电抗

$$X_T = \frac{1}{2} \times \frac{U_k\% U_N^2}{S_N} \times 10 = \frac{1}{2} \times \frac{10.5 \times 110^2}{31500} \times 10 = 20.17(\Omega)$$

空载有功总损耗

$$\Delta P_0 = 2 \times 31.05 = 62.1(\text{kW})$$

空载无功总损耗

$$\Delta Q_0 = 2 \times \frac{I_0\%S_N}{100} = 2 \times \frac{0.7 \times 31500}{100} = 441(\text{kvar})$$

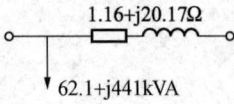

并联电导

$$G_T = \frac{\Delta P_0}{U_N^2} \times 10^{-3} = \frac{62.1}{110^2} \times 10^{-3} = 5.132 \times 10^{-6}(\text{S})$$

并联电纳

$$B_T = \frac{\Delta Q_0}{U_N^2} \times 10^{-3} = \frac{441}{110^2} \times 10^{-3} = 3.645 \times 10^{-5}(\text{S})$$

图 2 - 8 ［例 2 - 3］
等值电路

1.16+j20.17Ω

62.1+j441kVA

等值电路见图 2 - 8。

需要指出的是，以上计算中，各式中的电压若取高压侧的额定电压，则所计算出的参数为归算到高压侧的参数；若取低压侧的额定电压时，计算出的参数为归算到低压侧的参数。

二、三绕组变压器

三绕组变压器的等值电路如图 2 - 9 所示。其励磁回路仿照双绕组变压器的简化方法，可以用导纳表示，等值电路如图 2 - 9（a）所示；也可以用功率表示，等值电路如图 2 - 9（b）所示。

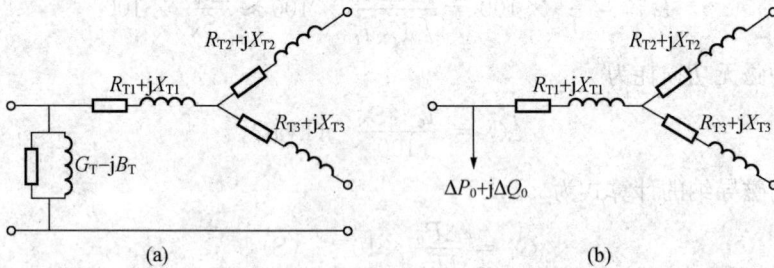

图 2 - 9 三绕组变压器的等值电路
（a）励磁回路用导纳表示；（b）励磁回路用功率表示

1. 电阻

三绕组变压器各绕组的电阻与绕组设计制造的容量有关。我国三绕组变压器三个绕组的容量比有三种不同类型：第Ⅰ类为 100/100/100，即三个绕组容量相同，都等于变压器额定容量；第Ⅱ类为 100/100/50，即第三绕组容量仅有额定容量的一半；第Ⅲ类为 100/50/100，即第二绕组容量为额定容量的一半。

对于容量比为 100/100/100 的第Ⅰ类三绕组变压器，由已知的三绕组负载损耗 ΔP_{k12}、ΔP_{k23}、ΔP_{k31} 可直接求出每个绕组的负载损耗，即

$$\left.\begin{aligned} \Delta P_{k1} &= \frac{1}{2}(\Delta P_{k12} + \Delta P_{k31} - \Delta P_{k23}) \\ \Delta P_{k2} &= \frac{1}{2}(\Delta P_{k12} + \Delta P_{k23} - \Delta P_{k31}) \\ \Delta P_{k3} &= \frac{1}{2}(\Delta P_{k23} + \Delta P_{k31} - \Delta P_{k12}) \end{aligned}\right\} \tag{2-35}$$

各绕组的电阻计算式为

$$
\left.
\begin{aligned}
R_{T1} &= \frac{\Delta P_{k1} U_N^2}{S_N^2} \times 10^3 \\
R_{T2} &= \frac{\Delta P_{k2} U_N^2}{S_N^2} \times 10^3 \\
R_{T3} &= \frac{\Delta P_{k3} U_N^2}{S_N^2} \times 10^3
\end{aligned}
\right\}
\tag{2-36}
$$

对于第Ⅱ类和第Ⅲ类三绕组变压器，制造厂提供的负载损耗数值是一对绕组中容量较小的一方达到它本身的额定电流，即 $I_N/2$ 的数值。这时应将两组间的负载损耗数值归算到额定电流下的负载损耗数值，再运用式（2-35）和式（2-36）求取各绕组的负载损耗和电阻。如 100/100/50 的变压器，厂家提供的负载损耗 $\Delta P'_{k31}$、$\Delta P'_{k23}$ 都是第三绕组达到额定电流（第三绕组额定容量为 S_{N3}）时测得的负载损耗，而并非达到变压器额定电流时的负载损耗，故首先应将其归算到变压器额定电流下，即

$$
\left.
\begin{aligned}
\Delta P_{k31} &= \Delta P'_{k31} \left(\frac{I_N}{I_N/2} \right)^2 = \Delta P'_{k31} \left(\frac{S_N}{S_{N3}} \right)^2 = 4\Delta P'_{k31} \\
\Delta P_{k23} &= \Delta P'_{k23} \left(\frac{I_N}{I_N/2} \right)^2 = \Delta P'_{k23} \left(\frac{S_N}{S_{N3}} \right)^2 = 4\Delta P'_{k23}
\end{aligned}
\right\}
\tag{2-37}
$$

然后再按式（2-35）和式（2-36）计算。

2. 电抗

三绕组变压器容量较大，如前所述，仍按各绕组阻抗电压百分数计算电抗。三绕组变压器铭牌上一般提供三组阻抗电压百分数 $U_{k12}\%$、$U_{k23}\%$、$U_{k13}\%$，且都已归算到第一绕组额定容量下，因此各绕组的阻抗电压百分数为

$$
\left.
\begin{aligned}
U_{k1}\% &= \frac{1}{2}(U_{k12}\% + U_{k13}\% - U_{k23}\%) \\
U_{k2}\% &= \frac{1}{2}(U_{k12}\% + U_{k23}\% - U_{k13}\%) \\
U_{k3}\% &= \frac{1}{2}(U_{k23}\% + U_{k13}\% - U_{k12}\%)
\end{aligned}
\right\}
\tag{2-38}
$$

各绕组的电抗计算式为

$$
\left.
\begin{aligned}
X_{T1} &= \frac{U_{k1}\% U_N^2}{S_N} \times 10 \\
X_{T2} &= \frac{U_{k2}\% U_N^2}{S_N} \times 10 \\
X_{T3} &= \frac{U_{k3}\% U_N^2}{S_N} \times 10
\end{aligned}
\right\}
\tag{2-39}
$$

需要指出，三绕组变压器按 3 个绕组排列方式的不同有两种不同的结构，即升压型结构和降压型结构，如图 2-10 所示。绕组排列方式不同，绕组间的漏抗不同，因而阻抗电压也不同。对于降压型结构的变压器，由于高、低压绕组相隔最远，所以高、低压绕组之间的漏抗最大，从而使高、低压绕组间的阻抗电压 $U_{k13}\%$ 也最大，而 $U_{k12}\%$、$U_{k23}\%$ 就较小。升压型结构的变压器高、中压绕组相隔最远，所以 $U_{k12}\%$ 最大，而 $U_{k13}\%$、$U_{k23}\%$ 较小。升压型结构和降压型结构仅仅是对变压器绕组排列方式的一种称谓，并非升压型结构的变压器只能

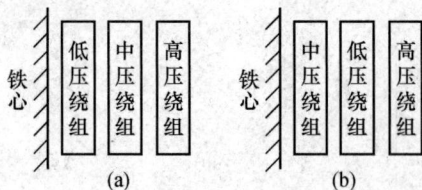

图 2 - 10　三绕组变压器的绕组排列方式

(a) 降压型结构；(b) 升压型结构

用作升压变压器或降压型结构的变压器只能用于降压变压器。具体应选择何种结构形式的三绕组变压器，通常要根据潮流计算或短路电流计算的结果来确定。

3. 励磁导纳

三绕组变压器的励磁导纳和导纳中功率损耗的计算方法，与双绕组变压器相同。

【例 2 - 4】　某降压变电站装有一台 SFSL1-31500/110 型三绕组变压器，各侧容量比为 100/100/100，电压比为 110/38.5/10.5kV，其他特性参数为 $\Delta P_0 = 38.4\text{kW}$、$I_0\% = 0.8$、$\Delta P_{k12} = 212\text{kW}$、$\Delta P_{k31} = 229\text{kW}$、$\Delta P_{k23} = 181.6\text{kW}$、$U_{k12}\% = 18$、$U_{k31}\% = 10.5$、$U_{k23}\% = 6.5$。试计算变压器归算到高压侧的参数，并画出等值电路图。

解　由式（2 - 33）得励磁无功损耗为

$$\Delta Q_0 = \frac{I_0\% S_N}{100} = \frac{0.8 \times 31500}{100} = 252(\text{kvar})$$

由式（2 - 34）得励磁导纳为

$$G_T = \frac{\Delta P_0}{U_N^2} \times 10^{-3} = \frac{38.4}{110^2} \times 10^{-3} = 3.17 \times 10^{-6}(\text{S})$$

$$B_T = \frac{\Delta Q_0}{U_N^2} \times 10^{-3} = \frac{252}{110^2} \times 10^{-3} = 2.08 \times 10^{-5}(\text{S})$$

由式（2 - 35）得各绕组的短路损耗为

$$\Delta P_{k1} = \frac{1}{2}(\Delta P_{k12} + \Delta P_{k31} - \Delta P_{k23}) = \frac{1}{2} \times (212 + 229 - 181.6) = 129.7(\text{kW})$$

$$\Delta P_{k2} = \frac{1}{2}(\Delta P_{k12} + \Delta P_{k23} - \Delta P_{k31}) = \frac{1}{2} \times (212 + 181.6 - 229) = 82.3(\text{kW})$$

$$\Delta P_{k3} = \frac{1}{2}(\Delta P_{k23} + \Delta P_{k31} - \Delta P_{k12}) = \frac{1}{2} \times (181.6 + 229 - 212) = 99.3(\text{kW})$$

再由式（2 - 36）得各绕组的电阻为

$$R_{T1} = \frac{\Delta P_{k1} U_N^2}{S_N^2} \times 10^3 = \frac{129.7 \times 110^2}{31500^2} \times 10^3 = 1.58(\Omega)$$

$$R_{T2} = \frac{\Delta P_{k2} U_N^2}{S_N^2} \times 10^3 = \frac{82.3 \times 110^2}{31500^2} \times 10^3 = 1.004(\Omega)$$

$$R_{T3} = \frac{\Delta P_{k3} U_N^2}{S_N^2} \times 10^3 = \frac{99.3 \times 110^2}{31500^2} \times 10^3 = 1.21(\Omega)$$

由式（2 - 38）可求得各绕组阻抗电压百分数为

$$U_{k1}\% = \frac{1}{2}(U_{k12}\% + U_{k31}\% - U_{k23}\%) = \frac{1}{2} \times (18 + 10.5 - 6.5) = 11$$

$$U_{k2}\% = \frac{1}{2}(U_{k12}\% + U_{k23}\% - U_{k31}\%) = \frac{1}{2} \times (18 + 6.5 - 10.5) = 7$$

$$U_{k3}\% = \frac{1}{2}(U_{k23}\% + U_{k31}\% - U_{k12}\%) = \frac{1}{2} \times (6.5 + 10.5 - 18) = -0.5$$

再由式（2 - 39）得各绕组的电抗为

$$X_{T1} = \frac{U_{k1}\%U_N^2}{S_N} \times 10 = \frac{11 \times 110^2}{31500} \times 10 = 42.25(\Omega)$$

$$X_{T2} = \frac{U_{k2}\%U_N^2}{S_N} \times 10 = \frac{7 \times 110^2}{31500} \times 10 = 26.89(\Omega)$$

$$X_{T3} = \frac{U_{k3}\%U_N^2}{S_N} \times 10 = \frac{-0.5 \times 110^2}{31500} \times 10 = -1.92(\Omega)$$

由［例 2 - 4］的计算可以看出，这是一台升压型结构的降压变压器，低压绕组居于高、中压绕组之间，由于内、外侧绕组对其互感作用很强，当超过低压绕组本身的自感时，低压绕组的电抗便出现了负值，但这并不表示该绕组真的具有容性漏抗。在实用计算时，由于这个负电抗值较小，通常近似取为零值。

参数折算到高压侧的变压器等值电路如图 2 - 11 所示。

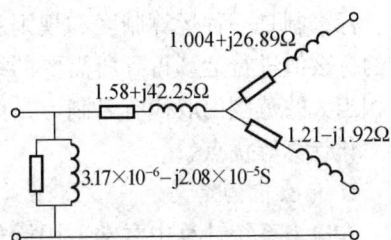

图 2 - 11　［例 2 - 4］等值电路

三、自耦变压器

自耦变压器与普通变压器不同，其绕组之间不仅有磁耦合联系，而且还有电气的直接联系。图 2 - 12 所示为具有三个绕组的自耦变压器原理接线图，高压和中压绕组由串联绕组和公共绕组两部分组成，它们之间通过串联绕组和公共绕组形成电气直接联系。为防止一次侧故障引起二次侧过电压，三相自耦变压器的高压绕组和中压绕组一般接成星形（Y形），其中性点直接接地。为了防止由变压器铁心饱和等引起三次谐波电动势，自耦变压器通常具有一个接成三角形（△形）并通过磁耦合的低压绕组，其容量约为变压器额定容量的 $30\% \sim 50\%$，可用来给低压负载供电。

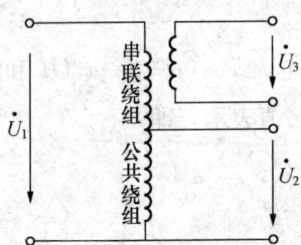

图 2 - 12　自耦变压器原理接线图

由于一部分功率可以通过电的联系直接在高压绕组和中压绕组之间传送，因此自耦变压器与同容量的普通变压器相比，具有消耗材料少、损耗小、费用低的优点；而且高压侧与中压侧的变比越接近 1，其效率越高。所以，目前在我国 220kV 及以上电压等级的电力系统中，广泛采用自耦变压器。

从变压器的外部来看，自耦变压器与普通三绕组变压器是相同的，因此自耦变压器的参数计算和等值电路也和普通变压器相同，只是自耦变压器第三绕组的容量小于变压器的额定容量，而且短路试验数据中的 $\Delta P'_{k13}$、$\Delta P'_{k23}$、$U'_{k13}\%$、$U'_{k23}\%$ 一般是未经折算的。所以，用这些数据进行自耦变压器参数计算时要先进行折算，其折算公式为

$$\Delta P_{k13} = \Delta P'_{k13}\left(\frac{S_N}{S_{N3}}\right)^2 ; \Delta P_{k23} = \Delta P'_{k23}\left(\frac{S_N}{S_{N3}}\right)^2 \tag{2-40}$$

$$U_{k13}\% = U'_{k13}\%\left(\frac{S_N}{S_{N3}}\right) ; U_{k23}\% = U'_{k23}\%\left(\frac{S_N}{S_{N3}}\right) \tag{2-41}$$

式中　ΔP_{k13}、ΔP_{k23} 及 $U_{k13}\%$、$U_{k23}\%$——折算后的负载损耗和阻抗电压百分数；

$\Delta P'_{k13}$、$\Delta P'_{k23}$、$U'_{k13}\%$、$U'_{k23}\%$——折算前由短路试验得到的负载损耗和阻抗电压百分数；

S_N 和 S_{N3}——变压器额定容量和第三绕组额定容量。

第四节　标幺制和电网等值电路

一、标幺制

在电力系统中，对阻抗、导纳、电压、电流和功率等进行运算时，既可以采用有量纲的有名值，也可以采用无量纲的相对值，前者称为有名制，而后者称为标幺制。

标幺制是一种运算制度和规则。它将各量用其相对值表示，得到该量的标幺值，再用各量的标幺值进行运算得到所需要的结果，最后再将计算结果转化为有名值。标幺制之所以能在相当大的范围内取代有名制，是由于其具有结果清晰、便于迅速判断结果的正确性、可大量简化计算等优点。

1. 标幺值的定义

在电力系统计算中常常采用标幺值。所谓标幺值是指实际有名值（任意单位）与其基准值（与实际有名值同单位）之比，可表示为

$$标幺值 = \frac{有名值（任意单位）}{基准值（与实际有名值同单位）}$$

对同一个电气量而言，当选取的基准值不同时，其标幺值也不同。例如，某电压为209V，取基准值为220V时标幺值为 0.95，取基准值为 380V 时标幺值是 0.55。因此，单纯研究两个无量纲的标幺值无任何意义，说明一个物理量的标幺值时，必须连同它的基准值一同说明。

三相电路中每一个元件的工作状态，都可以用它的电压 U、电流 I、功率 $S=\sqrt{3}UI$ 和阻抗 $Z=U/(\sqrt{3}I)$ 表示，也可以用以该元件额定参数为基准的标幺值表示，即

$$\left.\begin{array}{l} U_{N*} = \dfrac{U}{U_N},\ I_{N*} = \dfrac{I}{I_N} \\[3mm] S_{N*} = \dfrac{S}{S_N},\ Z_{N*} = \dfrac{Z}{Z_N} \end{array}\right\} \tag{2-42}$$

式中　S_N——额定容量，$S_N=\sqrt{3}U_N I_N$；

　　　Z_N——阻抗（额定参数），$Z_N=U_N/(\sqrt{3}I_N)$。

将 S_N、Z_N 关系式代入式（2-42）中，得

$$Z_{N*} = \frac{\sqrt{3}I_N}{U_N}Z = \frac{S_N}{U_N^2}Z \tag{2-43}$$

式中，下标"*"表示该量为标幺值，"N"表示以额定参数为基准值。

这种以额定参数为基准值的标幺值称为标幺额定值。

2. 标幺值基准的选取

每一个元件电气量的标幺值的基准值都可以任意选定。若选取基准功率为 S_B 和基准电压为 U_B，由于 4 个电气量仅两个是独立量，其基准电流 I_B 和基准电抗 Z_B 可通过功率关系和欧姆定律求得，即 $I_B = \dfrac{S_B}{\sqrt{3}U_B}$ 和 $Z_B = \dfrac{U_B}{\sqrt{3}I_B} = \dfrac{U_B^2}{S_B}$，则各电气量的标幺值可以表示为

$$S_{B*} = \frac{S}{S_B};\ U_{B*} = \frac{U}{U_B};\ I_{B*} = \frac{\sqrt{3}U_B}{S_B}I;\ Z_{B*} = \frac{S_B}{U_B^2}Z \tag{2-44}$$

这种以任意选取的数值作为基准值的标幺值称为标幺基准值，角标"B"表示该标幺值是对任意选取的数值的基准值。当不计元件电阻时，电抗 X 的标幺值的计算，同式（2 - 44）中阻抗标幺值计算一样。式中有名值的单位：电压取 kV，电流取 kA，功率取 MVA，阻抗取 Ω。

用标幺值表示电气量具有以下特点：①线电压标幺值 U_* 与相电压标幺值 U_{ph*} 相等 $\left(U_* = \dfrac{U}{U_B} = \dfrac{\sqrt{3}U_{ph}}{\sqrt{3}U_{phB}} = U_{ph*}\right)$；②三相功率标幺值 S_* 与单相功率标幺值 S_{ph*} 相等 $\left(S_* = \dfrac{S}{S_B} = \dfrac{3S_{ph}}{3S_{phB}} = S_{ph*}\right)$。此时三相电路的欧姆定律公式为 $U_* = I_* Z_*$，功率方程式为 $S_* = U_* I_*$，它们与单相电路相应的公式形式相同。当 $U_* = 1$ 时，$S_* = I_* = 1/Z_*$，即电流的标幺值等于功率的标幺值，等于阻抗标幺值的倒数。由于这些特点，用标幺值计算短路电流可使计算简单、方便、结果明显。

3. 不同基准值的标幺值间的换算

在电力系统计算中，对于电气直接联系的网络，在制定标幺值的等值电路时，各元件（如发电机、变压器、线路、电抗器等）的参数必须归算到统一的基准值下。然而，在手册或产品铭牌上查得的参数值，一般是以各元件的额定容量（或额定电流）和额定电压为基准的标幺值。各元件的额定值可能不同，而基准值不同的标幺值是不能直接进行运算的，因此，在绘制等值电路、进行电力系统计算之前，必须先将不同基准值下的阻抗标幺值换算成统一基准值下的标幺值。下面以各元件的电抗为例（阻抗换算方法与电抗相同），介绍换算步骤及公式。

（1）将额定标幺值 X_{N*} 还原为有名值 X 的计算式为

$$X = X_{N*} X_N = X_{N*} \frac{U_N}{\sqrt{3}I_N} = X_{N*} \frac{U_N^2}{S_N} \qquad (2 - 45)$$

式中　S_N、U_N——设备的额定容量和额定电压；

　　　　I_N——设备的额定电流。

（2）再将电抗有名值 X 换算为以 S_B、U_B 为基准的标幺值 X_{B*}。其换算式为

$$X_{B*} = \frac{X}{X_B} = X \frac{S_B}{U_B^2} = X_{N*} \frac{U_N^2}{S_N} \times \frac{S_B}{U_B^2} \qquad (2 - 46)$$

式（2 - 46）就是将 X_{N*} 转化为以 S_B、U_B 为基准的标幺值 X_{B*} 的统一公式。

下面分别给出发电机、变压器、电抗器等元件的基准值转换的常用公式。

发电机一般给出以额定值为基准的电抗标幺值，计算出统一基准值下的电抗标幺值的计算式为

$$X_{G*} = X_{GN*} \frac{S_B}{S_{GN}} \left(\frac{U_{GN}}{U_B}\right)^2 \qquad (2 - 47)$$

式中　X_{GN*}——以发电机额定功率和额定电压为基准的电抗标幺值，可代表 x_d、x_d' 和 x_d''。

变压器一般给出额定电压、额定功率以及阻抗电压百分数等参数。阻抗电压百分数和以其额定值为基准的电抗标幺值的换算式为

$$U_k\% = \frac{\sqrt{3}I_N X_T}{U_{TN}} \times 100 = \frac{S_{TN} X_T}{U_{TN}^2} \times 100 = X_{TN*} \times 100$$

式中　X_T——变压器电抗有名值；

X_{TN*} ——以变压器额定功率和额定电压为基准的电抗标幺值。

换算出统一基准值下的电抗标幺值为

$$X_{T*} = \frac{U_k\%}{100} \times \frac{S_B}{S_{TN}}\left(\frac{U_{TN}}{U_B}\right)^2 \qquad (2-48)$$

电抗器也是电力系统中常用的一种电气元件，它的主要作用是限制短路电流。一般给出电抗器的额定电压 U_N、额定电流 I_N 和电抗百分数 $X_L\%$。$X_L\%$ 与以其额定值为基准的标幺值之间的换算式为

$$X_L\% = \frac{\sqrt{3}I_N X_L}{U_N} \times 100 = X_{LN*} \times 100$$

式中 X_L ——电抗器的电抗有名值；

X_{LN*} ——以电抗器额定值为基准的电抗标幺值。

换算出统一基准值下的电抗标幺值为

$$X_{L*} = \frac{X_L\%}{100} \times \frac{U_N}{\sqrt{3}I_N} \times \frac{S_B}{U_B^2} = \frac{X_L\%}{100} \times \frac{U_N}{U_B} \times \frac{I_B}{I_N} \qquad (2-49)$$

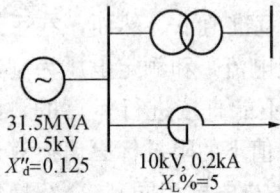

图 2-13 [例 2-5] 图

31.5MVA
10.5kV
$X''_d = 0.125$

10kV, 0.2kA
$X_L\% = 5$

【例 2-5】 图 2-13 所示电力系统的发电机和电抗器的参数均标注在图中，它们都是以各自的额定值为基准的标幺值。试计算在 $U_B = 10.5kV$、$S_B = 100MVA$ 下的电抗标幺值，并计算其各自的有名值。

解 基准值为 $U_B = 10.5kV$、$S_B = 100MVA$ 时发电机的电抗标幺值为

$$X_{G*} = X_{GN*}\frac{S_B}{S_{GN}}\left(\frac{U_{GN}}{U_B}\right)^2$$
$$= 0.125 \times \frac{100}{31.5} \times \left(\frac{10.5}{10.5}\right)^2 = 0.397$$

发电机的电抗有名值为

$$X_G = X''_d\frac{U_{GN}^2}{S_{GN}} = 0.125 \times \frac{10.5^2}{31.5} = 0.438(\Omega)$$

电抗器的电抗标幺值为

$$X_{L*} = \frac{X_L\%}{100} \times \frac{U_N}{\sqrt{3}I_N} \times \frac{S_B}{U_B^2} = \frac{5}{100} \times \frac{10}{\sqrt{3} \times 0.2} \times \frac{100}{10.5^2} = 1.309$$

电抗器的电抗有名值为

$$X_L = \frac{X_L\%}{100} \times \frac{U_N}{\sqrt{3}I_N} = \frac{5}{100} \times \frac{10}{\sqrt{3} \times 0.2} = 1.443(\Omega)$$

二、电网的有名值等值电路

在进行电力系统分析计算时，必须首先做出电网的等值电路。电网往往是由不同电压等级组成的，即网络中的各元件（输电线路、变压器等）处于不同的电压等级之中。为了进行电力系统的计算，必须将这些元件的参数折算到同一个电压等级下，也就是要选择一个基本级，将系统中处于不同电压等级下的元件的阻抗、导纳以及这些元件所处电压等级的电压、电流折算到基本级。

阻抗的折算方法：低压侧阻抗向高压侧折算时应乘以各变压器变比的平方，即

$$Z = Z'(k_1 k_2 \cdots)^2 \qquad (2\text{-}50)$$

导纳的折算方法：低压侧导纳向高压侧折算时应除以各变压器变比的平方，即

$$Y = Y'\left(\frac{1}{k_1 k_2 \cdots}\right)^2 \qquad (2\text{-}51)$$

电压的折算方法：低压侧电压向高压侧折算时应乘以各变压器变比，即

$$U = U'(k_1 k_2 \cdots) \qquad (2\text{-}52)$$

电流的折算方法：低压侧电流向高压侧折算时应除以各变压器变比，即

$$I = I'\left(\frac{1}{k_1 k_2 \cdots}\right) \qquad (2\text{-}53)$$

上几式中 k_1、k_2、$\cdots$——元件所在电压等级与基本级之间各变压器的变比；

$\quad\quad Z'$、Y'、U'、I'——折算前的元件阻抗、导纳、电压、电流；

$\quad\quad Z$、Y、U、I——折算到基本级后的元件阻抗、导纳、电压、电流。

式（2-50）~式（2-53）中的变压器变比 k 取为

$$k = \frac{\text{指向基本级一侧的电压}}{\text{被折算一侧的电压}} \qquad (2\text{-}54)$$

需要指出的是，在进行参数折算时，各级电压等级下的功率不需要参与折算，即在折算后的等值电路中，有功功率和无功功率值不变。

【例 2-6】 图 2-14 所示电力系统中各元件参数如下：

变压器 T1：31.5MVA，121/10.5kV，$\Delta P_k = 190kW$，$U_k\% = 10.5$，$\Delta P_0 = 32kW$，$I_0\% = 3$；

变压器 T2：2×20MVA，110/6.6kV，$\Delta P_k = 135kW$，$U_k\% = 10.5$，$\Delta P_0 = 22kW$，$I_0\% = 2.8$；

线路 L1：50km，LGJ-185 型导线，$r_1 = 0.17\Omega/km$，$x_1 = 0.4\Omega/km$，$b_1 = 3.15 \times 10^{-6}S/km$；

线路 L2：5km，LGJ-300 型导线，$r_1 = 0.105\Omega/km$，$x_1 = 0.383\Omega/km$。

当基本级选 110kV 时，试计算各元件参数，并画出该电力系统的等值电路图。

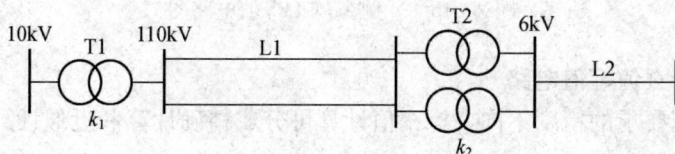

图 2-14 ［例 2-6］图

解 因为基本级选择 110kV 侧，则折算所用变比为

$k_1 = 121/10.5kV$（对变压器 T1，121kV 侧为折算侧电压级，10.5kV 为被折算侧电压级）

$k_2 = 110/6.6kV$

变压器 T1 $\qquad R_{T1} = \dfrac{190 \times 121^2}{31500^2} \times 10^3 = 2.804(\Omega)$

$$X_{T1} = \frac{10.5 \times 121^2}{31500} \times 10 = 48.803(\Omega)$$

$$G_{T1} = \frac{32}{121^2} \times 10^{-3} = 2.186 \times 10^{-6}(S)$$

$$B_{T1} = \frac{3 \times 31500}{100 \times 121^2} \times 10^{-3} = 6.455 \times 10^{-5}(S)$$

线路 L1　　　　　　$$R_{L1} = \frac{1}{2} \times 0.17 \times 50 = 4.25(\Omega)$$

$$X_{L1} = \frac{1}{2} \times 0.4 \times 50 = 10(\Omega)$$

$$Y_{L1}/2 = 2 \times \frac{1}{2} \times 3.15 \times 10^{-6} \times 50 = 1.575 \times 10^{-4}(S)$$

变压器 T2　　　　$$R_{T2} = \frac{1}{2} \times \frac{135 \times 110^2}{20000^2} \times 10^3 = 2.042(\Omega)$$

$$X_{T2} = \frac{1}{2} \times \frac{10.5 \times 110^2}{20000} \times 10 = 31.763(\Omega)$$

$$G_{T2} = 2 \times \frac{22}{110^2} \times 10^{-3} = 3.636 \times 10^{-6}(S)$$

$$B_{T2} = 2 \times \frac{2.8 \times 20000}{100 \times 110^2} \times 10^{-3} = 9.256 \times 10^{-5}(S)$$

线路 L2　　　　　$$R_{L2} = 0.105 \times 5 \times \left(\frac{110}{6.6}\right)^2 = 145.83(\Omega)$$

$$X_{L2} = 0.383 \times 5 \times \left(\frac{110}{6.6}\right)^2 = 531.94(\Omega)$$

折算到 110kV 侧后电网的等值电路如图 2 - 15 所示。

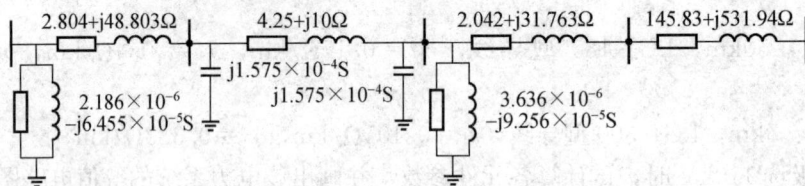

图 2 - 15　　[例 2 - 6] 等值电路图

三、电网的标幺值等值电路

根据系统计算要求的精度不同，标幺值计算可分成精确计算和近似计算两种基本方法。

1. 精确计算法

精确计算法通常有两种：一是折算参数法，二是折算电压法。

折算参数法是将系统中所有元件的参数有名值均折算到选定的基本级，再选定基准容量 S_B 和基准电压 U_B，统一化成标幺值。采用这一方法计算时，一般取 $S_B = 100MVA$，或为方便计算选系统中某一元件的额定容量做基准容量。一般取基本级的额定电压为基准电压 U_B。总之基准值的选取，应以计算简单、方便为标准。选好基准值后，利用式（2 - 44）可计算各元件的标幺值。

折算电压法是将选取的基准电压 U_B 利用式（2 - 52）折算到各元件所在的电压等级下，得到不同电压等级下的基准电压，再利用各元件所在等级下的基准电压和基准容量，将各元件参数有名值化成标幺值。

【例 2-7】　图 2-16 所示电力系统的各元件参数均标注在图中，试画出用标幺值表示的等值电路（忽略线路和变压器的并联支路及串联支路中的电阻）。

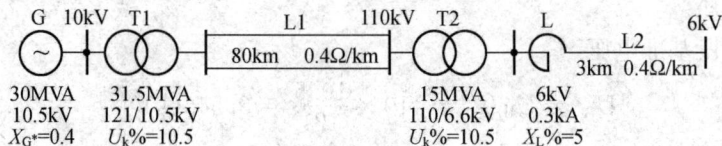

图 2-16　[例 2-7] 图

解　选取基准容量 $S_B=100\text{MVA}$，基准电压 $U_B=110\text{kV}$。

方法一：折算参数法。

(1) 先将各元件的参数化成有名值，再将其折算到 110kV 级，即

$$X_G = 0.4 \times \frac{10.5^2}{30} \times \left(\frac{121}{10.5}\right)^2 = 195.2(\Omega)$$

$$X_{T1} = \frac{10.5}{100} \times \frac{121^2}{31.5} = 48.8(\Omega)$$

$$X_{L1} = \frac{1}{2} \times 80 \times 0.4 = 16(\Omega)$$

$$X_{T2} = \frac{10.5}{100} \times \frac{110^2}{15} = 84.7(\Omega)$$

$$X_L = \frac{5}{100} \times \frac{6}{\sqrt{3} \times 0.3} \times \left(\frac{110}{6.6}\right)^2 = 160.38(\Omega)$$

$$X_{L2} = 3 \times 0.4 \times \left(\frac{110}{6.6}\right)^2 = 333.3(\Omega)$$

(2) 在基本级下化成统一基准下的标幺值，即

$$X_{G*} = X_G \frac{S_B}{U_B^2} = 195.2 \times \frac{100}{110^2} = 1.61$$

$$X_{T1*} = 48.8 \times \frac{100}{110^2} = 0.4$$

$$X_{L1*} = 16 \times \frac{100}{110^2} = 0.132$$

$$X_{T2*} = 84.7 \times \frac{100}{110^2} = 0.7$$

$$X_{L*} = 160.38 \times \frac{100}{110^2} = 1.324$$

$$X_{L2*} = 333.3 \times \frac{100}{110^2} = 2.755$$

标幺值表示的等值电路如图 2-17 所示。

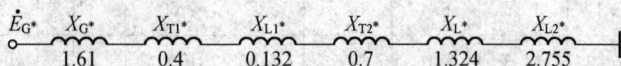

图 2-17　[例 2-7] 标幺值等值电路图

方法二：折算电压法。

由于该电网有三个电压等级，必须先将基准电压折算到不同的电压等级下，得出各电压等级下的基准电压。

（1）计算各段基准电压

$$U_{B1} = U_B/k_1 = 110 \times \frac{10.5}{121} = 9.545(\text{kV})$$

$$U_{B2} = U_B = 110(\text{kV})$$

$$U_{B3} = U_B/k_2 = 110 \times \frac{6.6}{110} = 6.6(\text{kV})$$

（2）计算各元件有名值，并将其化成标幺值

$$X_{G*} = X_G \frac{U_{GN}^2}{S_{GN}} \times \frac{S_B}{U_{B1}^2} = 0.4 \times \frac{10.5^2}{30} \times \frac{100}{9.545^2} = 1.61$$

$$X_{T1*} = \frac{U_k\%}{100} \times \frac{U_{T1N}^2}{S_{T1N}} \times \frac{S_B}{U_{B2}^2} = \frac{10.5}{100} \times \frac{121^2}{31.5} \times \frac{100}{110^2} = 0.4$$

$$X_{L1*} = \frac{1}{2} \times 80 \times 0.4 \times \frac{S_B}{U_{B2}^2} = \frac{1}{2} \times 80 \times 0.4 \times \frac{100}{110^2} = 0.132$$

$$X_{T2*} = \frac{U_k\%}{100} \times \frac{U_{T2N}^2}{S_{T2N}} \times \frac{S_B}{U_{B2}^2} = \frac{10.5}{100} \times \frac{110^2}{15} \times \frac{100}{110^2} = 0.7$$

$$X_{L*} = \frac{X_L\%}{100} \times \frac{U_{LN}}{\sqrt{3}I_{LN}} \times \frac{S_B}{U_{B3}^2} = \frac{5}{100} \times \frac{6}{\sqrt{3} \times 0.3} \times \frac{100}{6.6^2} = 1.325$$

$$X_{L2*} = 3 \times 0.4 \times \frac{S_B}{U_{B3}^2} = 3 \times 0.4 \times \frac{100}{6.6^2} = 2.755$$

2. 近似计算法

利用上述两种精确计算法计算标幺值时，其共同特点是参数计算或电压折算计算工作量大、计算过程复杂，尤其是电压等级较多时，需要按实际变比一级一级折算参数。因此，在工程实用计算中，为了方便计算，多采用近似计算法计算电力系统各元件的参数标幺值。

所谓近似，主要是将各级网络和各元件的额定电压用网络的平均额定电压代替，即在近似计算中变压器可以不用实际变比，将变压器的变比近似为各级电压等级的平均额定电压之比。平均额定电压 U_{av} 与额定电压 U_N 的关系为

$$U_{av} = \frac{1.1U_N + U_N}{2} = 1.05U_N$$

当基准功率和基准电压选取好了以后，对应的基准电流 I_B 和基准阻抗 Z_B 值可在表 2-3 中查得。

表 2-3　　　　　　　　　各级电压常用基准值（$S_B = 100\text{MVA}$）

额定电压 U_N（kV）	0.38	3	6	10	35	60	110	220	330	500
基准电压 U_B（kV）	0.4	3.15	6.3	10.5	37	63	115	231	345	525
基准电流 I_B（kA）	144.3	18.3	9.16	5.5	1.56	0.917	0.5	0.25	0.167	0.11
基准电抗 Z_B（Ω）	0.0016	0.0992	0.397	1.1	13.7	39.7	132	533.6	1190	2756.25

近似计算法是折算电压法的一种简化方法。近似计算中假定同一电压等级中各元件的额定电压等于网络的平均额定电压，变压器的实际变比等于其两侧的平均额定电压之比，基准电压取为网络的平均额定电压，这样元件标幺值计算中的各电压量即可约去，使计算过程大为简化。据此所得的各元件电抗标幺值近似计算公式见表 2－4。

表 2－4　　　　　　　　　电力系统各元件的电抗标幺值计算公式

名称	标 幺 值	说　　明
电力系统	$X_{S*} = \dfrac{S_B}{S_S}$	S_S：系统的短路容量，MVA
发电机	$X_{G*}'' \% = \dfrac{X_d'' \%}{100} \times \dfrac{S_B}{S_N}$	$X_G'' \%$、S_N：发电机次暂态电抗百分值及额定容量
变压器	$X_{T*} = \dfrac{U_k \%}{100} \times \dfrac{S_B}{S_N}$	$U_k \%$、S_N：变压器阻抗电压百分数及额定容量
线路	$X_{l*} = x_1 l \dfrac{S_B}{U_B^2}$	l：线路长度，km；x_1：线路平均电抗（Ω/km），对于电缆 3～10kV，$x_1 = 0.08$，而对于 35kV，$x_1 = 0.12$；对于架空线路 6～220kV，$x_1 = 0.4$
电抗器	$X_{L*} = \dfrac{X_L \%}{100} \times \dfrac{U_N}{\sqrt{3} I_N} \times \dfrac{S_B}{U_B^2}$	$X_L \%$：电抗器电抗百分值；U_N、I_N：电抗器额定电压及电流

【例 2－8】　用近似计算法计算［例 2－7］所示系统的各元件参数标幺值。

解　取 $U_B = U_{av}$，$S_B = 100\text{MVA}$，则各元件参数标幺值为

$$X_{G*} = X_G \frac{S_B}{S_{GN}} = 0.4 \times \frac{100}{30} = 1.333$$

$$X_{T1*} = \frac{U_{k1} \%}{100} \frac{S_B}{S_{T1N}} = \frac{10.5}{100} \times \frac{100}{31.5} = 0.333$$

$$X_{L1*} = x_1 l_1 \frac{S_B}{U_{av}^2} = \frac{1}{2} \times 80 \times 0.4 \times \frac{100}{115^2} = 0.121$$

$$X_{T2*} = \frac{U_{k2} \%}{100} \times \frac{S_B}{S_{T2N}} = \frac{10.5}{100} \times \frac{100}{15} = 0.7$$

$$X_{L*} = \frac{X_L \%}{100} \times \frac{U_{LN}}{\sqrt{3} I_{LN}} \times \frac{S_B}{U_{av}^2} = \frac{5}{100} \times \frac{6}{\sqrt{3} \times 0.3} \times \frac{100}{6.3^2} = 1.455$$

$$X_{L2*} = x_1 l_2 \frac{S_B}{U_{av}^2} = 0.4 \times 3 \times \frac{100}{6.3^2} = 3.023$$

由上述例题计算结果可以看出，近似计算与精确计算相比，结果误差并不大。故此在短路电流计算中，大多采用近似计算法计算元件参数的标幺值。

四、变压器的数学模型

在由多个电压等级组成的电力系统中，包含有很多变压器，在建立电网有名值电路时，必须把阻抗和导纳等参数按照变压器实际变比折算到同一电压等级下；用标幺值准确计算时，要将选定的基准电压按变压器实际变比折算到不同电压等级下，再按折算到不同电压等级下的基准值电压计算各级电网元件参数的标幺值。但在实际系统中，这些变压器的变比是

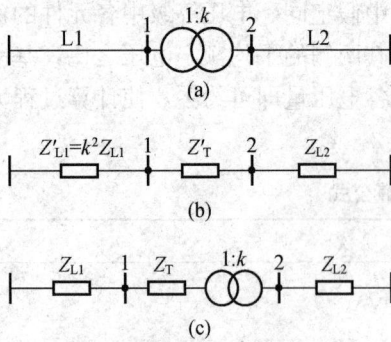

图 2-18　多级电压电网

(a) 多级电压电网示意图；(b) 按比折算参数后的等值电路；(c) 接入理想变压器变比后的等值电路

经常调整的。当变压器的变比调整后，这些折算好的参数（有名值或标幺值）就必须重新计算，使计算工作非常麻烦。对于多级电压电网，若变压器变比变化时，只需改动变压器等值电路中的参数，而不必计算其他参数，这将使计算大为简化。下面介绍这种变压器的模型。

图 2-18 (a) 所示为一多级电压电网，k 为变压器变比。图 2-18 (b) 所示为以往手算中采用的方法，如将 1 侧阻抗均折算至 2 侧，然后构成的等值电路。图 2-18 (c) 所示为以下将介绍的方法，是将变压器变比保留在网络中，然后构成的等值电路，图中变压器为理想变压器，这样整个网络参数不必再进行折算。

图 2-19 (a) 为包含变比的变压器等值电路，由

图可得

$$(\dot{U}_1 - \dot{I}_1 Z_{\mathrm{T}})k = \dot{U}_2$$

即

$$\dot{U}_1 - \dot{I}_1 Z_{\mathrm{T}} = \dot{U}_2/k$$

又

$$\dot{I}_1 = k\dot{I}_2$$

由以上两式可以解出

$$\dot{I}_1 = \frac{k\dot{U}_1 - \dot{U}_2}{kZ_{\mathrm{T}}} = \frac{k\dot{U}_1}{kZ_{\mathrm{T}}} - \frac{\dot{U}_2}{kZ_{\mathrm{T}}} + \frac{\dot{U}_1}{kZ_{\mathrm{T}}} - \frac{\dot{U}_1}{kZ_{\mathrm{T}}}$$

$$= \frac{k-1}{kZ_{\mathrm{T}}}\dot{U}_1 + \frac{\dot{U}_1 - \dot{U}_2}{kZ_{\mathrm{T}}}$$

$$\dot{I}_2 = \frac{\dot{I}_1}{k} = \frac{\dot{U}_1}{kZ_{\mathrm{T}}} - \frac{\dot{U}_2}{k^2 Z_{\mathrm{T}}} + \frac{\dot{U}_2}{kZ_{\mathrm{T}}} - \frac{\dot{U}_2}{kZ_{\mathrm{T}}}$$

$$= -\frac{1-k}{k^2 Z_{\mathrm{T}}}\dot{U}_2 + \frac{\dot{U}_1 - \dot{U}_2}{kZ_{\mathrm{T}}}$$

由以上两式可以得出图 2-19 (b) 所示的 Ⅱ 形等值电路。若令 $Y_{\mathrm{T}} = 1/Z_{\mathrm{T}}$，则有

$$\dot{I}_1 = \frac{k-1}{k}Y_{\mathrm{T}}\dot{U}_1 + \frac{Y_{\mathrm{T}}}{k}(\dot{U}_1 - \dot{U}_2)$$

$$\dot{I}_2 = -\frac{1-k}{k^2}Y_{\mathrm{T}}\dot{U}_2 + \frac{Y_{\mathrm{T}}}{k}(\dot{U}_1 - \dot{U}_2)$$

与以上两式对应的由导纳表示的 Ⅱ 形等值电路如图 2-19 (c) 所示。

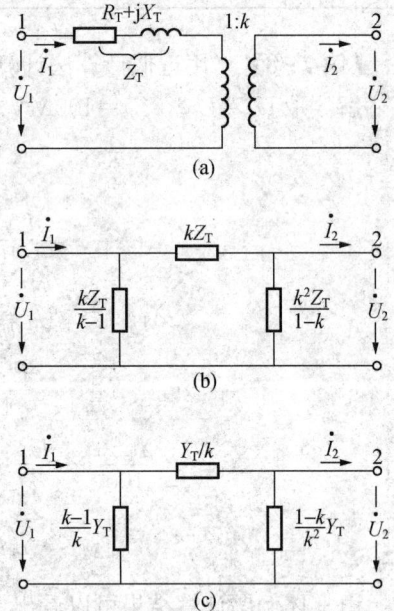

图 2-19　包含变比的变压器等值电路

(a) 等值电路；(b) 阻抗图；(c) 导纳图

需要说明的是，这种变压器的 Ⅱ 形等值电路是不对称的，其中三个支路中的阻抗仅是数学上的等值，而没有明确的物理意义。各个支路中的阻抗（导纳）均与变比 k 有关，两条并联支路的阻抗（导纳）的符号总是相反的，即负号总是出现在电压等级较高一侧的支路中。由图 2-19 所示等值电路求得的各侧电压、电流均为实际电压等级下的电压和电流，不需要再用变比 k 折算。

下面介绍变压器 Ⅱ 形等值电路的应用方法。

（1）用有名值计算时，各级电压电网中元件的参数不用折算，变压器本身的参数取低压侧的参数，理想变压器变比 $k=U_2/U_{1N}$，即高压侧实际电压与低压侧额定电压之比。这时计算所得的电压、电流均为实际电压等级下的电压、电流。

（2）用有名值计算时，若多级电压电网各元件参数已折算到事先选定的基本级下，变压器本身的参数也应按照事先选定的标准变比 $k_j=U_{2j}/U_{1j}$ 折算到基本级，当变压器实际变比改变为 $k=U_2/U_{1N}$（非标准变比）时，则理想变压器变比为 $k_*=k/k_j$。

（3）用标幺值计算时，若各元件的参数已折算成以 S_B、U_B 为基准值的标幺值，参数计算中的变压器变比为 $k_B=U_{B2}/U_{B1}$，当变压器实际变比改变为 $k=U_2/U_{1N}$ 时，则理想变压器变比为 $k_*=k/k_B$。

仿照上述双绕组变压器 Ⅱ 形等值电路的推导方法，若略去三绕组变压器的励磁支路，则可得三绕组变压器的 Ⅱ 形等值电路，如图 2 - 20 所示。图中 Z_{T1}、Z_{T2}、Z_{T3} 分别为折算到 3 侧后变压器高、中、低压侧的阻抗值。

当采用有名值表示时，理想变压器变比为 $k_{13}=U_1/U_{3N}$，$k_{23}=U_2/U_{3N}$；当采用标幺值表示时，理想变压器的变比为

图 2 - 20　三绕组变压器的
Ⅱ 形等值电路

$$k_{12*}=\frac{U_1/U_{3N}}{U_{B1}/U_{B3}}；\ k_{23*}=\frac{U_2/U_{3N}}{U_{B2}/U_{B3}}$$

式中　U_1/U_{3N}、U_2/U_{3N}——高、中压侧的实际变比；

$\quad\ U_{B1}/U_{B3}$、U_{B2}/U_{B3}——各侧基准电压之比。

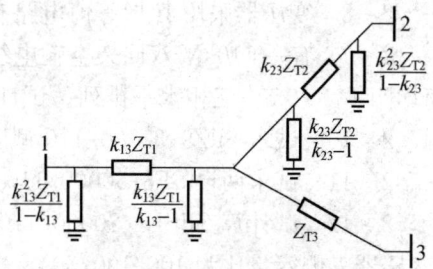

小　结

线路的参数主要有电阻、电抗、电导和电纳，它们分别对应导线的热效应、磁效应、电晕和泄露以及电场效应。通常将电阻、电导称为耗能参数，电抗和电纳称为储能参数。

严格地说，电力线路的等值电路应采用匀布参数表示，尤其是长线路必须这样表示。对于中等长度线路，近似计算时可用 Ⅱ 形等值电路表示；短线路可用一字形等值电路表示。

变压器的参数也包括电阻、电抗、电导和电纳。计算出的参数应该说明是折算到变压器哪一侧的参数，如果没有说明，则认为是折算到变压器高压侧的参数。

电力系统的等值电路是将不同电压等级下的参数折算到基准级下表示，以便于对系统进行各种分析和计算，其缺点主要是折算过程复杂，计算工作量大。

标幺值法是电力系统计算中常用的一种计算方法。它是将各种电气量与其本身的基准量相比得到各电气量的标幺值，再利用标幺值进行计算，最后再将计算结果还原成有名值的一种计算方法，通常选功率 $S_B=100\text{MVA}$ 和电压 $U_B=U_{av}$ 作为基准。采用标幺值后可使计算过程大为简化，结果更加清晰明确，因而它在电力系统潮流计算、短路计算和稳定计算中得到了广泛的应用。

习　题

2-1　电网的耗能参数及储能参数都是什么？写出这些参数的计算公式。

2-2　什么是电晕？电晕是如何产生的？如何防止电晕？

2-3　线路的波阻抗是否为线路的实际阻抗？它有什么意义？

2-4　为什么短线路可以忽略电纳的影响？

2-5　三绕组变压器参数计算与双绕组变压器参数计算有什么异同？

2-6　多电压等级电网的等值电路是如何建立的？参数折算时变压器变比如何确定？

2-7　标幺值计算时，基准值的选取原则是什么？采用标幺值计算有哪些优点？

2-8　变压器采用 Ⅱ 形等值电路有什么好处？

2-9　有一 110kV 双回架空输电线路，线长 80km，采用 LGJ-240 型导线架设，线间几何均距 $D_m = 5m$，三相水平排列。试计算线路的参数，并画出等值电路图。

2-10　试求 SFZ9-31500/110 型三相双绕组变压器的参数，并画出等值电路图。

2-11　试求两台 SF8-50000/110 型三相双绕组变压器并联的参数，并画出等值电路。

2-12　试计算 SFSL1-20000/110 型三相三绕组降压变压器的参数，并画出等值电路（变压器三侧容量比为 100/100/50）。

2-13　简单电力系统如图 2-21 所示。若不考虑线路电阻和各元件导纳的影响，试解答以下问题：

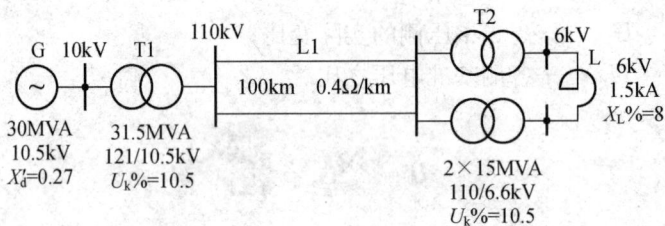

图 2-21　习题 2-13 图

（1）选择 110kV 为基本段，画出电网的有名值等值电路。

（2）选取 $U_B = 110kV$，$S_B = 100MVA$，分别用两种方法准确计算元件的标幺值，并画出等值电路。

2-14　简单电力系统接线如图 2-22 所示。若不考虑线路电阻和各元件导纳的影响，

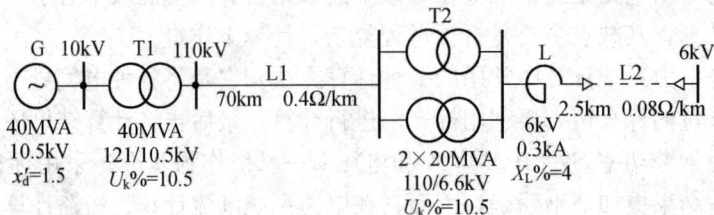

图 2-22　习题 2-14 图

试解答以下问题：

（1）画出所有参数折算到 110kV 侧的有名值等值电路。

（2）画出所有参数折算到 10kV 侧的有名值等值电路。

（3）画出 $U_B=U_{av}$、$S_B=100$MVA 的标幺值等值电路。

第三章　简单电力系统的潮流计算

电力系统带负荷正常运行时，便有电流和与之相对应的功率从电源通过元件流入负荷，在电力系统中，通常把功率和电压的分布称为潮流分布。由于负荷的随机性以及电力系统运行方式的不断变化，潮流分布也随之而发生变化，因而潮流计算成为电力系统计算的重要任务之一。通过对电力系统各种运行方式潮流分布的计算，可进一步对系统运行的安全性、经济性进行分析、评价，并提出改进措施。

电力系统潮流计算，既可以采用人工手算，也可以应用计算机计算。对于简单的电力系统或简单的配电网，可采用人工手算的方法进行潮流计算。人工手算法的主要特点是直观和概念明确。但对于现代电力系统，由于其网络复杂、结构庞大，有数百甚至上千个母线（节点）和线路，人工手算已不能适应系统快速、准确的计算要求，必须应用计算机计算。本章将重点介绍简单系统的手算潮流计算方法，复杂系统的潮流计算将在下一章中讨论。

第一节　电网的功率损耗与电能损耗

一、功率的表示方法

在电力系统潮流计算工作中，负荷可以用电流表示，也可以用功率表示。在一般情况下，负荷以功率表示，运算起来比较简单。本书采用国际电工委员会推荐的约定，复功率为电压相量与电流共轭相量的乘积，即

$$\dot{S} = \dot{U} \overset{*}{I} = P + jQ$$

如图 3 - 1 所示，若负荷为感性负荷时，电流相量滞后于电压相量 φ 角，用复功率表示时，计算式为

$$\begin{aligned}
\dot{S}_{Ph} &= \dot{U}_{Ph} \overset{*}{I} = U_{Ph}e^{j\beta} \times Ie^{-j\alpha} = U_{Ph}Ie^{j\varphi} \\
&= U_{Ph}I\cos\varphi + jU_{Ph}I\sin\varphi = P_{Ph} + jQ_{Ph}
\end{aligned} \tag{3-1}$$

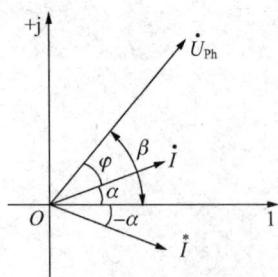

式中　$\dot{U}_{Ph}$——相电压相量，kV；

$\overset{*}{I}$——相电流幅值及其共轭相量，A；

P_{Ph}——单相有功功率，kW 或 MW；

Q_{Ph}——单相无功功率，kvar 或 Mvar；

φ——相电压与电流的夹角，即功率因数角。

图 3 - 1　电压与电流的相量图

式（3 - 1）两端同乘以 3 可得到用线电压表示的三相负荷功率

$$\dot{S} = \sqrt{3}UI\cos\varphi + j\sqrt{3}UI\sin\varphi = P + jQ \tag{3-2}$$

式中　P——三相有功功率，kW 或 MW；

Q——三相无功功率，kvar 或 Mvar。

故三相视在功率为

$$S = \sqrt{P^2 + Q^2} = \sqrt{3}UI \qquad (3-3)$$

式中　S——三相视在功率，kVA 或 MVA。

用上述约定的方法表示功率时，当负荷以滞后功率因数运行时所吸收的感性无功功率为正，以超前功率因数运行时所吸收的容性无功功率为负。

二、电网的功率损耗

电网运行时，电流通过各个元件，在电阻和变压器铁心中因发热产生有功功率损耗，在电感中因建立磁场而损耗感性无功功率，在电容中因建立电场而损耗容性无功功率。感性无功与容性无功可以互相补偿。显然，线路上的有功功率损耗和无功功率损耗与通过线路的电流或功率有关。

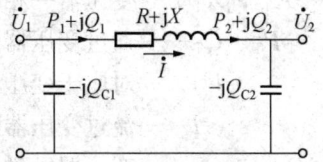

图 3-2　线路的 Π 形等值电路

1. 线路的功率损耗

图 3-2 所示为线路的 Π 形等值电路。线路首、末端电压分别为 $\dot{U}_1$、$\dot{U}_2$，流过线路阻抗中的电流为 $\dot{I}$，则三相线路阻抗中所产生的功率损耗为

$$\Delta \dot{S} = 3I^2(R+jX) \times 10^{-6} = \frac{P_2^2 + Q_2^2}{U_2^2}(R+jX)$$

$$= \frac{P_2^2 + Q_2^2}{U_2^2}R + j\frac{P_2^2 + Q_2^2}{U_2^2}X = \Delta P + j\Delta Q \qquad (3-4a)$$

式中　$\Delta \dot{S}$——三相线路中所产生的功率损耗，MVA；

　　　　I——线电流，A；

　　$R+jX$——线路一相的阻抗，Ω；

　　P_2、Q_2——流过线路阻抗末端的三相有功和无功功率，MW 和 Mvar；

　　　　U_2——对应于线路末端功率的线路末端线电压，近似计算时可以用额定电压 U_N 代替，kV。

式（3-4a）中，$\Delta P = \dfrac{P_2^2 + Q_2^2}{U_2^2}R$ 称为线路电阻中有功功率损耗，$\Delta Q = \dfrac{P_2^2 + Q_2^2}{U_2^2}X$ 称为线路电抗中无功功率损耗，且式中的功率和电压必须采用同一侧的值。

图 3-2 所示的线路等值电路中，一般将线路容纳平均分接在等值电路的两端，对应的容性功率分别为 Q_{C1}（$=U_1^2 B/2$）和 Q_{C2}（$=U_2^2 B/2$）。一般考虑到线路两端的电压差异不大，都在额定电压附近，近似计算时常取 $Q_C = Q_{C1} + Q_{C2} = U_N^2 B$。这样，线路总的功率损耗为

$$\Delta \dot{S} = \Delta P + j(\Delta Q - Q_C)$$

同理，线路阻抗中的功率损耗若用线路阻抗首端功率和线路首端电压表示时，则有

$$\Delta \dot{S} = \frac{P_1^2 + Q_1^2}{U_1^2}R + j\frac{P_1^2 + Q_1^2}{U_1^2}X = \Delta P + j\Delta Q \qquad (3-4b)$$

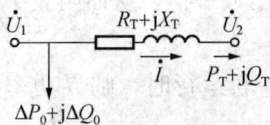

图 3-3　双绕组变压器的等值电路

2. 变压器的功率损耗

图 3-3 为双绕组变压器的等值电路。等值电路首端和末端的电压分别为 $\dot{U}_1$、$\dot{U}_2$，阻抗中通过的电流为 $\dot{I}$，则三相变压器中的功率损耗为

$$\Delta \dot{S}_{\mathrm{T}} = 3I^2(R_{\mathrm{T}}+\mathrm{j}X_{\mathrm{T}}) \times 10^{-6} + (\Delta P_0 + \mathrm{j}\Delta Q_0)$$

$$= \frac{P_{\mathrm{T}}^2+Q_{\mathrm{T}}^2}{U_2^2}(R_{\mathrm{T}}+\mathrm{j}X_{\mathrm{T}}) + (\Delta P_0 + \mathrm{j}\Delta Q_0)$$

$$= \left(\frac{P_{\mathrm{T}}^2+Q_{\mathrm{T}}^2}{U_2^2}R_{\mathrm{T}}+\Delta P_0\right) + \mathrm{j}\left(\frac{P_{\mathrm{T}}^2+Q_{\mathrm{T}}^2}{U_2^2}X_{\mathrm{T}}+\Delta Q_0\right) = \Delta P_{\mathrm{T}} + \mathrm{j}\Delta Q_{\mathrm{T}} \tag{3-5}$$

式中　　$\Delta \dot{S}_{\mathrm{T}}$——三相变压器总损耗，MVA；

$R_{\mathrm{T}}+\mathrm{j}X_{\mathrm{T}}$——变压器一相的阻抗，$\Omega$；

P_{T}、Q_{T}——通过变压器阻抗上的有功功率和无功功率，MW 和 Mvar；

U_2——对应于变压器等值电路末端的电压，kV；

I——流过变压器阻抗上的电流，A；

$\Delta P_0 + \mathrm{j}\Delta Q_0$——变压器励磁导纳中的有功损耗和无功损耗，MVA。

将式（3-5）中的损耗分开来写，可得到有功损耗和无功损耗的表达式分别为

$$\Delta P_{\mathrm{T}} = \frac{P_{\mathrm{T}}^2+Q_{\mathrm{T}}^2}{U_2^2}R_{\mathrm{T}} + \Delta P_0 = \left(\frac{S_{\mathrm{T}}}{U_2}\right)^2 R_{\mathrm{T}} + \Delta P_0 \tag{3-6}$$

$$\Delta Q_{\mathrm{T}} = \frac{P_{\mathrm{T}}^2+Q_{\mathrm{T}}^2}{U_2^2}X_{\mathrm{T}} + \Delta Q_0 = \left(\frac{S_{\mathrm{T}}}{U_2}\right)^2 X_{\mathrm{T}} + \Delta Q_0 \tag{3-7}$$

若将式（2-29）及式（2-31）中的功率用 MVA 为单位，考虑到变压器正常工作时的电压接近额定电压，即 $U \approx U_{\mathrm{N}}$，则双绕组变压器的功率损耗计算式可表示为

$$\Delta P_{\mathrm{T}} = \Delta P_{\mathrm{k}}\left(\frac{S_{\mathrm{T}}}{S_{\mathrm{N}}}\right)^2 + \Delta P_0 \tag{3-8}$$

$$\Delta Q_{\mathrm{T}} = \frac{U_{\mathrm{k}}\%}{100} \times \frac{S_{\mathrm{T}}^2}{S_{\mathrm{N}}} + \frac{I_0\%S_{\mathrm{N}}}{100} \tag{3-9}$$

当有 n 台参数相同的变压器并联运行时，变压器中总的功率损耗为

$$\left.\begin{aligned}\Delta P_{\mathrm{T}} &= \frac{\Delta P_{\mathrm{k}}}{n}\left(\frac{S_{\mathrm{T}}}{S_{\mathrm{N}}}\right)^2 + n\Delta P_0 \\ \Delta Q_{\mathrm{T}} &= \frac{U_{\mathrm{k}}\%}{100n} \times \frac{S_{\mathrm{T}}^2}{S_{\mathrm{N}}} + n\frac{I_0\%S_{\mathrm{N}}}{100}\end{aligned}\right\} \tag{3-10}$$

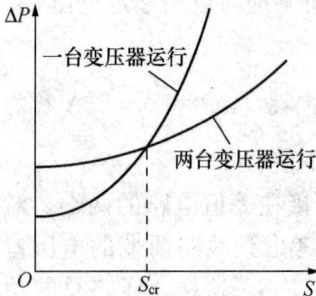

图 3-4　变压器功率损耗随负荷变化的情况

图 3-4 所示为当变电站负荷一定时，一台变压器运行和两台变压器并联运行的功率损耗随变电站负荷变化的情况。由图可知，两条曲线的交点对应的负荷功率为临界功率 S_{cr}。当 $S < S_{\mathrm{cr}}$ 时，一台变压器运行比较经济；当 $S > S_{\mathrm{cr}}$ 时，两台变压器并联运行比较经济。所以，当变电站中的负荷较小时，切除一台变压器不仅可以降低功率损耗和电能损耗，而且也可以改善电压质量。这是因为负荷较小时，系统电压往往偏高，切除一台变压器可使阻抗增大一倍，从而阻止了电压的升高。

由式（3-10）可推出，当 n 台变压器与 $n-1$ 台变压器并联运行时，临界功率的表达式为

$$S_{\mathrm{cr}} = S_{\mathrm{N}}\sqrt{n(n-1)\frac{\Delta P_0}{\Delta P_{\mathrm{k}}}} \tag{3-11}$$

当 $S > S_{cr}$ 时，宜投入 n 台变压器并联运行；当 $S < S_{cr}$ 时，宜投入 $n-1$ 台变压器并联运行。

仿照双绕组变压器功率损耗的求取方法，对于有三个支路的三绕组变压器，若高、中、低三个绕组的电压分别为 $\dot{U}_1$、$\dot{U}_2$、$\dot{U}_3$，流过三个绕组的功率分别为 P_1+jQ_1、P_2+jQ_2、P_3+jQ_3，则三绕组变压器的功率损耗为

$$\Delta P_T = \frac{P_1^2+Q_1^2}{U_1^2}R_{T1} + \frac{P_2^2+Q_2^2}{U_2^2}R_{T2} + \frac{P_3^2+Q_3^2}{U_3^2}R_{T3} + \Delta P_0 \qquad (3-12)$$

$$\Delta Q_T = \frac{P_1^2+Q_1^2}{U_1^2}X_{T1} + \frac{P_2^2+Q_2^2}{U_2^2}X_{T2} + \frac{P_3^2+Q_3^2}{U_3^2}X_{T3} + \Delta Q_0 \qquad (3-13)$$

三、电能损耗计算

在电力系统中，不但要进行功率损耗计算，还要进行电能损耗计算。若流经电力线路和变压器的负荷功率在一段时间 T 内不变，则电能损耗可计算为

$$\Delta A = \Delta PT = \frac{P^2+Q^2}{U^2}RT$$

式中　ΔP——线路或变压器的有功功率损耗；

　　　P、Q——流经线路或变压器的有功功率和无功功率；

　　　R——线路或变压器的电阻。

由于流经线路或变压器的功率是随时间变化的，因此不能简单地用上式来计算电能损耗，需用积分式来计算

$$\Delta A = \int_0^T \Delta P \mathrm{d}t = R\int_0^T \left(\frac{S}{U}\right)^2 \mathrm{d}t \qquad (3-14)$$

一般 T 取 8760h，则 ΔA 为一年的电能损耗。由于负荷随时间的变化规律很难用简单的函数式表示，因而直接用式（3-14）计算电能损耗比较困难。在工程计算中常采用一些近似的方法计算电网的电能损耗，最常用的方法是利用最大功率损耗时间法来近似计算电能损耗。

当 U 不变时，式（3-14）可改写为

$$\Delta A = \frac{R}{U^2}\int_0^{8760} S^2 \mathrm{d}t$$

若已知负荷曲线或负荷一年中的实测纪录，则由 S 曲线很容易得到 S^2 曲线，如图 3-5 所示。上式中的积分可用一高度为 S_{max}^2，宽度为 τ_{max} 的矩形面积来表示，故上式可表示为

$$\Delta A = \frac{S_{max}^2}{U^2}R\tau_{max} = \Delta P_{max}\tau_{max} \qquad (3-15)$$

式中　$\Delta P_{max} = \dfrac{S_{max}^2}{U^2}R$——流过最大负荷功率时的有功功率损耗；

　　　τ_{max}——最大功率损耗时间。

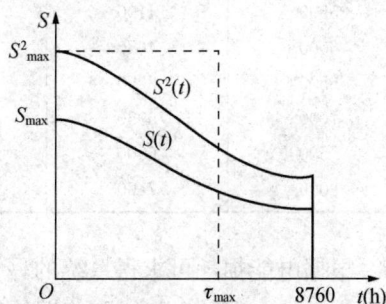

图 3-5　最大功率损耗时间的意义

其意义为负荷以实际功率运行一年在线路上产生的电能损耗与该负荷以最大功率连续运行 τ_{max} 产生的电能损耗相等。显然，最大功率损耗时间 τ_{max} 与负荷曲线的形状有关，最大负荷利用时间 T_{max}

越大，则 τ_{max} 也越大，在任何情况下 $\tau_{max} \leqslant T_{max}$。

τ_{max} 除了与负荷曲线有关外，还与其功率因数有关。因为一般负荷的有功功率曲线与无功功率曲线是不同的。具体地讲，无功功率在一年中的变化比较平缓，因此考虑无功功率后，τ_{max} 有增大的趋势。而且功率因数越低，无功功率对整个 ΔA 的影响越大，所以 τ_{max} 增大的趋势也愈明显。τ_{max} 与 T_{max} 及最大负荷时的功率因数 $\cos\varphi$ 的关系见表 3-1。一般可由负荷的性质查出 T_{max}，再根据 T_{max} 及 $\cos\varphi$ 查出 τ_{max} 值，即可利用式（3-15）计算全年的电能损耗。

变压器并联支路的电能损耗计算式为

$$\Delta A_Y = \Delta P_0 T \quad \text{（kWh）}$$

式中　T——变压器每年投入运行的时间；

　　　ΔP_0——变压器的空载损耗，kW。

当有 n 台变压器并联运行，并且电压为额定值时，全年的电能损耗为

$$\Delta A = \frac{S_{max}^2}{n S_N^2} \Delta P_k \tau_{max} + n \Delta P_0 T \quad \text{（kWh）} \tag{3-16}$$

式中　S_N——变压器额定容量，MVA；

　　　S_{max}——通过变压器的最大负荷，MVA；

　　　n——并联运行的变压器台数；

　　　ΔP_k——变压器负载损耗，kW；

　　　τ_{max}——最大功率损耗时间，h。

表 3-1　　　　　　最大功率损耗时间 τ_{max} 与 T_{max} 及最大负荷时功率因数 $\cos\varphi$ 的关系

T_{max}（h） ＼ $\cos\varphi$	0.80	0.85	0.90	0.95	1.00
2000	1500	1200	1000	800	700
2500	1700	1500	1250	1100	950
3000	2000	1800	1600	1400	1250
3500	2350	2150	2000	1800	1600
4000	2750	2600	2400	2200	2000
4500	3150	3000	2900	2700	2500
5000	3600	3500	3400	3200	3000
5500	4100	4000	3950	3750	3600
6000	4650	4600	4500	4350	4200
6500	5250	5200	5100	5000	4850
7000	5950	5900	5800	5700	5600
7500	6500	6600	6550	6500	6400
8000	7400		7350		7250

根据电能损耗可求得系统的另一个经济性能指标，即线损率或称网损率。线损率是指线路上损耗的电能 ΔA 与线路首端的供电电能 A_1 之比，其值常用百分数表示，可表示为

$$\Delta A_S \% = \frac{\Delta A}{A_1} \times 100 = \frac{\Delta A}{A_2 + \Delta A} \times 100$$

式中　A_1、A_2——线路首端的供电电能和负荷端的售电电能量；

ΔA——线路的电能损耗。

第二节 电网的电压计算

一、电压计算

由电工基础知识得知，电网中任意两点之间电压的相量差，称为电压降落；任意两点之间电压的代数差，称为电压损耗。图 3 - 6 所示为简化后的线路等值电路及首末端电压相量图。图中 $\mathrm{d}\dot{U}_{12}$ 为 $\dot{U}_1$、$\dot{U}_2$ 之间的电压降落，ΔU_{12} 为 U_1、U_2 之间的电压损耗。电压降落在实轴上的投影 ΔU，称为电压降落的纵分量；在虚轴上的投影 δU，称为电压降落的横分量。在电网中，通常将某点实际电压与额定电压的代数差称为该点的电压偏移，并以额定电压的百分数表示。显然，首端电压相对于额定电压的电压偏移称为首端电压偏移，末端电压相对于

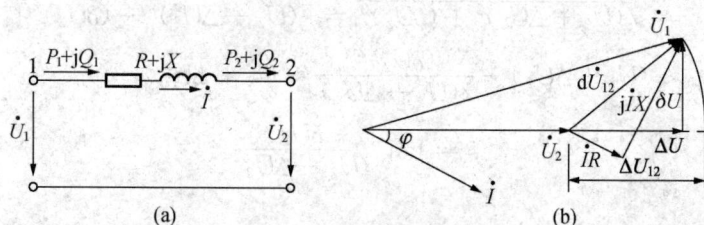

图 3 - 6　电力线路首末端的电压关系

(a) 线路的等值电路；(b) 电压相量图

额定电压的电压偏移称为末端电压偏移。电压偏移可表示为

$$m\% = \frac{U - U_N}{U_N} \times 100 \qquad (3 - 17)$$

式中　U——电网中某点的实际电压，kV。

在图 3 - 6 所示的简化电力线路等值电路中，若线路首端相电压为 $\dot{U}_{1ph}$，末端相电压为 $\dot{U}_{2ph}$，则线路首末端的电压降落为

$$\mathrm{d}\dot{U}_{12ph} = \dot{U}_{1ph} - \dot{U}_{2ph}$$

或

$$\dot{U}_{1ph} = \dot{U}_{2ph} + \mathrm{d}\dot{U}_{12ph} = \dot{U}_{2ph} + \dot{I}(R + \mathrm{j}X)$$

$$= \dot{U}_{2ph} + \frac{\overset{*}{S}_{2ph}}{\overset{*}{U}_{2ph}}(R + \mathrm{j}X)$$

$$= \dot{U}_{2ph} + \frac{P_{2ph} - \mathrm{j}Q_{2ph}}{\overset{*}{U}_{2ph}}(R + \mathrm{j}X)$$

若取末端电压 $\dot{U}_{2ph}$ 为参考相量，$\dot{U}_{2ph} = U_{2ph}\angle 0°$，则由上式得

$$\dot{U}_{1ph} = U_{2ph} + \frac{P_{2ph}R + Q_{2ph}X}{U_{2ph}} + \mathrm{j}\frac{P_{2ph}X - Q_{2ph}R}{U_{2ph}} \qquad (3 - 18)$$

式（3 - 18）的推导是以单相电路为基础的，在实际电网中，常用三相功率和线电压进行计算。将式（3 - 18）两边同乘以 $\sqrt{3}$，整理得

$$\dot{U}_1 = U_2 + \frac{P_2R + Q_2X}{U_2} + \mathrm{j}\frac{P_2X - Q_2R}{U_2} = U_2 + \Delta U_2 + \mathrm{j}\delta U_2 \qquad (3 - 19)$$

式中　$\dot{U}_1$、$\dot{U}_2$——首端、末端线电压，kV；

　　　　P_2、Q_2——末端三相有功、无功功率，MW、Mvar；

　　ΔU_2、δU_2——线电压降落的纵分量和横分量，参见图 3 - 7 (a)；

　　　　R、X——每一相的等值电阻和电抗，Ω。

式（3 - 19）为已知末端电压求首端电压的计算公式。可以看出，在用有名值计算的情况下，可以借用单相电路图进行三相计算。在后面的分析和计算中，只要不作特殊说明，均是以单相图进行三相计算的。在等值电路中，电压为线电压，功率为三相功率，参数仍为一相的等值参数。

根据式（3 - 19）绘制出的电压相量图示于图 3 - 7 (a) 中。在电压计算中，往往要计算出电压的大小和相角。求式（3 - 19）中电压的模值，并用二项式定理展开，忽略 3 次及以后各高次项，得首端电压的大小和相角分别为

$$U_1 = \sqrt{(U_2 + \Delta U_2)^2 + (\delta U_2)^2} = \left[(U_2 + \Delta U_2)^2 + (\delta U_2)^2\right]^{\frac{1}{2}}$$

$$\approx (U_2 + \Delta U_2) + \frac{(\delta U_2)^2}{2(U_2 + \Delta U_2)} \approx U_2 + \Delta U_2 \qquad (3 - 20)$$

$$\delta = \tan^{-1} \frac{\delta U_2}{U_2 + \Delta U_2} \qquad (3 - 21)$$

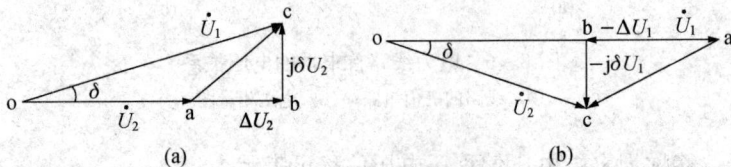

图 3 - 7　电网阻抗上的电压相量图

（a）以末端电压 $\dot{U}_2$ 为参考相量；（b）以首端电压 $\dot{U}_1$ 为参考相量

若已知线路首端电压求末端电压，参照上述推导方法，并以 $\dot{U}_1$ 为参考相量，则线路末端电压为

$$\dot{U}_2 = U_1 - \frac{P_1 R + Q_1 X}{U_1} - \mathrm{j} \frac{P_1 X - Q_1 R}{U_1} = U_1 - \Delta U_1 - \mathrm{j}\delta U_1 \qquad (3 - 22)$$

图 3 - 7 (b) 示出了以首端电压为参考相量时的电压相量图。由式（3 - 22）可得，末端电压的大小及相角分别为

$$U_2 = \sqrt{(U_1 - \Delta U_1)^2 + (\delta U_1)^2} = \left[(U_1 - \Delta U_1)^2 + (\delta U_1)^2\right]^{\frac{1}{2}}$$

$$\approx (U_1 - \Delta U_1) - \frac{(\delta U_1)^2}{2(U_1 - \Delta U_1)} \approx U_1 - \Delta U_1 \qquad (3 - 23)$$

$$\delta = \tan^{-1} \frac{-\delta U_1}{U_1 - \Delta U_1} \qquad (3 - 24)$$

需要指出的是，式（3 - 19）和式（3 - 22）中的电压降纵分量 ΔU_1、ΔU_2 并不相等，ΔU_1 是以电压 $\dot{U}_1$ 为参考相量的电压降纵分量，而 ΔU_2 是以电压 $\dot{U}_2$ 为参考相量的电压降纵分量，其相量关系示于图 3 - 8 中。在不考虑电压降的横分量 δU 时，ΔU_1、ΔU_2 近似等于首末端的电压损耗。在实用计算中，当电网额定电压在 110kV 及以下时，可以不计电压降的

横分量 δU，这样引起的误差并不大。

【例 3-1】 某 220kV 输电线路，长 200km，已知线路的参数为 $r_1 = 0.108\Omega/\text{km}$、$x_1 = 0.411\Omega/\text{km}$、$b_1 = 2.8 \times 10^{-6}\text{S/km}$。若线路首端电压保持 226kV 不变，试求：（1）线路末端负荷为 $100 + j60\text{MVA}$ 时，线路末端的电压；（2）线路末段突然甩负荷的情况下，若不计线路功率损耗时，线路末端的电压。

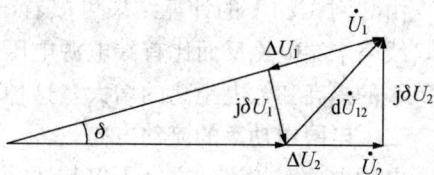

图 3-8 电压降落的两种分解法

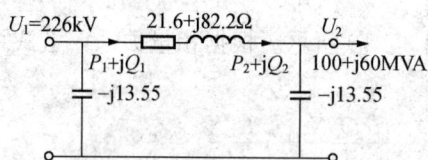

图 3-9 ［例 3-1］等值电路

等值电路如图 3-9 所示。

解 （1）计算线路参数，画等值图。线路参数可分别计算为

$$R = r_1 l = 0.108 \times 200 = 21.6(\Omega)$$

$$X = x_1 l = 0.411 \times 200 = 82.2(\Omega)$$

$$B = b_1 l = 2.8 \times 10^{-6} \times 200 = 5.6 \times 10^{-4}(\text{S})$$

$$Q_\text{C} = U_\text{N}^2 B = 220^2 \times 5.6 \times 10^{-4} = 27.1(\text{Mvar})$$

（2）计算负荷时线路末端的电压。

线路末端负荷为 $100 + j60\text{MVA}$，通过线路阻抗的功率为

$$P_2 + jQ_2 = 100 + j(60 - 13.55) = 100 + j46.45 \ (\text{MVA})$$

线路阻抗上的功率损耗为

$$\Delta \dot{S} = \frac{100^2 + 46.45^2}{220^2} \times (21.6 + j82.2) = 5.43 + j20.65 \ (\text{MVA})$$

通过线路阻抗首端的功率为

$$P_1 + jQ_1 = (100 + 5.43) + j(46.45 + 20.65)$$
$$= 105.43 + j67.1 \ (\text{MVA})$$

线路末端的电压为

$$\dot{U}_2 = U_1 - \frac{P_1 R + Q_1 X}{U_1} - j\frac{P_1 X - Q_1 R}{U_1}$$

$$= 226 - \frac{105.43 \times 21.6 + 67.1 \times 82.2}{226} - j\frac{105.43 \times 82.2 - 67.1 \times 21.6}{226}$$

$$= 191.52 - j31.93 = 194.16\angle -9.47°(\text{kV})$$

（3）计算线路末端空载时的电压。

线路末端功率为 $0 + j0\text{MVA}$，通过线路阻抗上的功率为 $-j13.55\text{Mvar}$。

不计损耗时，通过线路阻抗首端的功率为

$$P_1 + jQ_1 = 0 - j13.55\text{Mvar}$$

线路末端的电压为

$$\dot{U}_2 = U_1 - \frac{P_1 R + Q_1 X}{U_1} - j\frac{P_1 X - Q_1 R}{U_1}$$

$$= 226 - \frac{(-13.55) \times 82.2}{226} + j\frac{(-13.55) \times 21.6}{226}$$

$$= 230.93 - j1.3 = 230.93\angle -0.321°(\text{kV})$$

由［例 3 - 1］的计算结果可以看出，线路重载时，末端电压下降；而线路轻载或空载时，线路末端电压反而比首端电源电压还要高。这种现象称为长线路的电容效应，而且随电压等级的提高和输电距离的增大，这种末端电压升高的现象将更为明显。

二、电网中功率的流动方向

电网中功率的流动方向不仅与两端电压的高低有关，而且与两端电压的相位有关。为了分析问题方便起见，对于高压电网，考虑到 $X \gg R$，可近似取 $R=0$，由式（3 - 19）得

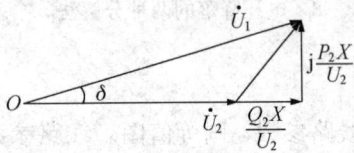

$$\dot{U}_1 = U_2 + \frac{Q_2 X}{U_2} + j\frac{P_2 X}{U_2}$$

图 3 - 10　电压相量关系

上式的相量关系如图 3 - 10 所示。根据相量关系，上式可改写为

$$\dot{U}_1 = U_1 \angle \delta = U_1\cos\delta + jU_1\sin\delta = U_2 + \frac{Q_2 X}{U_2} + j\frac{P_2 X}{U_2}$$

按照实部等于实部，虚部等于虚部的原则，由上式整理得

$$P_2 = \frac{U_1 U_2}{X}\sin\delta \,;\; Q_2 = \frac{(U_1\cos\delta - U_2)U_2}{X} \tag{3 - 25}$$

由式（3 - 25）中有功功率的表达式可以看出，若 $\dot{U}_1$ 超前于 $\dot{U}_2$，则 $\sin\delta > 0$，$P_2 > 0$。这说明电网中的有功功率总是从电压超前的一端向电压滞后的一端流动。

由于电力系统稳定性的要求，线路两端电压的夹角不可能很大，δ 角一般很小，故 $\cos\delta \approx 1$，所以式（3 - 25）中的无功功率表达式可简化为

$$Q_2 = \frac{(U_1 - U_2)U_2}{X} \tag{3 - 26}$$

由式（3 - 26）可以看出，若 $U_1 > U_2$，则 $Q_2 > 0$。这说明电网中的感性无功功率总是从电压高的一端流向电压低的一端，而容性无功功率则总是从电压低的一端流向电压高的一端。

需要说明的是，上述结论是在 $R=0$ 的情况下得出的，只适用于高压电网。因为低压电网中的参数并不一定满足 $X \gg R$，甚至有些情况下 $R > X$，以上结论并不成立。

第三节　简单辐射型电网的潮流计算

简单电网包括辐射型电网和闭式电网两大类。辐射型电网，简称辐射网，是指负荷只能从一个方向获得电能的电网，如一端电源供电的配电网、树形网、干线网及闭环设计开环运行的两端供电网等。闭式电网，简称闭式网，是指负荷可以从两个或两个以上方向（电源）获得电能的电网，如两端供电网、环形网等。以下分两类情况进行讨论。

一、高压辐射网的潮流计算

辐射网中，若已知末端功率求首端功率，其潮流计算的方法是从末端开始计算，末端功率加上线路（变压器）功率损耗及充电功率（空载损耗），即为首端功率；若已知首端功率求末端功率，应从首端开始计算，首端功率减去线路（变压器）功率损耗及充电功率（空载损耗），即为末端功率。依此类推，可求出各段的功率分布，再根据各段的功率分布和已知电压，求得任意母线的电压及相位。下面通过例题说明高压辐射网潮流计算

的方法、过程和步骤。

【例 3 - 2】　　有一额定电压为 110kV 的一端电源高压供电网，接线如图 3 - 11（a）所示，各相关的已知参数均注明于图中。若系统高压母线电压 $U_A = 116$kV，试求该电网的潮流分布。

解　（1）计算参数并画等值电路。为了避免重复计算，参数的计算过程略去（下同），计算结果及等值电路如图 3 - 11（b）所示。

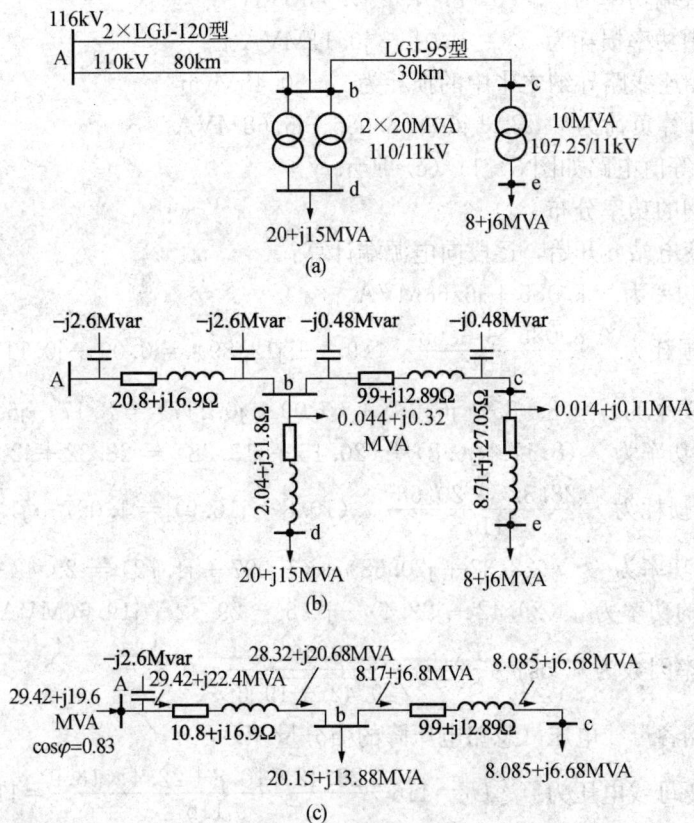

(a)

(b)

(c)

图 3 - 11　［例 3 - 2］图
(a) 电网接线图；(b) 等值电路图；(c) 简化后的等值电路图

（2）计算负荷并简化等值电路。在进行等值电路图的简化时，首先要对降压变电站的负荷进行计算，即变电站的计算负荷等于变电站低压侧的负荷，加上变压器阻抗和导纳中的损耗，再加上变电站高压母线的负荷以及与高压母线所连接线路电容功率之半。所以，计算变电站负荷，实际上是求变电站高压母线的等值负荷。

1）降压变电站 b 的计算负荷：

低压母线负荷为　　　　　　　20＋j15MVA

变压器阻抗中的功率损耗为　　$\dfrac{20^2+15^2}{110^2} \times (2.04+j31.8) = 0.105+j1.64$（MVA）

变压器阻抗首端功率为　　　　20.105＋j16.64MVA

变压器导纳中功率损耗为　　　0.044＋j0.32MVA

与变电站 b 相连线路导纳之半中的损耗为　　$-(j2.6+j0.48)=-j3.08(\text{Mvar})$

变电站 b 的计算负荷　　　　$P_{cb}+jQ_{cb}=20.15+j13.88(\text{MVA})$

2）降压变电站 c 的计算负荷：

低压母线负荷为　　　　　　　　　　　$8+j6\text{MVA}$

变压器阻抗中的功率损耗为　　　$\dfrac{8^2+6^2}{110^2}\times(8.71+j127.05)=0.072+j1.05(\text{MVA})$

变压器阻抗首端功率为　　　　$8.072+j7.05\text{MVA}$

变压器导纳中功率损耗为　　　$0.014+j0.11\text{MVA}$

与变电站 c 相连线路导纳之半中的损耗为　　$-j0.48\text{Mvar}$

变电站 c 的计算负荷为　　$P_{cc}+jQ_{cc}=8.085+j6.68\text{MVA}$

3）简化后的等值电路如图 3-11（c）所示。

（3）计算电网的功率分布。

从线路末端变电站 c 开始，逐段向电源端计算：

bc 线路末端功率为　　$8.085+j6.68\text{MVA}$

bc 线路功率损耗为　　$\dfrac{8.085^2+6.68^2}{110^2}\times(9.9+j12.89)=0.09+j0.117(\text{MVA})$

bc 线路首端功率为　　$(8.085+j6.68)+(0.09+j0.117)=8.17+j6.8(\text{MVA})$

Ab 线路末端功率为　　$(8.17+j6.8)+(20.15+j13.88)=28.32+j20.68(\text{MVA})$

Ab 线路功率损耗为　　$\dfrac{28.32^2+20.68^2}{110^2}\times(10.8+j16.9)=1.097+j1.72(\text{MVA})$

Ab 线路首端功率为　　$(28.32+j20.68)+(1.097+j1.72)=29.42+j22.4(\text{MVA})$

注入母线 A 的功率为　　$(29.42+j22.4)-j2.6=29.42+j19.6(\text{MVA})$

母线 A 的功率因数为　　$\cos\varphi=\dfrac{P_A}{S_A}=\dfrac{29.42}{\sqrt{29.42^2+19.6^2}}=0.83$

（4）计算电网各母线电压（忽略电压降的横分量 δU）：

变电站 b 高压母线电压为　　$U_b=116-\dfrac{29.42\times10.8+22.4\times16.9}{116}=110\ (\text{kV})$

变电站 b 低压母线电压折算到高压侧的值为

$$U'_d=110-\dfrac{20.105\times2.04+16.64\times31.8}{110}=104.82(\text{kV})$$

变电站 b 低压侧母线实际电压为　　$U_d=104.82\times\dfrac{11}{110}=10.48\ (\text{kV})$

变电站 c 高压母线电压为　　$U_c=110-\dfrac{8.17\times9.9+6.8\times12.87}{110}=108.47\ (\text{kV})$

变电站 c 低压母线电压折算到高压侧的值为

$$U'_e=108.47-\dfrac{8.072\times8.71+7.05\times127.05}{108.47}=99.57(\text{kV})$$

变电站 c 低压侧母线实际电压为　　$U_e=99.57\times\dfrac{11}{107.25}=10.21\ (\text{kV})$

在［例 3-2］的潮流计算中，因为已知线路首端电压和末端功率，所以在计算功率损耗时用额定电压代替了末端的实际电压，这样计算产生的误差一般能满足工程要求的准确度。在计算变电站 b 和变电站 c 低压侧的实际电压时，要利用变压器变比进行折算，其中 110/11 和 107.25/11 分别为变电站 b、c 的变压器实际变比。

二、中低压辐射网的潮流计算

中低压配电网大多是辐射网，其特点是电压低、线路短、输送的功率小，为了简化计算，在潮流计算中可以采取下列简化措施：

（1）不计导纳及导纳中的功率损耗。

（2）不计阻抗中的功率损耗。

（3）不计电压降的横分量。

（4）在计算公式中，可以近似地用额定电压 U_N 代替实际电压。

1. 具有集中负荷的中低压辐射网的潮流计算

多个集中负荷中低压配电网功率分布的计算方法为任一段线路上的功率分布等于其后所连接的负荷的总和，任一负荷点的电压等于首端电源电压减去电源到该负荷点的线路上的电压损耗。下面通过例题说明这种计算方法。

【例 3 - 3】 有一额定电压为 10kV 的中压配电网，已知数据均标注于图 3 - 12（a）中。试求：（1）线路各段的功率分布；（2）线路最大电压损耗；（3）若首端电源电压 $U_A =$ 10.5kV 时，各负荷点的实际电压及电压偏移。

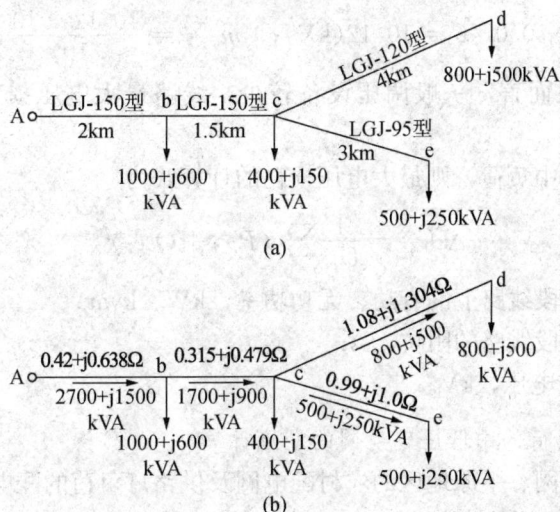

图 3 - 12　［例 3 - 3］图

(a) 配电网接线图；(b) 参数及潮流分布图

解　计算参数。参数计算略，求出的参数见图 3 - 12（b）。

（1）计算各段的功率分布。各段线路上的功率分布为

$$P_{cd} + jQ_{cd} = 800 + j500 \text{kVA}$$

$$P_{ce} + jQ_{ce} = 500 + j250 \text{kVA}$$

$$P_{bc} + jQ_{bc} = (800 + 500 + 400) + j(500 + 250 + 150) = 1700 + j900 \text{kVA}$$

$$P_{Ab} + jQ_{Ab} = (1700 + 1000) + j(900 + 600) = 2700 + j1500 \text{kVA}$$

各段线路上的功率分布计算结果示于图 3 - 12（b）。

（2）计算各段线路上的电压损耗及最大电压损耗。各段线路的电压损耗为

$$\Delta U_{Ab} = \frac{P_{Ab}r_{Ab} + Q_{Ab}x_{Ab}}{U_N} = \frac{2700 \times 0.42 + 1500 \times 0.638}{10} = 209.1(V)$$

$$\Delta U_{bc} = \frac{1700 \times 0.315 + 900 \times 0.479}{10} = 96.6(V)$$

$$\Delta U_{cd} = \frac{800 \times 1.08 + 500 \times 1.304}{10} = 151.6(V)$$

$$\Delta U_{ce} = \frac{500 \times 0.99 + 250 \times 1.0}{10} = 74.6(V)$$

最大电压损耗为

$$\Delta U_{Ad} = \Delta U_{Ab} + \Delta U_{bc} + \Delta U_{cd} = 209.1 + 96.6 + 151.6 = 457.3(V)$$

（3）求各负荷点的实际电压及电压偏移为

$$U_b = 10.5 - 0.2091 = 10.29(kV); \quad m_b\% = \frac{10.29 - 10}{10} \times 100 = 2.9$$

$$U_c = 10.29 - 0.0966 = 10.193(kV); \quad m_c\% = \frac{10.193 - 10}{10} \times 100 = 1.93$$

$$U_d = 10.193 - 0.1516 = 10.042(kV); \quad m_d\% = \frac{10.042 - 10}{10} \times 100 = 0.42$$

$$U_e = 10.193 - 0.0746 = 10.12(kV); \quad m_e\% = \frac{10.12 - 10}{10} \times 100 = 1.2$$

对于中低压配电网而言，一般调压设备较少，线路最大电压损耗是比较重要的运行参数。

若线路上有 n 个集中负荷，则最大电压损耗的计算式为

$$\Delta U_{max} = \frac{1}{U_N} \sum_{i=1}^{n} (P_i r_i + Q_i x_i) \tag{3-27}$$

式中　P_i、Q_i——第 i 段线路上的有功、无功功率，kW、kvar；

　　　r_i、x_i——第 i 段线路的阻抗，Ω；

　　　U_N——额定电压，kV。

2. 具有均匀分布负荷的中低压辐射网的潮流计算

对于某些城市配电网、平原地区的农村配电网及供路灯负荷的配电网等，可以近似地认为电网的负荷沿线路均匀分布，简称匀布负荷。图 3-13（a）所示为匀布负荷线路，bc 段的匀布负荷密度为 p、q，dl 微段上的负荷 $(p+jq)dl$ 在 l 长线路的阻抗 $(r_1+jx_1)l$ 上产生的微电压损耗 $d(\Delta U)$ 为

$$d(\Delta U) = \frac{1}{U_N}(pr_1 + qx_1)ldl \tag{3-28}$$

式中　p、q——匀布负荷的有功、无功功率负荷密度，kW/km、kvar/km；

　　　r_1、x_1——单位长度线路的电阻、电抗，Ω/km。

Ac 段线路的最大电压损耗为

$$\Delta U_{Ac} = \int_{L_b}^{L_c} d(\Delta U) = \frac{pr_1 + qx_1}{U_N} \int_{L_b}^{L_c} ldl = \frac{pr_1 + qx_1}{U_N} \left[\frac{(L_c - L_b)(L_c + L_b)}{2} \right]$$

$$= \frac{pr_1 + qx_1}{U_N}(L_c - L_b)\left(L_b + \frac{L_c - L_b}{2}\right) = \frac{Pr_1 + Qx_1}{U_N}\left(L_b + \frac{L_c - L_b}{2}\right)$$

式中　P、Q——匀布负荷线路的总有功功率、无功功率，kW、kvar。

上式表明，计算匀布负荷线路的最大电压损耗时，可以用一个位于匀布负荷中心，大小等于总匀布负荷的集中负荷产生的电压损耗代替，如图 3 - 13 （b）所示。

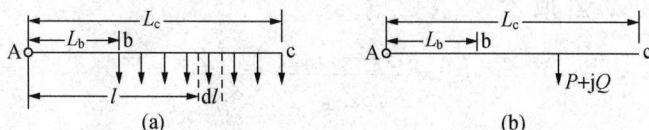

图 3 - 13　负荷均匀分布的配电网
(a) 匀布负荷线路；(b) 等效线路

第四节　两端供电网的潮流计算

两端电源供电网简称为两端供电网，它有两个独立电源给客户或变电站供电。在这样的电网中，负荷都可以同时从两个不同的方向（电源）获得电能，因此这种结构的电网供电可靠性比较高，应用也比较广泛。环网可以看作是两端电源电压相量相等的两端供电网。

一、两端供电网的初步潮流计算

不计电网阻抗和导纳中功率损耗的潮流分布，称为初步潮流分布；与此对应，计及了功率损耗的潮流分布称为最终潮流分布。对于两端电源供电的中低压配电网，由于可以忽略阻抗和导纳中的功率损耗，初步潮流分布也就是最终潮流分布；对于两端电源供电的高压配电网，需要在计算出初步潮流分布的基础上，再计及阻抗和导纳中的功率损耗，最后求得电网的最终潮流分布。

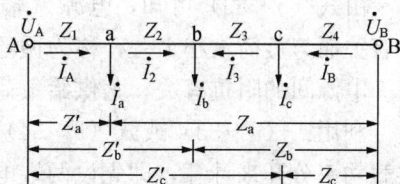

图 3 - 14　两端供电网的潮流分布

图 3 - 14 所示为具有 3 个集中负荷的两端供电网的潮流分布，取 AB 方向为正方向，根据基尔霍夫定律，可以写出回路电压方程和节点电流方程。

回路电压方程为

$$\frac{\dot{U}_A - \dot{U}_B}{\sqrt{3}} = \dot{I}_A Z_1 + \dot{I}_2 Z_2 - \dot{I}_3 Z_3 - \dot{I}_B Z_4 \tag{3-29}$$

节点 a、b、c 的电流方程分别为

$$\left.\begin{array}{l} \dot{I}_A - \dot{I}_2 - \dot{I}_a = 0 \\ \dot{I}_2 + \dot{I}_3 - \dot{I}_b = 0 \\ \dot{I}_B - \dot{I}_3 - \dot{I}_c = 0 \end{array}\right\} \tag{3-30}$$

将式 （3 - 30）代入式（3 - 29），并参照图 3 - 14，整理得

$$\frac{\dot{U}_A - \dot{U}_B}{\sqrt{3}} = \dot{I}_A(Z_1 + Z_2 + Z_3 + Z_4) - \dot{I}_a(Z_2 + Z_3 + Z_4) - \dot{I}_b(Z_3 + Z_4) - \dot{I}_c Z_4$$

$$= \dot{I}_A Z_{AB} - \dot{I}_a Z_a - \dot{I}_b Z_b - \dot{I}_c Z_c$$

$$= \dot{I}_A Z_{AB} - \sum \dot{I}_i Z_i$$

式中：$\dot{I}_i$ 取 $\dot{I}_a$、$\dot{I}_b$、$\dot{I}_c$；Z_i 取 Z_a、Z_b、Z_c。

所以
$$\dot{I}_A = \frac{\dot{U}_A - \dot{U}_B}{\sqrt{3}Z_{AB}} + \frac{\sum \dot{I}_i Z_i}{Z_{AB}} \tag{3-31}$$

同理
$$\dot{I}_B = \frac{\dot{U}_B - \dot{U}_A}{\sqrt{3}Z_{AB}} + \frac{\sum \dot{I}_i Z'_i}{Z_{AB}} \tag{3-32}$$

式中：Z'_i 取 Z'_a、Z'_b、Z'_c。

将式（3-31）及式（3-32）改写为以功率形式表示的计算式，并以 U_N 为参考相量，可得

$$\dot{S}_A = \left[\frac{(\dot{U}_A - \dot{U}_B)}{Z_{AB}}\right]^* \dot{U}_N + \frac{\sum \dot{S}_i \overset{\vee}{Z}_i}{\overset{\vee}{Z}_{AB}} \tag{3-33}$$

$$\dot{S}_B = \left[\frac{(\dot{U}_B - \dot{U}_A)}{Z_{AB}}\right]^* \dot{U}_N + \frac{\sum \dot{S}_i \overset{\vee}{Z'}_i}{\overset{\vee}{Z}_{AB}} \tag{3-34}$$

上两式中：S 以 MVA、U 以 kV、Z 以 Ω 为单位。

由式（3-33）可知，电源 A 输出的功率包括两部分：第一部分与电源两端电压的相量差有关而与负荷大小无关，称为循环功率（或称平衡功率）；第二部分与各点负荷及负荷到另一电源间的阻抗有关，为供给负荷的功率，称为供载功率。

利用式（3-33）或式（3-34）计算初步功率分布时，可以利用叠加原理将循环功率与供载功率分开来计算，即先设两端电源电压相量相等，求出供载功率，再设负荷功率为零，求出循环功率，最后将两者叠加得出初步潮流分布。在计算供载功率时，由于公式中的功率、电压、阻抗均为复数，故这种计算方法又称为复功率法。为了避免繁复的复数运算，下面讨论供载功率计算式的简化。

1. 均一网的供载功率计算

通常将各段线路材料、截面面积、几何均距相同的两端供电网称为均一网。对于均一网，各段线路单位长度的阻抗相等，因而有

$$\dot{S}_A = \frac{\sum \dot{S}_i \overset{\vee}{Z}_i}{\overset{\vee}{Z}_{AB}} = \frac{(r_1 - jx_1)\sum \dot{S}_i L_i}{(r_1 - jx_1)L_{AB}} = \frac{\sum \dot{S}_i L_i}{L_{AB}} \tag{3-35}$$

若将实部和虚部分开来写，式（3-35）又可以进一步简化为

$$\left. \begin{array}{l} P_A = \dfrac{\sum P_i L_i}{L_{AB}} \\[3mm] Q_A = \dfrac{\sum Q_i L_i}{L_{AB}} \end{array} \right\} \tag{3-36}$$

2. 近似均一网的供载功率计算

在配电网中，同一电压等级下的各段线路往往采用相同材料，线间几何均距近似相等，

导线标称截面面积相差不超过 2～3 个等级，这种配电网称为近似均一网。近似均一网可采用网络拆开法近似计算，计算式为

$$\left.\begin{array}{l} P_{\mathrm{A}} = \dfrac{\sum P_i X_i}{X_{\mathrm{AB}}} \\[3mm] Q_{\mathrm{A}} = \dfrac{\sum Q_i R_i}{R_{\mathrm{AB}}} \end{array}\right\} \tag{3-37}$$

网络拆开法的意义是：将具有复数阻抗并传输复功率的电网，拆开成两个独立的电网，其中一个只具有感抗并传输有功功率，另一个只具有电阻并传输无功功率。分别对这两个独立电网进行潮流计算，求得有功功率和无功功率分布后，再进行叠加即可得全网的潮流分布。网络拆开法是一种近似的潮流计算方法。

【例 3-4】　有一额定电压为 110kV 的环形电网，如图 3-15（a）所示，变电站负荷及导线长度等参数均标注在图中。若线间几何均距为 5m，试求电网的初步潮流分布。

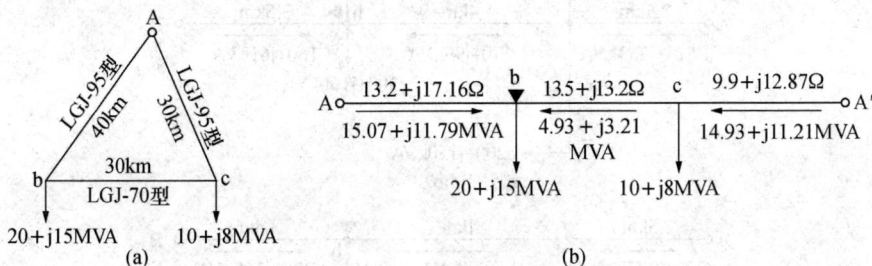

图 3-15　[例 3-4] 图
(a) 接线图；(b) 潮流分布图

解　（1）计算线路参数。

由附录 A 查得单位长度导线的阻抗后，乘以线路长度即可得各段线路的阻抗，标注于图 3-15（b）中。各负荷点到 A′ 间的阻抗分别为

$$Z_{\mathrm{bA'}} = (13.5 + j13.2) + (9.9 + j12.87) = 23.4 + j26.07(\Omega)$$

$$Z_{\mathrm{cA'}} = 9.9 + j12.87(\Omega)$$

$$Z_{\mathrm{AA'}} = (13.2 + j17.16) + (13.5 + j13.2) + (9.9 + j12.87) = 36.6 + j43.23(\Omega)$$

（2）计算初步潮流分布。

1）复功率法。由计算式得

$$\dot{S}_{\mathrm{Ab}} = \frac{\sum \dot{S}_i \overset{\vee}{Z}_i}{\overset{\vee}{Z}_{\mathrm{AA'}}} = \frac{(20 + j15) \times (23.4 - j26.07) + (10 + j8) \times (9.9 - j12.87)}{36.6 - j43.23}$$

$$= \frac{1061.01 - j219.9}{36.6 - j43.23} = 15.07 + j11.79(\mathrm{MVA})$$

所以　　　$$\dot{S}_{\mathrm{cb}} = (20 + j15) - (15.07 + j11.79) = 4.93 + j3.21(\mathrm{MVA})$$

$$\dot{S}_{\mathrm{A'c}} = (4.93 + j3.21) + (10 + j8) = 14.93 + j11.21(\mathrm{MVA})$$

2）网络拆开法。由计算式得

$$P_{\mathrm{Ab}} = \frac{\sum P_i X_i}{X_{\mathrm{AA'}}} = \frac{20 \times 26.07 + 10 \times 12.87}{43.23} = 15.04(\mathrm{MW})$$

$$Q_{Ab} = \frac{\sum Q_i R_i}{R_{AA'}} = \frac{15 \times 23.4 + 8 \times 9.9}{36.6} = 11.75 \text{ (Mvar)}$$

从以上计算结果可以看出，利用网络拆开法和复功率法计算所得的潮流分布，相差很小，但网络拆开法则使得计算工作量大为简化。

在［例 3-4］中，b 点负荷可以同时从两个不同电源获得功率，称为功率分点，用"▼"表示。有功分点与无功分点可能重合，也可能不重合。若不重合时，有功分点用"▼"表示，无功分点用"▽"表示。

【例 3-5】 有一额定电压为 10kV 的两端供电网，干线 AB 采用 LJ-70 型导线架设，支线 ac 采用 LJ-35 型导线架设，线间几何均距为 1m，线路长度及负荷均标注在图 3-16（a）中。若 $\dot{U}_A = 10.5\angle 0°\text{kV}$，$\dot{U}_B = 10.4\angle 0°\text{kV}$ 时，试求该配电网的潮流分布。

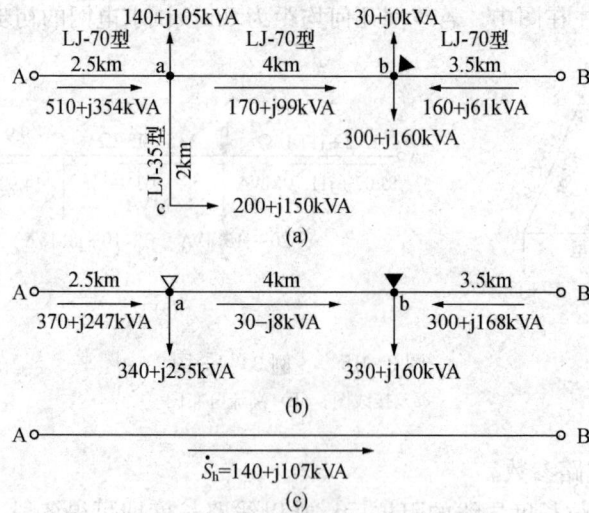

图 3-16　［例 3-5］图
(a) 供电网接线图；(b) 供载功率分布图；
(c) 循环功率分布示意图

解 （1）计算供载功率。由于电网导线截面均一，所以可以按照式（3-35）计算潮流为

$$\dot{S}_A = \frac{\sum \dot{S}_i L_i}{L_{AB}} = \frac{(340 + j255) \times 7.5 + (330 + j160) \times 3.5}{10} = 370 + j247 \text{(kVA)}$$

供载功率的功率分布如图 3-16（b）所示，其中 a 点为无功功率分点，b 点为有功功率分点。

（2）计算循环功率。查附录 A，计算出两电源间线路的总阻抗为

$$Z_{AB} = L_{AB}(r_1 + jx_1) = 10 \times (0.45 + j0.346) = 4.5 + j3.46 \text{(}\Omega\text{)}$$

计算循环功率

$$\dot{S}_h = \left(\frac{\dot{U}_A - \dot{U}_B}{Z_{AB}}\right)^* U_N = \left(\frac{10.5 - 10.4}{4.5 + j3.46}\right)^* \times 10 = 140 + j107 \text{(kVA)}$$

（3）计算各线路段上的功率分布。将图 3-16（b）中的各段供载功率分布与图 3-

16（c）中的循环功率分布叠加，即可得各段线路的实际潮流分布。也可将 A 电源的供载功率与循环功率直接叠加，得出 A 电源的实际功率 $\dot{S}_{Aa}$，再逐段向后推算出各段线路的实际功率分布，即

$$\dot{S}_{Aa} = \dot{S}_A + \dot{S}_h = (370+j247)+(140+j107) = 510+j354(\text{kVA})$$

$$\dot{S}_{ab} = \dot{S}_{Aa} - \sum\dot{S}_a = (510+j354)-(340+j255) = 170+j99(\text{kVA})$$

$$\dot{S}_{Bb} = \sum\dot{S}_c - \dot{S}_{ab} = (330+j160)-(170+j99) = 160+j61(\text{kVA})$$

实际潮流分布示于图 3 - 16（a）中，b 点为全网的功率分点。

二、多级电压环网的初步潮流计算

由几个电压等级组成的环网称为多级电压环网，简称多级环网。在多级环网内，必然有串联变压器接入，因此，多级电压环网又称为电磁环网。计算多级环网的潮流时，需先将电网各元件的参数归算到同一电压等级，然后再求供载功率和循环功率。多级环网供载功率分布的计算方法与两端供电网的计算方法相同，这里不再重复，下面讨论循环功率的计算方法。

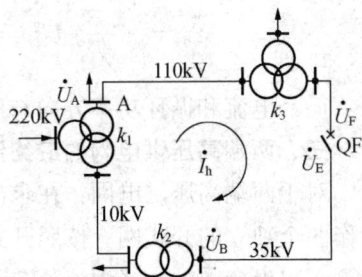

图 3 - 17 所示为三级电压环网。已知电压 $\dot{U}_A$，环网内变压器变比分别为 k_1、k_2、k_3，断路器 QF 断开。由于计算供载功率时，已经将线路电容功率及变压器导纳中的损耗归并到计算负荷中，所以在分析循环功率时，可以认为线路及变压器中无电流通过，也没有电压降落，因此，可以得出如下关系

图 3 - 17 三级电压环网

$$\dot{U}_F = \frac{\dot{U}_A}{k_3}; \quad \dot{U}_E = \dot{U}_B = \frac{k_2\dot{U}_A}{k_1} \tag{3-38}$$

$$\Delta\dot{U}_{FE} = \dot{U}_F - \dot{U}_E = \frac{\dot{U}_A}{k_3} - \frac{k_2\dot{U}_A}{k_1} = \left(\frac{k_1}{k_2k_3}-1\right)\frac{k_2\dot{U}_A}{k_1} = (k_\Sigma-1)\dot{U}_E \tag{3-39}$$

式中　k_Σ——多级环网的等值变比。

多级环网等值变比的确定方法是：在环网中任设一个环绕方向，绕环网一周，遇到升压变压器时乘以变比，遇到降压变压器时除以变比，即可得环网的等值变比 k_Σ。

当断路器 QF 闭合后，在电压降 $\Delta\dot{U}_{FE}$ 作用下，环网内会产生循环电流 $\dot{I}_h$ 和对应的循环功率 $\dot{S}_h$，其值可计算为

$$\dot{I}_h = \frac{\Delta\dot{U}_{FE}}{\sqrt{3}Z_\Sigma} = \frac{(k_\Sigma-1)\dot{U}_E}{\sqrt{3}Z_\Sigma} \approx \frac{(k_\Sigma-1)U_N}{\sqrt{3}Z_\Sigma} \tag{3-40}$$

$$\dot{S}_h = \left[\frac{(k_\Sigma-1)\dot{U}_E}{Z_\Sigma}\right]^* U_N \approx \frac{(k_\Sigma-1)}{\overset{*}{Z}_\Sigma}U_N^2 \tag{3-41}$$

式中　Z_Σ——折算到对应于电压 $\dot{U}_E$ 下环网一周的总阻抗。

从以上两式可以看出，若等值变比 $k_\Sigma=1$，则循环电流和循环功率为零；若 $k_\Sigma>1$，则循环电流和循环功率的方向与设定的环绕方向相同；若 $k_\Sigma<1$，则其方向与环绕方向相反。

【例 3 - 6】　图 3 - 17 所示的多级环网，归算到 35kV 电压侧的总阻抗 $Z_\Sigma = 9.63+$

j30.2Ω，串入环网中变压器的变比 $k_1 = 121/11$、$k_2 = 40.4/11$、$k_3 = 104.5/36.6$。试计算断路器 QF 闭合后的循环电流与循环功率。

解 选顺时针方向为环绕方向，从 A 点算起，等值变比为

$$k_\Sigma = \frac{k_1}{k_2 k_3} = \frac{121}{11} \Big/ \Big(\frac{40.4}{11} \times \frac{104.5}{36.6}\Big) = 1.05$$

由于折算后 A 点的电压未知，可用额定电压代替，作近似计算循环电流和循环功率为

$$\dot{I}_h = \frac{(k_\Sigma - 1)}{\sqrt{3} Z_\Sigma} U_N = \frac{(1.05 - 1)35}{\sqrt{3}(9.63 + j30.2)} = 0.032 \angle -72.3°(\text{kA})$$

$$\dot{S}_h = \frac{k_\Sigma - 1}{\overset{*}{Z}_\Sigma} U_N^2 = \frac{1.05 - 1}{9.63 - j30.2} \times 35^2 = 0.59 + j1.85(\text{MVA})$$

循环电流和循环功率方向与所选环绕方向相同。

三、两端高压供电网的最终潮流计算

对于两端高压供电网，在求出初步功率分布之后，从功率分点处可以将两端高压供电网看作两个独立的开式网。按照开式网的功率分布计算方法，考虑功率损耗后，逐段向电源侧推算，得出全网的最终潮流分布。若两端高压供电网的有功分点与无功分点不重合，一般从无功功率分点处将网络分开，再向两端电源侧推算。

若电力系统中有带恒定负荷的发电厂（这种电厂一般称为基荷电厂），计算时可以将这类电厂当作负的负荷处理，然后按照前述计算负荷的方法进行计算即可。下面通过例题说明最终潮流计算的方法。

【例 3 - 7】 某额定电压为 110kV 的闭式电网，如图 3 - 18 所示。已知发电厂 A 高压母线电压为 118kV。发电厂 B 装有一台 25MW、6.3kV、$\cos\varphi = 0.8$ 满负荷运行的机组，厂用电占该厂发电负荷的 10%。变电站 C 装有两台容量为 31.5MVA、电压为 110/11kV 的降压变压器。全网导线截面积、线路长度及负荷大小均标注在图中，试计算电网的最终潮流分布。

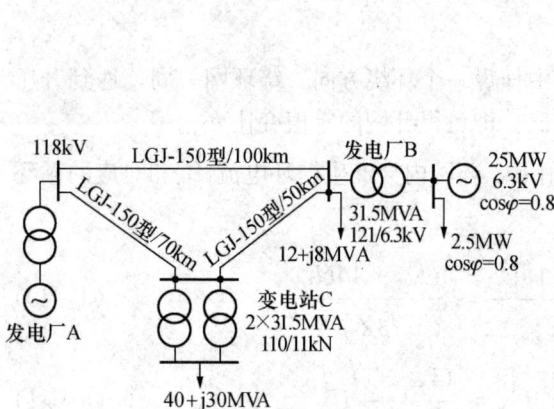

图 3 - 18　［例 3 - 7］图

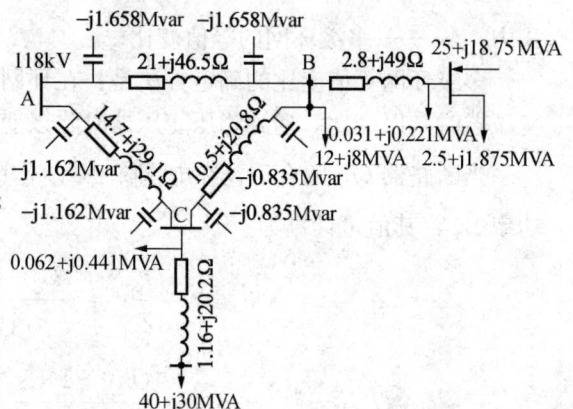

图 3 - 19　［例 3 - 7］等值电路图

解 （1）计算参数并画等值电路图。略去参数计算过程，参数计算结果及等值电路，如图 3 - 19 所示。

（2）计算负荷简化等值电路。具体计算步骤略去，给出计算结果和简化后的等值电路，

如图 3 - 20 （a） 所示。

发电厂 B 的计算负荷为

$$\dot{S}_B = -10.29 - j7.98(MVA)$$

变电站 C 的计算负荷为

$$\dot{S}_C = 43.1 + j34.46(MVA)$$

（3） 计算初步潮流分布。由于主环网为均一网，可用均一网潮流计算公式进行计算

$$\dot{S}_{AB} = \frac{\sum \dot{S}_i L_i}{L_\Sigma} = \frac{(-10.29 - j7.98) \times 120 + (43.1 + j34.46) \times 70}{220} = 8.1 + j6.61(MVA)$$

$$\dot{S}_{BC} = (8.1 + j6.61) - (-10.29 - j7.98) = 18.39 + j14.59(MVA)$$

$$\dot{S}_{AC} = (43.1 + j34.46) - (18.39 + j14.59) = 24.51 + j19.87(MVA)$$

初步潮流分布结果如图 3 - 20 （b） 所示。由计算结果可以看出 C 点为功率分点。

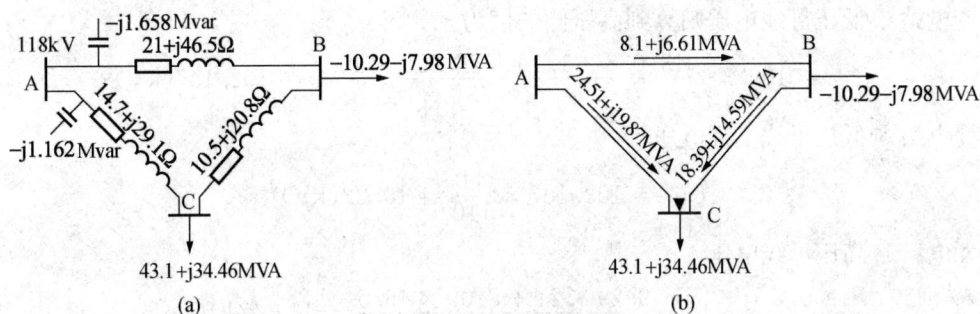

图 3 - 20　　［例 3 - 7］简化等值电路图
(a) 简化等值电路图；(b) 初步潮流分布

（4） 计算最终潮流分布。可以从功率分点处将网络看作两个独立的辐射网，其一是 AC，另一是 AB−BC，如图 3 - 21 所示，然后从功率分点向两端分别进行计算。

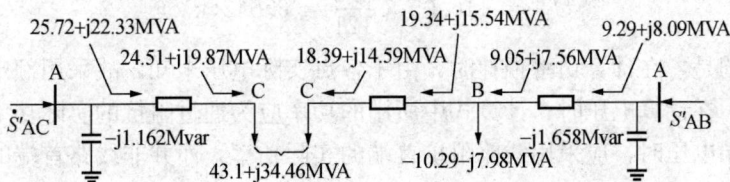

图 3 - 21　两个辐射网

线路 AC 功率损耗

$$\Delta \dot{S}_{AC} = \frac{24.51^2 + 19.87^2}{110^2} \times (14.7 + j29.1) = 1.21 + j2.46(MVA)$$

线路 AC 首端功率

$$\dot{S}'_{AC} = (24.51 + j19.87) + (1.21 + j2.46) - j1.162 = 25.72 + j21.168(MVA)$$

线路 BC 功率损耗

$$\Delta \dot{S}_{BC} = \frac{18.39^2 + 14.59^2}{110^2} \times (10.5 + j20.8) = 0.48 + j0.95(MVA)$$

线路 BC 首端功率

$$\dot{S}'_{BC} = (18.39 + j14.59) + (0.48 + j0.95) = 19.34 + j15.54 (MVA)$$

线路 AB 功率损耗（其值应采用 AB 线路末端功率分布进行计算）

$$\Delta\dot{S}_{AB} = \frac{(19.34 - 10.29)^2 + (15.54 - 7.98)^2}{110^2} \times (21 + j46.5) = 0.24 + j0.53 (MVA)$$

线路 AB 首端功率

$$\dot{S}'_{AB} = (19.34 + j15.54) - (10.29 + j7.98) + (0.24 + j0.53) - j1.658$$
$$= 9.29 + j6.432 (MVA)$$

（5）计算各母线电压。

变电站 C 高压母线电压

$$U_C = 118 - \frac{25.72 \times 14.7 + 22.33 \times 29.1}{118} = 109.3 (kV)$$

变电站 C 低压母线电压归算到高压侧的值为

$$U_{C1} = 109.3 - \frac{43.038 \times 1.16 + 36.016 \times 20.2}{109.3} = 102.187 (kV)$$

变电站 C 低压母线实际电压

$$U_{C2} = 102.187 \times \frac{11}{110} = 10.22 (kV)$$

发电厂 B 高压母线电压

$$U_B = 118 - \frac{9.29 \times 21 + 8.09 \times 46.5}{118} = 113.2 (kV)$$

发电厂 B 低压母线电压归算到高压侧的值为

$$U_{B1} = 113.2 - \frac{(-10.29) \times 2.8 + (-5.487) \times 49}{113.2} = 116.05 (kV)$$

发电厂 B 低压母线实际电压

$$U_{B2} = 116.05 \times \frac{6.3}{121} = 6.042 (kV)$$

需要说明的是，在计算功率损耗时，由于各点实际电压未知，故采用额定电压代替各点电压进行计算。在计算电压时，计算式中所用的功率应为通过阻抗的实际功率；若线路首端电压已知求末端电压时，应采用线路阻抗首端的实际功率，而并非线路首端的功率分布，这点在计算中应引起特别注意。

第五节　电力线路导线截面选择

电网的导线是输送电能的主要元件，正确地选择导线截面，对电网的经济和技术指标有很大影响。导线截面选择得过大，将增加投资及有色金属的消耗量；导线截面选择得过小，运行时产生较大的电能损耗，既浪费资源也不经济，同时，在线路上产生过大的电压损耗，供电电压不能满足要求。因此，在导线截面的选择中，必须兼顾技术和经济两个方面。从技术上讲，在正常运行时，线路不应发生全面电晕；在正常和事故情况下导线通过的电流应在导线允许发热的载流量范围之内，电压损耗也应在容许的范围之内；应保证导线截面有一定的机械强度。在技术条件满足的情况下，应使所选导线的经济性最佳，即按经济电流密度选择导线截面。综合考虑经济和技术上的条件，导线截面应满足以上五个条件。但并非所有导线都同时要满足上述五个条件，一般地讲，35kV 及以上的线路要按经济电流密度选择导线截面，然后再校验其他技术条件；对于中低压配电网，一般按照电压损耗条件选择导线截面，再校验其他条件。

一、导线必须满足的基本条件

1. 按允许载流量校验导线截面

允许载流量是指通过在热平衡条件下，由导线的允许温度确定的导线长期允许通过的电流。因此，所有导线都必须根据可能出现的运行情况进行允许载流量校验。规程规定，按允许载流量校验时，钢芯铝绞线的允许温度一般为 70℃。按此规定，并取导线环境温度为 25℃，各种导线的长期允许载流量见附录 A。如果最高气温月的最高平均温度不等于 25℃，还应对允许载流量进行修正；事故情况下（如环网在电源端线路断开或双回路断开一回时），导线的温度允许到 90℃，导线的允许载流量将有所增大，其修正系数见附表 A-8。

2. 按机械强度校验导线截面

导线在运行中可能突然增加一些偶然的外界机械负载，因而应保证导线在运行中有一定的机械强度。为此，对于跨越铁塔、通航河流和运河、公路、通信线路、居民区的线路，规定导线截面不得小于 35mm^2；通过其他地区的导线截面与线路类型有关，见表 3-2。

表 3-2　　　　　　　　满足机械强度条件时导线的最小允许截面（mm^2）

导　　　线		架 空 线 路 等 级	
构　　造	材　　料	I	II
单　股	铜	不允许使用	10
	钢、铁	不允许使用	（$\phi 3.5\text{mm}$）
	铝及铝合金	不允许使用	不允许使用
多　股	铜	16	10
	钢、铁	16	10
	铝及铝合金	25	10

注　35kV 以上线路为 I 类线路，1～35kV 线路为 II 类线路。

3. 按电晕校验导线截面

如第二章所述，为了避免电晕，导线截面不能过小。表 2-2 列出了规程规定的不必校验电晕的最小导线直径或截面。如按其他条件选择的导线截面小于表 2-2 所列数值时，就应加大导线截面或采用分裂导线。

二、按经济电流密度选择导线截面

1. 经济电流密度的概念

如前所述，为了降低线路的电能损耗，导线截面越大越有利；但从减小投资和节约有色金属的角度来看，导线截面越小越好。因此，在一定的使用条件下，可能存在一个从经济上看是最为有利的导线截面积。

为求得经济上最有利的截面积，必须进行经济计算。经济计算应包括线路的投资和年运行费用两个方面。

线路的投资包括两部分：一部分与导线截面积（S）成正比，表示为 $\alpha_1 S$；一部分与截面积无关，表示为 C。单位长度线路的投资可以表示为

$$K = \alpha_1 S + C \tag{3-42}$$

有关设计部门已将各类导线的投资预算制定成表，表 3-3 给出 35、110kV 架空线路的投资。

表 3-3   35、110kV 架空线路投资（万元/km）

电压及线型 截面（mm²）	35kV		110kV			
	LGJ 型		LGJ 型		LGJQ 型	
	导线	综合	导线	综合	导线	综合
35	0.19	1.1				
50	0.21	1.25				
70	0.29	1.45	0.29	1.95		
95	0.40	1.65	0.40	2.1		
120	0.49	1.85	0.49	2.25		
150	0.62	2.1	0.62	2.45		
185	0.76	2.35	0.76	2.7		
240	0.98	2.7	0.98	2.95		
300					1.46	3.4
400					1.99	4.3

输电线路的年运行费用包括以下几方面：

（1）折旧费。随着运行时间的延长，电网中的所有元件都会老化，为了继续运行，需要在一定时间内更新设备。因此，每年要按线路一次投资（初始投资）的百分比提取一定的资金，以备更换设备，这个百分数就是设备的折旧率。

（2）维护费。为保证输电线路安全可靠运行，使线路的技术质量保证在应有的水平上，必须由维护人员定期对线路进行检查和维护。维护人员的工资和维护线路所需的资金也按线路一次投资的百分比提取。此维护费中不包括大修的资金，因大修一般需要更换设备，其费用应从折旧费中提取。

表 3-4 给出发电厂、变电站及各种线路的维修折旧率，在进行年运行费用计算时可以直接查表。

（3）电能损耗费。线路在传输电能时，必然要产生电能损耗，因而也增加了输电成本，在进行经济计算时必须予以考虑。线路的电能损耗可表示为

$$\Delta A = \Delta P_{max} \tau_{max} = 3 I_{max}^2 \frac{\rho}{S} \tau_{max} l \tag{3-43}$$

式中 l——线路长度。

由上所述可知，单位长度线路的年运行费用也由两部分组成：一部分为与一次投资有关的折旧维护费，以 $\alpha_2 K$ 表示；另一部分为电能损耗费，与全年的电能损耗 ΔA 成正比，以 $\beta \Delta A / l$ 表示。因而年运行费用为

$$F = \alpha_2 K + \beta \Delta A / l = \alpha_2 (C + \alpha_1 S) + \beta I_{max}^2 \frac{\rho}{S} \tau_{max} \tag{3-44}$$

式中　I_{max}——线路的最大负荷电流；

　　　β——计算电价。

表 3 - 4　　　　　　　　　　　　火电厂、线路、变电站的年维护折旧率

序号	项　　目	使用年限 (a)	残值占原价 百分数（%）	每年折旧率（%）			维护及小修 率（%）	折旧维护 率（%）
				基本 折旧	大修 折旧	合计		
1	火电厂、变电站	25	5	3.8	2	5.8	2.2～4.2	8～10
2	电缆线路	40	4	2.4	1	3.4	2.6	6
3	铁塔线路	50	10	1.8	0.8	2.6	1.4	4
4	水泥杆线路	40	4	2.4	1	3.4	1.6	5
5	架空配电线路	30	4	3.2		3.2	3.8	7
6	变电站	25	5	3.8	2.0	5.8		
	其中：120MVA 以上			3.8	2.0	5.8	2.2	8
	60～120MVA			3.8	2.0	5.8	4.2	10
	20～60MVA			3.8	2.0	5.8	6.2	12
	20MVA 以下			3.8	2.0	5.8	8.2	14

利用年费用 J_Y 综合考虑线路投资和年运行费用。年费用定义为

$$J_Y = \gamma K + F \tag{3-45}$$

式中　γ——投资回收率，表示投资后的利润率，电力系统中 γ 取 0.1。

在对各种方案进行比较时，认为年费用最低的方案最经济。

将式（3 - 44）代入式（3 - 45），则可得到年费用与导线截面积的函数关系

$$J_Y = f(S) = C_0 + C_1 S + C_2/S \tag{3-46}$$

式（3 - 46）中的 C_0、C_1、C_2 均为定值，按此式可以作图 3 - 22。由图可见，有一截面积所对应的年费用最小，这一截面积就是经济截面积，与此对应的电流密度 I_{max}/S 称为经济电流密度。根据这一原理，我国颁布了如表 3 - 5 所列的经济电流密度。

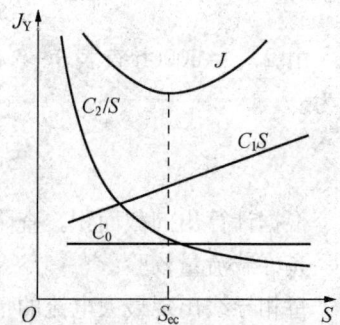

图 3 - 22　经济截面积的确定

表 3 - 5　　　　　　　　　　　　经济电流密度　（A/mm²）

导线材料	最大负荷利用小时 T_{max}		
	3000 以下	3000～5000	5000 以上
铝线、钢芯铝线	1.65	1.15	0.9
铜　线	3.0	2.25	1.75
铝芯电缆	1.92	1.73	1.54
铜芯电缆	2.5	2.25	2.0

2. 按经济电流密度选择导线截面

按以上所述，经济电流密度定义为

$$J_{EC} = I_{max}/S \tag{3-47}$$

式中　J_{EC}——经济电流密度，A/mm²。

由式（3-47）可知，如果已知经济电流密度 J_{EC}，则容易由导线最大负荷时通过的电流 I_{max} 来求出导线截面积，即

$$S = I_{max}/J_{EC} \tag{3-48}$$

由式（3-44）和式（3-45）可知，经济电流密度与导线的材料和 τ_{max} 有关。由表 3-1 可知，τ_{max} 与 T_{max} 存在一定的关系，因而经济电流密度 J_{EC} 也与 T_{max} 有关。当已知导线材料和导线通过负荷的 T_{max} 时，查表 3-5 即可得出经济电流密度 J_{EC}，从而根据导线通过的 I_{max} 可计算出导线的经济截面积，进而选择出略大于经济截面的实际导线型号，再进行必要的技术校验。

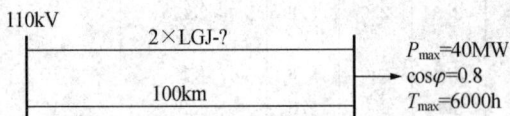

图 3-23 ［例 3-8］图

【例 3-8】　如图 3-23 所示，额定电压为 110kV 的双回输电线路向某变电站供电，$P_{max} = 40MW$，$\cos\varphi = 0.8$，$T_{max} = 6000h$，线路长度 $l = 100km$，试按经济电流密度选择导线截面积。

解　线路输送的最大负荷电流为

$$I_{max} = \frac{P_{max}}{\sqrt{3}U_N\cos\varphi} = \frac{40 \times 10^3}{\sqrt{3} \times 110 \times 0.8} = 262.4(A)$$

由 $T_{max} = 6000h$ 查表 3-5 得经济电流密度 $J_{EC} = 0.9A/mm^2$，则双回路中每相导线截面积为

$$S = \frac{I_{max}}{J_{EC}} = \frac{262.4}{2 \times 0.9} = 146(mm^2)$$

根据计算出的截面积，查附录 A 选 LGJ-150 型导线。

允许载流量校验：

每相导线出现最大电流的情况是在一回线路故障，而另一回线路带全部负荷时，最大负荷电流 $I_{max} = 262.4A$。查附录 A 得 LGJ-150 型导线载流量为 445A＞262.4A，满足发热条件。

所选导线截面 150mm² 大于 110kV 线路不必验算电晕的最小截面 50mm²，显然，机械强度也满足要求。

三、按容许电压损耗选择导线截面

一般中低压配电网中没有特殊调压设备，为了保证用电设备电压偏移不超过容许范围，应按容许电压损耗选择导线截面。

线路中的电压损耗与导线的电阻和电抗有关，而导线的电阻与截面有直接关系。在导线截面未定之前，导线型号未知，导线电抗也未知，直接按容许电压损耗求导线截面是困难的，因此采用以下近似方法计算。

若线路的负荷 $S = P + jQ$，则负荷功率流过导线阻抗 $R + jX$ 时产生的电压损耗为

$$\Delta U = \frac{PR + QX}{U_N} = \frac{PR}{U_N} + \frac{QX}{U_N} = \Delta U_R + \Delta U_X$$

式中的 ΔU_R 为线路有功功率和电阻引起的电压损耗，ΔU_X 为线路无功功率和电抗引起的电压损耗。考虑到线路电抗与导线截面积呈非线性关系，一般变化范围为 $0.36 \sim 0.42\Omega/$km。近似计算时，可设定一个线路电抗的平均值为 $0.38 \sim 0.40\Omega/$km。进而可计算出线路电抗上的电压损耗 ΔU_X。若线路的容许电压损耗为 ΔU，则线路电阻上的电压损耗为

$$\Delta U_R = \Delta U - \Delta U_X = \frac{P}{U_N} \times \frac{\rho l}{S}$$

由上式导出导线截面积

$$S = \frac{\rho l P}{U_N \Delta U_R} \tag{3-49}$$

式中　ρ——导线电阻率，$\Omega \cdot \text{mm}^2/$km；

　　　l——线路长度，km；

　　　P——负荷有功功率，MW；

　　U_N——线路额定电压，kV。

计算出 S 后，选定导线的标称截面，再按允许电压损耗、允许发热和机械强度进行校验。

【例3-9】　图3-24所示为10kV架空配电线路，导线采用铝绞线架设，几何均距为 1m，线路最大容许电压损耗为额定电压的 5%，线路长度、线路功率分布及负荷功率因数均标注在图中，若干线 abd 截面要求相同，试选择导线截面积。

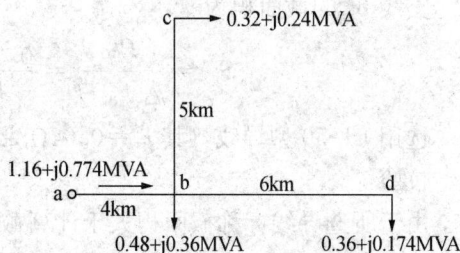

图 3-24　［例3-9］图

解　线路的容许电压损耗

$$\Delta U = U_N \times 5\% = 0.5 \text{kV}$$

（1）选择干线 abd 截面。

取平均电抗 $x_1 = 0.38\Omega/$km，则干线 abd 电抗中的电压损耗为

$$\Delta U_X = \frac{x_1 \sum Ql}{U_N} = \frac{0.38 \times (0.774 \times 4 + 0.174 \times 6)}{10} = 0.157 (\text{kV})$$

由此可得电阻中的容许电压损耗为

$$\Delta U_R = \Delta U - \Delta U_X = 0.5 - 0.157 = 0.343 (\text{kV})$$

利用式（3-49）计算干线 abd 的截面积

$$S = \frac{\sum \rho l P}{U_N \Delta U_R} = \frac{31.5 \times (1.16 \times 4 + 0.36 \times 6)}{10 \times 0.343} = 62.5 \text{ (mm}^2)$$

选用 LJ-70 型导线，其 $r_1 = 0.46\Omega/$km，$x_1 = 0.345\Omega/$km。

校验：

由于所选导线标称截面积大于计算截面积，而且实际电抗小于所取平均电抗，故 abd 线路实际电压损耗小于容许电压损耗。

发热校验

$$I_{\max} = I_{ab} = \frac{\sqrt{1.16^2 + 0.774^2}}{\sqrt{3} \times 10} \times 10^3 = 80.51(\text{A})$$

查附录 A 可得导线容许载流量为 $265A > 80.351A$，故满足发热要求。

由表 3 - 2 可知，所选导线截面也满足机械强度要求。由于该线路属于中压配电网，故不需要校验电晕。

（2）选择支线 bc 截面。线路 ab 段的实际电压损耗为

$$\Delta U_{ab} = \frac{(Pr_1 + Qx_1)l}{U_N} = \frac{(1.16 \times 0.46 + 0.774 \times 0.345) \times 4}{10} = 0.32(\text{kV})$$

支线 bc 的容许电压损耗为

$$\Delta U_{bc} = \Delta U - \Delta U_{ab} = 0.5 - 0.32 = 0.18(\text{kV})$$

支线 bc 电抗上的电压损耗为

$$\Delta U_{Xbc} = \frac{x_1 l Q}{U_N} = \frac{0.38 \times 5 \times 0.24}{10} = 0.0456(\text{kV})$$

支线 bc 电阻上的电压损耗为

$$\Delta U_{Rbc} = \Delta U_{bc} - \Delta U_{Xbc} = 0.18 - 0.0456 = 0.134 \ (\text{kV})$$

支线 bc 的截面积为

$$S_{bc} = \frac{Pl\rho}{\Delta U_{Rbc} U} = \frac{0.32 \times 5 \times 31.5}{0.134 \times 10} = 37.61(\text{mm}^2)$$

选用 LJ-50 型导线，其 $r_1 = 0.64\Omega/\text{km}$，$x_1 = 0.355\Omega/\text{km}$。

校验：

由于所选导线标称截面积大于计算截面积，而且实际电抗小于所取平均电抗，故 bc 线路实际电压损耗小于容许电压损耗。

发热校验

$$I_{\max} = I_{bc} = \frac{\sqrt{0.32^2 + 0.24^2}}{\sqrt{3} \times 10} \times 10^3 = 23.09(\text{A})$$

查附录 A 可得导线容许载流量为 $215A > 23.09A$，故满足发热要求。

根据表 3 - 2 可知，所选导线截面也满足机械强度要求。

综上所述，对于 35kV 及以上架空线路，首先按经济电流密度选择导线截面，然后按允许载流量、电晕和机械强度进行校验；对于 35kV 以下架空线路一般按允许电压损耗选择导线截面，按允许载流量和机械强度进行校验。

应当指出，选择导线截面时应当考虑电网的发展，在计算中必须采用稳定的经常重复的最大负荷，特别是当系统发展还不是很明确的情况下，应注意不要将导线截面定得太小。

小　结

本章主要讨论了输电线路和变压器的功率损耗及电压降落的概念和计算，介绍了电网的潮流分布计算及架空输电线路导线截面积的选择方法。

负荷电流流过线路及变压器等元件时，必然要在这些元件的阻抗上产生有功功率损耗和无功功率损耗，同时在阻抗上还要产生电压降。电压降是指两点电压之间的相量差，电压损

耗则是指两点电压之间的数值差。近似计算时，可认为电压损耗即为电压降的纵分量 ΔU。

电网的潮流分布计算有开式网、两端供电网潮流分布计算两种方法。开式网任一支路的首端功率分布等于支路末端的功率与支路功率损耗之和，任一支路末端的电压等于支路首端电压与支路电压降之差。两端供电网的供载功率是按照阻抗反比分配于两端电源的；当两端电源电压不同时，网络中还存在有循环功率，环网中变压器变比不匹配时，也存在有循环功率。循环功率的大小和方向取决于两端电源的电压降。

本章最后介绍了架空输电线路导线截面积选择的一般方法。对于 35kV 及以上架空线路首先按经济电流密度选择导线截面，再按其他技术条件校验。对于 35kV 以下中低压电网，则先按允许电压损耗选择导线截面，再用允许载流量和机械强度校验。

习　题

3-1　电网潮流计算的目的是什么？如何用复数表示功率？

3-2　什么是电压降？什么是电压损耗？什么是电压偏移？

3-3　电网元件首、末端功率及电压的关系是什么？如何确定网络中潮流的方向？

3-4　何谓经济电流密度？它与哪些因素有关？

3-5　试用电压降落和功率损耗公式分析减小电压降和功率损耗的措施。

3-6　图 3-25 所示为一条额定电压为 110kV、长为 80km 的线路向变电站 B 供电，变电站装有 SFSL1-20000/110 型三绕组变压器一台，额定变比为 110/38.5/11kV，容量比为 100/100/100，其余参数标注在图 3-25 中。若线路首端电压为 121kV，试求变电站中、低压侧的电压。

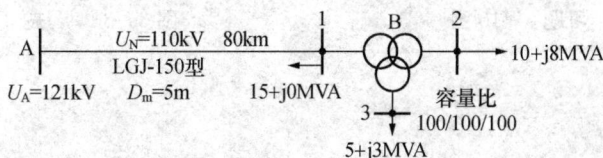

图 3-25　习题 3-6 图

3-7　图 3-26 所示为一额定电压为 10kV 的两端供电网，干线 AB 采用 LJ-150 型导线，支线 bc、ad 采用 LJ-70 型导线，其余有关数据示于图 3-26 中。电源电压 $\dot{U}_A = 10.5\angle 0°\text{kV}$，$\dot{U}_B = 10.4\angle 0°\text{kV}$，若不计网络的功率损耗，试求该网络的初步功率分布。

3-8　图 3-27 所示环网的额定电压为 110kV，试用复功率法与均一网法计算初步功率分布。

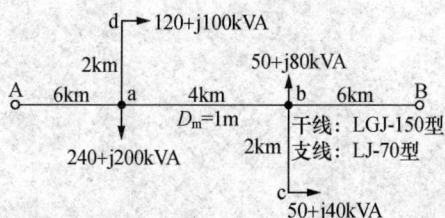

图 3-26　习题 3-7 图　　　　　图 3-27　习题 3-8 图

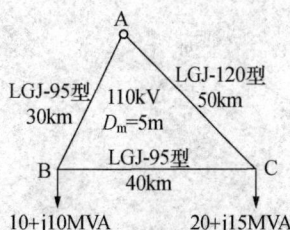

3-9 图 3-28 所示 110kV 两端供电系统，线间几何均距为 5m，两个变电站低压侧母线电压均为 10kV，其余参数均标注在图中。试求：

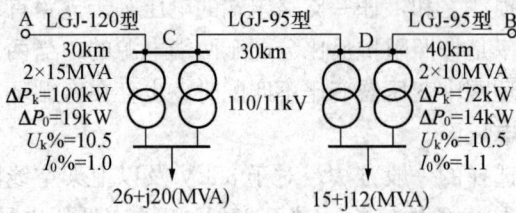

图 3-28 习题 3-9 图

（1）当 A、B 两个电源的电压均为 112kV，且无相位差时，网络中的潮流分布；

（2）如果电源 A 少发 5+j5MVA 的功率，且电压仍保持 112kV 不变，问电源 B 的母线电压应为多少？两电源母线电压的相位差为多少？

3-10 图 3-29 所示变电站 A，经 10kV 线路向 B 和 C 两个工厂供电。导线采用铝绞线，正三角形排列，线间距离为 1m，全线允许电压损耗为 $5\%U_N$，要求用相同截面积的导线。试选择导线截面积（取 $x_1 = 0.38\Omega/km$）。

3-11 如图 3-30 所示 110kV 环形网，$\dot{S}_b$ 和 $\dot{S}_c$ 的最大负荷利用小时数分别为 5500h 和 4500h，导线采用钢芯铝绞线，几何均距 5m。试选择导线截面积。

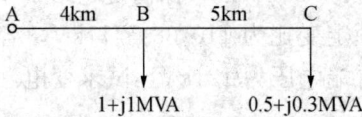

图 3-29 习题 3-10 图

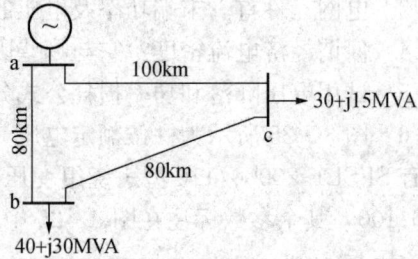

图 3-30 习题 3-11 图

第四章　复杂电力系统的潮流计算

上一章介绍了简单电力系统的潮流计算方法，而实际电力系统是一个复杂的大系统，节点多、变量多，并且网络结构复杂，已不可能用手算法计算潮流分布。对于这样的复杂系统，现在一般采用电子计算机进行潮流计算。本章将重点介绍复杂系统的潮流计算原理和方法。

第一节　复杂电力系统的数学模型

一、节点电压方程

图 4-1 所示为一简单三母线系统，为了分析方便起见，暂时先略去变压器。母线 1 上接有发电机 G1 和负荷 $\dot{S}_{LD1}$；母线 2 上接有发电机 G2；母线 3 上除接有负荷 $\dot{S}_{LD3}$ 外，还接有无功补偿装置静电电容器，向系统提供感性无功 Q_{C3}。

在这个系统中，发电机和静电电容器为电源，如 $\dot{S}_{G1}$、$\dot{S}_{G2}$、jQ_{C3}。由这些电源提供给系统的功率称为母线注入功率，取"＋"号。母线上的负荷如 $\dot{S}_{LD1}$、$\dot{S}_{LD8}$ 等称为母线的流出功率，取"－"号。各母线的注入功率与流出功率之和称为该母线的节点功率。节点功率通常作为向母线注入功率的"节点功率源"，三母线系统的节点功率分别为：

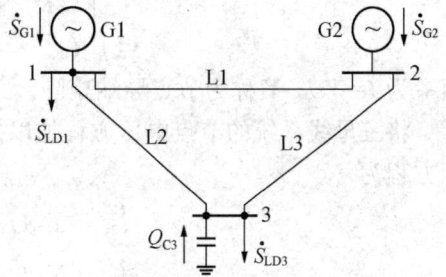

图 4-1　三母线系统

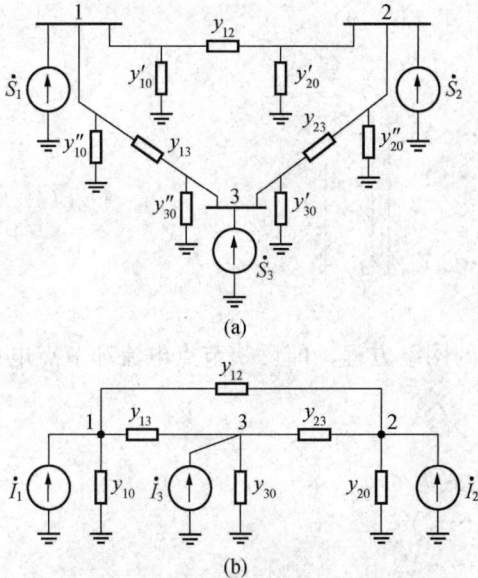

节点 1　$\dot{S}_1 = \dot{S}_{G1} - \dot{S}_{LD1}$

节点 2　$\dot{S}_2 = \dot{S}_{G2}$

节点 3　$\dot{S}_3 = jQ_{C3} - \dot{S}_{LD3}$

将各节点的节点功率用节点功率源表示，线路用 Ⅱ 等值电路表示，线路参数用导纳表示，可得出三母线系统的等值电路，如图 4-2（a）所示。

若将同一点的导纳相加，将节点功率源用电流源表示，则图 4-2（a）可进一步简化为图 4-2（b）所示的等值电路，即将系统简化成一有源网络，并由此建立起三节点系统的节点电压方程。

图 4-2　三母线系统电路图
（a）等值电路；（b）用电流源表示的等值电路

设三节点母线电压分别为 $\dot{U}_1$、$\dot{U}_2$、$\dot{U}_3$，三母线节点注入电流为 $\dot{I}_1$、$\dot{I}_2$、$\dot{I}_3$，则

$$\left.\begin{array}{l} \dot{I}_1 = \dot{U}_1 y_{10} + (\dot{U}_1 - \dot{U}_2) y_{12} + (\dot{U}_1 - \dot{U}_3) y_{13} = (y_{10} + y_{12} + y_{13})\dot{U}_1 - y_{12}\dot{U}_2 - y_{13}\dot{U}_3 \\ \dot{I}_2 = y_{10}\dot{U}_2 + (\dot{U}_2 - \dot{U}_1) y_{12} + (\dot{U}_2 - \dot{U}_3) y_{23} = -y_{12}\dot{U}_1 + (y_{20} + y_{12} + y_{23})\dot{U}_2 - y_{23}\dot{U}_3 \\ \dot{I}_3 = \dot{U}_3 y_{30} + (\dot{U}_3 - \dot{U}_1) y_{13} + (\dot{U}_3 - \dot{U}_2) y_{23} = -y_{13}\dot{U}_1 - y_{23}\dot{U}_2 + (y_{30} + y_{13} + y_{23})\dot{U}_3 \end{array}\right\}$$

令 $y_{10} + y_{12} + y_{13} = Y_{11}$，$y_{20} + y_{12} + y_{23} = Y_{22}$，$y_{30} + y_{23} + y_{13} = Y_{33}$，$-y_{12} = Y_{12} = Y_{21}$，$-y_{13} = Y_{13} = Y_{31}$，$-y_{23} = Y_{23} = Y_{32}$，可将以上方程写为

$$\left.\begin{array}{l} \dot{I}_1 = Y_{11}\dot{U}_1 + Y_{12}\dot{U}_2 + Y_{13}\dot{U}_3 \\ \dot{I}_2 = Y_{21}\dot{U}_1 + Y_{22}\dot{U}_2 + Y_{23}\dot{U}_3 \\ \dot{I}_3 = Y_{31}\dot{U}_1 + Y_{32}\dot{U}_2 + Y_{33}\dot{U}_3 \end{array}\right\}$$

这就是三母线系统的节点电压方程。在稳态运行条件下，系统的节点电压和节点注入电流是线性关系。将上式写成矩阵形式有

$$\begin{bmatrix} \dot{I}_1 \\ \dot{I}_2 \\ \dot{I}_3 \end{bmatrix} = \begin{bmatrix} Y_{11} & Y_{12} & Y_{13} \\ Y_{21} & Y_{22} & Y_{23} \\ Y_{31} & Y_{32} & Y_{33} \end{bmatrix} \begin{bmatrix} \dot{U}_1 \\ \dot{U}_2 \\ \dot{U}_3 \end{bmatrix} \tag{4-1}$$

简写为 $\boldsymbol{I} = \boldsymbol{YU}$，$\boldsymbol{Y}$ 称为节点导纳矩阵。

将三母线系统的节点电压方程加以推广，若系统中有 n 个节点，可以得出系统的节点电压方程为

$$\left.\begin{array}{l} \dot{I}_1 = Y_{11}\dot{U}_1 + Y_{12}\dot{U}_2 + \cdots + Y_{1n}\dot{U}_n \\ \dot{I}_2 = Y_{21}\dot{U}_1 + Y_{22}\dot{U}_2 + \cdots + Y_{2n}\dot{U}_n \\ \cdots\cdots \quad \cdots\cdots \quad \cdots\cdots \quad \cdots\cdots \\ \dot{I}_n = Y_{n1}\dot{U}_1 + Y_{n2}\dot{U}_2 + \cdots + Y_{nn}\dot{U}_n \end{array}\right\} \tag{4-2}$$

或简写为

$$\dot{I}_i = \sum_{j=1}^{n} Y_{ij}\dot{U}_j \quad (i = 1, 2, \cdots, n) \tag{4-3}$$

用矩阵表示为

$$\begin{bmatrix} \dot{I}_1 \\ \dot{I}_2 \\ \vdots \\ \dot{I}_n \end{bmatrix} = \begin{bmatrix} Y_{11} & Y_{12} & \cdots & Y_{1n} \\ Y_{21} & Y_{22} & \cdots & Y_{2n} \\ \vdots & \vdots & \ddots & \vdots \\ Y_{n1} & Y_{n2} & \cdots & Y_{nn} \end{bmatrix} \begin{bmatrix} \dot{U}_1 \\ \dot{U}_2 \\ \vdots \\ \dot{U}_n \end{bmatrix} \tag{4-4}$$

简写为 $$\boldsymbol{I} = \boldsymbol{YU}$$

式（4-1）、式（4-4）为用导纳表示的电网的网络方程，即反映节点电流和节点电压之间相互关系的电力网络的数学模型。

二、节点导纳矩阵

上面推导出的 $\boldsymbol{Y}$ 为网络的节点导纳矩阵，表达式为

$$\boldsymbol{Y} = \begin{bmatrix} Y_{11} & Y_{12} & \cdots & Y_{1n} \\ Y_{21} & Y_{22} & \cdots & Y_{2n} \\ \vdots & \vdots & \ddots & \vdots \\ Y_{n1} & Y_{n2} & \cdots & Y_{nn} \end{bmatrix}$$

节点导纳矩阵中的对角元素 Y_{ii} 称为节点 i 的自导纳，矩阵中的非对角元素 Y_{ij} 称为节点 i 和节点 j 之间的互导纳，且对无源线性网络而言，非对角元素满足 $Y_{ij} = Y_{ji}$。下面讨论与节点 i 有关的导纳矩阵元素的物理意义。

在网络方程式（4-3）中，若给节点 i 加以单位电压，即 $\dot{U}_i = 1$，除节点 i 以外的其余全部节点都接地，即 $\dot{U}_j = 0$（$j = 1, 2, \cdots, n, j \neq i$），由式（4-3）中的第 i 个方程可得

$$\dot{I}_i = Y_{ii} \dot{U}_i = Y_{ii}; \quad Y_{ii} = \left[\frac{\dot{I}_i}{\dot{U}_i} \right]_{\dot{U}_j = 0, j \neq i} \quad (j = 1, 2, \cdots, n; j \neq i) \tag{4-5}$$

式（4-5）表明，自导纳 Y_{ii} 在数值上等于在节点 i 上加以单位电压，其余节点全部接地时，节点 i 的注入电流，即当其他节点均接地时，i 点对地的总导纳。Y_{ii} 数值上为

$$Y_{ii} = y_{i0} + \sum_{j=1}^{n} y_{ij} \tag{4-6}$$

式中　y_{i0}——节点 i 的对地导纳；

y_{ij}——节点 i，j 之间的支路导纳（支路阻抗的倒数）。

在上述条件下，由式（4-3）中的第 j 个方程可得

$$\dot{I}_j = Y_{ij} \dot{U}_i; \quad Y_{ij} = \left[\frac{\dot{I}_j}{\dot{U}_i} \right]_{\dot{U}_j = 0, j \neq i} \quad (j = 1, 2, \cdots, n; j \neq i) \tag{4-7}$$

式（4-7）表明，节点 i、j 之间的互导纳，在数值上等于节点 i 上加单位电压，其余节点均接地时，节点 j 注入网络的电流。显然该电流是流出网络的，为负的注入电流，所以节点 i、j 之间的互导纳为两节点之间导纳的负值，即

$$Y_{ij} = Y_{ji} = \begin{cases} -y_{ij} & (j \in i, j \neq i) \\ 0 & (j \notin i) \end{cases} \tag{4-8}$$

$j \in i$ 的含义为节点 j 与节点 i 有直接的联系。

根据以上分析，可以归纳出导纳矩阵的特点如下：

（1）导纳矩阵的阶数等于网络中的节点数，为 $n \times n$ 阶方阵。

（2）导纳矩阵是稀疏矩阵，导纳矩阵中各行非对角元素中非零元素的个数等于对应该节点所连的不接地支路数。一般系统中，平均每个节点上仅连有 3～4 个支路，所以每行的互导纳平均只有 3～4 个，其余的元素均为 0。电力网络规模越大时，这种现象越显著。

（3）导纳矩阵是对称矩阵，有 $Y_{ij} = Y_{ji}$。利用导纳矩阵的对称性质，在计算机中只需存放导纳矩阵的上三角或下三角元素，从而可以大量节约计算机内存。

（4）导纳矩阵与节点编号有关，节点编号不同得出的导纳矩阵也不同。

三、节点阻抗矩阵

若将式（4-4）改写为用节点阻抗矩阵表示的节点电压方程，则

$$\begin{bmatrix} \dot{U}_1 \\ \dot{U}_2 \\ \vdots \\ \dot{U}_n \end{bmatrix} = \begin{bmatrix} Z_{11} & Z_{12} & \cdots & Z_{1n} \\ Z_{21} & Z_{22} & \cdots & Z_{2n} \\ \vdots & \vdots & \ddots & \vdots \\ Z_{n1} & Z_{n2} & \cdots & Z_{nn} \end{bmatrix} \begin{bmatrix} \dot{I}_1 \\ \dot{I}_2 \\ \vdots \\ \dot{I}_n \end{bmatrix} \tag{4-9}$$

简写为 $\boldsymbol{U} = \boldsymbol{ZI}$，$\boldsymbol{Z}$ 称为节点阻抗矩阵。显然有 $\boldsymbol{Z} = \boldsymbol{Y}^{-1}$，即节点导纳矩阵与节点阻抗矩阵互

为逆矩阵。正是由于这种互逆关系，在直接写出节点导纳矩阵后，利用对导纳矩阵求逆的方法，很容易得出节点阻抗矩阵。

现在讨论阻抗矩阵中与节点 i 有关的元素的物理意义。当节点 i 注入单位电流，即 $\dot{I}_i = 1$，而其他节点开路时，即 $\dot{I}_j = 0$，$j = 1, 2, \cdots, n$，且 $j \neq i$，代入式（4 - 9）第 i 个方程，有

$$\dot{U}_i = Z_{ii} \dot{I}_i; \quad Z_{ii} = \left(\frac{\dot{U}_i}{\dot{I}_i} \right)_{\dot{I}_j = 0, j \neq i} \qquad (j = 1, 2, \cdots, n; j \neq i) \qquad (4 - 10)$$

式（4 - 10）表明，阻抗矩阵的对角元素 Z_{ii} 在数值上等于节点 i 注入单位电流，其余节点开路时节点 i 上的电压。换言之，Z_{ii} 可以看成当其他节点都开路时，从节点 i 向网络看进去的总等值阻抗。只要网络中有接地支路，Z_{ii} 必定有一个非零的有限数值。

在上述情况下，由式（4 - 9）中的第 j 个方程可得

$$\dot{U}_j = Z_{ij} \dot{I}_i; \quad Z_{ij} = \left(\frac{\dot{U}_j}{\dot{I}_i} \right)_{\dot{I}_j = 0, j \neq i} \qquad (j = 1, 2, \cdots, n; j \neq i) \qquad (4 - 11)$$

Z_{ij} 为阻抗矩阵的非对角元素，是节点 i、j 之间的互阻抗，在数值上等于节点 i 注入单位电流，其他节点均开路时，节点 j 的电压。由于在网络中各节点之间总有电磁联系，因此当节点 i 向网络中注入单位电流，其余节点开路时，所有节点电压均不为零。所以 Z_{ij} 是非零元素，故阻抗矩阵中没有零元素。

阻抗矩阵有以下特点：

（1）与导纳矩阵一样是 $n \times n$ 阶的方阵，且 $Z_{ij} = Z_{ji}$，是对称矩阵。

（2）阻抗矩阵是满阵，矩阵中没有零元素。

（3）阻抗矩阵不能像导纳矩阵那样可直接通过网络图得到，而必须通过其他方法才能形成阻抗矩阵。通常采用对导纳矩阵求逆的方法得到阻抗矩阵。导纳矩阵求逆的方法，请读者参阅有关书籍。

第二节　功率方程及节点分类

一、功率方程的一般形式

设系统中有 n 个节点，根据式（4 - 3）节点电压方程可得

$$\dot{I}_i = \frac{\overset{*}{S}_i}{\overset{*}{U}_i} = Y_{i1} \dot{U}_1 + Y_{i2} \dot{U}_2 + \cdots + Y_{in} \dot{U}_n = \sum_{j=1}^{n} Y_{ij} \dot{U}_j$$

即

$$\dot{S}_i = P_i - \mathrm{j} Q_i = \overset{*}{U}_i \sum_{j=1}^{n} Y_{ij} \dot{U}_j \quad (i = 1, 2, \cdots, n) \qquad (4 - 12)$$

在电力系统潮流计算中，节点电压有两种不同的表示形式，即极坐标形式和直角坐标形式，由此可得两种不同形式的功率方程式。

若令导纳矩阵各元素为 $Y_{ij} = G_{ij} + \mathrm{j} B_{ij}$，节点电压为 $\dot{U}_i = e_i + \mathrm{j} f_i$，代入式（4 - 12）有

$$P_i - \mathrm{j} Q_i = (e_i - \mathrm{j} f_i) \sum_{j=1}^{n} (G_{ij} + \mathrm{j} B_{ij})(e_j + \mathrm{j} f_j) \quad (i = 1, 2, \cdots, n)$$

将上式的实部与虚部分开可得

$$
\left.
\begin{array}{l}
P_i = e_i \displaystyle\sum_{j=1}^{n} (G_{ij}e_j - B_{ij}f_j) + f_i \displaystyle\sum_{j=1}^{n} (G_{ij}f_j + B_{ij}e_j) \\[4mm]
Q_i = f_i \displaystyle\sum_{j=1}^{n} (G_{ij}e_j - B_{ij}f_j) - e_i \displaystyle\sum_{j=1}^{n} (G_{ij}f_j + B_{ij}e_j)
\end{array}
\right\}
\qquad (4\text{-}13)
$$

式（4-13）为由直角坐标形式表示的功率方程式。

若令 $Y_{ij} = G_{ij} + jB_{ij}$，$\dot{U}_i = U_i e^{j\delta_i}$，$\dot{U}_j = U_j e^{j\delta_j}$ 代入式（4-12）可得

$$
\begin{aligned}
P_i - jQ_i &= U_i e^{-j\delta_i} \sum_{j=1}^{n} (G_{ij} + jB_{ij}) U_j e^{j\delta_j} \\
&= U_i \sum_{j=1}^{n} (G_{ij} + jB_{ij}) U_j e^{-j(\delta_i - \delta_j)} \quad (i = 1, 2, \cdots, n)
\end{aligned}
$$

用 δ_{ij} 表示 $\delta_i - \delta_j$，并考虑到 $e^{-j\delta_{ij}} = \cos\delta_{ij} - j\sin\delta_{ij}$，可得到

$$
P_i - jQ_i = U_i \sum_{j=1}^{n} U_j (G_{ij} + jB_{ij})(\cos\delta_{ij} - j\sin\delta_{ij}) \quad (i = 1, 2, \cdots, n)
$$

将上式的实部与虚部分开可得

$$
\left.
\begin{array}{l}
P_i = U_i \displaystyle\sum_{j=1}^{n} U_j (G_{ij}\cos\delta_{ij} + B_{ij}\sin\delta_{ij}) \\[4mm]
Q_i = U_i \displaystyle\sum_{j=1}^{n} U_j (G_{ij}\sin\delta_{ij} - B_{ij}\cos\delta_{ij})
\end{array}
\right\}
\qquad (4\text{-}14)
$$

式（4-14）即为用极坐标表示的功率方程式。

以上各式中，P_i、Q_i 为节点净注入功率，又称为节点功率。

显然，在 n 个母线的系统中，有 $2n$ 个功率方程式，原则上讲可以解出 $2n$ 个变量。

二、电力系统运行变量与节点分类

式（4-13）和式（4-14）描述的功率方程式是不可能直接求解的，因为在所有负荷已知的情况下，网络损耗是各节点电压的函数，因而各发电厂的输出功率将随节点电压的变化而变化。所以要求解这些功率方程式，必须首先对系统运行变量进行分析。

电力系统稳态运行时，一般地讲，每个节点有 6 个基本变量，即负荷的有功功率 P_{LD} 和无功功率 Q_{LD}，发电机的有功功率 P_G 和无功功率 Q_G，该节点的母线电压 U 和相位 δ。根据这些变量的性质，可以将系统中的变量分为以下三类：

（1）第一类是不受运行人员控制的变量，称为不可控变量，如各母线上的负荷 P_{LD}、Q_{LD}。不可控变量是由客户的用电情况决定的随机变量，根据运行经验或负荷预测的方法，事先对负荷进行估计，因此潮流计算中这些变量可作为已知量来处理。

（2）第二类是受运行人员控制的变量，称为可控变量，如各母线上发电机的功率 P_G、Q_G。

（3）第三类是各母线上的电压 U 和相角 δ，这些变量是随着系统运行情况的变化而变化的。系统中的各节点电压 U 和相角 δ 一经确定，系统的运行状态即被确定，故这些变量又被称之为状态变量。

通过上述分析可知，电力系统运行中每条母线上有 U、δ、P_G、Q_G、P_{LD} 和 Q_{LD} 6 个变量。在 P_{LD} 和 Q_{LD} 已知的情况下，可以将母线上的发电机功率 P_G、Q_G 和负荷功率 P_{LD}、Q_{LD}

合并，得到各母线上的节点功率 $P(P=P_G-P_{LD})$ 和 $Q(Q=Q_G-Q_{LD})$。这样每个节点就只有 4 个变量。显然，在含有 n 个节点的系统中应有 $4n$ 个变量。

在已知电力系统的网络参数后，可以得到 $2n$ 个实数方程式，且可以由 $4n$ 个变量中确定的 $2n$ 个变量作为已知量，再去求其余 $2n$ 个未知量。一般每个节点给定两个已知量。按给出的已知量不同，电力系统中的节点可以分为以下三类：

(1) PQ 节点。已知节点的有功功率 P 及无功功率 Q，待求量是节点的电压幅值和相角。电力系统中的大多数发电厂母线和绝大多数变电站母线属于此类节点。

(2) PV 节点。已知节点的有功功率 P 和电压模值 U，待求的是节点无功功率 Q 和电压相角 δ。这类节点是电力系统中的电压控制节点，不管系统的运行方式如何变化，总是要求这些节点的电压维持某一数值。因此，这类节点必须有足够的无功调节容量来保证电压值。PV 节点在系统中为数不多，一般选择有一定无功功率储备的发电厂和具有可调无功电源设备的变电站作此类节点。

(3) $V\delta$ 节点。该节点又称平衡节点。由于 $V\delta$ 节点已知节点电压幅值和相角，因此将该节点作为潮流计算时其他电压计算的参考点，亦即基准点或基准母线。为了计算方便，基准母线的电压相位常取 $0°$。为了满足系统功率平衡，必须选择一个发电厂的有功功率 P_G 和无功功率 Q_G 作为未知量，这个节点就是平衡节点。潮流计算中一般选择容量较大的发电厂作为平衡节点。

经过这样的节点分类后，每个节点都是已知两个变量，求另外两个变量，则可根据 $2n$ 个方程式解出 $2n$ 个变量。

第三节　非线性代数方程的迭代解法

由式（4 - 13）和式（4 - 14）可以看出，功率方程是节点电压的非线性代数方程组，目前还没有求解其解析解的方法。通常工程上对非线性方程组多采用迭代解法来求解数值解。所谓迭代解法就是先假设一组比较合理的方程的解（又称初值），将初值代入原方程组中解得一次近似解，再将这组近似解代入原方程中解得二次近似解，以此类推，直到逼近方程组的真正解为止。下面以高斯—赛德尔迭代法和牛顿—拉夫逊法为例介绍非线性方程组的数值迭代解法，以便初学者能正确地将之应用于电力系统潮流计算中。

一、高斯—赛德尔迭代计算原理

设有一个 n 元非线性方程组

$$\left.\begin{array}{r}f_1(x_1,x_2,\cdots,x_n)=0\\f_2(x_1,x_2,\cdots,x_n)=0\\\cdots\cdots\cdots\cdots\\f_n(x_1,x_2,\cdots,x_n)=0\end{array}\right\} \tag{4-15}$$

将式（4 - 15）改写为

$$\left.\begin{array}{r}x_1=g_1(x_1,x_2,\cdots,x_n)\\x_2=g_2(x_1,x_2,\cdots,x_n)\\\cdots\cdots\cdots\cdots\\x_n=g_n(x_1,x_2,\cdots,x_n)\end{array}\right\} \tag{4-16}$$

任意给定一组初值 $x_1^{(0)}$，$x_2^{(0)}$，$\cdots$，$x_n^{(0)}$，并将其代入式（4-16）第一行 $g_1(x)$ 中，得 $x_1^{(1)}$，用值 $x_1^{(1)}$ 代替初值 $x_1^{(0)}$ 后连同其余初值一同代入式（4-16）第二行 $g_2(x)$ 中，得到 $x_2^{(1)}$，再将 $x_1^{(1)}$、$x_2^{(1)}$ 连同其余初值代入式（4-16）第三行 $g_3(x)$ 中，得到 $x_3^{(1)}$，$\cdots$，按此方法直到求得 $x_n^{(1)}$，第一轮迭代结束。然后将 $x_1^{(1)}$，$x_2^{(1)}$，$\cdots$，$x_n^{(1)}$ 代入式（4-16），经过第二轮迭代得到 $x_1^{(2)}$，$x_2^{(2)}$，$\cdots$，$x_n^{(2)}$。这样继续迭代下去，直到最后两轮解的差值在规定的误差范围之内为止。高斯—赛德尔第 ν 次迭代表示式为

$$\left.\begin{array}{l} x_1^{(\nu+1)} = g_1(x_1^{(\nu)},x_2^{(\nu)},\cdots,x_n^{(\nu)}) \\[1mm] x_2^{(\nu+1)} = g_2(x_1^{(\nu+1)},x_2^{(\nu)},\cdots,x_n^{(\nu)}) \\[1mm] x_3^{(\nu+1)} = g_3(x_1^{(\nu+1)},x_2^{(\nu+1)},\cdots,x_n^{(\nu)}) \\[1mm] \cdots\cdots\cdots\cdots\cdots\cdots\cdots\cdots\cdots \\[1mm] x_n^{(\nu+1)} = g_n(x_1^{(\nu+1)},x_2^{(\nu+1)},\cdots,x_{n-1}^{(\nu+1)},x_n^{(\nu)}) \end{array}\right\} \tag{4-17}$$

判断其收敛的条件为

$$\left| x_i^{(\nu+1)} - x_i^{(\nu)} \right| < \varepsilon$$

式中　ε——迭代计算的容许误差。

高斯—赛德尔迭代法的迭代思想简单明了，对初值要求不严格，计算简单，但收敛性较差，用这种方法计算电力系统潮流常常需要几十次以上才能达到足够的精度。在电力系统的实际计算中可用此方法优化初值，求得较好的初值后，再用牛顿—拉夫逊法求解。

二、牛顿—拉夫逊迭代计算原理

牛顿—拉夫逊法将非线性方程的求解过程转化为线性方程的求解过程，即线性化。它的主要优点是收敛性较好，在一般网络中，只需迭代 $5\sim8$ 次即可达到所需要的精度。为了解牛顿—拉夫逊法的基本概念，先从一元非线性方程的求解过程进行阐述，然后再推广到多元的情况。

设有一元非线性方程 $f(x)=0$，给定初值解为 $x^{(0)}$，它与真解 x 之间的误差为 $\Delta x^{(0)}$，因此，方程的真解可表示为

$$x = x^{(0)} - \Delta x^{(0)} \tag{4-18}$$

式中　$\Delta x^{(0)}$——变量修正量。

式（4-18）应满足原方程式，故

$$f(x^{(0)} - \Delta x^{(0)}) = 0 \tag{4-19}$$

若函数 $f(x)$ 连续且光滑可导，将函数 $f(x)$ 在 $x^{(0)}$ 点，$\Delta x^{(0)}$ 范围内展开为泰勒级数，得

$$f(x^{(0)} - \Delta x^{(0)}) = f(x^{(0)}) - f'(x^{(0)})\Delta x^{(0)} + \frac{1}{2!}f''(x^{(0)})(\Delta x^{(0)})^2 - \cdots$$
$$+ \frac{(-1)^n}{n!}f^n(x^{(0)})(\Delta x^{(0)})^n = 0 \tag{4-20}$$

式中　$f'(x^{(0)})$，$f''(x^{(0)})$，$\cdots$，$f^n(x^{(0)})$——函数 $f(x)$ 在 $x^{(0)}$ 点的一阶、二阶$\cdots\cdots n$ 阶导数。

如果所选择的初值 $x^{(0)}$ 的值接近于真解，则 $\Delta x^{(0)}$ 很小，故可以将式（4-20）中 $\Delta x^{(0)}$ 的二次及二次以后各项忽略不计，则式（4-20）简化为

$$f(x^{(0)}) - f'(x^{(0)})\Delta x^{(0)} = 0$$

或
$$f(x^{(0)}) = f'(x^{(0)})\Delta x^{(0)} \tag{4-21}$$

$$\Delta x^{(0)} = \frac{f(x^{(0)})}{f'(x^{(0)})} \tag{4-22}$$

式（4-21）是 $\Delta x^{(0)}$ 的线性代数方程，称为牛顿—拉夫逊修正方程式。由于略去了式（4-20）中的二次及二次以后各项，所以按式（4-22）求出的 $\Delta x^{(0)}$ 只是近似值。因此，必须利用 $x^{(1)} = x^{(0)} - \Delta x^{(0)}$ 对初值 $x^{(0)}$ 进行修正，得到一次迭代后方程式 $f(x) = 0$ 的近似解 $x^{(1)}$。再将 $x^{(1)}$ 作为初值代入修正方程式（4-21）中，得

$$f(x^{(1)}) = f'(x^{(1)})\Delta x^{(1)}$$

由上式可解得 $\Delta x^{(1)}$，则二次迭代后方程式的近似解为

$$x^{(2)} = x^{(1)} - \Delta x^{(1)}$$

$x^{(2)}$ 比 $x^{(1)}$ 更接近方程式的真解。再将 $x^{(2)}$ 作为初值，继续迭代下去，到 ν 次迭代时，有 $x^{(\nu)} = x^{(\nu-1)} - \Delta x^{(\nu-1)}$，其修正方程式为

$$f(x^{(\nu)}) = f'(x^{(\nu)})\Delta x^{(\nu)} \quad \text{或} \quad \Delta x^{(\nu)} = \frac{f(x^{(\nu)})}{f'(x^{(\nu)})}$$

当 $\Delta x^{(\nu)}$ 趋近于零时，$x^{(\nu)}$ 就趋近于方程 $f(x) = 0$ 的真解。

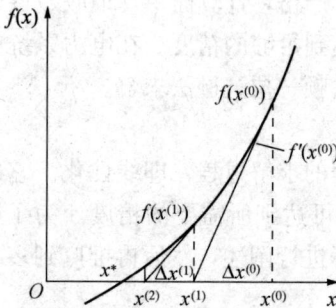

图 4-3　牛顿—拉夫逊法
的几何意义

牛顿—拉夫逊法的几何意义可用图 4-3 说明。函数 $f(x) = 0$ 的真解在 $f(x)$ 与 x 轴的交点 x^* 处。如图 4-3 所示，任意假设的初值 $x^{(0)}$ 对应 $f(x)$ 曲线的 $f(x^{(0)})$、$f'(x^{(0)})$ 是函数在点 $x^{(0)}$ 的斜率，则有

$$\tan\alpha^{(0)} = f'(x^{(0)}) = \frac{f(x^{(0)})}{\Delta x^{(0)}}$$

$$\Delta x^{(0)} = \frac{f(x^{(0)})}{f'(x^{(0)})}$$

修正量 $\Delta x^{(0)}$ 则由点 $x^{(0)}$ 的切线与横轴的交点来决定。求得 $\Delta x^{(0)}$ 后，对 $x^{(0)}$ 进行修正，得 $x^{(1)} = x^{(0)} - \Delta x^{(0)}$。由图可见，$x^{(1)}$ 向函数的真解 x^* 逼近一步。直到 $|x^{(\nu+1)} - x^{(\nu)}| < \varepsilon$，则称为迭代收敛。牛顿—拉夫逊法又称为切线法。

下面将上述方法推广到 n 元方程组的情况。设有 n 元非线性方程组

$$\left.\begin{aligned}
f_1(x_1, x_2, \cdots, x_n) &= 0 \\
f_2(x_1, x_2, \cdots, x_n) &= 0 \\
\cdots\cdots\cdots\cdots \\
f_n(x_1, x_2, \cdots, x_n) &= 0
\end{aligned}\right\} \tag{4-23}$$

给定一组初值 $x_1^{(0)}$，$x_2^{(0)}$，$\cdots$，$x_n^{(0)}$，并令 $\Delta x_1^{(0)}$，$\Delta x_2^{(0)}$，$\cdots$，$\Delta x_n^{(0)}$ 分别为各变量的修正量，则有

$$\left.\begin{aligned}
f_1(x_1^{(0)} - \Delta x_1^{(0)}, x_2^{(0)} - \Delta x_2^{(0)}, \cdots, x_n^{(0)} - \Delta x_n^{(0)}) &= 0 \\
f_2(x_1^{(0)} - \Delta x_1^{(0)}, x_2^{(0)} - \Delta x_2^{(0)}, \cdots, x_n^{(0)} - \Delta x_n^{(0)}) &= 0 \\
\cdots\cdots\cdots\cdots \\
f_n(x_1^{(0)} - \Delta x_1^{(0)}, x_2^{(0)} - \Delta x_2^{(0)}, \cdots, x_n^{(0)} - \Delta x_n^{(0)}) &= 0
\end{aligned}\right\} \tag{4-24}$$

将方程组（4-24）中的方程在初值处分别展开为泰勒级数，并略去修正量的二次及以上高次项，可得

$$f_1(x_1^{(0)}, x_2^{(0)}, \cdots, x_n^{(0)}) - \frac{\partial f_1}{\partial x_1}\bigg|_0 \cdot \Delta x_1^{(0)} - \frac{\partial f_1}{\partial x_2}\bigg|_0 \cdot \Delta x_2^{(0)} - \cdots - \frac{\partial f_1}{\partial x_n}\bigg|_0 \cdot \Delta x_n^{(0)} = 0$$

$$f_2(x_1^{(0)}, x_2^{(0)}, \cdots, x_n^{(0)}) - \frac{\partial f_2}{\partial x_1}\bigg|_0 \cdot \Delta x_1^{(0)} - \frac{\partial f_2}{\partial x_2}\bigg|_0 \cdot \Delta x_2^{(0)} - \cdots - \frac{\partial f_2}{\partial x_n}\bigg|_0 \cdot \Delta x_n^{(0)} = 0$$

$$\cdots\cdots\cdots\cdots\cdots\cdots$$

$$f_n(x_1^{(0)}, x_2^{(0)}, \cdots, x_n^{(0)}) - \frac{\partial f_n}{\partial x_1}\bigg|_0 \cdot \Delta x_1^{(0)} - \frac{\partial f_n}{\partial x_2}\bigg|_0 \cdot \Delta x_2^{(0)} - \cdots - \frac{\partial f_n}{\partial x_n}\bigg|_0 \cdot \Delta x_n^{(0)} = 0$$

$$(4-25)$$

式中　$\dfrac{\partial f_i}{\partial x_i}\bigg|_0$ ——函数 $f_i(x_1, x_2, \cdots, x_n)$ 对自变量 x_i 的偏导数在点 $(x_1^{(0)}, x_2^{(0)}, \cdots,$ $x_n^{(0)})$ 处的值。

将式（4-25）改为矩阵形式，得

$$\begin{bmatrix} f_1(x_1^{(0)}, x_2^{(0)}, \cdots, x_n^{(0)}) \\ f_2(x_1^{(0)}, x_2^{(0)}, \cdots, x_n^{(0)}) \\ \vdots \\ f_n(x_1^{(0)}, x_2^{(0)}, \cdots, x_n^{(0)}) \end{bmatrix} = \begin{bmatrix} \dfrac{\partial f_1}{\partial x_1}\bigg|_0 & \dfrac{\partial f_1}{\partial x_2}\bigg|_0 & \cdots & \dfrac{\partial f_1}{\partial x_n}\bigg|_0 \\ \dfrac{\partial f_2}{\partial x_1}\bigg|_0 & \dfrac{\partial f_2}{\partial x_2}\bigg|_0 & \cdots & \dfrac{\partial f_2}{\partial x_n}\bigg|_0 \\ \cdots\cdots & \cdots\cdots & & \\ \dfrac{\partial f_n}{\partial x_1}\bigg|_0 & \dfrac{\partial f_n}{\partial x_2}\bigg|_0 & \cdots & \dfrac{\partial f_n}{\partial x_n}\bigg|_0 \end{bmatrix} \begin{bmatrix} \Delta x_1^{(0)} \\ \Delta x_2^{(0)} \\ \vdots \\ \Delta x_n^{(0)} \end{bmatrix} \quad (4-26)$$

式（4-26）称为牛顿—拉夫逊的修正方程，等号右边的矩阵称为雅克比矩阵，用 $\boldsymbol{J}$ 表示。式（4-26）是修正量 $\Delta x_1^{(0)}$，$\Delta x_2^{(0)}$，$\cdots$，$\Delta x_n^{(0)}$ 的线性方程组，可以用高斯消元法、三角分解法等方法解出修正量的值，并进一步计算修正后的值为

$$x_1^{(1)} = x_1^{(0)} - \Delta x_1^{(0)}$$
$$x_2^{(1)} = x_2^{(0)} - \Delta x_2^{(0)}$$
$$\cdots\cdots\cdots\cdots\cdots$$
$$x_n^{(1)} = x_n^{(0)} - \Delta x_n^{(0)}$$

$$(4-27)$$

将方程组的一次近似解 $x_1^{(1)}$，$x_2^{(1)}$，$\cdots$，$x_n^{(1)}$ 代入修正方程式（4-26）中，可得到 $\Delta x_1^{(1)}$，$\Delta x_2^{(1)}$，$\cdots$，$\Delta x_n^{(1)}$。仿照前述方法，又可得到方程组的二次近似解，以此类推，便可逐步逼近并求出方程组的解。

将式（4-26）、式（4-27）简写为如下的一般迭代形式

$$f(x^{(v)}) = \boldsymbol{J}^{(v)} \boldsymbol{\Delta} x^{(v)} \tag{4-28}$$

$$x^{(v+1)} = x^{(v)} - \boldsymbol{\Delta} x^{(v)} \tag{4-29}$$

判断牛顿—拉夫逊法是否收敛的不等式为

$$|f(x^{(v)})| < \varepsilon$$

式中　$|f(x^{(v)})|$ ——向量 $f(x^{(v)})$ 的最大分量的绝对值；

ε ——给定的容许误差。

第四节　牛顿—拉夫逊法潮流计算

上节介绍了牛顿—拉夫逊法的一般概念，用此方法计算复杂系统的潮流只需将功率方程

式改变成迭代方程式的形式。由于功率方程式电压有直角坐标形式和极坐标形式两种，因此用牛顿—拉夫逊法计算潮流时也分为两种形式。本节将对这两种形式分别加以介绍。

一、功率方程式和修正方程式

将式（4 - 14）用功率误差的形式写出

$$\left.\begin{array}{l}\Delta P_i = P_i - U_i \sum_{j=1}^{n} U_j (G_{ij}\cos\delta_{ij} + B_{ij}\sin\delta_{ij}) = 0 \\[3mm] \Delta Q_i = Q_i - U_i \sum_{j=1}^{n} U_j (G_{ij}\sin\delta_{ij} - B_{ij}\cos\delta_{ij}) = 0\end{array}\right\} \quad (4 - 30)$$

式（4 - 30）对应于 PQ 节点的迭代方程式，对应于 PV 节点，其有功功率已知而无功功率未知，故仍可用上式中的有功功率方程式。

设系统中有 n 个节点，其中第 n 个节点为平衡节点，其电压幅值和相角已知，不参加迭代。系统中有 m 个 PQ 节点，故 PV 节点数为 $n-(m+1)$ 个；对于 PV 节点，因为电压幅值已知，则减少了 $n-(m+1)$ 个未知数。因此，对于 PV 节点只需用到式（4 - 30）中的有功功率方程式。全系统共有 $m+n-1$ 个方程。

给定电压初值，设各变量的修正量为 ΔU_i、$\Delta \delta_i$，代入式（4 - 30）中，再按泰勒级数展开并略去 ΔU_i、$\Delta \delta_i$ 的二次及以后各项，得修正方程式

$$\begin{bmatrix} \Delta P_1 \\ \Delta P_2 \\ \vdots \\ \Delta P_{n-1} \\ \Delta Q_1 \\ \vdots \\ \Delta Q_m \end{bmatrix} = \begin{bmatrix} & \vdots & \\ H_{ij} & \vdots & N_{ij} \\ & \vdots & \\ \cdots\cdots & \cdots\cdots & \cdots\cdots \\ & \vdots & \\ J_{ij} & \vdots & L_{ij} \\ & \vdots & \end{bmatrix} \begin{bmatrix} \Delta \delta_1 \\ \Delta \delta_2 \\ \vdots \\ \Delta \delta_{n-1} \\ \Delta U_1 / U_1 \\ \vdots \\ \Delta U_m / U_m \end{bmatrix} \quad (4 - 31)$$

式（4 - 31）中用 U_i 除以 ΔU_i，只是使雅可比矩阵中各元素形式一致，简化雅可比矩阵的计算，不影响计算的收敛性和精度。

由式（4 - 30）可以求出雅可比矩阵的各元素。

当 $i \neq j$ 时（非对角元素）

$$\left.\begin{array}{l}H_{ij} = \dfrac{\partial \Delta P_i}{\partial \delta_j} = -U_i U_j (G_{ij}\sin\delta_{ij} - B_{ij}\cos\delta_{ij}) \\[3mm] N_{ij} = \dfrac{\partial \Delta P_i}{\partial U_j} U_j = -U_i U_j (G_{ij}\cos\delta_{ij} + B_{ij}\sin\delta_{ij}) \\[3mm] J_{ij} = \dfrac{\partial \Delta Q_i}{\partial \delta_j} = U_i U_j (G_{ij}\cos\delta_{ij} + B_{ij}\sin\delta_{ij}) \\[3mm] L_{ij} = \dfrac{\partial \Delta Q_i}{\partial U_j} U_j = -U_i U_j (G_{ij}\sin\delta_{ij} - B_{ij}\cos\delta_{ij})\end{array}\right\} \quad (4 - 32)$$

当 $i = j$ 时（对角元素）

$$H_{ii} = \frac{\partial \Delta P_i}{\partial \delta_i} = U_i \sum_{\substack{j=1 \\ j \neq i}}^{n} U_j (G_{ij} \sin\delta_{ij} - B_{ij} \cos\delta_{ij}) = Q_i + B_{ii} U_i^2$$

$$N_{ii} = \frac{\partial \Delta P_i}{\partial U_i} U_i = -U_i \sum_{\substack{j=1 \\ j \neq i}}^{n} U_j (G_{ij} \cos\delta_{ij} + B_{ij} \sin\delta_{ij}) - 2U_i^2 G_{ii} = -P_i - G_{ii} U_i^2$$

$$J_{ii} = \frac{\partial \Delta Q_i}{\partial \delta_i} = -U_i \sum_{\substack{j=1 \\ j \neq i}}^{n} U_j (G_{ij} \cos\delta_{ij} + B_{ij} \sin\delta_{ij}) = -P_i + G_{ii} U_i^2$$

$$L_{ii} = \frac{\partial \Delta Q_i}{\partial U_i} U_i = -U_i \sum_{\substack{j=1 \\ j \neq i}}^{n} U_j (G_{ij} \sin\delta_{ij} - B_{ij} \cos\delta_{ij}) + 2U_i^2 B_{ii} = -Q_i + B_{ii} U_i^2$$

$$(4-33)$$

修正方程式（4-31）可用分块矩阵的形式简化如下

$$\begin{bmatrix} \Delta P \\ \Delta Q \end{bmatrix} = \begin{bmatrix} H & N \\ J & L \end{bmatrix} \begin{bmatrix} \Delta \delta \\ \Delta U / U \end{bmatrix} \tag{4-34}$$

由以上对雅克比矩阵中的元素求偏导可以看出，雅克比矩阵具有以下特点：

（1）雅克比矩阵为 $m+n-1$ 阶的方阵。

（2）雅克比矩阵不是对称矩阵。

（3）雅克比矩阵中元素的位置与导纳矩阵一样，导纳矩阵中非对角元素为零时，相应的雅克比矩阵元素也为零。由于导纳矩阵是稀疏矩阵，所以其雅克比矩阵也是稀疏矩阵。

（4）雅克比矩阵中的元素都是节点电压的函数，在迭代过程中随节点电压的变化而变化。故此，雅克比矩阵是一个不断变化的矩阵，每次迭代都要重新形成雅克比矩阵。

二、支路功率和平衡节点功率

当计算收敛后，可得到各个节点的电压值，根据各节点的电压可以很方便地求出系统中各支路及变压器中流过的功率。

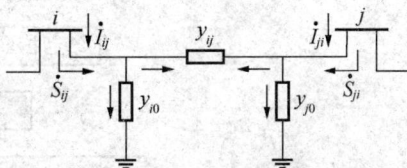

设线路或变压器的 Ⅱ 形等值电路如图 4-4 所示，支路导纳及支路对地导纳均标注在图中。

图 4-4　Ⅱ 形等值电路中流过的电流和功率

若支路两端 i、j 的电压分别为 $\dot{U}_i$、$\dot{U}_j$，节点 i、j 注入的电流分别为 $\dot{I}_{ij}$、$\dot{I}_{ji}$，则支路功率为

$$\dot{S}_{ij} = P_{ij} + \mathrm{j}Q_{ij} = \dot{U}_i \overset{*}{I}_{ij}$$

$$= U_i^2 \overset{*}{y}_{i0} + \dot{U}_i (\overset{*}{U}_i - \overset{*}{U}_j) \overset{*}{y}_{ij} \tag{4-35a}$$

$$\dot{S}_{ji} = P_{ji} + \mathrm{j}Q_{ji} = \dot{U}_j \overset{*}{I}_{ji}$$

$$= U_j^2 \overset{*}{y}_{j0} + \dot{U}_j (\overset{*}{U}_j - \overset{*}{U}_i) \overset{*}{y}_{ij} \tag{4-35b}$$

支路上的功率损耗为

$$\Delta \dot{S}_{ij} = \Delta P_{ij} + \mathrm{j}\Delta Q_{ij} = \dot{S}_{ij} + \dot{S}_{ji}$$

平衡节点功率为

$$\dot{S}_n = \dot{U}_n \sum_{j=1}^{n} \overset{*}{Y}_{nj} \overset{*}{U}_j$$

PV 节点的无功功率 Q_i（$i=m+1, \cdots, n-1$）可以通过式（4-14）中的第二式求得。

三、潮流计算中的约束条件

在潮流计算中还必须对某些控制变量和状态变量根据实际情况进行限制，否则最终结果有可能是实际工程所不能接受的。也就是说若不加约束条件，得出的结果有可能是没有意义的。因此，潮流计算的解除满足功率方程外，还必须满足如下约束条件：

（1）对控制变量的约束条件是

$$\left.\begin{array}{l} P_{Gimin} < P_{Gi} < P_{Gimax} \\ Q_{Gimin} < Q_{Gi} < Q_{Gimax} \end{array}\right\} \tag{4-36}$$

式中 P_{Gimin}、P_{Gimax}、Q_{Gimin}、Q_{Gimax}——发电机和无功补偿设备的功率极限值。

（2）对状态变量的约束条件是

$$U_{imin} < U_i < U_{imax} \quad (i = 1,2,\cdots,n) \tag{4-37}$$

这个条件表示系统中各节点电压的大小不得越出上下限的范围，这是保证电压质量的必需条件。此外，为了保证系统的稳定性（将在第十二章介绍），对角度也可以设置约束条件 $|\delta_i - \delta_j| < |\delta_i - \delta_j|_{max}$，即线路两端电压相角不超过某一数值。

四、牛顿—拉夫逊法潮流计算过程及框图

极坐标形式的牛顿—拉夫逊法潮流计算程序框图如图 4-5 所示。

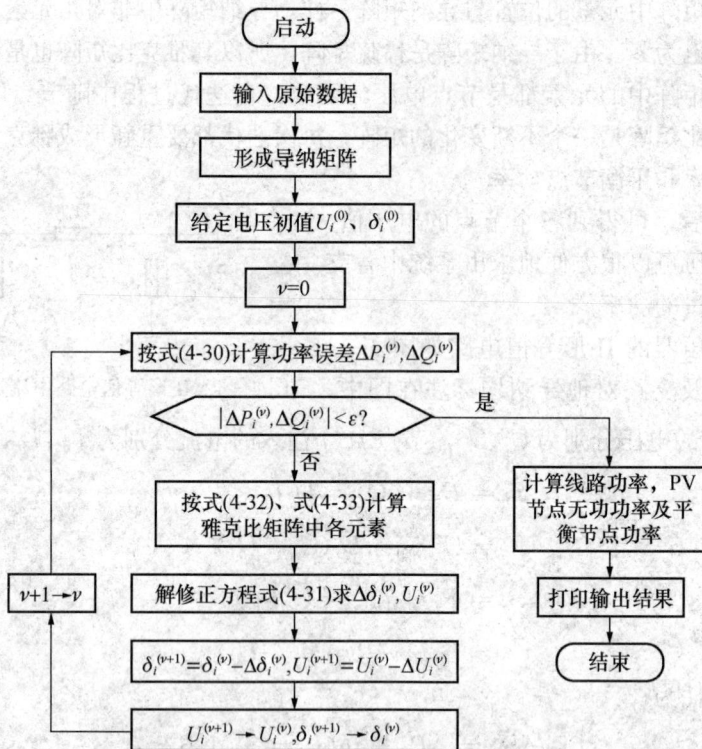

图 4-5 牛顿—拉夫逊法潮流计算程序框图

【例 4-1】 某两母线系统如图 4-6 所示，图中参数均为标幺值，已知 $\dot{S}_{LD1} = 10 + j3$，$\dot{S}_{LD2} = 20 + j10$，$\dot{U}_1 = 1\angle 0°$，$\dot{S}_{G2} = 15 + j9$。试写出：（1）节点 1、2 的类型；（2）网络的节点导纳矩阵；（3）用极坐标形式的牛顿—拉夫逊法作一次潮流迭代。

解　（1）由已知条件可以看出，节点 1 的电压和相位 $\dot{U}_1 = 1\angle 0°$ 已知，故节点 1 为平衡节点。节点 2 的有功功率 $P_2 = P_{G2} - P_{LD2} = 15 - 20 = -5$，无功功率 $Q_2 = Q_{G2} - Q_{LD2} = 9 - 10 = -1$，故节点 2 为 PQ 节点。

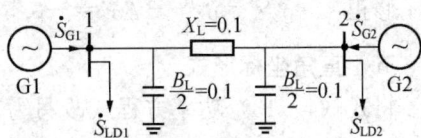

图 4 - 6　［例 4 - 1］图

（2）由图 4 - 6 可直接写出导纳矩阵

$$Y_{11} = \frac{1}{jX_L} + j\frac{B}{2} = \frac{1}{j0.1} + j0.1 = -j10 + j0.1 = -j9.9$$

$$Y_{22} = \frac{1}{jX_L} + j\frac{B}{2} = -j10 + j0.1 = -j9.9$$

$$Y_{12} = Y_{21} = -\frac{1}{jX_L} = j10$$

故

$$\boldsymbol{Y} = \begin{bmatrix} Y_{11} & Y_{12} \\ Y_{21} & Y_{22} \end{bmatrix} = \begin{bmatrix} -j9.9 & j10 \\ j10 & -j9.9 \end{bmatrix}$$

（3）写出功率误差方程式和电压误差方程式

$$\Delta P_2 = P_2 - U_2 \sum_{j=1}^{2} U_j (G_{2j}\cos\delta_{2j} + B_{2j}\sin\delta_{2j})$$

$$= P_2 - U_2 U_1 (G_{21}\cos\delta_{21} + B_{21}\sin\delta_{21}) - U_2^2 G_{22}$$

$$\Delta Q_2 = Q_2 - U_2 \sum_{j=1}^{2} U_j (G_{2j}\sin\delta_{2j} - B_{2j}\cos\delta_{2j})$$

$$= Q_2 - U_2 U_1 (G_{21}\sin\delta_{21} - B_{21}\cos\delta_{21}) + U_2^2 B_{22}$$

修正方程式为

$$\begin{bmatrix} \Delta P_2 \\ \Delta Q_2 \end{bmatrix} = \begin{bmatrix} \dfrac{\partial \Delta P_2}{\partial \delta_2} & \dfrac{\partial \Delta P_2}{\partial U_2}U_2 \\ \dfrac{\partial \Delta Q_2}{\partial \delta_2} & \dfrac{\partial \Delta Q_2}{\partial U_2}U_2 \end{bmatrix} \begin{bmatrix} \Delta\delta_2 \\ \Delta U_2/U_2 \end{bmatrix}$$

给定节点 2 电压初值 $\dot{U}_2^{(0)} = 1\angle 0°$，已知 $\dot{U}_1 = 1\angle 0°$，代入功率方程式和修正方程式

$$\Delta P_2 = -5 - 1\times 1(0\times\cos 0 + 10\sin 0) - 1^2\times 0 = -5 - 0 = -5$$

$$\Delta Q_2 = -1 - 1\times 1(0\sin 0 - 10\cos 0) + 1^2\times(-9.9) = -1 - (-10) + (-9.9) = -0.9$$

$$\frac{\partial \Delta P_2}{\partial \delta_2} = U_2 U_1 (G_{21}\sin\delta_{21} - B_{21}\cos\delta_{21}) = -10$$

$$\frac{\partial \Delta P_2}{\partial U_2}U_2 = -U_2 U_1 (G_{21}\cos\delta_{21} + B_{21}\sin\delta_{21}) - 2U_2^2 G_{22} = 0$$

$$\frac{\partial \Delta Q_2}{\partial \delta_2} = -U_2 U_1 (G_{21}\cos\delta_{21} + B_{21}\sin\delta_{21}) = 0$$

$$\frac{\partial \Delta Q_2}{\partial U_2}U_2 = -U_2 U_1 (G_{21}\sin\delta_{21} - B_{21}\cos\delta_{21}) + 2U_2^2 B_{22} = 10 + 2\times(-9.9) = -9.8$$

修正方程式为

$$\begin{bmatrix} -5 \\ -0.9 \end{bmatrix} = \begin{bmatrix} -10 & 0 \\ 0 & -9.8 \end{bmatrix} \begin{bmatrix} \Delta\delta_2 \\ \Delta U_2/U_2 \end{bmatrix}$$

解得

$$\Delta\delta_2 = 0.5; \quad \Delta U_2 = 0.092$$

修正 $\quad \delta_2^{(1)} = \delta_2^{(0)} - \Delta\delta_2 = -0.5 ; \quad U_2^{(1)} = U_2^{(0)} - \Delta U_2 = 1 - 0.092 = 0.908$

五、直角坐标形式

将式（4-13）功率方程式改写为功率误差的形式，则

$$
\left.
\begin{aligned}
\Delta P_i &= P_i - e_i \sum_{j=1}^{n}(G_{ij}e_j - B_{ij}f_j) - f_i \sum_{j=1}^{n}(G_{ij}f_j + B_{ij}e_j) = 0 \\
\Delta Q_i &= Q_i - f_i \sum_{j=1}^{n}(G_{ij}e_j - B_{ij}f_j) + e_i \sum_{j=1}^{n}(G_{ij}f_j + B_{ij}e_j) = 0
\end{aligned}
\right\}
\tag{4-38}
$$

式（4-38）为对应于 PQ 节点的功率平衡方程式。

对应于 PV 节点，其有功功率是已知的，故仍可保留式（4-38）中的第一个方程式。而无功功率未知，电压为给定，因此需将无功平衡方程改为电压方程，有

$$
\left.
\begin{aligned}
\Delta P_i &= P_i - e_i \sum_{j=1}^{n}(G_{ij}e_j - B_{ij}f_j) - f_i \sum_{j=1}^{n}(G_{ij}f_j + B_{ij}e_j) = 0 \\
\Delta U_i^2 &= U_i^2 - (e_i^2 + f_i^2) = 0
\end{aligned}
\right\}
\tag{4-39}
$$

对于平衡节点，由于其电压是给定的，不必参与迭代，故不必列出其方程。

设系统中有 n 个节点，其中 $1 \sim m$ 为 PQ 节点，$m+1 \sim n-1$ 为 PV 节点，n 为平衡节点。这样全系统有 m 个式（4-38），有 $n-m-1$ 个式（4-39），即共有 $2(n-1)$ 个迭代方程。将电压初值代入式（4-38）和式（4-39）中，并将其展开为泰勒级数，略去 Δe_i、Δf_i 二次及以后各项，可得修正方程式

$$
\begin{bmatrix}
\Delta P_1 \\
\Delta Q_1 \\
\Delta P_2 \\
\Delta Q_2 \\
\vdots \\
\Delta P_{m+1} \\
\Delta U_{m+1}^2 \\
\vdots \\
\Delta P_{n-1} \\
\Delta U_{n-1}^2
\end{bmatrix}
=
\begin{bmatrix}
\frac{\partial \Delta P_1}{\partial e_1} & \frac{\partial \Delta P_1}{\partial f_1} & \frac{\partial \Delta P_1}{\partial e_2} & \frac{\partial \Delta P_1}{\partial f_2} & \cdots & \frac{\partial \Delta P_1}{\partial e_{m+1}} & \frac{\partial \Delta P_1}{\partial f_{m+1}} & \cdots & \frac{\partial \Delta P_1}{\partial e_{n-1}} & \frac{\partial \Delta P_1}{\partial f_{n-1}} \\
\frac{\partial \Delta Q_1}{\partial e_1} & \frac{\partial \Delta Q_1}{\partial f_1} & \frac{\partial \Delta Q_1}{\partial e_2} & \frac{\partial \Delta Q_1}{\partial f_2} & \cdots & \frac{\partial \Delta Q_1}{\partial e_{m+1}} & \frac{\partial \Delta Q_1}{\partial f_{m+1}} & \cdots & \frac{\partial \Delta Q_1}{\partial e_{n-1}} & \frac{\partial \Delta Q_1}{\partial f_{n-1}} \\
\frac{\partial \Delta P_2}{\partial e_1} & \frac{\partial \Delta P_2}{\partial f_1} & \frac{\partial \Delta P_2}{\partial e_2} & \frac{\partial \Delta P_2}{\partial f_2} & \cdots & \frac{\partial \Delta P_2}{\partial e_{m+1}} & \frac{\partial \Delta P_2}{\partial f_{m+1}} & \cdots & \frac{\partial \Delta P_2}{\partial e_{n-1}} & \frac{\partial \Delta P_2}{\partial f_{n-1}} \\
\frac{\partial \Delta Q_2}{\partial e_1} & \frac{\partial \Delta Q_2}{\partial f_1} & \frac{\partial \Delta Q_2}{\partial e_2} & \frac{\partial \Delta Q_2}{\partial f_2} & \cdots & \frac{\partial \Delta Q_2}{\partial e_{m+1}} & \frac{\partial \Delta Q_2}{\partial f_{m+1}} & \cdots & \frac{\partial \Delta Q_2}{\partial e_{n-1}} & \frac{\partial \Delta Q_2}{\partial f_{n-1}} \\
\vdots & \cdots & \cdots & \cdots & & \cdots & \cdots & & \cdots & \cdots \\
\frac{\partial \Delta P_{m+1}}{\partial e_1} & \frac{\partial \Delta P_{m+1}}{\partial f_1} & \frac{\partial \Delta P_{m+1}}{\partial e_2} & \frac{\partial \Delta P_{m+1}}{\partial f_2} & \cdots & \frac{\partial \Delta P_{m+1}}{\partial e_{m+1}} & \frac{\partial \Delta P_{m+1}}{\partial f_{m+1}} & \cdots & \frac{\partial \Delta P_{n-1}}{\partial e_{n-1}} & \frac{\partial \Delta P_{n-1}}{\partial f_{n-1}} \\
0 & 0 & 0 & 0 & \cdots & \frac{\partial \Delta U_{m+1}^2}{\partial e_{m+1}} & \frac{\partial \Delta U_{m+1}^2}{\partial f_{m+1}} & \cdots & 0 & 0 \\
\vdots & \cdots & \cdots & \cdots & & \cdots & \cdots & & \cdots & \cdots \\
\frac{\partial \Delta P_{n-1}}{\partial e_1} & \frac{\partial \Delta P_{n-1}}{\partial f_1} & \frac{\partial \Delta P_{n-1}}{\partial e_2} & \frac{\partial \Delta P_{n-1}}{\partial f_2} & \cdots & \frac{\partial \Delta P_{n-1}}{\partial e_{m+1}} & \frac{\partial \Delta P_{n-1}}{\partial f_{m+1}} & \cdots & \frac{\partial \Delta P_{n-1}}{\partial e_{n-1}} & \frac{\partial \Delta P_{n-1}}{\partial f_{n-1}} \\
0 & 0 & 0 & 0 & \cdots & 0 & 0 & \cdots & \frac{\partial \Delta U_{n-1}^2}{\partial e_{n-1}} & \frac{\partial \Delta U_{n-1}^2}{\partial f_{n-1}}
\end{bmatrix}
\begin{bmatrix}
\Delta e_1 \\
\Delta f_1 \\
\Delta e_2 \\
\Delta f_2 \\
\vdots \\
\Delta e_{m+1} \\
\Delta f_{m+1} \\
\vdots \\
\Delta e_{n-1} \\
\Delta f_{n-1}
\end{bmatrix}
\tag{4-40}
$$

式（4-40）中，雅克比矩阵中的各元素可以通过对式（4-38）和式（4-39）求偏导得到。当 $j \neq i$ 时，雅克比矩阵各非对角元素分别为

$$\frac{\partial \Delta P_i}{\partial e_j} = -\frac{\partial \Delta Q_i}{\partial f_j} = -(G_{ij}e_i + B_{ij}f_i)$$

$$\frac{\partial \Delta P_i}{\partial f_j} = \frac{\partial \Delta Q_i}{\partial e_j} = B_{ij}e_i - G_{ij}f_i \qquad (4-41)$$

$$\frac{\partial \Delta U_i^2}{\partial e_j} = \frac{\partial \Delta U_i^2}{\partial f_j} = 0$$

当 $j=i$ 时，雅克比矩阵对角元素为

$$\frac{\partial \Delta P_i}{\partial e_i} = -\sum_{j=1}^{n}(G_{ij}e_j - B_{ij}f_j) - G_{ii}e_i - B_{ii}f_i$$

$$\frac{\partial \Delta P_i}{\partial f_i} = -\sum_{j=1}^{n}(G_{ij}f_j + B_{ij}e_j) + B_{ii}e_i - G_{ii}f_i$$

$$\frac{\partial \Delta Q_i}{\partial e_i} = \sum_{j=1}^{n}(G_{ij}f_j + B_{ij}e_j) + B_{ii}e_i - G_{ii}f_i$$

$$\frac{\partial \Delta Q_i}{\partial f_i} = -\sum_{j=1}^{n}(G_{ij}e_j - B_{ij}f_j) + G_{ii}e_i + B_{ii}f_i \qquad (4-42)$$

$$\frac{\partial \Delta U_i^2}{\partial e_i} = -2e_i$$

$$\frac{\partial \Delta U_i^2}{\partial f_i} = -2f_i$$

直坐标形式的牛顿—拉夫逊法潮流计算程序框图如图 4-7 所示。

【例 4-2】 在［例 4-1］中，若线路参数不变，已知 $\dot{S}_{LD1}=10+j3$，$\dot{S}_{LD2}=20+j10$，$\dot{U}_1=1\angle 0°$，$P_2=15$，$U_2=1.0$。试写出：（1）节点 1，2 的类型；（2）给定初值，用直角坐标形式的牛顿—拉夫逊法作一次潮流迭代。

解 （1）由已知条件可以看出，节点 1 的电压和相位 $\dot{U}_1=1\angle 0°$ 已知，故节点 1 为平衡节点。由于节点 2 的电压幅值 $U_2=1$，节点 2 的有功功率 $P_2=P_{G2}-P_{LD2}=15-20=-5$，故节点 2 为 PV 节点。

（2）写出功率误差方程式和电压误差方程式

$$\Delta P_2 = P_2 - e_2\sum_{j=1}^{n}(G_{2j}e_j - B_{2j}f_j) - f_2\sum_{j=1}^{n}(G_{2j}f_j + B_{2j}e_j)$$

$$= -5 - [e_2(-B_{21}f_1) + e_2(-B_{22}f_2)] - [f_2(B_{21}e_1) + f_2(B_{22}e_2)]$$

$$\Delta U_2^2 = U_2^2 - (e_2^2 + f_2^2) = 1 - (e_2^2 + f_2^2)$$

修正方程式为

$$\begin{bmatrix} \Delta P_2 \\ \Delta U_2^2 \end{bmatrix} = \begin{bmatrix} \dfrac{\partial \Delta P_2}{\partial e_2} & \dfrac{\partial \Delta P_2}{\partial f_2} \\ \dfrac{\partial \Delta U_2^2}{\partial e_2} & \dfrac{\partial \Delta U_2^2}{\partial f_2} \end{bmatrix} \begin{bmatrix} \Delta e_2 \\ \Delta f_2 \end{bmatrix}$$

$$\frac{\partial \Delta P_2}{\partial e_2} = B_{21}f_1 + B_{22}f_2 - B_{22}f_2 = B_{21}f_1$$

$$\frac{\partial \Delta P_2}{\partial f_2} = B_{22}e_2 - B_{21}e_1 - B_{22}e_2 = -B_{21}e_1$$

```
          ┌───────┐
          │ 启动  │
          └───┬───┘
              │
       ┌──────────────┐
       │  输入原始数据  │
       └──────┬───────┘
              │
       ┌──────────────┐
       │  形成导纳矩阵  │
       └──────┬───────┘
```

给定电压初值 $e_i^{(0)}$、$f_i^{(0)}$

$\nu = 0$

对PQ节点按式(4-62)计算 $\Delta P_i^{(\nu)}$, $\Delta Q_i^{(\nu)}$
对PV节点按式(4-63)计算 $\Delta P_i^{(\nu)}$, $\Delta U_i^{2(\nu)}$

$|\Delta P_i^{(\nu)}, \Delta Q_i^{(\nu)}, \Delta U_i^{(\nu)}| < \varepsilon$?　是

否

按式(4-41)、式(4-42)计算雅克比矩阵中各元素

计算线路功率，PV节点无功功率及平衡节点功率

$\nu+1 \to \nu$

解修正方程式(4-40)求 $e_i^{(\nu)}$, $f_i^{(\nu)}$

打印输出结果

$e_i^{(\nu+1)} = e_i^{(\nu)} - \Delta e_i^{(\nu)}, f_i^{(\nu+1)} = f_i^{(\nu)} - \Delta f_i^{(\nu)}$

结束

$e_i^{(\nu+1)} \to e_i^{(\nu)}, f_i^{(\nu+1)} \to f_i^{(\nu)}$

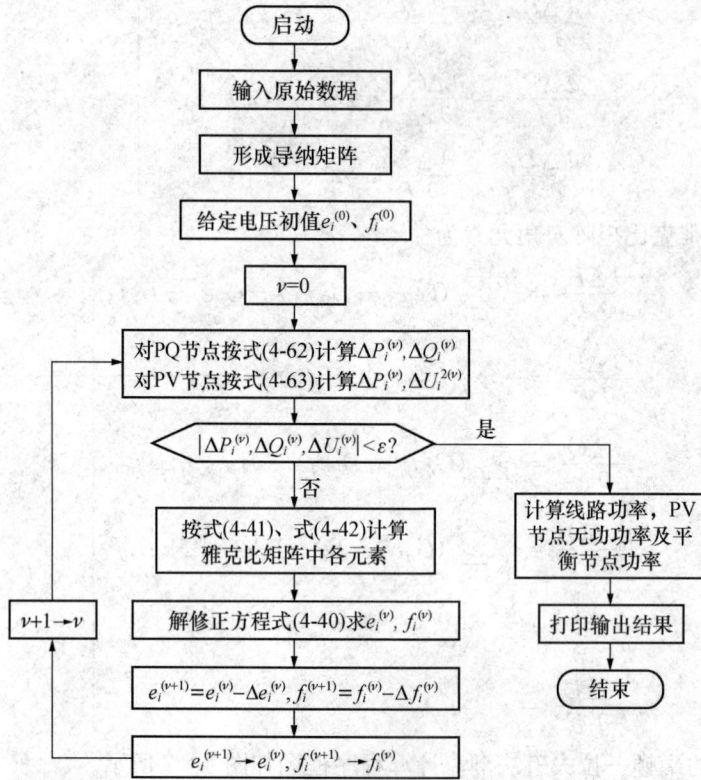

图 4-7　牛顿—拉夫逊法潮流计算程序框图

$$\frac{\partial \Delta U_2^2}{\partial e_2} = -2e_2; \qquad \frac{\partial \Delta U_2^2}{\partial f_2} = -2f_2$$

给定节点 2 电压初值 $\dot{U}_2^{(0)} = e_2^{(0)} + jf_2^{(0)} = 1 + j0$，已知 $\dot{U}_1 = 1\angle 0° = 1 + j0$，导纳矩阵为

$$Y = \begin{bmatrix} Y_{11} & Y_{12} \\ Y_{21} & Y_{22} \end{bmatrix} = \begin{bmatrix} -j9.9 & j10 \\ j10 & -j9.9 \end{bmatrix}$$

因而有

$$\Delta P_2 = -5 - \left[e_2^{(0)}(-10f_1) + e_2^{(0)}(9.9f_2^{(0)}) \right] - \left[f_2^{(0)}(10e_1) + f_2^{(0)}(9.9e_2^{(0)}) \right]$$
$$= -5 - 0 = -5$$

$$\Delta U_2^{2(0)} = 1 - (e_2^{(0)2} + f_2^{(0)2}) = 0$$

$$\frac{\partial \Delta P_2}{\partial e_2} = 0; \frac{\partial \Delta P_2}{\partial f_2} = -10; \frac{\partial \Delta U_2^2}{\partial e_2} = -2e_2^{(0)} = -2; \frac{\partial \Delta U_2^2}{\partial f_2} = 0$$

修正方程式为

$$\begin{bmatrix} -5 \\ 0 \end{bmatrix} = \begin{bmatrix} 0 & -10 \\ -2 & 0 \end{bmatrix} \begin{bmatrix} \Delta e_2 \\ \Delta f_2 \end{bmatrix}$$

解得　　　　　　　　　　　　$\Delta f_2 = 0.5$；$\Delta e_2 = 0$

修正　　　　$e_2^{(1)} = e_2^{(0)} - \Delta e_2 = 1$；$f_2^{(1)} = f_2^{(0)} - \Delta f_2 = 0 - 0.5 = -0.5$

在电力系统潮流计算中还广泛地应用 PQ 分解法，它是在牛顿—拉夫逊法的基础上演变而来的。由于篇幅关系，这里不再叙述。

小　结

本章首先根据电路平衡原理推出了节点电压方程，得到网络的节点导纳矩阵和节点阻抗矩阵，并讨论了节点导纳矩阵和节点阻抗矩阵元素的物理意义。

本章还在网络节点方程基础上，推导出了用于潮流迭代的直角坐标形式和极坐标形式的功率方程式。一般地讲，对于 n 个节点的系统，有 $2n$ 个非线性迭代方程式，原则上可以解出 $2n$ 个变量。根据电力系统的变量和节点的性质，对系统中变量和节点进行了分类。为保证系统中的功率平衡及电压相量有基准点，系统中至少应有一个节点为平衡节点。根据已知的原始数据，其他节点可分为 PQ 节点和 PV 节点。

潮流迭代方程式一般为一组非线性代数方程组，只能用数值迭代解法求解。本章重点介绍了系统中常用牛顿—拉夫逊法的一般原理和方法。最后详细介绍了用牛顿—拉夫逊法进行潮流计算的两种形式，即极坐标形式和直角坐标形式。无论哪种形式，求解思想是相同的，均是将初始解和修正量代入原始功率方程，用泰勒级数展开后，取前两项，得线性的修正方程式，再进行迭代求解。求解收敛后，计算支路功率、PV 节点的无功功率及平衡节点功率，完成对电力系统的潮流计算。

习　题

4-1　导纳矩阵的特点是什么？

4-2　阻抗矩阵的特点是什么？

4-3　节点导纳矩阵和节点阻抗矩阵元素的物理意义是什么？

4-4　如何形成已知网络的节点导纳矩阵？

4-5　节点注入功率是如何定义的？在进行潮流计算时负荷如何表示？

4-6　节点分为几类？分类的根据是什么？

4-7　系统中为什么必须有平衡节点？PQ 节点和 PV 节点有什么特点？

4-8　雅可比矩阵的特点是什么？试写出矩阵中的对角和非对角元素。

4-9　试写出牛顿—拉夫逊法潮流计算的步骤？

4-10　试直接写出图 4-8 所示电力系统的节点导纳矩阵，并简述导纳矩阵的特点。

4-11　已知非线性方程

$$2X_1 + X_1X_2 - 1 = 0$$
$$2X_2 - X_1X_2 + 1 = 0$$

取初值 $X_1^{(0)}=0$，$X_2^{(0)}=0$，试完成：（1）试用高斯—赛德尔法迭代一次；（2）再用牛顿—拉夫逊法迭代出真解（取 $\varepsilon=10^{-2}$）。

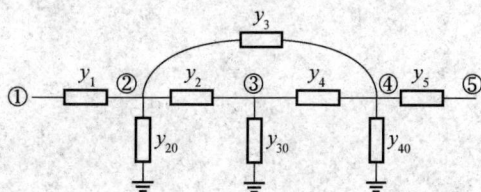

图 4-8　习题 4-10 图

4-12　试用牛顿—拉夫逊法的极坐标形式，将例题 4-1 再迭代一次。

4-13　试用牛顿—拉夫逊法的直角坐标形式，将例题 4-2 再迭代一次。

4-14　试利用牛顿—拉夫逊潮流计算程序，借助计算机计算图 4-9 所示电力系统的潮流分布。

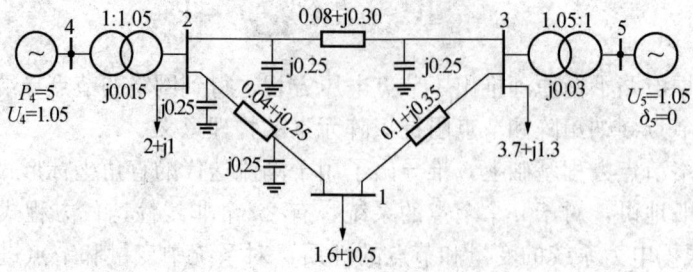

图 4 - 9 习题 4 - 14 图

第五章 电力系统的有功功率平衡及频率调整

第一节 电力系统中的有功功率平衡

一、有功功率平衡与频率的关系

系统频率的变化是由作用在发电机组转轴上的转矩不平衡所引起的。若机械转矩大于电磁转矩，则频率升高；反之频率下降。发电机输出的电磁功率是由系统负荷、系统结构及系统运行状态决定的，这些因素的变化是随机的、瞬时的。而发电机输入的机械功率则是由原动机的汽门或导水叶的开度决定的，这些又受控于原动机的调速系统。调速系统调节汽门或导水叶的速度相对迟缓，无法适应发电机电磁功率的变化。因此，要严格保证系统频率为额定频率是不切实际的，也是不可能的。通常规定一个允许频率偏移范围，如我国规定为50±(0.2～0.5)Hz。为了保证频率偏移不超过允许值，需要在系统中负荷变化或有其他原因造成电磁转矩变化时，及时调整原动机的机械功率，尽量使发电机转轴上的功率平衡。

如果系统装机容量不足，不能满足负荷增长的需要，则可能使系统长期处在低频运行下。低频运行的危害概括起来有以下几点：

（1）影响用户的工作和产品质量。在低频下运行时，电动机转速减慢，产量下降；频率下降还会使某些电子设备工作不正常。

（2）影响发电厂的安全运行。发电厂有大量的与频率高次方成正比变化的厂用机械，如送风机、引风机、给水泵、循环水泵等，频率降低将使这些设备输出功率不足，影响发电机输出功率，严重时可导致发电机停机、系统频率崩溃。

（3）影响汽轮机叶片寿命。低频运行将使汽轮机转速降低，可能使低压级叶片产生谐振，降低叶片寿命，甚至造成叶片断裂。

（4）影响系统的经济运行。电力系统长期处于低频运行将影响系统合理的经济功率分配；使发电机处在不经济运行状态下，并因电压降低使网损增加，影响系统经济运行。

二、有功负荷的变化规律

电力系统的负荷变动用负荷曲线表示。负荷曲线是电力调度和运行的重要依据。图5-1（a）所示为实际系统日负荷曲线，这种不规则的负荷变动可以分解成3种负荷变动的曲

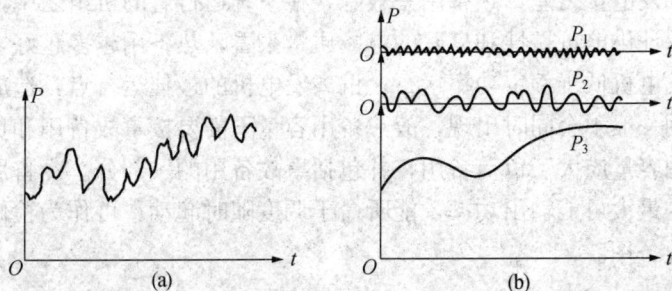

图 5-1 实际系统日负荷曲线及其三种成分

（a）实际系统日负荷曲线；（b）日负荷曲线的三种成分

线，如图 5 - 1（b）所示。曲线 P_1 对应于变动幅度很小、周期最短的负荷变化，它是由于中小型用电设备的投入和切除引起的，带有很大的随机性。曲线 P_2 变化幅度较小、周期较长，对应于工业电炉、电力机车、压延机械等冲击性负荷。曲线 P_3 是日负荷曲线的基本部分，它是由生产、生活和气象等因素的变化所决定的。曲线 P_1、P_2 对应的负荷是难以预测的，要通过原动机的调速器、调频器调节发电机的输入功率来随时平衡负荷的变化。曲线 P_3 对应的负荷一般可以通过研究历年运行的统计资料和负荷可能变化的趋势加以预测，并按照优化的原则在各发电厂、发电机组之间实现有功功率的经济分配。

三、电力系统有功平衡与备用

电力系统有功功率电源发出的功率在任何时间都应与系统的负荷和总网损相平衡，即

$$\sum P_\text{G} = \sum P_\text{L} + \sum \Delta P_\text{L}$$

式中　　$\sum P_\text{G}$——系统有功电源发出的有功功率；

　　　　$\sum P_\text{L}$——系统负荷所需要的有功功率；

　　　　$\sum \Delta P_\text{L}$——系统网络的有功损耗。

系统中发电机的装机容量，不仅应满足最大负荷、网络损耗及发电厂厂用电的需要，还必须考虑有一定数量的备用容量。系统中有功功率电源备用容量按其用途可分为以下几种：

（1）负荷备用。为了满足系统中短时的负荷变动和短期内计划外的负荷增加而设置的备用。负荷备用容量的大小与系统的负荷大小有关，一般为最大负荷的 $2\% \sim 5\%$。大系统采用较小的百分数，小系统采用较大的百分数。

（2）事故备用。在发电设备发生偶然事故时，为保证向客户正常供电而设置的备用。事故备用容量的大小与系统容量的大小、机组台数、单机容量以及对系统供电可靠性要求的高低有关，一般为最大负荷的 $5\% \sim 10\%$，但不能小于系统中最大一台机组的容量。

（3）检修备用。为系统中的发电设备能定期检修而设置的备用。它与系统中发电机的台数、年负荷曲线、检修周期、检修时间的长短、设备新旧程度等因素有关。检修备用与前两种备用不同，是事先安排的。检修分小修和大修两种，小修一般安排在节假日或负荷低谷期，大修时间水电厂一般安排在枯水期，火电厂安排在一年中系统综合负荷最低的季节。

（4）国民经济备用。考虑国民经济超计划增长和新客户的出现而设置的备用。这部分备用与国民经济增长有关，一般取最大负荷的 $3\% \sim 5\%$。

以上四种备用中，负荷备用和事故备用是在一旦需要时能立即投入的备用，显然不能是"静止"的冷备用，只能是"旋转"的热备用。所谓热备用是指运转中的发电设备可能产生的最大功率与实际发电量之差，热备用一般隐含在系统运行着的机组之中，一旦需要马上可以发出功率。从保证供电可靠性和良好的电能质量来看，热备用越多越好，但过大的热备用容量将使大量的发电机低于额定功率运行，偏离发电机的最佳运行点，造成效率低下。因事故备用和负荷备用一般不会同时出现，故热备用容量不需要按事故备用和负荷备用的总和来确定。一般热备用容量应大于负荷备用，并包括事故备用的一部分。冷备用是设备完好而未运转的发电设备的最大可能输出功率，能听命于调度随时起动，可作为检修设备、国民经济备用和一部分事故备用。

第二节　电力系统中有功功率的最优分配

一、各类发电厂的运行特点和发电厂间负荷的合理分配

电力系统中的有功功率电源就是各类发电厂的发电机。由于发电机的原动机类型不同，特性不同，所以发电机承担负荷的能力也不相同。下面将讨论各类发电厂的特点以及发电厂间的负荷合理分配。

火力发电厂的主要特点有以下几点：

（1）火力发电厂的锅炉和汽轮机都有一个技术最小负荷，锅炉的技术最小负荷取决于锅炉燃烧的稳定性，其值为其额定负荷的 20%～70%，因锅炉类型和燃料种类而异，汽轮机的技术最小负荷为额定负荷的 10%～15%。这个技术最小负荷也就是前述约束条件中的 P_{Gmin}，受最小技术负荷限制，汽轮发电机的有功功率调节范围较窄且增减速度较慢，高温高压发电厂的调节范围最窄，为 30% 左右，中温中压发电厂的调节范围较宽，可达 75% 左右。

（2）火力发电厂锅炉和汽机的投入、退出运行或承担急剧变化的负荷，需要时间长、耗费能量，又易于损坏设备。

（3）火力发电设备效率和蒸汽参数有关，有高温高压、中温中压、低温低压之分，高温高压设备效率高，中温中压设备次之，低温低压设备最低，且技术经济指标最差。

（4）带有热负荷的热电厂由于抽汽供热，总效率高于一般的凝气式火力发电厂，其技术最小负荷取决于其热负荷，与热负荷相应的输出功率称为强迫功率。

（5）火力发电厂运行时要支付燃料费用，非坑口电厂还要占用国家运输能力，但火电厂的运行不受自然条件影响。

水力发电厂的主要特点有以下几点：

（1）水力发电厂的水轮机也有一个技术最小负荷，其值因水力发电厂的具体条件而异，水轮发电机输出功率调整范围宽（达 50% 以上），增减负荷速度快。

（2）水力发电厂机组的投入、退出运行所需时间少，操作简单，不须要多耗能量以及额外费用，承担急剧变化负荷时，也不须要额外耗费能量和花费时间。

（3）水力发电厂水头过低时，发电机组的可发出功率要降低，即有可能达不到额定容量的输出功率。

（4）抽水蓄能的水力发电机组，在系统负荷小时，可作为系统负荷，即做抽水机用，抽水入库，将电能转化为水库中水的位能，起存储能量作用。在系统最大负荷时可将位能再转化为电能。

（5）为综合利用水能，保证河流下游的灌溉、通航，水力发电厂必须向下游释放一定水量。在释放这部分水量时，发出的功率称为强迫功率。由于要综合利用水能，其发电量要按综合效益安排，不一定能与电力负荷需要相一致，必须与火力发电相配合，才能充分发挥水利发电的经济效益。

（6）水力发电厂不需要支付燃料费用，并且水能可以梯级开发，连续使用。水力发电厂按其有无调节水库及调节水库的大小或调节周期的长短分为无调节、日调节、年调节、多年调节等几类。调节周期越长，水力发电厂受自然条件的影响越小。无调节水库水力发电厂的

输出功率取决于水流的天然流量，一日内基本变化不大。有调节水库水力发电厂的输出功率主要取决于调度部门给定的耗水量。在洪水季节为避免弃水，常常满负荷运行。在枯水季节，给定耗水量较小，常在系统负荷高峰时运行。

核能发电厂的特点有以下几点：

（1）核能发电厂反应堆的负荷基本上没有限制，所以其技术最小负荷主要取决于汽轮机，为额定负荷的 $10\%\sim15\%$，可调容量较大。

（2）机组在退出、投入运行或大幅度调整负荷时要耗费时间和能量，也易于损坏设备。

（3）核电厂一次投资大，运行费用小，建成后应尽可能利用，故应承担基本负荷。

在安排各类电厂的发电任务时，一般考虑以下原则：

（1）充分合理地利用水利资源，尽量避免弃水。

（2）尽量降低火力发电的单位煤耗，充分发挥高效机组的作用。

（3）尽量降低火力发电的成本，减少烧油，多燃用劣质煤和当地煤。

图 5-2 示出枯水期和丰水期各类发电厂在日负荷曲线中的组合顺序的安排。

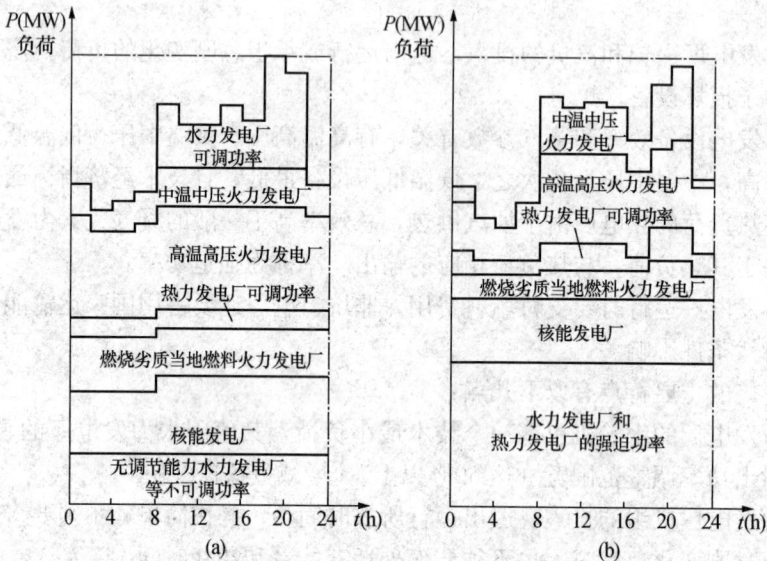

图 5-2　各类发电厂组合顺序示意图

(a) 枯水季节；(b) 丰水季节

二、不考虑网损时火力发电机组间有功负荷的经济分配原则

1. 发电机组的耗量特性

电力系统中有功功率经济分配的目标是在满足一定约束条件的前提下，尽可能节约一次能源。要分析这个问题，必须明确发电机组在单位时间内消耗的能源与有功功率的关系。这个关系称为机组的耗量特性，是实现发电机组间经济功率分配的基础。

耗量特性常以曲线表示，如图 5-3 所示。图中纵坐标为单位时间内消耗的燃料 F，通常为每小时消耗的标准煤的吨数（t/h），也可以为单位时间内消耗的水量 W，通常为每秒钟的水流量（m^2/s），横坐标为发电机输出的功率 P_G（MW）。

在图 5-3 中，耗量特性曲线上任一点 A 与原点连线的斜率为

$$\tan\alpha = \frac{F_A}{P_A} = \mu \tag{5-1}$$

或

$$\frac{W_A}{P_A} = \mu \tag{5-2}$$

它表示发电机组在单位时间内输入能量与输出功率之比，称为单位耗量或比耗量 μ。当两坐标以同样单位表示时，其倒数表示运行在 A 点时机组的效率 η，$\eta = 1/\mu$。

耗量特性上任一点 B 的切线的斜率为

$$\lambda = \frac{\Delta F}{\Delta P} = \frac{dF}{dP} \tag{5-3}$$

图 5-3 耗量特性、比耗量和耗量微增率

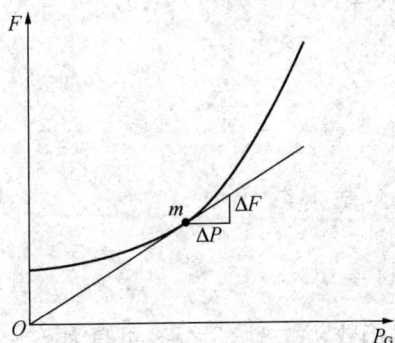

λ 称为机组耗量微增率，是单位时间内输入能量微增量与输出功率微增量的比值。

比耗量和耗量微增率具有相同的单位，如 t/(MWh)。但是两者概念不同，所以对于耗量特性上的同一点，两者数值一般不相等。只有从原点向耗量特性曲线做切线得到的切点 m 上，才有 $\lambda = \mu$，如图 5-4 所示。显然在 m 点左、右向原点连线的斜率均比 m 点到原点的斜率大，即在 m 点比耗量的数值最小，效率最高。m 点对应的功率一般在机组的额定功率附近。

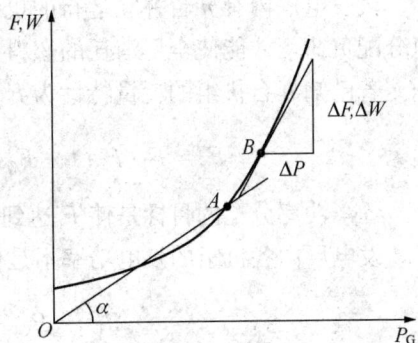

图 5-4 最小比耗量

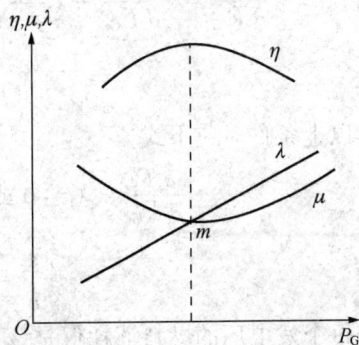

图 5-5 比耗量和耗量微增率的变化

比耗量和耗量微增率的变化如图 5-5 所示。

耗量特性可用一多项式表示

$$F = a + bP + cP^2 + \cdots$$

式中，a、b、c 为常数，通过每套机组的耗量特性试验直接得到。

在工程实际计算中，常用二次曲线来表示耗量特性。

$$F = a + bP + cP^2 = F(P) \tag{5-4}$$

2. 等微增率准则

电力系统的有功功率经济分配问题属于最优化问题，即在一定的约束条件下，使某一目标函数为最小（或最大）。具体地说，就是要在供应同样大小有功功率负荷 $\sum P_L$ 的前提下，使单位时间内燃料消耗量最小，这里的目标函数为燃料消耗。

按等微增率原则进行有功功率的经济分配是一种经典计算方法。为简化分析，说明等微增率准则的概念，先将讨论局限在一个发电厂内各机组间。

设发电厂内有 n 台并联运行的机组，发电厂的总负荷为 P_L，以下分析各台机组间应如何分配负荷，才能使全厂消耗的燃料量最小。

若已知 n 台机组的耗量特性为 $F_1(P_{G1})$，$F_2(P_{G2})$，$\cdots$，$F_n(P_{Gn})$，发电厂总的煤耗量为

$$F = F_1(P_{G1}) + F_2(P_{G2}) + \cdots + F_n(P_{Gn}) = \sum_{i=1}^{n} F_i(P_{Gi}) \tag{5-5}$$

经济功率分配的目标是使 F 达到极小值，故 F 又称为目标函数。

发电厂内各机组的发电功率不是任意数，它们之和应与总的发电厂负荷相等，即

$$P_L = P_{G1} + P_{G2} + \cdots + P_{Gn} = \sum_{i=1}^{n} P_{Gi} \tag{5-6}$$

式（5-6）称为等式约束条件。

分析这类问题可用求条件极值的拉格朗日乘数法。为此列出拉格朗日方程

$$L = F + \lambda\left(P_L - \sum_{i=1}^{n} P_{Gi}\right) \tag{5-7}$$

式中 λ 为拉格朗日乘子。这样变换后，就将求目标函数 F 的极小值转化为求拉格朗日函数 L 的极小值。使 L 函数有极小值的必要条件为

$$\frac{\partial L}{\partial P_{Gi}} = \frac{\partial F}{\partial P_{Gi}} + \lambda\frac{\partial\left(P_L - \sum\limits_{i=1}^{n} P_{Gi}\right)}{\partial P_{Gi}} = 0 \quad (i = 1, 2, \cdots, n)$$

$$\frac{\partial L}{\partial \lambda} = 0$$

显然以上条件对应下式

$$\frac{\partial F_i}{\partial P_{Gi}} - \lambda = 0 \text{ 或}\frac{\partial F_i}{\partial P_{Gi}} = \lambda \quad (i = 1, 2, \cdots, n) \tag{5-8}$$

$$\frac{\partial L}{\partial \lambda} = P_L - \sum_{i=1}^{n} P_{Gi} = 0 \tag{5-9}$$

由于每个发电厂的燃料消耗仅是该厂输出功率的函数，故式（5-8）可写为

$$\frac{\mathrm{d}F_1}{\mathrm{d}P_{G1}} = \frac{\mathrm{d}F_2}{\mathrm{d}P_{G2}} = \cdots = \frac{\mathrm{d}F_n}{\mathrm{d}P_{Gn}} = \lambda \tag{5-10}$$

式（5-10）是拉格朗日函数取得极值的条件。由于耗量特性通常都是上凹曲线，极值的条件也就是极小值的条件。因此，式（5-10）就是各机组间最优经济功率分配的条件。该条件表明，按各机组微增率相等的原则分配发电机发电功率，燃料消耗就最小。这就是著名的等微增率准则。

式（5-9）反映了功率平衡的约束条件。

在有功负荷最优分配中，除式（5-6）的等式约束条件外，还要考虑下述的不等式约束条件

$$P_{Gimin} \leqslant P_{Gi} \leqslant P_{Gimax} \quad (i = 1, 2, \cdots, n)$$

P_{Gimax}一般取发电机组的额定有功功率；P_{Gimin}由发电机的技术最小功率所决定。

$$Q_{Gimin} \leqslant Q_{Gi} \leqslant Q_{Gimax} \quad (i = 1, 2, \cdots, n)$$

Q_{Gimax}主要取决于发电机定子或转子绕组的温升；Q_{Gimin}主要取决于发电机组并列运行的稳定性。

$$U_{imin} \leqslant U_i \leqslant U_{imax} \quad (i = 1, 2, \cdots, n)$$

在用经典法进行经济功率分配计算时，先只考虑等式约束条件，而将不等式约束条件作为检验条件来处理。

关于等微增率分配准则的意义，可通过只有两台发电机的发电厂加以说明。在图 5-6 中，1，2 两条曲线分别表示 1 号机和 2 号机的耗量特性。曲线 1 的横坐标 P_{G1} 自左向右计算，曲线 2 的横坐标 P_{G2} 自右向左计算。OO' 长度为 P_L。显然，在横坐标上任取一点 A，都有 $OA + AO' = OO'$，即满足功率平衡的约束条件

$$P_{G1} + P_{G2} = P_L$$

均表示一种可能的功率分配方案。垂直 OO' 的直线与两条耗量特性的交点 B_1、B_2 对应的纵坐标之和，即

$$F = F_1(P_{G1}) + F_2(P_{G2})$$

F 代表了两台发电机的总燃料消耗，平行移动垂线，可得到不同的功率分配方案。显然每种方案燃料总消耗量不同，若 B_1、B_2 是长度最短的分配方案，则对应总燃料消耗量最小。显然，只有 B_1、B_2 两点的切线相平行时，B_1、B_2 的长度才能最小。B_1、B_2 两点的切线平行必然是两台发电机的微增率相等的情况，即

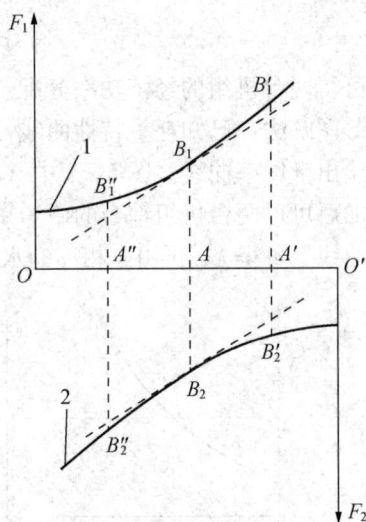

图 5-6　负荷在两台机组间的经济分配

$$\frac{dF_1}{dP_{G1}} = \frac{dF_2}{dP_{G2}}$$

假设两台机组在微增率不等的状态下运行，且 $\dfrac{dF_1}{dP_{G1}} > \dfrac{dF_2}{dP_{G2}}$。若在两台机组的总输出功率不变的条件下调整负荷分配，让 1 号机组减少输出 ΔP，则 2 号机组应增加输出 ΔP。1 号机组减少的燃料消耗量为 $\Delta F_1 = \dfrac{dF_1}{dP_{G1}} \Delta P$，2 号机组增加的燃料消耗量为 $\Delta F_2 = \dfrac{dF_2}{dP_{G2}} \Delta P$。显然

$$\Delta F_1 > \Delta F_2$$

该不等式表明，因减少 1 号机组的输出功率而减少的燃料消耗大于 2 号机组增加同样功率时增加的燃料消耗。故减少 1 号机组的输出功率，增加 2 号机组的输出功率将减少总的燃料消耗。所以还可以继续减少 1 号机组的功率，增加 2 号机组的功率，直到两台发电机组运行点微增率相等，$\Delta F_1 = \Delta F_2$，总的燃料消耗不再减少为止。

应用等微增率准则时可以用解析法或图解法，仍以两机系统说明。

解析法：已知耗量特性的表达式，如

$$F_1 = a_1 + b_1 P_{G1} + c_1 P_{G1}^2$$
$$F_2 = a_2 + b_2 P_{G2} + c_2 P_{G2}^2$$

则各机组的微增率为

$$\frac{dF_1}{dP_{G1}} = b_1 + 2c_1 P_{G1}$$

$$\frac{\mathrm{d}F_2}{\mathrm{d}P_{G2}} = b_2 + 2c_2 P_{G2}$$

联立求解以下两式

$$\left.\begin{array}{l} b_1 + 2c_1 P_{G1} = b_2 + 2c_2 P_{G2} \\ P_{G1} + P_{G2} = P_L \end{array}\right\}$$

即可得两台机组的经济功率分配。

图解法：已知耗量特性曲线，可求得曲线上各点的切线斜率，即得到相应的微增率，从而绘出微增率曲线。图5-7中（a）、（b）示出了两台机组的微增率曲线，将它们的横坐标相加后可得两台机组综合的微增率曲线，如图5-7中（c）所示。由给定的总负荷 P_L 在综合曲线上可得 λ，再由 λ 相等的水平线即可得 P_{G1} 和 P_{G2}。

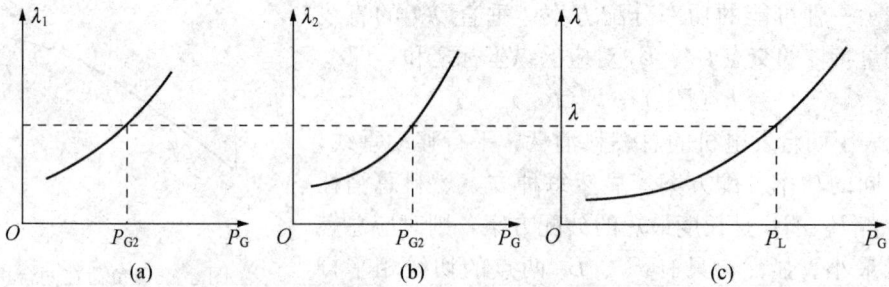

图5-7　按等微增率分配负荷的图解法
（a）1机组微增率曲线；（b）2机组微增率曲线；（c）1、2机组综合微增率曲线

以上方法可以方便地推广到更多台机组的情形。如果在按等微增率准则分配时有的机组已超过其功率的上下限，则该机组只能承担其极限功率，其他机组再按等微增率准则分配。显然，应用图解法时可以方便地解决此问题。

【例5-1】　某火力发电厂中有三台机组并联运行，已知各机组的燃料消耗特性及功率约束条件为

$$F_1 = 4 + 0.3P_{G1} + 0.0007P_{G1}^2 (\mathrm{t/h}), 100\mathrm{MW} \leqslant P_{G1} \leqslant 200\mathrm{MW}$$

$$F_2 = 3 + 0.32P_{G2} + 0.0004P_{G2}^2 (\mathrm{t/h}), 100\mathrm{MW} \leqslant P_{G2} \leqslant 250\mathrm{MW}$$

$$F_3 = 3.5 + 0.3P_{G3} + 0.00045P_{G3}^2 (\mathrm{t/h}), 100\mathrm{MW} \leqslant P_{G3} \leqslant 300\mathrm{MW}$$

当发电厂的总负荷分别为700MW、400MW时，试分别确定发电机组间功率的经济分配。

解

1. 用解析法确定发电机组间的功率经济分配

（1）按所给耗量特性可得各发电厂的微增率特性。

$$\lambda_1 = \frac{\mathrm{d}F_1}{\mathrm{d}P_1} = 0.3 + 0.0014P_{G1}$$

$$\lambda_2 = \frac{\mathrm{d}F_2}{\mathrm{d}P_2} = 0.32 + 0.0008P_{G2}$$

$$\lambda_3 = \frac{\mathrm{d}F_3}{\mathrm{d}P_3} = 0.3 + 0.0009P_{G3}$$

令 $\lambda_1 = \lambda_2 = \lambda_3$，可得

$$P_{G1} = 14.29 + 0.571 P_{G2}$$
$$P_{G1} = 0.643 P_{G3}$$
$$P_{G3} = 22.22 + 0.889 P_{G2}$$

（2）总负荷为 700MW，联立求解以下三方程

$$\left. \begin{array}{l} P_{G1} + P_{G2} + P_{G3} = 700 \\ P_{G1} = 14.29 + 0.571 P_{G2} \\ P_{G3} = 22.22 + 0.889 P_{G2} \end{array} \right\}$$

得 $P_{G1} = 168.4$MW，$P_{G2} = 270$MW，$P_{G3} = 261.6$MW。其中 $P_{G2} = 270$MW 已越出上限，故应取 $P_{G2} = 250$MW。剩余功率 $700 - 250 = 450$MW 再由 1 号机组和 3 号机组进行经济分配。解方程

$$\left. \begin{array}{l} P_{G1} + P_{G3} = 450 \\ P_{G1} = 0.643 P_{G3} \end{array} \right\}$$

得 $P_{G1} = 174.6$MW，$P_{G3} = 275.4$MW，均在限值以内。

（3）总负荷为 400MW，联立求解以下方程

$$\left. \begin{array}{l} P_{G1} + P_{G2} + P_{G3} = 400 \\ P_{G1} = 14.29 + 0.571 P_{G2} \\ P_{G3} = 22.22 + 0.889 P_{G2} \end{array} \right\}$$

得 $P_{G1} = 98.7$MW，$P_{G2} = 147.7$MW，$P_{G3} = 153.6$MW。

P_{G1} 已低于下限，故应取 $P_{G1} = 100$MW，剩余负荷 300MW 在 2 号机组和 3 号机组间进行经济分配，求解以下方程

$$\left. \begin{array}{l} P_{G2} + P_{G3} = 300 \\ P_{G3} = 22.2 + 0.889 P_{G2} \end{array} \right\}$$

得 $P_{G2} = 147.05$MW，$P_{G3} = 152.95$MW，均在限值以内。

2. 用图解法确定发电机组间的功率经济分配

由微增率特性解出各台机组的有功功率与耗量微增率 λ 的关系

$$P_{G1} = \frac{\lambda - 0.3}{0.0014}; \quad P_{G2} = \frac{\lambda - 0.32}{0.0008}; \quad P_{G3} = \frac{\lambda - 0.3}{0.0009}$$

对于 λ 取不同的值，可算出各台机组所发出的功率及其总和，然后绘成曲线，如图 5-8 所示。图中 D 为三台机组的综合耗量微增率曲线。当给定总负荷为 700MW 时，在综合微增率曲线 D 上可找到对应的 $\lambda = 0.546$，按等微增率准则在 $\lambda = 0.546$ 处画水平直线交 A、B、C 曲线。A、B、C 曲线所对应的横坐标分别为 $P_{G1} = 174.6$MW，$P_{G2} = 250$MW（上限），$P_{G3} = 275.4$MW，即为经济分配的功率。若给定总负荷为 400MW，在综合微增率曲线 D 上可得出 $\lambda = 0.438$，按等微增率原则分配给各机组的负荷功率分别为 $P_{G1} = 100$MW（下限），$P_{G2} = 147.05$MW，$P_{G3} = 152.95$MW。

以上讨论的是一个发电厂内几台机组之间的有功功率经济分配。不难理解，等微增率准则也适用于系统中只有火力发电厂或只有水力发电厂时多个发电厂内的负荷分配。当然，上述方法中未计及网损。

当系统中既有火力发电厂也有水力发电厂时，目标函数仍为系统的总燃料费用，但需增加用水量限制的等约束条件，因此得出另一种形式的等微增率准则。此外，等微增率准则还

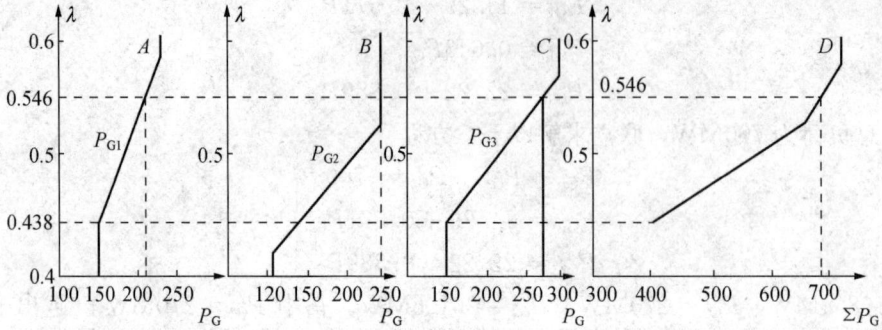

图 5 - 8　［例 5 - 1］图解法

可推广到计及网损的情形，这些内容请读者参阅其他书籍。

第三节　电力系统的频率特性

所谓频率特性是指负荷和发电机组的有功功率和频率的变化关系。在稳态运行情况下的这种关系，称为有功功率—频率静态特性。

一、负荷的频率特性

负荷的有功功率—频率静态特性（功频静特性）取决于负荷的组成。由于负荷的不同，负荷与频率的关系也不同，可以归纳为以下几点：

（1）与频率无关的负荷，如照明、电弧炉、电阻炉、整流器负荷等。

（2）与频率的一次方成正比的负荷，如变压器的涡流损耗。

（3）与频率的二次方成正比的负荷，如球磨机、切割机床、压缩机等。

（4）与频率的三次方成正比的负荷，如通风机、静水头阻力不大的循环水泵等。

（5）与频率的高次方成正比的负荷，如静水头阻力很大的给水泵。

以上各类负荷可用数学式表达为

$$P_L = a_0 P_{LN} + a_1 P_{LN}\left(\frac{f}{f_N}\right) + a_2 P_{LN}\left(\frac{f}{f_N}\right)^2 + a_3 P_{LN}\left(\frac{f}{f_N}\right)^3 + \cdots \tag{5 - 11}$$

式中　P_L——系统频率为 f 时负荷的有功功率；

$\quad\quad P_{LN}$——系统频率为 f_N 时负荷的有功功率；

$\quad\quad f_N$——系统额定频率；

$\quad\quad \alpha$——各类负荷占额定负荷的百分比。

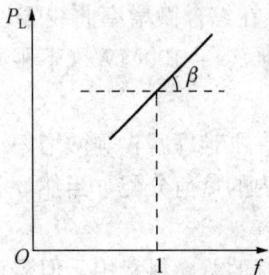

一般与频率高次方成正比变化的负荷比重较小，可忽略不计，故式（5 - 11）取到频率的三次方即可。式（5 - 11）的功频静特性可近似用一直线表示，如图 5 - 9 所示，直线的斜率为

$$K_L = \tan\beta = \Delta P_L / \Delta f (\text{MW/Hz}) \tag{5 - 12}$$

式中　K_L——负荷的单位调节功率或负荷的功频静特性系数。

若以 P_{LN}、f_N 为基准值，K_L 的标幺值为

$$K_{L*} = \frac{\Delta P_L f_N}{P_{LN}\Delta f} = K_L \frac{f_N}{P_{LN}} \tag{5 - 13}$$

图 5 - 9　负荷的功频静特性

　　负荷的单位调节功率表示负荷吸收的有功功率随频率变化的大小。频率下降时，负荷吸收的有功功率自动减小；频率上升时，负荷的有功功率自动增加。它的标幺值在数值上等于额定条件下负荷的频率调节效应，即在一定频率下负荷随频率变化的规律。显然，负荷的这种特性有利于系统的频率稳定。

　　一般电力系统的 $K_{L*} = 1 \sim 3$。此值可由实测得出，它取决于系统负荷的组成。显然，负荷的单位调节功率或频率调节效应不能整定，但可作为系统频率降低时调度部门减少负荷的依据。

　　【例 5 - 2】　某电力系统负荷的单位调节功率 $K_{L*} = 1.5$，试计算当系统总有功功率为 4800MW，频率下降至 49.5Hz 时，系统负荷实际少吸收的有功功率。

　　解　$P_{LN} = 4800MW$，$f_N = 50Hz$，则负荷单位调节功率的有名值为

$$K_L = K_{L*} \frac{P_{LN}}{f_N} = 1.5 \times \frac{4800}{50} = 144 (MW/Hz)$$

$$\Delta P_L = K_L \Delta f = 144 \times (50 - 49.5) = 72 (MW)$$

二、发电机的频率特性

1. 自动调速系统及调频器的工作原理

　　图 5 - 10 所示为离心飞摆式调速系统示意图。飞摆连接弹簧，四连杆机构系统与原动机（汽轮机）轴连接。当飞摆等系统在原动机轴的带动下以额定转速旋转时，飞摆的离心力与弹簧拉力平衡，杠杆 ACB 在水平位置，错油门管口 a、b 被活塞堵住，压力油不能经过错油门进入油动机，油动机活塞不动，调速汽门开度适中，进汽量一定。原动机在额定转速下旋转，发电机具有额定频率。如果发电机负荷增大，则发电机组转速下降，飞摆因离

图 5 - 10　离心飞摆式调速系统示意图

心力减小，在弹簧及重力作用下下落。由于油动机活塞两边油压相等，B 点不动，杠杆以 B 点为中心转到 A'C'B 的位置。在调频器不能动作的情况下，杠杆 DFE 以 D 点为中心转动到 DF'E'的位置。E 点移动到 E'后，错油门活塞下移，开启油门 b，带有压力的油经错油门进入油动机活塞下部。在油压作用下，油动机活塞上移，开大调速汽门开度，进入原动机的汽量（对于水轮机是进水量）增加，而使原动机转速增加，发电机频率上升。

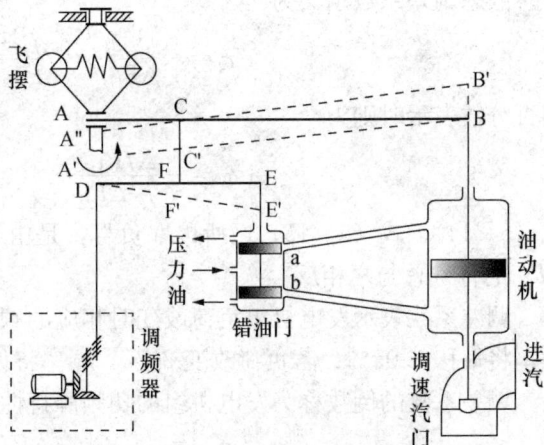

　　因负荷增加，调速装置在开大调速汽门的同时，使 B 点移动到 B'，由于汽轮机转速增加，飞摆离心力增大，使 A'点移动到 A"，杠杆 ACB 移到 A"CB'的位置。杠杆 DF'E'又回到原来 DFE 的位置，关闭了错油门 b，中止了压力油进入油动机的下部，起到了传动与反馈的作用。这种因负荷变化引起发电机转速和频率的变化，由此而进行自动调节频率的过程，称为频率的一次调整。仔细看来，由于负荷增大，通过一次调整，A'回到了 A"点而没有达到 A 点，这就使频率虽有所增加，但没有上升到调整前的额定值，这种特性称为调速装置的有差调节特性。

　　通过一次调整之后，如果系统有充足的备用容量，在调度人员指挥下，主调频厂发电机

组值班人员开动调频器的电动机，通过蜗轮、蜗杆将 D 点抬高，再一次开启错油门 b，使调速汽门开度增大，这就有可能使 A″回到 A 点的位置，从而使频率达到额定值。这种用调频器来完成的频率调节，称为频率的二次调整。

2. 发电机组的频率特性

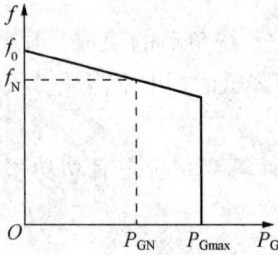

图 5 - 11　发电机的
功频静特性

由以上分析可知，当外界负荷增大时，发电机输入功率小于输出功率，使转速和频率下降，调速器的作用将使发电机输出功率增加，转速和频率上升。但由于调速器本身特性的影响，转速和频率的上升要略低于原来负荷变化前的值。反之，当负荷减小时，发电机输入功率大于输出功率，使转速和频率增加。调速器的作用使发电机输出功率减小，转速和频率下降，但略高于原来的值，可见调速器的调节过程是一个有差调节过程，其有功功率—频率静态特性曲线近似为一直线，如图 5 - 11 所示，此特性称为发电机组的功频静特性。一般发电机组的功频静态特性以静态调差系数 σ 表示。静态调差系数定义为

$$\sigma = -\frac{\Delta f}{\Delta P_G} = -\frac{f_N - f_0}{P_{GN} - 0} = \frac{f_0 - f_N}{P_{GN}} \qquad (5 - 14)$$

用百分数表示时则为

$$\sigma\% = -\frac{\Delta f P_{GN}}{f_N \Delta P_G} \times 100 = \frac{f_0 - f_N}{f_N} \times 100 \qquad (5 - 15)$$

式（5 - 14）、式（5 - 15）之所以取负号，是由于发电机组的调差系数总为正值，而 Δf 和 ΔP_G 的符号总与之相反。

调差系数表示发电机组负荷改变时相应的频率偏移，例如 $\sigma\% = 5$ 表示若负荷变化 1%，频率将偏移 0.05%；若负荷改变 20%，频率将偏移 1%（0.5Hz）。

调差系数的倒数称为发电机组的功频静特性系数，用 K_G 表示，计算式为

$$K_G = 1/\sigma = -\Delta P_G / \Delta f (MW/Hz) \qquad (5 - 16)$$

K_G 表示频率发生单位变化时，发电机组输出功率的变化量；负号表示频率下降时，发电机组的有功功率将增加。它的标幺值是

$$K_{G*} = -\frac{\Delta P_G f_N}{P_{GN} \Delta f} = K_G \frac{f_N}{P_{GN}} \qquad (5 - 17)$$

比较式（5 - 15）和式（5 - 17），显然有

$$K_{G*} = \frac{1}{\sigma\%} \times 100 \qquad (5 - 18)$$

调差系数 $\sigma\%$ 或与之相对应的发电机单位调节功率是由调速器决定的，是可以整定的。受调速器的限制，调差系数一般整定为如下数值：

汽轮发电机组：$\sigma\% = 3 \sim 5$　或　$K_{G*} = 33.3 \sim 20$。

水轮发电机组：$\sigma\% = 2 \sim 4$　或　$K_{G*} = 50 \sim 25$。

发电机组的二次调速过程，在功率特性上的反映是曲线向上或向下的平行移动。如图 5 - 12 所示，曲线①表示在额定负荷时频率低于额定值，此时可控制伺服电动机使调频器动作，

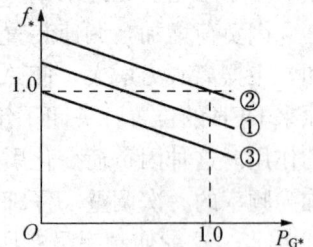

图 5 - 12　二次调频时发电机的功频特性

将曲线上移，如曲线②，使额定负荷时达到额定频率。曲线③表示控制伺服电动机使曲线下移，在空载时频率达额定值。

当电力系统有多台发电机组时，需要计算全系统发电机组的等值功率特性系数及等值调差系数。

设系统中有 n 台机组，在有名值情况下，系统频率变化 Δf 时，各发电机组功率将发生 ΔP_{Gi} 的变化。

$$\Delta P_{Gi} = -K_{Gi}\Delta f \quad (i = 1, 2, \cdots, n) \tag{5-19}$$

式中　K_{Gi}——第 i 台发电机组功频静特性系数。

系统 n 台机组总的功率变化为

$$\Delta P_G = \sum_{i=1}^{n} \Delta P_{Gi} = -\sum_{i=1}^{n} K_{Gi}\Delta f = -K_{SG}\Delta f \tag{5-20}$$

式中

$$K_{SG} = \sum_{i=1}^{n} K_{Gi}$$

即为全系统机组的等值功频静特性系数。

若以标幺值表示，则第 i 台机组的频率静特性系数

$$K_{Gi} = K_{Gi*}\frac{P_{GiN}}{f_N} \tag{5-21}$$

式中　P_{GiN}——第 i 台机组额定功率。

全系统机组的等值功率静特性系数

$$K_{SG} = \sum_{i=1}^{n} K_{Gi*}\frac{P_{GiN}}{f_N} \tag{5-22}$$

又

$$K_{SG} = K_{SG*}\frac{\sum\limits_{i=1}^{n} P_{GiN}}{f_N} \tag{5-23}$$

则标幺值表示的全系统机组的等值功率静特性系数为

$$K_{SG*} = \frac{\sum\limits_{i=1}^{n} K_{Gi*}P_{GiN}}{\sum\limits_{i=1}^{n} P_{GiN}} \tag{5-24}$$

若在计算中第 i 台机组满载，当系统负荷增加时，该机组只能带固定的额定功率，相应的特性是以额定功率为横坐标的一条垂线，即 $K_{Gi}=0$。

【例 5-3】　某系统有容量为 100MW 的 4 台发电机组并列运行，各机组的调差系数均为 4%，全系统的总负荷为 320MW。假设不计系统负荷有功功率的频率调节效应，即 $K_L=0$。当系统负荷增加 40MW 时，试计算在下列运行方式下系统的频率分别下降多少?

(1) 各机组按平均分配功率方式运行。

(2) 3 台机组满载，一台机组带 20MW 负荷方式运行。

解　(1) 由于各机组的容量和调差系数相同，平均分配负荷方式是一种经济运行方式，每台机组的负荷为 80MW。

每台机组的调差系数 $\sigma\% = 4$，则 $K_{G*} = 25$，利用式（5 - 24）计算系统等值发电机组功率静特性系数

$$K_{SG*} = \frac{\sum_{i=1}^{n} K_{Gi*} P_{GiN}}{\sum_{i=1}^{n} P_{GiN}} = \frac{4 \times 25 \times 100}{4 \times 100} = 25$$

根据式（5 - 20）和式（5 - 23），进而有

$$-\Delta f = \frac{\Delta P_G}{K_{SG}} = \frac{\Delta P_G f_N}{K_{SG*} \sum_{i=1}^{4} P_{GiN}} = \frac{40 \times 50}{25 \times 4 \times 100} = 0.2(\text{Hz})$$

当系统负荷增加 40MW 时，系统频率下降 0.2Hz。

（2）3 台机组满载，一台机组负荷为 20MW 的运行方式，是一种不经济的运行方式。3 台机组满载后，它们的 $K_{G*} = 0$，只有一台机组可以担负系统所增加的 40MW 负荷，故

$$-\Delta f = \frac{\Delta P_G f_N}{K_{G*} P_{GiN}} = \frac{40 \times 50}{25 \times 100} = 0.8(\text{Hz})$$

当系统负荷增加 40MW 时，系统的频率下降 0.8Hz。

第四节 电力系统的频率调整

现代电力系统中所有并列运行的发电机组都装有调速器，当系统负荷变化时，有可调容量机组的调速器均将自动反应系统频率的变化，按着各自的静态特性及时调节输出功率，使有功功率重新达到平衡，以保证频率的偏移在一定范围之内。因此，电力系统的频率调整是发电机组功频特性和负荷功频特性综合作用的结果。

一、电力系统频率的一次调整

电力系统频率的一次调整只考虑发电机调速器动作的效应和负荷的频率调节效应。

负荷频率特性和发电机组频率特性综合起来就构成了电力系统的有功功率—频率静态特性，简称为电力系统的功频静特性。下面以单机—负荷电力系统为例，说明电力系统频率的一次调整过程。

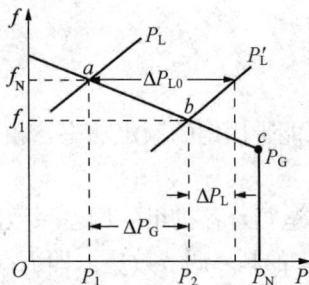

图 5 - 13 电力系统一次调频

图 5 - 13 所示为单机—负荷电力系统的频率特性。设发电机组的调频器不动作，P_G 为发电机组频率特性，P_L 为负荷的频率特性，两者的交点 a 为系统的原始运行点。设此时系统频率为 f_N，对应的负荷为 P_1，该系统在频率 f_N 处达到发电机组有功输出与系统有功负荷之间的功率平衡。当系统的负荷增加 ΔP_{L0}，负荷的功频静特性改变为 P_L'。由于发电机组只能作一次调频，其功频静特性曲线不变，与 P_L' 交于 b 点，故运行点从 a 移到 b，对应的系统频率为 f_1。系统的频率变化为

$$\Delta f = f_1 - f_N < 0$$

由于频率下降 Δf，发电机组的功率增加为

$$\Delta P_G = P_2 - P_1 = -K_G \Delta f$$

由于频率下降 Δf，P'_L 负荷由其本身调节效应引起的功率减少量为

$$\Delta P_L = K_L \Delta f < 0$$

因此，负荷的实际增加量为

$$\Delta P_{L0} + \Delta P_L = \Delta P_{L0} + K_L \Delta f$$

应等于发电机组的功率增加量，故

$$\Delta P_G = \Delta P_{L0} + K_L \Delta f$$

即

$$\Delta P_{L0} = -K_L \Delta f + \Delta P_G = -K_L \Delta f - K_G \Delta f$$
$$= -(K_L + K_G)\Delta f = -K_S \Delta f \tag{5-25}$$

或

$$-\Delta P_{L0} / \Delta f = K_G + K_L = K_S \tag{5-26}$$

式中　K_S——电力系统功率—频率静特性系数（或称为系统的单位调节功率），MW/Hz。

K_S 的数值表示计及发电机和负荷的调节效应，系统频率有单位变化时，系统负荷的变化量。显然，K_S 越大，同样的负荷变化引起的频率偏移越小，频率也越稳定。

若以原始运行状态下的总负荷 P_{LN} 和额定频率 f_N 为基准，用标幺值表示时有

$$K_{G*} \frac{P_{GN}}{f_N} + K_{L*} \frac{P_{LN}}{f_N} = -\frac{\Delta P_{L0}}{\Delta f}$$

两边同除以 P_{LN}/f_N，则有

$$K_{G*} \frac{P_{GN}}{P_{LN}} + K_{L*} = -\frac{\Delta P_{L0} / P_{LN}}{\Delta f / f_N} = -\frac{\Delta P_{L0*}}{\Delta f_*}$$

上式可改写为

$$K_{S*} = \rho K_{G*} + K_{L*} = -\frac{\Delta P_{L0*}}{\Delta f_*} \tag{5-27}$$

式中　ρ——电力系统的备用系数，$\rho = P_{GN}/P_{LN}$，$\rho > 1$ 表明系统有备用容量。

由式（5-26）和（5-27）可知，系统的单位调节功率取决于发电机组的单位调节功率和负荷的单位调节功率两个方面。由于负荷的单位调节功率不能整定，要控制、调节系统的单位调节功率只有依靠控制、调节发电机组的单位调节功率或调速器的调差系数才能实现。似乎只要将调差系数整定得小一些或将发电机组的单位调节功率整定得大一些，就可保证系统的频率质量。但实际上，由于系统中有多台发电机组，若将调差系数整定得过小（假定极端情况整定为零），这时好像负荷的变化不会引起频率的变化，但这样就出现负荷变化量在各发电机组间分配无法固定，从而造成各发电机调速系统不能稳定工作的问题。因此，为保证调速系统本身运行的稳定性，不能采用过小的调差系数或过大的单位调节功率。

对于有多台发电机组的系统，可以用等值发电机功频静特性系数 $K_{SG}(K_{SG*})$ 作出等值发电机组的功频静特性曲线，来研究系统的一次调频。电力系统的功频静特性系数 $K_S(K_{S*})$ 仍可用式（5-26）或式（5-27）计算，不过式中的 $K_G(K_{G*})$ 应换为 $K_{SG}(K_{SG*})$。由于多机系统的等值单位调节功率 K_{SG} 远大于一台发电机组的单位调节功率 K_G，故相应的 K_S 也大大增加，说明多机系统因负荷变化引起的频率变化比单机系统时要小得多。但对于已满载的发电机组（见图 5-13，运行在 c 点）$K_G = 0$，相应的 K_{SG} 和 K_S 都会减小。

由于上述两个方面的原因，系统中总的发电机单位调节功率 K_{SG} 和系统的单位调节功率 K_S 都不可能很大。正因为这样，依靠调速器进行系统一次调频，只适用于周期较短、幅度

较小的负荷变动时的频率调整。对于由负荷变动周期较长、幅度较大引起的频率偏移，只能依靠调频器来实现二次调频。

【例 5 - 4】 某系统中有 50% 的发电机组已满载，其余 25% 的机组为火力发电机组，其功率静特性系数 $K_{G1*} = 16.6$，另外 25% 为水力发电机组，$K_{G2*} = 25$。系统的负荷频率效应系数 $K_{L*} = 1.6$。试计算在下列情况下，当负荷功率增加 5% 时系统频率的下降值。

(1) 火力发电厂备用 10%，水力发电厂备用 20%。

(2) 水、火力发电厂各有 25% 的备用容量。

(3) 火力发电厂全部满载，水力发电厂备用容量为 10%。

(4) 所有发电厂均满载。

解 火力发电厂备用 10%，水力发电厂备用 20%。

先设系统发电机组总额定容量标幺值为 1，由式（5 - 24）计算系统等值单位调节功率。

$$K_{SG*} = \frac{\sum_{i=1}^{n} K_{Gi*} P_{GiN}}{\sum_{i=1}^{n} P_{GiN}} = \frac{0 \times 0.5 + 16.6 \times 0.25 + 25 \times 0.25}{1} = 10.4$$

再设系统额定频率时总的负荷标幺值为 1，则系统备用系数为

$$\rho = \frac{P_{GN}}{P_{LN}} = \frac{1 + 0.5 \times 0 + 0.25 \times 0.1 + 0.25 \times 0.2}{1} = 1.075$$

系统的单位调节功率为（以 P_{LN} 为基准的标幺值）

$$K_{S*} = \rho K_{SG*} + K_{L*} = 1.075 \times 10.4 + 1.6 = 12.78$$

当系统负荷增加 5% 时，系统频率变化的标幺值为

$$\Delta f_* = -\frac{\Delta P_*}{K_{S*}} = -\frac{0.05}{12.78} = -3.912 \times 10^{-3}$$

故此时系统的频率为

$$f = 50 \times (1 - 3.912 \times 10^{-3}) = 49.804 (\text{Hz})$$

其他计算从略，计算结果示于表 5 - 1 中。

表 5 - 1 ［例 5 - 4］计算结果表

计算条件	K_{SG*}	ρ	K_{S*}	Δf_*	f
(1)	10.4	1.075	12.78	-3.912×10^{-3}	49.804Hz
(2)	10.4	1.125	13.3	-3.759×10^{-3}	49.812Hz
(3)	6.25	1.025	8.006	-6.245×10^{-3}	49.688Hz
(4)	0	1.0	1.6	-3.124×10^{-2}	48.438Hz

由以上计算可知，系统备用容量较多时，K_{S*} 较大，对系统的频率稳定有利。若所有发电厂均满载，$K_{S*} = K_{L*} = 1.6$，当负荷增加 5% 时，系统频率下降为 48.838Hz。

二、电力系统频率的二次调整

如前所述，频率的二次调整就是手动或自动地操作调频器，使发电机组的频率特性平行的上下移动，从而使由负荷变动引起的频率偏移保持在允许的范围内。如图 5 - 14 所示，P_G 为发电机组的原始功频静特性，P_L 为负荷的原始功频静特性。两特性交于 a 点并稳定运

行，对应系统频率为 f_1。当系统负荷增加 ΔP_{L0} 时，负荷的功频静特性为 P_L'。若机组仅有一次调频，运行点从 a 点移到 b 点，系统频率为 f_2。若机组进行二次调频，操作调频器，增加发电机组的功率，使机组运行功频静特性 P_G 向上平移到 P_G'，运行点从 b 移到 b'，系统频率上升到 f_1'。显然，由于进行了二次调频，系统的频率有了改善。此时的系统频率偏移为 $\Delta f = f_1' - f_1 < 0$。

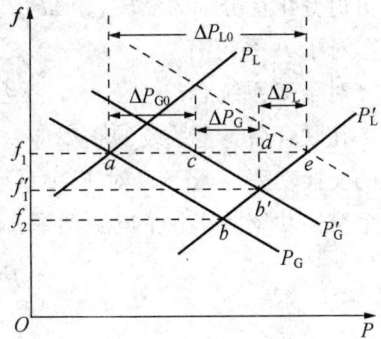

图 5-14　电力系统的二次调频

由图可知，进行二次调频时，负荷增量 ΔP_{L0} 可分为 ΔP_{G0}、ΔP_G 和 ΔP_L 三个部分。其中，ΔP_{G0} 为发电机组进行二次调频时所增发的功率；ΔP_G 为发电机组由于频率下降 Δf，调速器的一次调整所增发的功率；ΔP_L 为频率下降 Δf，由于负荷本身的调节效应而减少的负荷功率。用公式可表示为

$$\Delta P_{L0} = \Delta P_{G0} + \Delta P_G + \Delta P_L = \Delta P_{G0} - K_G \Delta f - K_L \Delta f \tag{5-28}$$

式（5-28）可改写为

$$-\frac{\Delta P_{L0} - \Delta P_{G0}}{\Delta f} = K_G + K_L = K_S \tag{5-29}$$

或

$$\Delta f = -\frac{\Delta P_{L0} - \Delta P_{G0}}{K_S} \tag{5-30}$$

式中　K_S——系统的单位调节功率，与一次调频时的 K_S 相同。

由式（5-30）可知，由于二次调频的作用，发电机组的输出功率增加 ΔP_{G0}，对应同样的负荷变化量 ΔP_{L0}，系统的频率偏移 Δf 将会减小。当 $\Delta P_{L0} = \Delta P_{G0}$ 时，即二次调频使发电机组的功率增量完全等于负荷的增量时，系统将实现无差调节，如图 5-14 中的虚线所示。

以上结论可推广运用于系统中有 n 台机组的情况。设 n 台机组均有可调容量，且第 n 台机组担负二次调频任务，这种情况相当于有一台机组进行二次调频，n 台机组进行一次调整，类似地可直接列出式（5-29）所示的关系式

$$-\frac{\Delta P_{L0} - \Delta P_{G0n}}{\Delta f} = K_{SG} + K_L = K_S \tag{5-31}$$

式中　K_{SG}——n 台机组的单位调节功率；

ΔP_{G0n}——第 n 台机组二次调频增发的功率。

比较式（5-29）和式（5-31）可知，n 台机组的等值单位调节功率 K_{SG} 远大于一台机组的单位调节功率 K_G，在同样的功率缺额（$\Delta P_{L0} - \Delta P_{G0}$）下，系统的频率变化要比仅有一台机组时小得多。一般将参加二次调频的发电机组（或厂）称为主调频机组（或厂）。

但在实际系统中，由于受到自然资源的限制，主调频厂往往不在负荷中心，则应避免调频厂与系统其他部分在联络线上的流通功率超出允许值，因而在调整系统频率的同时，必须控制联络线上的流通功率。如图 5-15 所示 A、B 两系统相互联络，图中 K_A、K_B 分别为联合前 A、B 两系统的单位调节功率。设 A、B 两系统均有进行二次调频的发电厂，它们的功率变化量分别为 ΔP_{GA}、ΔP_{GB}；A、B 两系统

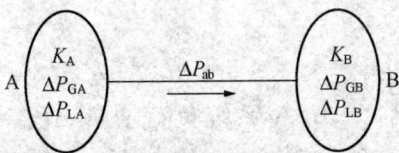

图 5-15　两个系统的联合

的负荷变化量分别为 ΔP_{LA}、ΔP_{LB}。于是，在联合前：

对于 A 系统有 $\qquad\qquad\qquad \Delta P_{LA} - \Delta P_{GA} = -K_A \Delta f_A$ $\qquad\qquad$ (5-32)

对于 B 系统有 $\qquad\qquad\qquad \Delta P_{LB} - \Delta P_{GB} = -K_B \Delta f_B$ $\qquad\qquad$ (5-33)

在联合后，全系统的频率应一致，即有 $\Delta f_A = \Delta f_B = \Delta f$。通过联络线由 A 向 B 系统输送的交换功率为 ΔP_{ab}。对于 A 系统，可将这个交换功率看作一个负荷；对于 B 系统，可将这个交换功率看作一个电源功率，从而有

$$\Delta P_{LA} + \Delta P_{ab} - \Delta P_{GA} = -K_A \Delta f \qquad\qquad (5-34)$$

$$\Delta P_{LB} - \Delta P_{ab} - \Delta P_{GB} = -K_B \Delta f \qquad\qquad (5-35)$$

将式 (5-34)、式 (5-35) 相加，整理得

$$\Delta f = -\frac{(\Delta P_{LA} - \Delta P_{GA}) + (\Delta P_{LB} - \Delta P_{GB})}{K_A + K_B} \qquad\qquad (5-36)$$

令 $\Delta P_{LA} - \Delta P_{GA} = \Delta P_A$，$\Delta P_{LB} - \Delta P_{GB} = \Delta P_B$，$\Delta P_A$、$\Delta P_B$ 分别为两系统的功率缺额，则式 (5-36) 可简化为

$$\Delta f = -\frac{\Delta P_A + \Delta P_B}{K_A + K_B} \qquad\qquad (5-37)$$

将式 (5-37) 代入式 (5-34) 或式 (5-35) 中的任一式，可得

$$\Delta P_{ab} = \frac{K_A \Delta P_B - K_B \Delta P_A}{K_A + K_B} \qquad\qquad (5-38)$$

由上可知，互联系统频率的变化取决于这个系统总的功率缺额和系统总的单位调节功率。联络线上的交换功率取决于两个系统的单位调节功率、二次调整能力及负荷变化的情况。当 $\Delta P_A = 0$（即 A 系统没有功率缺额）时，联络线上由 A 系统流向 B 系统的功率将增大；反之，当 $\Delta P_B = 0$（即 B 系统没有功率缺额）时，联络线上由 A 系统流向 B 系统的功率将减小。而当 B 系统的功率缺额完全由 A 系统增发的功率抵偿时，即 $\Delta P_B = -\Delta P_A$，则 $\Delta f = 0$，$\Delta P_{ab} = \Delta P_B = -\Delta P_A$。这时虽可维持系统的频率不变，但 B 系统的功率缺额完全要经过系统间的联络线由 A 系统向其传输。若互联系统交换功率超过线路允许范围时，即使互联系统具有足够的二次调整能力，由于受到联络线上交换功率的限制，系统频率也不能维持不变。

【例 5-5】 某联合电力系统通过一联络线相联络。正常运行时，联络线上无功率通过。已知 A 系统 $K_{GA} = 750\text{MW/Hz}$，$K_{LA} = 45\text{MW/Hz}$；B 系统 $K_{GB} = 400\text{MW/Hz}$，$K_{LB} = 26\text{MW/Hz}$。若 A 系统的负荷增加 100MW，试求下列情况下频率的变化量和联络线上的功率。

(1) A、B 系统机组都参加一次调频。

(2) A、B 两系统机组都不参加一次调频。

(3) A、B 两系统机组都参加一次调频，B 系统有部分机组参加二次调频，增发 60MW。

解 (1) 两系统机组都参加一次调频时。

两系统机组由于未参加二次调频，故 $\Delta P_{GA} = \Delta P_{GB} = 0$；A 系统负荷增量 $\Delta P_{LA} = 100\text{MW}$，B 系统负荷增量 $\Delta P_{LB} = 0$；$K_A = K_{GA} + K_{LA} = 795\text{MW/Hz}$，$K_B = K_{GB} + K_{LB} = 426\text{MW/Hz}$；$\Delta P_A = \Delta P_{LA} - \Delta P_{GA} = 100\text{MW}$，$\Delta P_B = \Delta P_{LB} - \Delta P_{GB} = 0$。

$$\Delta f = -\frac{\Delta P_A + \Delta P_B}{K_A + K_B} = -\frac{100}{795 + 426} = -0.082(Hz)$$

$$\Delta P_{ab} = \frac{K_A \Delta P_B - K_B \Delta P_A}{K_A + K_B} = \frac{-426 \times 100}{795 + 426} = -34.9(MW)$$

这种情况下频率下降不多，通过联络线由 B 向 A 输送的功率也不大。

（2）两系统都不参加一次调频时。

$\Delta P_{GA} = \Delta P_{GB} = 0$；$\Delta P_{LA} = 100MW$，$\Delta P_{LB} = 0$；$K_{GA} = K_{GB} = 0$；$K_A = K_{GA} + K_{LA} = 45MW/Hz$，$K_B = K_{GB} + K_{LB} = 26MW/Hz$；$\Delta P_A = 100MW$，$\Delta P_B = 0$。

$$\Delta f = -\frac{\Delta P_A + \Delta P_B}{K_A + K_B} = -\frac{100}{45 + 26} = -1.41(Hz)$$

$$\Delta P_{ab} = \frac{K_A \Delta P_B - K_B \Delta P_A}{K_A + K_B} = \frac{-26 \times 100}{45 + 26} = -36.6(MW)$$

这种情况发生在 A、B 两系统都已满载，调速器受负荷限制已无法调整，只能依靠负荷本身的调节效应，这时系统频率偏移最大。

（3）两系统都参加一次调频，B 系统有部分机组参加二次调频，增发 60MW 时。

$\Delta P_{GA} = 0$，$\Delta P_{GB} = 60MW$；$\Delta P_{LA} = 100MW$，$\Delta P_{LB} = 0$；$K_A = K_{GA} + K_{LA} = 795MW/Hz$，$K_B = K_{GB} + K_{LB} = 426MW/Hz$；$\Delta P_A = 100MW$，$\Delta P_B = -60MW$。

$$\Delta f = -\frac{\Delta P_A + \Delta P_B}{K_A + K_B} = -\frac{100 - 60}{795 + 426} = -0.0328(Hz)$$

$$\Delta P_{ab} = \frac{K_A \Delta P_B - K_B \Delta P_A}{K_A + K_B} = \frac{795 \times (-60) - 426 \times 100}{795 + 426} = -74(MW)$$

在这种情况下，由于 B 系统部分机组参加二次调频而增发 60MW，因而联合系统的频率变化量较小，但联络线上由 B 向 A 传输的功率却大为增加，这是不希望发生的。所以，联合电力系统中频率的调整，多采用分区调整、局部平衡的调整方案，同时应对联络线上交换的功率进行监视和调整。

三、调频厂的选择

在电力系统中，装有调速装置的发电机在有调整能力时都能参与频率的一次调整，只有少数机组或厂来承担二次调频任务。系统中的发电厂可分为主调频厂、辅助调频厂和非调频厂。主调频厂又称为第一调频厂，主要负责系统的调频任务，一般由 1～2 个电厂担任；辅助调频厂是在系统频率偏移超过某一定值时参加调频的厂，按照参加调频次序又可分为第二调频厂、第三调频厂等；非调频厂在系统正常运行时按预先分配的负荷曲线发电。在选择主调频厂时，应满足以下基本条件：

（1）具有足够的调整容量；

（2）具有足够的调整速度；

（3）调整输出功率时经济性较好。

如前所述，火力发电厂由于受锅炉和汽轮机的技术最小负荷限制，一般可调容量为 30%～75%，因此火力发电厂的输出功率调整范围不大；而且由于受汽轮机各部分热膨胀的限制，发电机组的负荷增减速度不能过快，在 50%～100% 额定负荷范围内，每分钟仅能上升 2%～5%。水轮机组具有较宽的输出功率调整范围，一般可达额定容量的 50% 以上，负荷的增长速度也较快，一般在 1min 内可从零负荷状态过渡到满负荷状态，而且具有操作安全、方便、快捷的特点。

因此，电力系统中的水轮机组最适宜作为调频厂。但在安排各类发电厂的负荷时，还应从整个电力系统的经济性出发。在枯水季节，应选水力发电厂作为主调频厂，火力发电厂中效益较低的机组则担负辅助调频的任务；在丰水季节，为了充分利用水力资源，避免弃水，应安排水力发电厂带稳定的负荷，而由效率不高的中温中压火力发电厂承担调频任务。

小 结

本章主要介绍了电力系统中的有功功率平衡，有功功率经济分配的原则，电力系统负荷、发电机组、电力系统的频率特性及电力系统的频率调整。

电力系统运行时，应有一定的备用容量以满足负荷变化的需要。同时，有一定的备用容量也是实现有功功率平衡的条件和经济运行的前提。

各类发电厂都有各自的特点，应根据各发电厂的运行特点合理地分配负荷。在不计网损时，电力系统负荷的最优分配准则是等耗量微增率准则，即各发电厂按等耗量微增率相等的准则分配负荷时，系统的燃料耗量最小。

电力系统的负荷变化分为三种类型。对于波动小、周期短、随机性大的第一类负荷变化，可利用发电机的调速器进行频率调整，称为一次调频。一次调频是由各发电机组的调速器自动进行的调节，只能实现频率的有差调节，一次调频后的频率偏移为 $\Delta f = -\Delta P_{L0}/K_S$。对于波动较大、周期性较长的第二类负荷变化，可利用发电机的调频器进行自动或手动的频率调整，称为二次调频，由系统中的调频厂来完成。二次调频的频率偏移为 $\Delta f = -(\Delta P_{L0} - \Delta P_{G0})/K_S$，可以做到无差调节。对于变动周期长、波动大的可预测的第三类负荷，由各发电机组按等耗量微增率准则进行经济功率分配。

本章还介绍了负荷的功频静特性系数 $K_L(K_{L*})$，发电机组的单位调节功率 $K_G(K_{G*})$，调差系数 $\sigma(\sigma\%)$，电力系统单位调节功率 $K_S(K_{S*})$ 等概念，以及由这些系数所表示的频率调整的有功功率平衡方程，并介绍了利用这些方程进行频率调整的计算方法。

本章最后介绍了主调频厂的选择原则和对调频厂的基本要求。

习 题

5-1 频率与发电机转速之间存在什么关系？如何使发电机转速基本恒定不变？

5-2 为什么要有足够的有功电源才能保证系统有功功率平衡，进而保证频率在允许波动范围之内？

5-3 电力系统需要哪些备用容量？各有什么特点？比例各是多少？

5-4 什么是发电机的耗量特性？比耗量 μ、耗量微增率 λ 及机组效率 η 三者之间的关系是什么？

5-5 经济运行时的目标函数和约束条件是什么？

5-6 通过两台发电机组说明等耗量微增率的物理意义。

5-7 电力系统负荷的有功功率—频率特性有什么特点？单位调节功率由什么决定？能否进行调整？

5-8　何谓电力系统的一次频率调整？一次频率调整的特点是什么？

5-9　何谓电力系统的二次频率调整？一般二次频率调整的发电厂是哪些发电厂？有什么要求？二次调频能否做到无差调节？

5-10　某电力系统由 A、B、C 三个火力发电厂进行经济功率分配。系统负荷为 900MW，忽略线路损耗，各火力发电厂燃料耗量特性为：

A　$F_1 = 7P_{G1}^2 + 460P_{G1} + 9000$（元/h）

B　$F_2 = 6P_{G2}^2 + 500P_{G2} + 9500$（元/h）

C　$F_3 = 5P_{G3}^2 + 500P_{G3} + 10000$（元/h）

5-11　已知下列各火力发电厂耗量特性，当需要它们供应的负荷为 500MW 时，在保证各火力发电厂输出功率不越界的情况下，试求各火力发电厂经济功率分配。

$$F_1 = 2.5 \times 10^{-4} P_{G1}^2 + 1.0P_{G1} + 50(t/h), \quad 150MW \leqslant P_{G1} \leqslant 350MW$$
$$F_2 = 5 \times 10^{-4} P_{G2}^2 + 1.0P_{G2} + 30(t/h), \quad 60MW \leqslant P_{G2} \leqslant 200MW$$
$$F_3 = 6 \times 10^{-4} P_{G3}^2 + 1.1P_{G3} + 1.5(t/h), \quad 45MW \leqslant P_{G3} \leqslant 100MW$$

5-12　两火力发电厂容量均为 100MW，其耗量特性分别为

$$F_1 = 3.5 + 0.7P_{G1} + 0.0015P_{G1}^2 (t/h)$$
$$F_2 = 2.5 + 0.5P_{G2} + 0.002P_{G2}^2 (t/h)$$

若它们共同担负 150MW 的负荷，问在经济分配情况下各发电厂负担多少负荷？所消耗的燃料比平均分配负荷的情况少多少？

5-13　某系统中各发电机组容量及调差系数分别为：

水轮机　$7 \times 100MW$，$\sigma\% = 2$；$5 \times 50MW$，$\sigma\% = 3$；

汽轮机　$4 \times 200MW$，$\sigma\% = 3$；$8 \times 100MW$，$\sigma\% = 3.5$。

其他容量的汽轮机等效为 1500MW，等值调差系数为 $\sigma\% = 4$。系统总负荷为 3500MW，$K_{L*} = 1.5$。若负荷增加 1%，试求下列情况下系统频率下降多少。

(1) 全部机组参加调频；

(2) 只有水轮机组参加调频，汽轮机全部满载。

5-14　A、B 两系统通过联络线组成联合电力系统。已知两系统的等值单位调节功率分别为 $K_A = 400MW/Hz$，$K_B = 600MW/Hz$。当 A 系统负荷增加 100MW，B 系统二次调频增发 50MW 时，试求联合系统的频率变化量及联络线上传输的功率。

第六章　电力系统的无功功率平衡和电压调整

第一节　电力系统中的无功功率平衡

一、电压调整的必要性

电压是电能质量的主要指标之一，电压偏移超过允许范围时，对用电设备的运行具有很大的影响。随着系统负荷的不断变化，电压也将上下波动。因此，保证电压偏移在允许的范围之内，是电力系统运行的主要任务之一。

通常用电设备都是按照在额定电压的一定范围内运行的条件下设计制造的。当端电压波动超过允许范围时，其运行条件及设备性能都要受到影响。以白炽灯为例，如图 6 - 1 所示，当其电压比额定电压降低 5% 时，照明度降低 18%；电压降低 10%，照明度降低约 35%。电压升高 5%，寿命将减少一半。对于电热设备如电炉等，电压过高会烧坏设备；电压过低，其功率减少、效率降低，达不到所需温度。

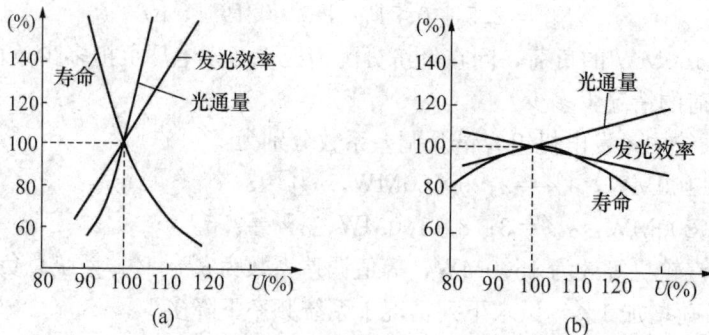

图 6 - 1　照明灯的电压特性
(a) 白炽灯；(b) 日光灯

用电设备中电动机约占综合负荷的 60% 以上。电动机的输出功率与端电压的二次方成正比，电压下降时，定子电流急剧增加。当电压下降 10% 时，异步电动机的转矩只有额定转矩的 81%。如果电压过低，可能使电动机停转。所以，电压下降时，电动机转差率增大，定子、转子电流都将急剧增大，从而使电动机温度上升、效率降低、功率因数变坏，严重时可以烧毁电动机。

同样，对于大量使用的电子设备，当电压下降时，这些设备工作出现不正常；电压偏高时，电子设备的寿命将大大缩短。

电压降低还会影响电力系统本身运行的经济性。当线路传输功率一定时，电压下降 5%，将使线损增大 9%，电压下降 10%，线损增大 23%。因此，电压下降不仅会使线损增加，而且还可能导致系统中某些变压器或线路由于过负荷而跳闸，从而破坏系统原来的经济运行方式，甚至破坏系统的稳定性。

综上所述，保持电压在额定电压附近是电力系统运行的主要任务之一，但由于网络结构复杂、负荷分布不均匀以及负荷的随机性，要做到这点是比较困难的。因此，电力系统电压调整的任务之一就是在满足负荷需要的前提下，使电压偏移在允许范围之内。目前，我国规定的电压偏移百分数范围如下：

35kV 及以上电压供电的负荷：±5%；

10kV 及以下电压供电的负荷：±7%；

低压照明负荷：+5%～−10%；

农村电网正常运行情况：+7.5%～−10%；

农村电网事故运行情况：+10%～−15%。

二、电力系统综合负荷的无功电压特性

电力系统综合负荷中包括了各种不同的用电设备，如电热器、白炽灯、异步电动机等。除此之外消耗无功功率的还有电力系统中的线路、变压器等元件。所谓电力系统综合负荷的电压静态特性，是指各种用电设备所消耗的有功功率和无功功率随电压变化的关系，简称负荷的电压特性。由于异步电动机在电力系统负荷中占的比重很大，异步电动机消耗的有功功率几乎与电压无关，而所消耗的无功功率对电压却十分敏感，因此，通常所说的综合负荷的电压特性主要是指综合负荷无功功率的电压特性。

电力系统中的无功负荷主要是异步电动机、变压器和线路。变压器无功损耗主要包括两部分，即励磁损耗 ΔQ_0 和漏抗中的损耗 ΔQ_T。前者约等于空载电流百分数 $I_0\%$，即 1%～2%；后者基本上等于阻抗电压百分数 $U_k\%$，即 10% 左右。对于一台变压器而言，当变压器满载时，两部分之和约为变压器额定容量的 12% 左右；但对于多级电网而言，变压器的无功损耗约占总无功损耗的 75% 左右。

输电线路的串联电抗中也会产生无功损耗，其大小与流过线路的电流平方成正比。但线路并联电纳中的无功损耗呈容性，也称为线路的充电功率，可作为无功电源，对线路电抗上的无功损耗起补偿作用，其大小与线路电压的平方成正比。一般地讲，对于 35kV 及以下的架空线路，由于充电功率较小，线路整体上是消耗无功功率的；对于 110kV 及以上的架空线路，由于充电功率较大，当线路轻载时，充电功率将大于线路电抗上消耗的无功功率，这时线路就成为无功电源；相反，当线路重载时，线路就成为无功负荷。对于电力系统而言，线路总的无功损耗约占总无功损耗的 25% 左右。

异步电动机是电力系统负荷中所占比例最大的用电设备。图 6-2 所示的电动机等值电路中，电动机吸取的无功功率 Q_M 由励磁电抗吸收的无功功率 Q_m 和由漏抗吸收的无功功率 Q_σ 两部分组成，即

$$Q_M = Q_m + Q_\sigma = \frac{U^2}{X_m} + 3I_{LD}^2 X_\sigma \qquad (6-1)$$

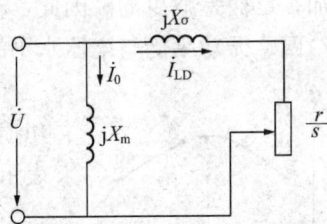

图 6-2　异步电动机等值电路

Q_m 的大小取决于励磁电流，而励磁电流随加于电动机上的电压变化。在额定电压附近时励磁电流变化很大，因此较小的电压变化将引起较大的 Q_m 变化；当电压明显低于额定电压时，电压变化引起的 Q_m 变小。

由于电动机最大转矩与电压平方成正比，电压下降时，引起电动机的转差率 s 增大，负荷电流 I_{LD} 增加，因此相应的 Q_σ 也增加。也就是说，当电压从额定电压开始下降时，Q_m 下降显著，成为决定 Q_M 的主导方面；当电压降低到某一临界值 U_{cr} 后，Q_m 的变化不大，而

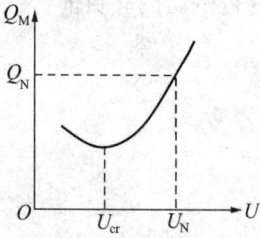

图 6-3　异步电动机 Q-U 静特性

Q_σ 随电压下降而增加，这时 Q_M 主要受 Q_σ 的影响。图 6-3 示出异步电动机的无功功率—电压静特性。电力系统综合负荷的无功功率—电压静态性与异步电动机的曲线相似，系统正常运行时，其负荷特性应工作在 $U > U_{cr}$ 处。

三、发电机的无功—电压特性

所谓发电机的无功—电压静态特性，是指发电机向系统输送的无功功率与电压的变化关系曲线。图 6-4（a）所示为一简单系统，图 6-4（b）为忽略电阻的等值电路，其中 X 为发电机、变压器、线路等的总电抗，$\dot{E}$ 为发电机电动势，$P+jQ$ 为发电机输送到客户的功率，与之对应的功率因数角为 φ。根据等值电路容易画出其相量图，如图 6-4（c）所示，由图可得

$$\left.\begin{array}{c} E\sin\delta = IX\cos\varphi \\ UE\sin\delta = UIX\cos\varphi \end{array}\right\} \quad (6\text{-}2)$$

因此

$$P = UI\cos\varphi = \frac{EU}{X}\sin\delta \quad (6\text{-}3)$$

又

$$E\cos\delta - U = IX\sin\varphi$$
$$UE\cos\delta - U^2 = UIX\sin\varphi$$

则

$$Q = UI\sin\varphi = \frac{EU}{X}\cos\delta - \frac{U^2}{X} \quad (6\text{-}4)$$

将式（6-3）、式（6-4）两边同时平方后相加，并消去 δ，整理得

$$Q = \sqrt{\left(\frac{EU}{X}\right)^2 - P^2} - \frac{U^2}{X} \quad (6\text{-}5)$$

若励磁电流不变，则发电机电动势 E 可视为常数，发电机的无功功率就是电压 U 的二次函数，其特性曲线如图 6-5 所示。当 $U > U_{cr}$ 时，发电机输出的无功功率 Q 将随着电压的降低而增大；当 $U < U_{cr}$，电压降低时，发电机输出的无功功率 Q 不但不增加，反而是减少的。因此，在正常运行时，发电机的无功电压特性也应工作在 $U > U_{cr}$ 处。

四、无功平衡与电压水平的关系

(a)

(b)

(c)

图 6-4　简单系统
（a）系统图；（b）等值电路；（c）相量图

图 6-5　发电机电压静态特性

在电力系统中，电源所发出的无功功率必须与无功负荷和无功损耗相平衡，同时还应有一定的无功备用电源，它们的关系可表示为

$$\sum Q_{GC} = \sum Q_{LD} + \Delta Q_\Sigma + Q_R$$

式中　$\sum Q_{GC}$——无功电源容量的总和；

$\sum Q_{LD}$——无功负荷的总和；

ΔQ_Σ——无功损耗的总和；

Q_R——无功备用容量。

在进行无功功率平衡时，要按照最大无功负荷的运行方式进行。在满足无功功率平衡式的同时，还必须保证系统有一定的无功备用容量，即必须保证 $Q_R > 0$。若出现 $Q_R < 0$ 情况，

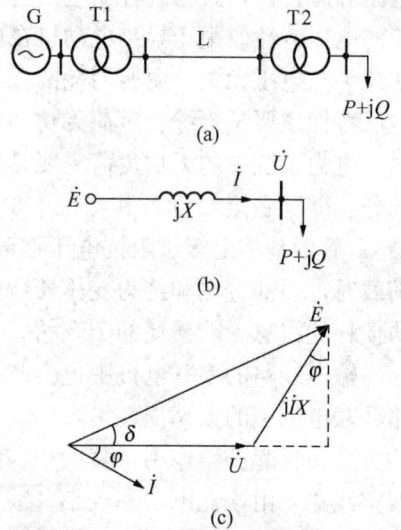

则说明系统中的无功电源不足，需要增加无功电源容量。系统的无功功率与系统的电压水平有着密切的关系，下面说明这种关系。

若将图 6-3 所示的综合负荷电压特性和图 6-5 所示的发电机的电压特性绘制在一起，即为图 6-6 所示的电力系统无功—电压静态特性。图 6-6 中 Q_G 为发电机电压特性，Q_{LD} 为负荷电压特性，两曲线相交于 1 点，对应的电压为 U_1，即系统在电压 U_1 下运行能达到无功平衡。当无功负荷由 Q_{LD} 增加到 Q'_{LD} 时，若发电机励磁电流不变，电动势 E 不变，则发电机所发出的无功功率也不变，此时 Q_G 与 Q'_{LD} 相交于 2 点，对应的电压为 U_2。这表明无功负荷增加后，在电压为 U_1 时电源所发出的无功功率已不能满足负荷的需要，只能用降低运行电压的方法来取得无功功率的平衡。若此时通过调节励磁电流增大发电机的电动势 E，使发电机的无功功率增大到 Q'_G，则系统可在交点 3 处达到无功功率的平衡，此时对应的运行电压即可上升为 U_3。

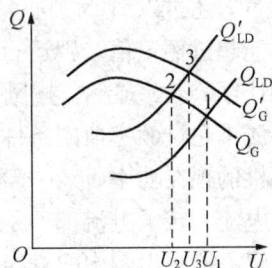

图 6-6 电力系统电压静态特性

综上所述，造成电力系统运行电压下降的主要原因是系统的电源无功功率不足，因此，为提高电力系统运行的电压质量，减小电压偏移，必须使电力系统的无功功率在额定电压或允许电压偏移范围内保持平衡，即要采取措施使电源的无功与负荷的无功及系统的无功损耗保持平衡。

第二节 电力系统的无功电源

电力系统的无功电源除了发电机外，还有同步调相机、静电电容器及静止补偿器等，这三种装置又称为无功补偿装置。

一、同步发电机

同步发电机是系统中唯一的有功电源，同时也是最主要的无功电源。在不影响有功功率平衡的前提下，改变发电机的功率因数，可以调节其无功功率的输出，从而调整系统的运行电压。图 6-7 所示为发电机的等值电路和由相量图演变而得到的发电机 P-Q 功率极限图。

图 6-7 中 OA 表示发电机的额定电压 $\dot{U}_{GN}$，$\dot{I}_{GN}$ 为发电机的额定电流，φ_N 为发电机的额定功率因数。AB 为定子电流在定子电抗上产生的电压降 $I_{GN}X_d$，其长度正比于发电机的视在功率 S_{GN}，它在纵轴上的投影为额定有功功率 P_{GN}，在横轴上的投影为额定无功功率 Q_{GN}，所以图中的 B 点称为发电机的额定运行点。OB 表示发电机的空载电动势 $\dot{E}$，其长度正比于发电机的转子励磁电流。由图 6-7 可知，发电机在额定参数下运行时，发出的无功功率为

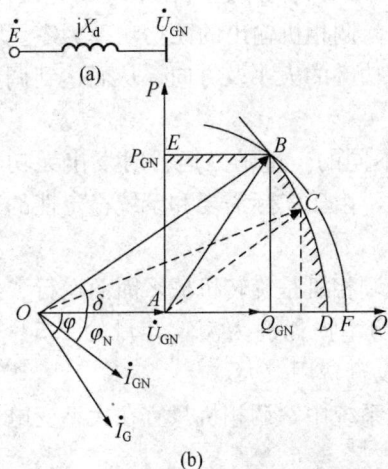

图 6-7 发电机功率极限图
(a) 等值电路；(b) P-Q 极限图

$$Q_{GN} = S_{GN}\sin\varphi_N = P_{GN}\tan\varphi_N \qquad (6-6)$$

　　发电机在正常运行时，它的定子电流和转子电流是不允许超过其额定值的。当发电机在额定功率因数下运行时，如仅从定子电流也即视在功率不超过额定值的要求出发，其运行点就不应超过以 A 为圆心，以 AB 为半径所作的圆弧 BF。但同时励磁电流也即空载电动势也不能超过额定值，则运行点又不应超过以 O 为圆心，以 OB 为半径所作的圆弧 BD，如图 6-7 中的 C 点。显然，按励磁电流不超过额定值的条件确定的发电机的视在功率总小于按定子电流不超过额定值的条件确定的发电机的视在功率。在低于额定功率因数条件下运行时，发电机的视在功率 S_G 小于额定视在功率 S_{GN}。发电机在高于额定功率因数条件下运行时，定子电流和转子电流都不是限制条件，发电机额定有功功率成了限制条件，因此发电机的运行点将不能超出图中的直线 BE。由图可见，在直线 BE 上运行时，发电机的定子电流（视在功率）和转子电流（空载电动势）都将低于额定值。由此可知，发电机只有在额定功率因数下运行时，视在功率才能达到额定值，容量才能充分得到利用。

　　综上可知，图 6-7 中 EBD 曲线是发电机的运行极限，也就是发电机的视在功率允许达到的最大限度，此图称为发电机 $P-Q$ 的极限图。根据以上讨论可知，要想发电机多发无功功率，就要少发有功功率。降低功率因数，在 BD 弧上运行，即使在有功功率为零的极端情况下，最大无功功率也只能为 AD。在系统有功备用比较充足的条件下，可利用靠近负荷中心的发电机，在降低有功功率的条件下，多发无功功率，以提高电网电压水平。

二、同步调相机

　　同步调相机也称同步补偿机，它实际上是不带机械负荷、空载运行的同步电动机。它从电网中吸收少量的有功功率供给运转时的机械损耗和铜、铁等损耗。同步调相机输出的无功功率与电压 U 之间的关系和同步发电机类似，若令式（6-5）中的 P 为零，则同步调相机输出的无功功率 Q_{CS} 的表达式为

$$Q_{CS} = \frac{EU}{X} - \frac{U^2}{X} = \frac{E-U}{X}U \tag{6-7}$$

　　同步调相机有过励磁和欠励磁两种工作方式。过励磁运行时，$E>U$，由式（6-7）可知，调相机向系统提供感性无功功率，为无功电源，这是调相机一种常用的运行方式；欠励磁运行时，$E<U$，调相机从系统吸收感性无功功率，成为无功负荷，这是在系统负荷较轻，无功功率过剩，电压过高时的特殊运行方式。当 $E=U$ 时，调相机输出的无功功率为零。只要改变调相机的励磁，就可以平滑无级地改变调相机无功功率的大小及方向，从而达到调整所在地区电压的目的。

　　应当指出，调相机过励磁和欠励磁运行时的容量是不同的。过励磁运行时发出无功功率，最大可以达到额定容量；欠励磁运行时消耗无功功率，由于实际需要和系统稳定性的要求，只能达到额定容量的 $50\%\sim60\%$。

　　调相机虽然有上述优点，但也存在以下不足：①由于调相机是旋转机械，因而运行、维护比较复杂；②有功功率损耗较大，满载运行时，有功功率损耗约为额定容量的 $1.5\%\sim5\%$，容量越小，有功损耗的百分数越大；③单位容量的投资费用较大。

　　因此，调相机容量一般不宜小于 5Mvar，在实际电力系统中，调相机只宜在大型变电站集中使用，并应尽量安装在靠近负荷中心的枢纽变电站内。

三、静电电容器

　　静电电容器亦即电力电容器，可以作为无功电源向系统输送无功功率，每相电容器由若

干个电力电容器组成电容器组，可以接成△形或 Y 形。静电电容器提供的无功功率与其安装处的电压平方成正比，即

$$Q_C = \frac{U^2}{X_C} = U^2 \omega C \tag{6-8}$$

式中　X_C——电容器组的总容抗，Ω。

　　静电电容器是电力系统中广为使用的一种无功补偿装置，它只能发出无功功率，不能吸收无功功率；既可以（变电站）集中安装，也可以（客户或配电线路上）分散安装。它的优点是运行维护方便，有功损耗小（只占其额定容量的 0.3%~0.5%），投资造价低。但与同步调相机相比，它也有以下不足：①无功功率调节性能差，当系统故障或由其他原因引起电压下降时，电容器不但不能增加无功功率，反而会使无功功率随电压下降而减少；②不能实现无级调压，当负荷变化时，只能依靠投、切部分电容器调整无功功率，因而电容器调压是"有级"调压。

四、静止补偿器

　　静止补偿器（Static Var Compensator，SVC）于 20 世纪 60 年代问世，至 70 年代发展成为一种由晶闸管控制的可快速（一般为 5~10ms）调节无功功率的静止补偿装置。它主要由并联电容器和并联电抗器并联组成。由于它具有调节迅速、功能多样、工作可靠的特点，还可以进相、滞相运行，在某些场合下可以代替调相机，尤其适用于负荷剧烈波动和冲击负荷的地方，因而在国内外得到了大量的应用。

　　静止补偿器的形式主要有自饱和电抗器型（Saturated Reactors，SR）和可控电抗器型（Thyristor Controlled Reactors，TCR）两种。其中，可控电抗器型又可以分为两种类型，一种是固定连接电容器（Fixed Capacitor，FC）加可控电抗器，即 FC-TCR；另一种是可控电容器（Thyristor Switched Capacitor，TSC）加可控电抗器，即为 TSC-TCR。下面分别介绍这几种静止补偿器的结构和工作原理。

1. FC-TCR 型静止补偿器

　　如图 6-8 所示，FC-TCR 型静止补偿器主要由固定电容器 C 和与之并联的可控电抗器 L_h 构成。两个并联的极性相反的晶闸管在电源电压的半个周期内轮流导通，通过调节晶闸管的导通（触发）角，即可改变流过电抗器 L_h 的电流及其吸收的无功功率 Q_L。固定连接的电容器 C 提供容性无功功率 Q_C。负荷的无功功率 Q_{LD} 是变化的，TCR 可提供一个连续变化的感性无功功率 Q_L，所以 SVC 输出连续变化的感性无功功率 Q_L 和固定的容性无功功率 Q_C，

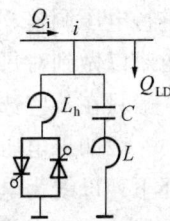

图 6-8　FC-TCR 型静止补偿器的原理图

此时 SVC 输出的总功率为感性无功功率 Q_L 与容性无功功率 Q_C 之差，输出无功功率满足负荷变化的需要，从而消除了由于负荷变化而引起的母线电压的变化。与 C 串联的调谐电抗器 L 与 C 组成谐波电路，可按需要滤去晶闸管动作所形成的 5、7、11 等高次谐波。

2. TSC-TCR 型静止补偿器

　　图 6-9 所示为 TSC-TCR 型静止补偿器的原理接线。图中和固定电容器 C 并联的既有可控电抗器，又有由晶闸管投切的

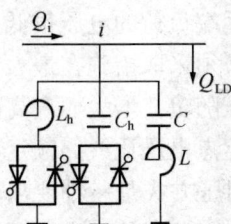

图 6-9　TSC-TCR 型静止补偿器的原理图

电容器。其中 TSC 由一个双向晶闸管和一个串联的电容器 C_h 组成，通过晶闸管控制电容器的投切，所以输出的无功功率是阶梯式可调的，在无功调节中起粗调的作用，TCR 则作为对 TSC 粗调的补充，起细调的作用。TSC 的采用可以减小 TCR 的容量，从而减小由 TCR 调节带来的高次谐波分量和电抗器的损耗。TSC 和 TCR 组合运行，则可以得到平滑可调的无功功率输出特性，弥补了 TSC 补偿器阶梯式调节特性的缺陷。

　　TSC-TCR 混合型静止补偿器一般由 1～2 个 TCR 和 n 个 TSC 组成，3 个单相接成三角形，构成 6 脉冲接线，系统对称时，所有 3 次谐波序列的高次谐波电流都在三角形中形成环流，线路上则不会出现这些高次谐波成分了。

3. 自饱和电抗器型（SR）静止补偿器

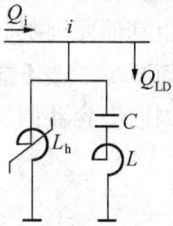

图 6 - 10 SR 型静止补偿器的原理图

　　图 6 - 10 所示为 SR 型静止补偿器的原理接线。它主要由饱和电抗器 L_h 和固定电容器 C 组成。并联电容器 C 的作用是产生无功功率。饱和电抗器是一个感性无功电源，当外加电压超过饱和值或额定电压时，饱和电抗器进入饱和状态，感抗减小，电抗器吸收多余的无功功率，使电压维持恒定。相反，当外加电压低于额定电压时，饱和电抗器处在不饱和状态，感抗很大，吸收无功功率减少，使母线电压维持恒定。因此，饱和电抗器相当于一个电压恒定的无功电源。

第三节　电力系统中的电压管理

一、电压中枢点的调压方式

　　由前面的分析可知，电力系统无功功率充裕时，系统就会有较高的运行电压水平。但系统的无功功率充裕，并不能使各负荷点的电压都满足电压偏移的要求。要保证各负荷点电压都在允许的电压偏移范围之内，还应该分地区、分电压等级、按供电片区合理分配无功负荷，进行电压调整。由于电力系统结构复杂，负荷点多而且分散，负荷的波动幅度又比较大，也难以做到对每个负荷点进行电压监视和调整。因此，对电力系统电压的监视、控制和调整一般只在某些选定的母线上实行，将这些用来监视、控制和调整电压的母线称为电压中枢点。一般如果电压中枢点电压质量符合要求，供电区域内的其他母线电压就容易调整。通常选择下列母线为电压中枢点：①区域性发电厂和枢纽变电站的高压母线；②枢纽变电站的二次母线；③有大量地方负荷的发电机电压母线；④城市直降变电站的二次母线。这种通过对中枢点电压的控制来控制全供电区域电压的调压方式称为中枢点调压方式。

　　根据电网和负荷的性质，中枢点电压的调整方式有逆调压、顺调压和恒调压三种。

　　（1）逆调压。在电网中，由于在最大负荷时电网的损耗很大，远端负荷的电压很低；而在最小负荷时电网的损耗较小，则近端负荷的电压将过高。因此，必须采取措施在最大负荷时升高中枢点电压，在最小负荷时降低中枢点电压。这种中枢点电压随负荷增大而升高的调压方式称为逆调压，具体要求为：在最大负荷运行方式时，要求中枢点电压比线路额定电压高 5%；最小负荷运行方式时，中枢点电压降为线路额定电压。逆调压方式是一种要求较严格的调压方式，要实现逆调压一般需在中枢点装设特殊的调压设备，如调相机、有载调压变压器或静止补偿器等。

　　（2）顺调压。如前所述，负荷最大时，电网的损耗也很大，各负荷点的电压就偏低；负荷最小时，电网的损耗也较小，各负荷点的电压就偏高。所谓顺调压，就是在最大负荷时允许中枢点电压低一些；在最小负荷时，允许中枢点电压高一些。具体要求为：在最大负荷运行方式时，中枢点电压不得低于线路额定电压的102.5%；最小负荷运行方式时，中枢点电压不得高于线路额定电压的107.5%。顺调压是一种要求较低的调压方式，一般不需安装特殊调压设备就可满足调压要求，但它只适用于供电距离较短、负荷波动不大的电压中枢点。

（3）恒调压（常调压）。恒调压是指在最大和最小负荷方式时，中枢点电压保持在比线路额定电压高2%～5%的调压方式。恒调压方式通常用于向负荷波动较小的客户供电的电压中枢点，如三班制工矿企业。在负荷变动大的电网中，要在中枢点采用恒调压，也必须有特殊的调压设备，但对调压设备的要求比逆调压时要低一些。

二、电压调整的原理及措施

图 6-11 所示为简单电力系统。发电机通过升压变压器、线路和降压变压器向客户供电。若已知发电机出口母线电压为 U_G，变压器变比分别为 k_1 和 k_2，从发电机出口母线到客户端的归算后的总阻抗为

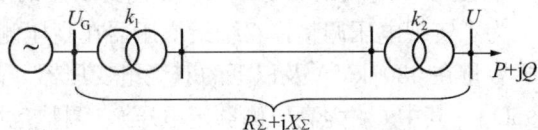

图 6-11 电压调整的基本原理

$R_\Sigma + jX_\Sigma$，高压输电线路的额定电压为 U_N，负荷功率为 $P+jQ$，在不考虑线路充电功率、变压器励磁损耗和网络功率损耗的情况下，负荷端的电压 U 为

$$U = \left(U_G k_1 - \frac{PR_\Sigma + QX_\Sigma}{U_N} \right) / k_2 \qquad (6-9)$$

由式（6-9）可见，为了调整用户端的电压 U，可采取以下措施：

（1）改变发电机的励磁电流，即通过调整发电机端电压 U_G 调压。

（2）改变升、降压变压器的变比 k_1、k_2，即选择适当的变压器分接头调压。

（3）改变电网中的无功功率 Q 分布调压。

（4）改变网络的参数 R_Σ、X_Σ 调压。

三、改变发电机励磁电流调压

通过改变发电机的励磁电流进行调压，是一种最经济、最直接的调压手段。在考虑调压措施时，应首先予以考虑。通常同步发电机的端电压允许波动的范围为±5%，在这个范围内都可保证以额定功率运行。

在不同的供电网络中，发电机调压所起的作用是不同的。在由发电机直供的配电网络中，由于供电线路短，线路上的电压损耗较小，用改变发电机的励磁电流的方法可以实现逆调压，即在最大负荷时，增大励磁电流，将发电机端电压提高5%，在最小负荷时，减小励磁电流，将发电机端电压降低到额定电压，就能满足负荷对电压质量的要求。

在多级电压供电的大中型电力系统中，由于供电线路较长，供电范围大，从发电厂到远端的负荷点之间的电压损耗的数值和波动幅度往往很大，一般都远远超过发电机±5%的调压范围。此时若仍然依靠改变发电机励磁调压，已无法满足各负荷点对电压质量的要求。如图 6-12 所示电力系统，最大负荷时总的电压损耗高达30%，最小负荷时总的电压损耗为12%，末端电压的波动幅度达18%，此时欲使末端电压满足要求，必须再配合其他调压措施才能满足负荷对电压质量的要求。

需要指出的是，在多级电网中，利用改变发电机励磁调压还会引起系统中无功功率的重

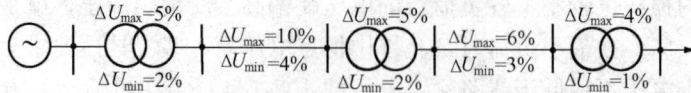

图 6 - 12 多级电压供电系统的电压损耗

新分配。因此，在多级供电网中，改变发电机励磁调压只能作为一种辅助调压措施。

第四节 改变变压器分接头调压

改变变压器分接头调压，即改变变压器的变比，可以达到改善变压器低压侧电压的目的。为了实现电压调整，双绕组变压器在高压侧，三绕组变压器在高、中压侧都装有分接开关。容量在 6300kVA 及以下的双绕组变压器，高压侧一般设有 3 个抽头，即 $1.05U_N$、U_N、$0.95U_N$（其中 U_N 为高压侧额定电压），调整范围为 $\pm 5\%$。容量在 8000kVA 及以上的双绕组变压器，高压侧一般有五个抽头，即 $1.05U_N$、$1.025U_N$、U_N、$0.975U_N$、$0.95U_N$，调整范围为 $\pm 2 \times 2.5\%$。对应于 U_N 的分接头称为主分接头（或称主抽头），其余为附加分接头。

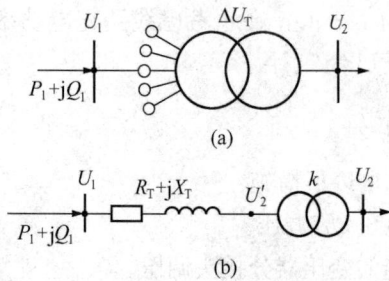

图 6 - 13 降压变压器及等值电路
（a）降压变压器；（b）等值电路图

一、双绕组变压器

1. 降压变压器

如图 6 - 13 所示降压变压器，设高压侧运行电压为 U_1，归算到高压侧的变压器阻抗为 $R_T + jX_T$，则负荷 $P_1 + jQ_1$ 流过变压器阻抗时，归算到变压器高压侧的电压损耗 ΔU_T 为

$$\Delta U_T = \frac{P_1 R_T + Q_1 X_T}{U_1} \tag{6 - 10}$$

则变压器低压侧归算到高压侧的电压 U_2' 为

$$U_2' = U_1 - \Delta U_T \tag{6 - 11}$$

若变压器按调压要求的低压侧实际运行电压为 U_2，变压器高压侧分接头电压为 U_{1t}，变压器低压侧的额定电压为 U_{2N}，则有

$$U_2 = \frac{U_2'}{k} = \frac{U_1 - \Delta U_T}{k} = \frac{U_1 - \Delta U_T}{U_{1t} / U_{2N}} = \frac{U_1 - \Delta U_T}{U_{1t}} U_{2N} \tag{6 - 12}$$

由式（6 - 12）可得变压器高压侧的分接头电压为

$$U_{1t} = \frac{U_1 - \Delta U_T}{U_2} U_{2N} \tag{6 - 13}$$

当变压器通过最大和最小负荷时，其分接头电压分别为

$$U_{1tmax} = \frac{U_{1max} - \Delta U_{Tmax}}{U_{2max}} U_{2N} \tag{6 - 14}$$

$$U_{1tmin} = \frac{U_{1min} - \Delta U_{Tmin}}{U_{2min}} U_{2N} \tag{6 - 15}$$

式中 U_{1tmax}、U_{1tmin}——最大负荷和最小负荷时变压器高压侧的分接头电压，kV；

U_{1max}、U_{1min}——最大和最小负荷时变压器高压侧的实际电压，kV；

ΔU_{Tmax}、ΔU_{Tmin}——最大和最小负荷时归算到变压器高压侧的电压损耗，kV；

U_{2max}、U_{2min}——最大和最小负荷时变压器低压侧要求保证的电压，kV。

由于普通变压器不能带负荷进行分接头调整，所以只能取最大负荷和最小负荷时两个分接头电压 U_{1tmax} 和 U_{1tmin} 的平均值作为分接头电压的计算值，即

$$U_{1tav} = \frac{1}{2}(U_{1tmax} + U_{1tmin}) \tag{6-16}$$

根据所计算出的分接头电压 U_{1tav}，选择一个与其最接近的标准分接头电压 U_{1t0}，再利用所选择的标准分接头电压 U_{1t0} 校验最大和最小负荷时变压器低压侧的实际电压是否满足调压要求。

【例6-1】 某变电站有一台电压为 $110 \pm 2 \times 2.5\%$/ 11kV 的降压变压器，如图6-14所示。已知最大负荷和最小负荷时高压侧的实际电压分别为112kV和113kV，归算到高压侧的变压器参数及负荷均标注在图中，若变压器低压母线要求实行顺调压，试选择变压器分接头。

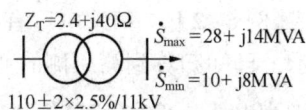

$Z_T=2.4+j40\Omega$　　$\dot{S}_{max}=28+j14MVA$

$\dot{S}_{min}=10+j8MVA$

$110\pm2\times2.5\%/11kV$

图6-14 ［例6-1图］

解 （1）计算最大、最小负荷时的变压器电压损耗（忽略变压器功率损耗）。

$$\Delta U_{Tmax} = \frac{P_{max}R_T + Q_{max}X_T}{U_{1max}} = \frac{28 \times 2.44 + 14 \times 40}{112} = 5.61(kV)$$

$$\Delta U_{Tmin} = \frac{P_{min}R_T + Q_{min}X_T}{U_{1min}} = \frac{10 \times 2.44 + 8 \times 40}{113} = 3.05(kV)$$

（2）计算最大、最小负荷时的变压器分接头电压。

$$U_{1tmax} = \frac{U_{1max} - \Delta U_{Tmax}}{U_{2max}}U_{2N} = \frac{112 - 5.61}{1.025 \times 10} \times 11 = 114.17(kV)$$

$$U_{1tmin} = \frac{U_{1min} - \Delta U_{Tmin}}{U_{2min}}U_{2N} = \frac{113 - 3.05}{1.075 \times 10} \times 11 = 112.51(kV)$$

（3）计算分接头电压的平均值，并选择标准分接头。

$$U_{1tav} = \frac{1}{2}(U_{1tmax} + U_{1tmin}) = \frac{1}{2} \times (114.17 + 112.51) = 113.34(kV)$$

选择最接近的标准分接头电压 $U_{1t0}=110 \times (1+2.5\%)=112.75$ (kV)

（4）校验变压器低压侧的实际电压。

$$U_{2max} = \frac{U_{1max} - \Delta U_{Tmax}}{U_{1t0}}U_{2N} = \frac{112 - 5.61}{112.75} \times 11 = 10.38 > 10.25(kV)$$

$$U_{2min} = \frac{U_{1min} - \Delta U_{Tmin}}{U_{1t0}}U_{2N} = \frac{113 - 3.05}{112.75} \times 11 = 10.73 < 10.75(kV)$$

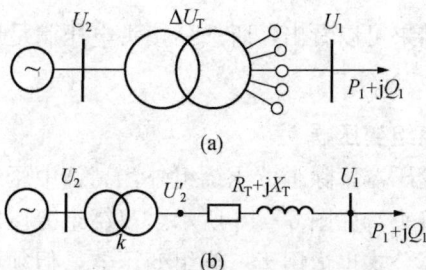

经校验均未超出调压要求的电压，故所选分接头是合适的。

2. 升压变压器

升压变压器分接头的选择与降压变压器类似。如图6-15所示升压变压器，所不同的是升压变压器功率是从低压侧送至高压侧的，显然，当功率 P_1+jQ_1 通过变压器阻抗 R_T+jX_T 时，产生的电压损耗 ΔU_T 仍可用式（6-10）计算。此时变压器低

图6-15 升压变压器及等值电路

（a）升压变压器；（b）等值电路图

压侧电压 U_2 归算到高压侧的电压 $U_2' = U_1 + \Delta U_T$，故只需将电压损耗 ΔU_T 由负改为正即可，其分接头计算公式为

$$U_{1tmax} = \frac{U_{1max} + \Delta U_{Tmax}}{U_{2max}} U_{2N} \tag{6-17}$$

$$U_{1tmin} = \frac{U_{1min} + \Delta U_{Tmin}}{U_{2min}} U_{2N} \tag{6-18}$$

$$U_{1tav} = \frac{1}{2}(U_{1tmax} + U_{1tmin}) \tag{6-19}$$

式中各量代表的含义与降压变压器基本相同。

【例 6-2】　某发电厂有一台电压为 $121 \pm 2 \times 2.5\%/10.5\text{kV}$ 的升压变压器，如图 6-15 所示。已知归算到高压侧的变压器参数为 $Z_T = 1.1 + j24.4\Omega$，通过变压器的最大和最小负荷分别为 $\dot{S}_{max} = 50 + j34\text{MVA}$、$\dot{S}_{min} = 28 + j22\text{MVA}$，最大和最小负荷时高压侧的实际电压分别为 116kV 和 114kV，若要求发电机电压在 $10 \sim 10.5\text{kV}$ 范围内变化，试选择变压器分接头。

解　（1）计算最大、最小负荷时的变压器电压损耗。

$$\Delta U_{Tmax} = \frac{50 \times 1.1 + 34 \times 24.4}{116} = 7.63(\text{kV})$$

$$\Delta U_{Tmin} = \frac{28 \times 1.1 + 22 \times 24.4}{114} = 4.98(\text{kV})$$

（2）计算最大、最小负荷时的变压器分接头电压。

$$U_{1tmax} = \frac{116 + 7.63}{10.5} \times 10.5 = 123.63(\text{kV})$$

$$U_{1tmin} = \frac{114 + 4.98}{10} \times 10.5 = 124.93(\text{kV})$$

（3）计算分接头电压的平均值，并选择标准分接头。

$$U_{1tav} = \frac{1}{2} \times (123.63 + 124.93) = 124.28(\text{kV})$$

选择最接近的标准分接头电压 $U_{1t0} = 121 \times (1 + 2.5\%) = 124.025$ （kV）

（4）校验变压器低压侧的实际电压。

$$U_{2max} = \frac{116 + 7.63}{124.025} \times 10.5 = 10.47(\text{kV})$$

$$U_{2min} = \frac{114 + 4.98}{124.025} \times 10.5 = 10.07(\text{kV})$$

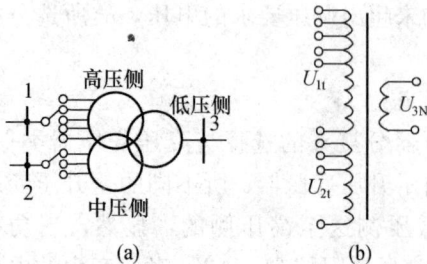

图 6-16　三绕组变压器
（a）简化接线；（b）原理接线

由计算结果可以看出，所选分接头电压满足调压要求。

二、三绕组变压器

三绕组变压器，除了低压绕组外，高、中压绕组都设有分接头，如图 6-16 所示。双绕组变压器分接头的计算公式也适用于三绕组变压器，但须根据变压器的运行方式分别对高压侧和中压侧的分接头进行选择。

对于高压侧有电源的三绕组降压变压器，应首先按低压母线的调压要求，将高、低两个绕组看作一台双绕组变压器，选择高压侧分接头 U_{1t}；再将高压侧分接头固定，将高、中压侧看作一台双绕组变压器，根据中压侧母线的调压要求，选择中压侧分接头 U_{2t}。此时利用双绕组变压器公式计算分接头电压时，式中的电压损耗应为两个绕组的电压损耗之和，即 $\Delta U_{T13} = \Delta U_{T1} + \Delta U_{T3}$，$\Delta U_{T12} = \Delta U_{T1} + \Delta U_{T2}$。

其选择的基本公式为

$$\left.\begin{aligned} U_{1t} &= \frac{U_1 - \Delta U_{T13}}{U_3} U_{3N} \\ U_{2t} &= \frac{U_{1t}}{U_1 - \Delta U_{T12}} U_2 \end{aligned}\right\} \tag{6-20}$$

对于低压侧有电源的三绕组升压变压器，可将高、低压侧和中、低压侧看作两台独立的升压变压器分别进行高、中压侧的分接头选择，而不考虑它们之间的影响。

【例 6-3】　某三绕组变压器的额定电压为 110/38.5/6.6kV，等值电路如图 6-17 所示。各绕组最大负荷时流过的功率示于图中，最小负荷为最大负荷的一半。已知最大负荷和最小负荷时高压母线电压分别为 112kV 和 115kV；若最大负荷和最小负荷时，中、低压侧的允许电压偏移分别为 0 和 7.5%。试选择该变压器高、中压绕组的分接头。

解　（1）计算最大和最小负荷时的电压损耗。

根据式（6-10）计算各绕组中的电压损耗如下：

最大负荷时

$$\Delta U_{T1max} = 5.91\text{kV}$$
$$\Delta U_{T2max} = 0.197\text{kV}$$
$$\Delta U_{T3max} = 1.98\text{kV}$$

最小负荷时

$$\Delta U_{T1min} = 2.88\text{kV}$$
$$\Delta U_{T2min} = 0.093\text{kV}$$
$$\Delta U_{T3min} = 0.935\text{kV}$$

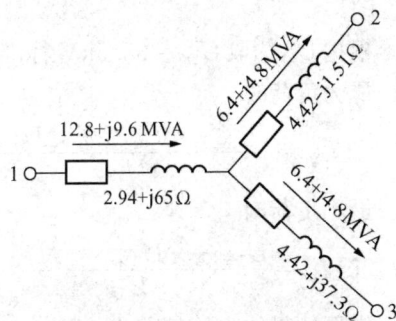

图 6-17　三绕组变压器等值电路

（2）选择高压侧绕组的分接头。首先根据低压侧对调压的要求，选择高压绕组的分接头。

最大、最小负荷时，低压母线电压要求分别为 6kV 和 $1.075 \times 6 = 6.45$kV，从而

$$U_{1tmax} = \frac{U_{1max} - \Delta U_{T1max} - \Delta U_{T3max}}{U_{3max}} U_{3N} = \frac{112 - 5.91 - 1.98}{6} \times 6.6 = 114.5(\text{kV})$$

$$U_{1tmin} = \frac{U_{1min} - \Delta U_{T1min} - \Delta U_{T3min}}{U_{3min}} U_{3N} = \frac{115 - 2.88 - 0.935}{6.45} \times 6.6 = 113.8(\text{kV})$$

取平均值

$$U_{1t} = \frac{U_{1tmax} + U_{1tmin}}{2} = \frac{114.5 + 113.8}{2} = 114.1(\text{kV})$$

根据 U_{1t} 选取 $U_{1t0} = 115.5$kV 标准分接头，这时低压侧母线的实际电压为：

最大负荷时

$$U_{3max} = \frac{U_{1max} - \Delta U_{T1max} - \Delta U_{T3max}}{U_{1t0}} U_{3N} = \frac{112 - 5.91 - 1.98}{115.5} \times 6.6 = 5.95(\text{kV})$$

最小负荷时

$$U_{3min} = \frac{U_{1min} - \Delta U_{T1min} - \Delta U_{T3min}}{U_{1t0}} U_{3N} = \frac{115 - 2.88 - 0.935}{115.5} \times 6.6 = 6.34 \text{(kV)}$$

低压侧母线电压偏移为

最大负荷时 $\qquad m_{max}\% = \frac{5.95 - 6}{6} \times 100\% = -0.833\%$

最小负荷时 $\qquad m_{min}\% = \frac{6.34 - 6}{6} \times 100\% = 5.67\%$

电压偏移基本在要求范围之内。

（3）选择中压侧绕组分接头。高压绕组分接头电压确定之后，即可按高—中选择中压绕组分接头。

最大、最小负荷时，中压侧母线电压要求分别为 35kV 和 $1.075 \times 35 = 37.6$ kV，则有

$$U_{2tmax} = \frac{U_{1t0}}{U_{1max} - \Delta U_{T1max} - \Delta U_{T2max}} U_{2max} = \frac{115.5}{112 - 5.91 - 0.197} \times 35 = 38.2 \text{(kV)}$$

$$U_{2tmin} = \frac{U_{1t0}}{U_{1min} - \Delta U_{T1min} - \Delta U_{T2min}} U_{2min} = \frac{115.5}{115 - 2.88 - 0.093} \times 37.6 = 38.8 \text{(kV)}$$

取平均值 $\qquad U_{2t} = \frac{U_{2tmax} + U_{2tmin}}{2} = \frac{38.2 + 38.8}{2} = 38.5 \text{(kV)}$

根据 U_{2t} 选取 $U_{2t0} = 38.5$ kV 标准分接头，这时中压侧母线的实际电压为：

最大负荷时

$$U_{2max} = \frac{U_{1max} - \Delta U_{T1max} - \Delta U_{T2max}}{U_{1t0}} U_{2t0} = \frac{112 - 5.91 - 0.197}{115.5} \times 38.5 = 35.3 \text{(kV)}$$

最小负荷时

$$U_{2min} = \frac{U_{1min} - \Delta U_{T1min} - \Delta U_{T2min}}{U_{1t0}} U_{2t0} = \frac{115 - 2.88 - 0.093}{115.5} \times 38.5 = 37.3 \text{(kV)}$$

中压侧母线电压偏移为：

最大负荷时 $\qquad m_{max}\% = \frac{35.3 - 35}{35} \times 100\% = 0.86\%$

最小负荷时 $\qquad m_{min}\% = \frac{37.3 - 35}{35} \times 100\% = 6.57\%$

电压偏移基本满足要求。

该变压器应选择的分接头电压为 115.5/38.5/6.6kV。

三、有载调压变压器

由于普通变压器的分接头只能在不带电时切换，所以每当切换分接头时就会影响供电的连续性。因此，在城乡电网建设与改造中为了满足调压的需要，要求从高压电网到中压电网之间，必须有一级采用有载调压变压器。有载调压变压器与普通变压器相比，主要有以下优点：①可以带负荷调压，即调整分接头时不停电；②调压范围宽，110kV 变压器可达 $\pm 10\%$；③分接头多，如 110kV 变压器一般有 $U_N \pm 8 \times 1.25\%$ 共 17 个抽头，最少也有 $U_N \pm 3 \times 2.5\%$ 共 7 个抽头，根据特殊要求，厂家还可提供更多的抽头；④分接头调整速度快，一般切换分接头只需要 2～3min 时间即可完成。

有载调压变压器有两种基本类型，一种是本身具有调压绕组，另一种是带有附加调压器

的加压变压器。有载调压变压器就其结构而言比普通变压器要复杂得多,所以成本也比较高。在无功功率有裕度或无功功率平衡的高压电网中,尤其是城市高压配电网和负荷波动较大的高压电网中,改变变压器变比有良好的调压效果,应优先予以采用。

由于有载调压变压器可以带负荷切换分接头,所以在分接头选择时,可以根据最大和最小负荷分别计算出分接头电压 $U_{1t\,max}$、$U_{1t\,min}$,然后分别选择各自合适的分接头电压,最后再按照调压要求校验分接头电压即可。

应当指出,改变变压器分接头可以改变低压侧的电压,但并不能减少变压器本身的电压损耗。当系统的无功功率不足时,若采用有载调压变压器调压,尽管提高了变压器低压侧的电压,但用电设备从系统吸收的无功功率相应增加,同时也加大了无功功率的不合理流动,更加大了网络的电压损耗,使得系统的无功功率缺额进一步增大,从而导致系统整体运行电压进一步下降。如此恶性循环下去,就会发生"电压崩溃",造成系统大面积停电的严重事故。因此,系统无功功率不足时不应采用有载变压器调压,应首先考虑采用无功功率补偿装置补偿系统的无功缺额。

【例 6 - 4】 某变电站有一台电压为 $110\pm8\times1.25\%/11kV$ 的降压变压器,已知最大和最小负荷时高压侧实际电压分别为 107.8kV 和 109.7kV,变压器电压损耗分别为 5.4kV 和 3.24kV,若变压器低压侧要求逆调压方式,试选择有载调压变压器分接头。

解 由题意可知

$$U_{1t\,max} = \frac{107.8 - 5.4}{1.05 \times 10} \times 11 = 107.28(kV)$$

$$U_{1t\,min} = \frac{109.7 - 3.24}{1.0 \times 10} \times 11 = 117.1(kV)$$

选择最接近 $U_{1t\,max}$ 的标准分接头为 107.25kV,最接近 U_{1tmin} 的分接头为 116.875kV。
校验

$$U_{2max} = \frac{107.8 - 5.4}{107.25} \times 11 = 10.50(kV)$$

$$U_{2min} = \frac{109.7 - 3.24}{116.875} \times 11 = 10.02(kV)$$

由计算结果可见,所选有载调压变压器的分接头满足逆调压的要求。

第五节 并联无功补偿设备调压

在电力系统的适当地点加装无功补偿装置,可以减少线路和变压器中输送的无功功率,从而减小线路和变压器的电压损耗,达到调压的目的。

图 6 - 18 所示为一简单电力系统,变电所负荷为 P_2+jQ_2,折算到高压侧的电力网的总阻抗为 $R+jX$,补偿前变压器低压侧折算到高压侧的电压为 U_2'。若忽略线路上的充电功率和变压器的空载损耗,不计电压降的横分量,则补偿前等值电源 A 点的电压为

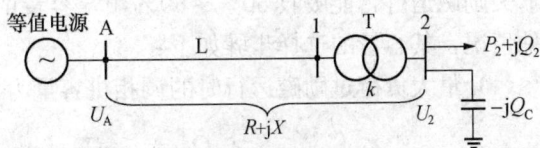

图 6 - 18 简单电力系统的并联无功补偿

$$U_A = U_2' + \frac{P_2 R + Q_2 X}{U_2'} \tag{6-21}$$

在负荷端投入无功补偿容量 Q_C 后，变压器低压侧折算到高压侧的电压由补偿前的 U_2' 提高到补偿后的 U_{2C}'，则等值母线电压为

$$U_A = U_{2C}' + \frac{P_2 R + (Q_2 - Q_C) X}{U_{2C}'} \tag{6-22}$$

由于补偿前后等值母线电压 U_A 不变，由式（6-21）和式（6-22）相等可解出补偿容量为

$$Q_C = \frac{U_{2C}'}{X} \left[(U_{2C}' - U_2') + \left(\frac{P_2 R + Q_2 X}{U_{2C}'} - \frac{P_2 R + Q_2 X}{U_2'} \right) \right]$$

考虑到上式中 U_{2C}' 与 U_2' 差异并不大，故上式括号中后两项相差较小，可忽略不计，则有

$$Q_C = \frac{U_{2C}'}{X} (U_{2C}' - U_2')$$

若用补偿后低压侧的运行电压 U_{2C} 表示，则有

$$Q_C = \frac{U_{2C}}{X} \left(U_{2C} - \frac{U_2'}{k} \right) k^2 \tag{6-23}$$

由式（6-23）可见，补偿容量的大小既与调压要求有关，也与变压器的变比 k 有关。因此，在选择无功补偿装置时，应充分利用变压器变比的调压作用，使无功补偿设备的容量减到最小。

1. 静电电容器

电力电容器只能发出感性无功功率来提高母线电压，而不能吸收无功功率来降低电压，故在最小负荷时应按无补偿情况考虑。选用并联补偿电容器的基本方法为：

（1）按最小负荷方式下无补偿情况选择变压器分接头。设最小负荷时低压侧归算到高压侧的电压为 U_{2min}'，低压侧按调压要求需保证的电压为 U_{2min}，则高压侧的分接头电压应为

$$U_{1tmin} = \frac{U_{2min}'}{U_{2min}} U_{2N} \tag{6-24}$$

选最接近 U_{1tmin} 的标准分接头 U_{1t0}，则变压器的实际变比为 $k = U_{1t0}/U_{2N}$。

（2）按最大负荷方式下并联电容器全部投入的情况选择电容器容量。若最大负荷无补偿时低压侧归算到高压侧的电压为 U_{2max}'，最大负荷时低压侧应保证的电压为 $U_{2C\,max}$，则应装设的无功补偿容量为

$$Q_C = \frac{U_{2Cmax}}{X} \left(U_{2Cmax} - \frac{U_{2max}'}{k} \right) k^2 \tag{6-25}$$

这样计算出的并联电容器容量是考虑了变压器调压效果后的数值，因而是可以充分利用的。

2. 按调压要求选择调相机容量

调相机在最大负荷方式下过励磁运行，能输出额定容量的感性无功功率；在最小负荷方式下欠励磁运行，能吸收 $50\% \sim 60\%$ 额定容量的无功功率。因此，变压器的变比应兼顾这两种情况，其容量的选择步骤如下：

（1）最大负荷过励磁运行时的调相机容量为

$$Q_C = \frac{U_{2Cmax}}{X} \left(U_{2Cmax} - \frac{U_{2max}'}{k} \right) k^2 \tag{6-26}$$

（2）最小负荷欠励磁运行时的调相机容量为

$$-(0.5 \sim 0.6)Q_C = \frac{U_{2Cmin}}{X}\left(U_{2Cmin} - \frac{U'_{2min}}{k}\right)k^2 \qquad (6-27)$$

（3）联立求解式（6-26）和式（6-27），得变压器变比为

$$k = \frac{(0.5 \sim 0.6)U_{2Cmin}U'_{2min} + U_{2Cmax}U'_{2max}}{U^2_{2Cmax} + (0.5 \sim 0.6)U^2_{2Cmin}} \qquad (6-28)$$

（4）根据变压器变比 k 确定分接头电压 U_{1t}，即 $U_{1t} = kU_{2N}$；再根据 U_{1t} 选择最接近的标准分接头 U_{1t0}，则变压器的实际变比为 $k = U_{1t0}/U_{2N}$。

（5）计算调相机容量。将变压器的实际变比 k 代入式（6-26）即可得调相机容量 Q_C；再由产品目录选出与计算所得调相机容量 Q_C 最接近的调相机；最后再进行必要的校验，直至满足要求为止。

【例6-5】　某简单电力系统如图6-19所示，降压变电站低压母线要求保持电压为10.5kV，负荷及电源的电压等数据均标注在图中，试计算：

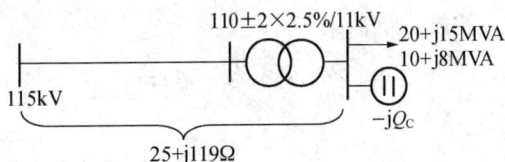

（1）采用并联电容器补偿；

（2）采用调相机补偿两种补偿方案下的补偿容量（不考虑功率损耗）。

图 6-19　[例6-5] 图

解　未补偿时，最大和最小负荷方式下变电所低压侧归算到高压侧的电压分别为

$$U'_{2max} = 115 - \frac{20 \times 25 + 15 \times 119}{115} = 95.13(\text{kV})$$

$$U'_{2min} = 115 - \frac{10 \times 25 + 8 \times 119}{115} = 104.54(\text{kV})$$

（1）采用并联电容器补偿。按最小负荷时的电压要求，选择变压器的分接头电压

$$U_{1t\,min} = \frac{U'_{2min}}{U_{2N}}U_{2N} = \frac{104.54}{10.5} \times 11 = 109.51(\text{kV})$$

选取主抽头 110kV，变压器的实际变比为 $k = 110/11 = 10$。

按最大负荷时的调压要求确定 Q_C

$$Q_C = \frac{U_{2Cmax}}{X}\left(U_{2Cmax} - \frac{U'_{2max}}{k}\right)k^2$$

$$= \frac{10.5}{119} \times \left(10.5 - \frac{95.13}{10}\right) \times 10^2 = 8.7(\text{MVA})$$

校验：

在最大负荷时补偿装置全部投入，变压器低压侧归算到高压侧的电压为

$$U'_{2max} = 115 - \frac{20 \times 25 + (15 - 8.7) \times 119}{115} = 104.13(\text{kV})$$

低压母线实际电压为　$U_{2max} = U'_{2max}/k = 104.13/10 = 10.41(\text{kV})$

在最小负荷时补偿装置全部退出工作，低压母线实际电压为

$$U_{2min} = U'_{2min}/k = 104.54/10 = 10.45(\text{kV})$$

最大和最小负荷时的电压偏移分别为

$$m_{max}\% = \frac{10.41 - 10.5}{10.5} \times 100\% = -0.857\%$$

$$m_{\min}\% = \frac{10.45 - 10.5}{10.5} \times 100\% = -0.476\%$$

由计算结果可以看出，所选补偿容量满足调压要求。

（2）选用调相机补偿。首先确定变压器变比 k，即

$$k = \frac{(0.5 \sim 0.6)U_{2C\min}U'_{2\min} + U_{2C\max}U'_{2\max}}{U^2_{2C\max} + (0.5 \sim 0.6)U^2_{2C\min}}$$

$$= \frac{(0.5 \sim 0.6) \times 10.5 \times 104.54 + 10.5 \times 95.13}{10.5^2 + (0.5 \sim 0.6) \times 10.5^2} = 9.359 \sim 9.396$$

变压器分接头电压为

$$U_{1t} = kU_{2N} = (9.359 \sim 9.396) \times 11 = 102.95 \sim 103.36(\text{kV})$$

选标准分接头电压为 $U_{1t0} = 104.5\text{kV}$，则变压器变比为 $k = 104.5/11 = 9.5$。

按最大负荷求 Q_C

$$Q_C = \frac{U_{2C\max}}{X}\left(U_{2C\max} - \frac{U'_{2\max}}{k}\right)k^2$$

$$= \frac{10.5}{119} \times \left(10.5 - \frac{95.13}{9.5}\right) \times 9.5^2 = 3.873(\text{MVA})$$

根据调相机的产品目录，选用 5Mvar 的调相机。

校验：

最大负荷时，调相机输出 5Mvar 的无功功率，则变压器低压侧归算到高压侧的电压为

$$U'_{2\max} = 115 - \frac{20 \times 25 + (15 - 5) \times 119}{115} = 100.3(\text{kV})$$

低压母线实际电压为 $U_{2\max} = U'_{2\max}/k = 100.3/9.5 = 10.55(\text{kV})$

最小负荷时，调相机欠励磁运行吸收 $0.6Q_C = 3$Mvar 的无功功率，则变压器低压侧归算到高压侧的电压为

$$U'_{2\min} = 115 - \frac{10 \times 25 + (8 + 3) \times 119}{115} = 101.44(\text{kV})$$

低压母线实际电压为 $U_{2\min} = U'_{2\min}/k = 101.44/9.5 = 10.67(\text{kV})$

最大和最小负荷时低压母线的实际电压偏移分别为

$$m_{\max}\% = \frac{10.55 - 10.5}{10.5} \times 100\% = 0.48\%$$

$$m_{\min}\% = \frac{10.67 - 10.5}{10.5} \times 100\% = 1.62\%$$

由计算结果可知，所选调相机容量满足调压要求。

需要指出的是，按调压要求选择并联补偿装置容量的方法，适合于导线截面较大、线路电抗大于电阻、负荷功率因数一般不很高的高压电网。在这样的电网中，由于电抗电压损耗分量 QX/U 所占的比重较大，因而并联补偿能获得较好的调压效果。

第六节 改变电网参数调压

分析电压损耗的计算式 $\Delta U = \dfrac{PR + QX}{U}$ 可以看出，当输送功率 P、Q 不变时，改变电网

的参数 R 和 X 也能改变电压损耗，达到调压的目的。

改变网络参数常用的方法有：选择合适的导线截面；改变电网的接线和运行方式；电网中串联电容器补偿等。

一、选择合适的导线截面

增大导线截面可以减小线路电阻，从而起到降低电压损耗、达到调压的目的，但是应注意以下两点。

(1) 增大导线截面只适合于电压等级较低、电压损耗中电阻分量较大的中低压配电网。因为在 10kV 及以下的中低压配电网中，导线截面普遍偏小，电阻中的电压损耗分量较大，因此在两网（城网和农网）改造中，对于中、低压配电网，可按照允许电压损耗选择导线截面。两网改造中，国家推荐使用的导线截面见表 6-1。

表 6-1 我国配电网主干线导线参考截面

电压等级	钢芯截面（mm²）	备注	电压等级	铝芯截面（mm²）	备注
220 （kV）	400，300，240	35～220kV 每个电压等级可选用两种规格	10 （kV）	240，185，150，120，95	中低压配电网主干线可选用两种规格
110 （kV）	300，240，185		380/220 （V）	185，150，120，95，70	
35 （kV）	240，185，150，120，95				

(2) 增大导线截面、减小电阻调压不适用于高压配电网。因为高压配电线路一般感抗远大于电阻，无功功率又比较大，电压损耗中电抗分量占的比重较大，采用增大导线截面来减小电压损耗的方法收效甚微，反而会增大导线的投资。因此对于高压配电网，一般按照经济电流密度选择导线截面。

二、改变电网的接线和运行方式

改变电网的接线和运行方式可以改变阻抗，从而可以改变电网电压损耗的大小，达到调压的目的。改变电网接线和运行方式的方法主要包括：

(1) 投入或切除双回线路中的一条线路；

(2) 投入或切除多台并联运行的变压器中的一台或数台；

(3) 环形网或多电源网闭环或开环运行。

在上述几种调压方法中，只能在不降低供电可靠性和不显著增加功率损耗的前提下，才可以作为辅助的调压措施。对于切除双回路线路中的一回的调压方法，由于切除一回线路后大大降低了供电可靠性和显著增加了功率损耗，所以一般很少采用。而对于有两台或多台变压器并联运行的变电站，在负荷较小时，切除一台或几台变压器后，由于变压器故障概率很低，且还可以采用变压器自动投入装置，因而对供电可靠性影响不大；同时切除一台或几台变压器后，虽然变压器绕组的损耗增加了，但铁损耗却下降了，变压器总的功率损耗可能还是下降的，因此采用切除一台或几台变压器调压是可行的。

三、串联电容器补偿

在感抗较大的线路上串联接入静电电容器，利用电容器的容抗补偿线路的感抗，使电压损耗中 QX/U 分量减小，从而可提高线路末端电压。对图 6-20 所示的架空输电线路，未加串联电容前有

$$\Delta U = \frac{P_1 R + Q_1 X}{U_1} \tag{6-29}$$

线路上串联容抗 X_C 后，电压损耗变为

$$\Delta U_C = \frac{P_1 R + Q_1(X - X_C)}{U_1} \qquad (6 - 30)$$

上述两种情况下电压损耗之差就是线路末端电压提高的数值，它与电容器容抗的关系为

$$\Delta U - \Delta U_C = Q_1 X_C / U_1 \qquad (6 - 31)$$

所以串联电容器的容抗应为

$$X_C = \frac{U_1(\Delta U - \Delta U_C)}{Q_1} \qquad (6 - 32)$$

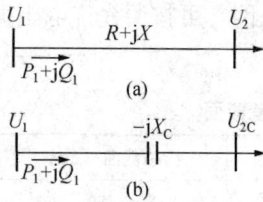

图 6 - 20　串联电容补偿　　　　　　　图 6 - 21　串联电容器组
(a) 补偿前；(b) 补偿后

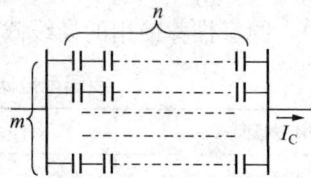

　　根据线路末端电压需要提高的数值（$\Delta U - \Delta U_C$），就可求得需要补偿的电容器的容抗值 X_C。

　　线路上串联接入的电容器是由许多单个电容器串、并联组成的，如图 6 - 21 所示。如果每台电容器的额定电流为 I_{NC}，额定电压为 U_{NC}，额定容量为 $Q_{NC} = U_{NC} I_{NC}$，则可根据通过电容器的最大负荷电流 I_{Lmax} 求得需要补偿的电容器串数 m 为

$$m \geqslant \frac{k I_{Lmax}}{I_{NC}} \qquad (6 - 33)$$

式中　k——串联电容器电流储备系数，一般取 $k = 1.2$。
则每串电容器的台数 n 为

$$n \geqslant \frac{I_{Lmax} X_C}{U_{NC}} \qquad (6 - 34)$$

三相电容器的总容量 Q_C 为

$$Q_C = 3mn Q_{NC} = 3mn U_{NC} I_{NC} \qquad (6 - 35)$$

三相总共需要的电容器台数为 $3mn$。全部电容器经过串、并联后，一般安装在绝缘平台上。

　　串联电容器的安装地点与负荷和电源的分布有关，因此安装地点的选择原则是使沿线电压尽可能均匀，而且各负荷点电压都在允许范围内。在单电源线路上，当负荷集中在线路末端时，可将串联电容器安装在线路末端，以免首端电压过高和通过电容器的短路电流过大；当沿线有若干个负荷时，可安装在未加串联电容器补偿前线路总电压损耗的 1/2 处，如图 6 - 22 所示。

　　串联电容器提升末端电压的数值 QX_C/U（即调压效果）随无功负荷的大小而改变，负荷大时增大，负荷小时减少，恰与调压的要求一致，这是串联电容器调压的一个显著优点。但对负荷功率因数较高（$\cos\varphi > 0.95$）或导线截面较小的线路，由于 PR/U 分量的比重较大，串联补偿调压的效果就很小。故串联电容器调压一般用在供电电压 $10 \sim 35$kV、负荷波

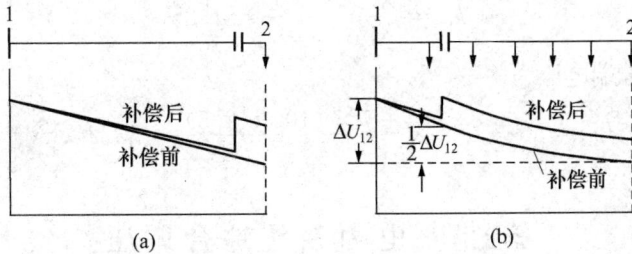

图 6-22　串联电容器补偿前后的沿线电压分布

（a）集中负荷在线路末段；（b）沿线分布有若干个负荷

动大而频繁、功率因数又较低的配电线路上。补偿所需的容抗值 X_C 和被补偿线路原来的感抗值 X_L 之比称为补偿度，即

$$k_C = X_C / X_L \qquad\qquad (6-36)$$

在配电网中以调压为目的的串联电容补偿，其补偿度常接近于 1 或大于 1，一般多为1～4。

超高压输电线路中的串联电容器补偿，其作用主要在于提高输送容量和提高系统运行的稳定性。限于篇幅，这里不再讨论。

【例 6-6】　一条 35kV 的配电线路，阻抗为 $10+j10\Omega$，输送功率为 $8+j7MVA$，线路首端电压为 35kV。欲使线路末端电压不低于 33kV，试确定串联补偿电容器的容量。

解　补偿前线路的电压损耗为

$$\Delta U = \frac{8 \times 10 + 7 \times 10}{35} = 4.286(kV)$$

补偿后所要求的电压损耗为　$\Delta U_C = 35 - 33 = 2(kV)$

补偿所需的容抗为　　　$X_C = \frac{35 \times (4.286 - 2)}{7} = 11.43(\Omega)$

线路通过的最大负荷电流为　$I_{Lmax} = \frac{\sqrt{8^2 + 7^2}}{\sqrt{3} \times 35} \times 10^3 = 175.35（A）$

选用额定电压为 1kV、容量为 40kvar 的单相油浸纸质绝缘串联电容器。每个电容器的额定电流为

$$I_{NC} = \frac{Q_{NC}}{U_{NC}} = \frac{40}{1} = 40(A)$$

每个电容器的容抗为　　　$X_{NC} = \frac{U_{NC}}{I_{NC}} = \frac{1000}{40} = 25(\Omega)$

需要并联的串数为　　　$m \geqslant \frac{kI_{Lmax}}{I_{NC}} = \frac{1.2 \times 175.35}{40} = 5.26$

每串串联电容器的台数为　$n \geqslant \frac{I_{Lmax}X_C}{U_{NC}} = \frac{173.35 \times 11.43}{1000} = 2.004$

因此选 $m=6$，$n=3$。

实际补偿的总容量为　$Q_C = 3mnQ_{NC} = 3 \times 6 \times 3 \times 40 = 2160（kvar）$

实际的补偿容抗为　　$X_C = \frac{nX_{NC}}{m} = \frac{3 \times 25}{6} = 12.5(\Omega)$

补偿度为

$$k_C = \frac{X_C}{X_L} = \frac{12.5}{10} = 1.25$$

补偿后的线路末端电压为

$$U_{2C} = 35 - \frac{8 \times 10 + 7 \times (10 - 12.5)}{35} = 33.21 (kV)$$

第七节　电力系统综合调压

电压质量问题，从全局来讲是整个电力系统的电压水平问题。前面已经指出，为了使系统运行时具有正常的电压水平，系统拥有的无功功率电源必须满足在正常电压水平下的无功需求。如果系统无功不足，致使电压水平偏低，则首先应设法解决系统的无功功率平衡问题，其方法有以下几种：

（1）要求各类客户将负荷的功率因数提高到现行规程规定的数值。

（2）挖掘系统的无功潜力。例如将系统中暂时闲置的发电机改作调相机运行，动员用户的同步电动机过励磁运行等。

（3）根据无功平衡的需要，增添必要的无功补偿容量，并按无功功率就地平衡的原则进行补偿容量的分配。分散的小容量无功补偿可采用静电电容器，配置在系统中枢点的大容量无功补偿则宜采用同步调相机或静止补偿器。

在电力系统无功功率充足的前提下，各变电站的调压问题可通过选择合适的变压器分接头来解决。当负荷波动不大时，一般调整普通变压器的分接头就能满足要求。但对于负荷波动较大的配电网，由于最大和最小负荷两种情况下的电压波动较大，可考虑采用有载调压变压器调压。对于负荷变化大、降压层次多、供电距离长、电压波动和偏移大的用户，必要时可经二级有载调压变压器调压。

但是当系统的无功功率不足或过剩时，不宜采用调整变压器分接头的方法调整电压；甚至在无功电源严重不足的系统中，强行用有载调压变压器调压，将会使系统中更多的变电站和客户的电压偏移加大。对于无功功率不足或过剩的系统，首先应考虑增加无功补偿设备以平衡系统的无功功率。无功不足的系统应增加容性补偿设备，无功过剩的系统应增加感性补偿设备。

当变电站采用无功补偿和有载调压变压器综合调压时，无功补偿设施可按功率因数和负荷的变化自动投切，以就地平衡无功；有载调压变压器则在保证无功平衡的情况下，自动调节电压，使二次侧电压达到标准的送电端电压。目前，这种综合调压措施已经在变电站中得到了广泛地应用。

对于 35kV 或 10kV 的较长线路，导线截面较大（在 70mm² 以上），功率因数又偏低时，因电压太低，采用并联电容补偿所需容量很大，这时采用串联补偿电容调压会比较经济。

增大导线截面，减小供电半径，可使导线阻抗减小，因而可以有效地降低线损和减小线路电压降。对于 10kV 和 380V 中低压配电网，在两网改造中普遍采用了按允许电压损耗选择导线截面的方法。对于新架设的高、中、低压线路，要考虑留有足够的裕度，可用调大导线截面、缩短供电半径及平衡三相负荷等措施，来防止线路上出现过大的电压降。

上述各种调压措施的具体应用，要根据实际电力系统的情况，具体问题具体分析，对于可能采取的调压措施进行技术经济比较后，才能找出合理的解决方案。但无论采取哪种调压措施，都必须保证系统在正常运行方式下有符合标准的电压质量；此外，还要使系统在某些特殊（例如检修和故障后）运行方式下的电压偏移不超出允许范围。

小 结

本章主要讨论了无功功率平衡与电压水平的关系，介绍了中枢点电压管理和电压调整的几种方法。

当系统电压较低时，对系统中的各种用电设备都有一定的危害。为了保证系统电压质量，电力系统必须在正常电压水平下实现无功功率的平衡，并且要求有一定的备用。

所谓电力系统综合负荷的电压静态特性，是指各种用电设备消耗的有功功率和无功功率随电压变化的关系。电力系统综合负荷的无功负荷电压静特性大致与异步电动机的无功功率电压静特性相似，在额定电压附近，电压升高时，无功负荷增加；电压降低时，无功负荷降低。变压器中的无功损耗大致为额定容量的12%。线路中的无功损耗在低压电网中一般为无功负荷；在高压电网中，重负荷时为无功负荷，轻负荷时为无功电源。发电机为无功电源，它所能发出的无功功率可由它的运行极限图确定。电容器、调相机和静止补偿器也是系统中常用的无功电源，可发出无功功率，其中后两者也可吸收无功功率。

系统中用来控制、监视、调整电压的母线称为电压中枢点，通过控制中枢点电压可以达到控制负荷电压的目的。中枢点的电压调整方式有逆调压、恒调压和顺调压。调压的主要措施有：在无功功率充足的系统中可通过改变发电机励磁电流调压和改变变压器分接头调压；在无功功率不足的系统中可采用并联补偿设备——电容器、调相机和静止补偿器调压。前者不需要增加设备和投资，经济性较好；后者需要增加设备，但补偿设备同时也降低了电网的网损，所以也是常用的调压方式。串联电容补偿的本质是通过改变电网参数实现调压的，对于功率因数较低的中低压配电网，它可以作为一种辅助调压措施。

习 题

6-1 电力系统中电压偏移过大，对负荷及电力系统本身运行有什么影响？

6-2 无功电源有哪几种？各有什么特性？试解释同步发电机的功率极限图。

6-3 静止补偿器的原理是什么？

6-4 什么是电压中枢点？中枢点如何确定？中枢点的调压方式有哪几种？

6-5 利用简单系统说明调压方法有哪几种？

6-6 为什么在系统无功功率不足时，不能利用有载调压变压器调整电压？

6-7 并联无功补偿装置除能改善负荷点电压外，对电力系统还有什么好处？

6-8 某降压变电站通过两条额定电压为110kV，长100km的线路供电。线路首端电压在最大负荷时为116kV，在最小负荷时为113kV。线路采用LGJ—120导线水平排列，线间距离4m。变电站装有两台容量为20MVA的双绕组变压器（型号：SFL_1—20000/110），变电站低压侧10kV母线，最大负荷为30MVA，$\cos\varphi=0.8$；最小负荷时切除一台变压器，最小负荷为10MVA，$\cos\varphi=0.8$。

（1）若变电站低压母线要求顺调压时，试选择普通变压器分接头电压。

（2）若变电站低压母线要求逆调压时，试选择有载调压变压器的分接头电压。

6-9 某变电站有两台容量为32MVA，电压为$115\pm9\times1.78\%/10.5$kV的有载降压变压器并联运行，两台变压器的并联阻抗为$Z_T=0.94+j21.7\Omega$。已知最大负荷$38.6+j18.3$MVA时，高压母线的电压为103kV；最小负荷$16+j6.3$MVA时，高压母线电压为108.5kV。若变压器低压母线实行逆调压，试选择变压器的分接头。

6-10 某降压变电站变压器电压为$110\pm2\times2.5\%/11$kV，最大负荷时，变压器低压侧归算到高压侧的电压为108kV；最小负荷时低压侧归算到高压侧的电压为112kV。

（1）变电站低压母线要求顺调压时，试选择普通变压器分接头。

（2）变电站低压母线要求逆调压时，试选择有载调压变压器的分接头电压。

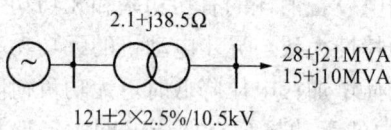

图 6-23 习题 6-11 图

6-11 某发电厂有一台电压为$121\pm2\times2.5\%/10.5$kV的升压变压器，如图6-23所示。已知变压器高压侧最大和最小负荷分别为$28+j21$MVA和$15+j10$MVA，最大负荷和最小负荷时发电厂高压母线电压分别为112.09kV及115.45kV，归算到高压侧的变压器阻抗为$2.1+j38.5\Omega$。要求变压器低压侧电压最大负荷时不低于10kV，最小负荷时不高于11kV，试选择变压器的分接头电压。

6-12 某三绕组变压器如图6-24所示，变压器的额定电压为$110\pm2\times2.5\%/38.5\pm2\times2.5\%/6.6$kV，变压器各绕组的阻抗，中、低压绕组最大和最小负荷时的功率值及与之对应的高压母线电压均标注在图中。若变压器中压侧要求恒调压，在最大和最小负荷时，电压均保持在35.8kV；低压侧要求逆调压，在不计变压器各绕组功率损耗的情况下，试选择该三绕组变压器的分接头。

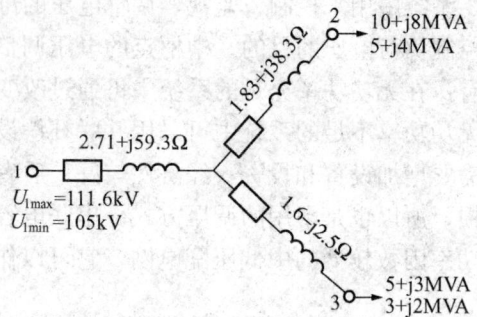

图 6-24 习题 6-12 图

6-13 某电网如图6-25所示。已知$X_\Sigma=70\Omega$，变电站低压母线要求逆调压，低压侧线路额定电压为10kV，变压器低压侧额定电压为11kV。最大负荷及最小负荷时，归算到高压侧的低压侧实际电压分别为$U'_{2max}=101.1$kV；$U'_{2min}=110.2$kV。若U_A不变，试求调相机的容量。

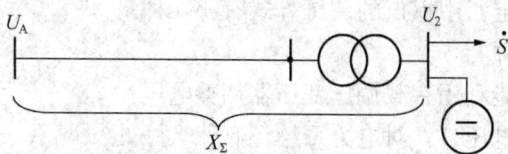

图 6-25 习题 6-13 图

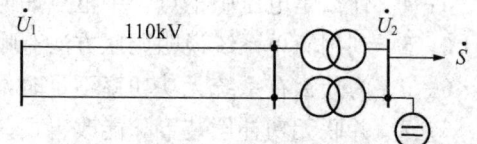

图 6-26 习题 6-14 图

6-14 一个地区变电站由双回110kV线路供电，如图6-26所示。变电站装有两台容量为31.5MVA、电压为$110\pm4\times2.5\%/11$kV的降压变压器，双回线路的并联电抗为14.6Ω，两台变压器的并联电抗为20.2Ω（均为归算到高压侧的值），已知低压母线归算到高压侧的电压在最大负荷时为 100.5kV，最小负荷时为 112kV。试求：

（1）若变电站低压母线采用逆调压，所需加装的同步调相机的容量。

（2）为了达到同样的调压目的，所需静止补偿电容器的容量。

6 - 15　有一条额定电压为 35kV 的电力线路，如图 6 - 27 所示。采用串联补偿前，线路末端电压为 $U_2 = 29$kV，补偿后末端电压应为 $U_{2C} = 35$kV。已知线路阻抗 $R_L + jX_L = 10 + j18\Omega$，线路首端电压 $\dot{U}_1 = 37$kV，首端功率 $P_1 + jQ_1 = 12 + j8$MVA。若串联补偿电容器的额定电压为 $U_{CN} = 1$kV，容量为 $Q_{CN} = 50$kvar，试求所需串联补偿电容器的实际容量。

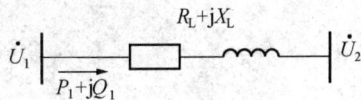

图 6 - 27　习题 6 - 15 图

第七章 电力系统三相短路分析

第一节 短路的基本概念

一、短路概念

所谓短路，是指电力系统正常运行情况以外的相与相之间或相与地（或中性线）之间的非正常连接。在电力系统正常运行时，除中性点外，相与相以及相与地之间是绝缘的。如果由于某些原因使其绝缘破坏而构成了通路，就称为电力系统发生了短路故障。

电力系统可能发生的各种故障中，最严重的就是短路故障。造成短路故障的原因很多，归纳起来主要有以下几点：

（1）绝缘破坏。例如，设备绝缘的自然老化，机械外力所造成的直接损伤，设计制造、安装及维护不良所造成的设备缺陷等发展成短路故障。

（2）气象条件。例如，雷击过电压或操作过电压所引起的绝缘子、绝缘套管表面闪络放电，雷击造成的断线、大风引起的断线以及导线覆冰引起的倒杆等。

（3）误操作。例如，带负荷拉、合隔离开关，检修完线路及设备后未拆除接地线就合闸送电等。

（4）其他外物。例如，鸟兽、风筝、金属丝或其他导电丝带等跨接在裸露的载流导体上造成的短路故障。

二、短路类型及其危害

1. 短路类型

在三相系统中，可能发生的短路有：三相短路、两相短路、两相接地短路和单相接地短路。三相短路时，由于各相阻抗相同，三相回路仍然对称，故称为对称短路；其他各种短路均使三相回路阻抗不对称，故称为不对称短路。各种短路的图例及代表符号见表 7-1。

各种短路类型中，单相短路约占 65%，两相短路接地约占 20%，两相短路约占 10%，三相短路约占 5%。虽然三相短路发生的几率很低，但对系统的危害最为严重，因此，对三相短路的研究就显得非常重要。

表 7-1 各种短路的图例和代表符号

短路类型	示意图	短路代表符号	短路类型	示意图	短路代表符号
三相短路		$k^{(3)}$	两相短路		$k^{(2)}$
两相短路接地		$k^{(1,1)}$	单相短路接地		$k^{(1)}$

2. 短路危害

在发生短路时，由于电源供电回路的阻抗减小以及短路瞬间的暂态过程，使短路回路电流剧烈增加，可达额定电流的数十乃至数百倍。短路的后果随着短路类型、发生地点和持续时间的不同而变化，可能破坏局部地区的正常供电，也可能威胁整个系统的安全运行。短路故障的危险后果归纳起来有以下几点：

（1）短路故障会使短路点附近支路的电流迅速增大。强大的短路电流流过载流导体和设备本身，使导体和设备严重发热，甚至导致设备损坏。同时，短路电流强大的电动力效应会使导体间产生很大的机械应力，严重时可引起导体变形甚至损坏，使短路故障进一步扩大。

（2）短路故障会使系统电压大幅度下降。短路电流流过系统各元件时，使元件的电压损耗增大，使整个网络的电压降低，从而影响电动机等负荷的正常用电。当电压低到一定程度时，可能使电动机停转，待启动的电动机可能无法启动。

（3）短路故障会破坏系统的稳定运行。由于短路会使系统的潮流分布突然发生变化，可能破坏并列运行同步发电机的稳定性，使发电机与系统解列，从而导致大面积停电。短路故障切除后，已失步发电机再重新拉入同步过程中，可能发生较长时间的震荡，以至于引起保护误动作而大量甩负荷，这是短路故障的最严重后果。

（4）不对称短路会影响高压线路附近的通信。不对称接地短路时，产生的不平衡电流和不平衡磁通，会在临近平行的通信线路或铁路信号线上感应很大的电动势，对通信产生严重的影响。

为了减少短路电流对电力系统的危害，一方面可在电力系统的运行和设计中采取措施，来限制短路电流的大小，如采用合理的主接线形式和运行方式来限制短路电流，必要时加装限流电抗器限制短路电流；另一方面就是尽可能地缩短短路电流的作用时间，如采用合理的继电保护设备，使之能迅速和正确地切断故障，从而减轻短路电流强大的热效应和电动力效应对设备的危害。

三、短路电流计算目的

短路电流的计算主要是为了解决以下几方面的问题：

（1）电气设备的选择。电力系统中的设备在短路电流的作用下会发热，会受到电动力的冲击，为此必须计算短路电流，以校验设备的动、热稳定性，并保证所选择的设备在短路电流热效应和力效应作用下不受到损坏。

（2）继电保护的设计和整定。电力系统中应配置什么样的保护，以及这些保护装置应如何整定，都需要对电网中发生的各种短路进行分析和计算。在这些计算中要知道故障支路的短路电流值，还要知道短路电流在网络中的分布情况。有时还要知道系统中某些节点的电压值。

（3）接线方案的比较和选择。在设计电网的接线图和发电厂以及变电站的电气主接线时，为了比较各种不同方案的接线图，确定是否增加限制短路电流的设备等，都必须进行短路电流的计算。

此外，在分析输电线路对通信线路的干扰时，也必须进行短路电流计算。

第二节　无限大系统供电的三相短路电流计算

一、无限大容量系统的概念

所谓无限大容量系统，是指电力系统中无论发生什么扰动（短路、断路器跳闸、投切负荷等），电源的电压幅值和频率均为恒定。也就是说电源的容量为无限大、内阻抗为零，因而外电路发生短路引起的功率变化对电源来说是微不足道的；同时由于没有内部电压降，所以电源的频率和端电压都保持不变。实际电力系统中无限大容量电源是不存在的，它只是一个相对的概念，往往是以供电电源的内阻抗与短路回路总阻抗的相对大小来判断电源能否作为无限大容量电源。若电源的内阻抗小于短路回路总阻抗的 10％时，则可认为供电电源为无限大容量电源。这种情况下，外电路短路对电源影响很小，可近似地认为电源端电压和频率保持恒定。在实际系统中，哪些发电机可以看作无限大容量电源，需要根据具体的情况而定。一般发电机的暂态电抗的标幺值小于 0.3，则当电源到短路点之间的电气距离大于 3 时，即可以认为电源是无限大容量电源。

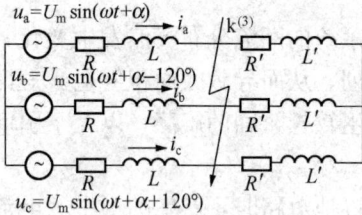

图 7 - 1　无限大容量系统
供电的三相对称短路

总之，无限大容量电源的端电压及频率在短路后的暂态过程中保持不变，可以不考虑电源内部的暂态过程，使短路电流的分析、计算变得简单。

二、无限大容量系统三相短路电流计算

图 7 - 1 所示为无限大容量系统供电的三相对称短路。

短路发生以前电路处于稳定状态，由于三相电路对称，可以写出 a 相的电压和电流的表达式分别为

$$u_a = U_m \sin(\omega t + \alpha) \tag{7-1}$$

$$i_a = I_{m|0|} \sin(\omega t + \alpha - \varphi_{|0|}) \tag{7-2}$$

其中

$$I_{m|0|} = \frac{U_m}{\sqrt{(R+R')^2 + \omega^2(L+L')^2}}$$

$$\varphi_{|0|} = \arctan \frac{\omega(L+L')}{R+R'}$$

式中　$R+R'$ 和 $L+L'$——短路前每相电路的电阻和电感；

　　　　$|0|$——下标，表示短路前的状态；

　　　　α——电源电动势初始相角，即 $t=0$ 时的相位角。

当电路在 k 点发生三相短路后，原电路被分成了两个独立的回路，左侧回路仍与电源相连，但每相阻抗由 $(R+R')+j\omega(L+L')$ 减小到 $R+j\omega L$。短路后电源供给的电流从原来的稳态值逐渐过渡到由电源和新阻抗 $R+j\omega L$ 所决定的短路稳态值。右侧回路中没有电源，则该回路电流逐渐衰减到零。

设短路发生在 $t=0$ 时刻，由于左侧电路仍为三相对称电路，仍可只研究其中一相，其他两相由对称关系得出。

对于 a 相，其微分方程如下

$$L\frac{di_a}{dt} + Ri_a = U_m \sin(\omega t + \alpha) \tag{7-3}$$

式（7 - 3）是一个一阶常系数线性非齐次微分方程，它的解就是短路时的全电流。

求解式（7 - 3），得 a 相短路电流瞬时值的表达式为

$$i_a = I_{pm} \sin(\omega t + \alpha - \varphi) + [I_{m|0|} \sin(\alpha - \varphi_{|0|}) - I_{pm} \sin(\alpha - \varphi)] e^{-t/T_a} \tag{7-4}$$

式中　I_{pm}——短路电流交流分量的幅值，$I_{\text{pm}}=\dfrac{U_{\text{m}}}{\sqrt{R^2+(\omega L)^2}}$；

φ——短路回路的阻抗角，$\varphi=\arctan\dfrac{\omega L}{R}$；

T_{a}——短路电流直流分量衰减的时间常数，$T_{\text{a}}=\dfrac{L}{R}$。

式（7-4）即为 a 相短路电流的表达式。如果用 $\alpha-120°$ 和 $\alpha+120°$ 代替公式中的 α，就可以得到 b 相和 c 相短路电流的表达式。

由式（7-4）可知，短路电流中包含有两个分量，其一是随时间作周期性变化的分量，称为交流分量或称为周期分量，其幅值大小取决于电源电压幅值和短路回路的总阻抗；其二是幅值随时间而衰减的分量，称为直流分量或非周期分量，产生直流分量的原因是，电感中电流在突然短路瞬时的前后不能发生突变。

根据式（7-4）所作的短路电流变化曲线如图 7-2 所示。

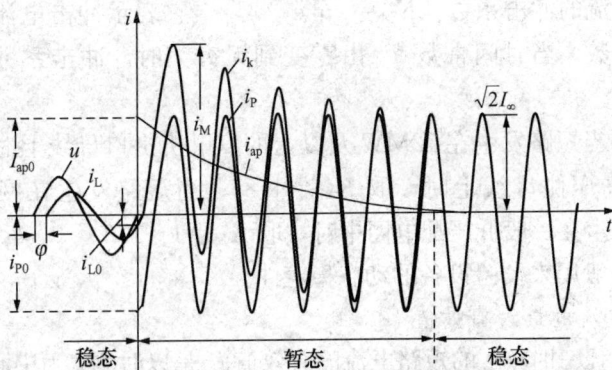

图 7-2　无限大系统短路电流变化曲线

由图 7-2 可知，由于存在直流分量，短路电流曲线不与时间轴对称，而直流分量本身就是短路电流的对称轴。因此，当已有短路电流曲线时，可以利用这个性质将直流分量从短路电流曲线中分离出来。

在电源电压幅值和短路回路阻抗恒定的情况下，短路电流交流分量的幅值是一定的，因而短路电流的非周期分量起始值的大小决定了短路电流瞬时值的大小。直流分量起始值越大，短路电流的最大瞬时值也越大。短路电流起始值的大小与电源电压的初始角 α 及短路前回路中的电流值 $I_{\text{m}|0|}$ 有关。

若不考虑负荷电流对短路电流的影响，即认为短路前为空载（$I_{\text{m}|0|}=0$），则式（7-4）可进一步简化为

$$i_{\text{k}}=I_{\text{pm}}\sin(\omega t+\alpha-\varphi)-I_{\text{pm}}\sin(\alpha-\varphi)e^{-Rt/L}$$
$$=i_{\text{p}}+i_{\text{ap}} \tag{7-5}$$

式中　i_{p}——短路电流周期分量；

i_{ap}——短路电流非周期分量。

1. 短路冲击电流

短路电流最大的瞬时值称为短路冲击电流。通过上面的分析可知，直流分量起始值越

大，短路电流最大瞬时值也越大。一般在短路回路中，感抗值要比电阻值大得多，即 $\omega L \gg R$，因此可以近似认为阻抗角 $\varphi \approx 90°$。若短路前为空载，短路正好发生在电源电压过零（即 $\alpha = 0$）时，则可得最大短路电流瞬时值表达式为

$$i_k = I_{pm}\sin(\omega t - 90°) - I_{pm}\sin(-90°)e^{-Rt/L}$$
$$= -I_{pm}\cos\omega t + I_{pm}e^{-Rt/L} \tag{7-6}$$

式（7-6）表示的电流波形参见图 7-2。由图可知，短路电流的最大瞬时值将在短路发生后约经过半个周期出现，当 $f=50\text{Hz}$ 时，此时间为 0.01s（即 $\omega t = \pi$）。由此可得冲击电流值 i_M 为

$$i_M = I_{pm} + I_{pm}e^{-0.01/T_a} = (1 + e^{-0.01/T_a})I_{pm} = K_M I_{pm} = \sqrt{2}K_M I_P \tag{7-7}$$

式中　I_P——短路电流周期分量有效值，$I_P = \dfrac{U_m}{\sqrt{2}Z} = \dfrac{U}{Z}$；

　　　U——电源相电压的有效值，$U = U_m/\sqrt{2}$；

　　K_M——短路电流的冲击系数，$K_M = 1 + e^{-0.01/T_a}$，它表示冲击电流为短路电流周期分量的倍数。当时间常数 T_a 由零变到无穷大时，冲击系数的变化范围为 $1 \leqslant K_M \leqslant 2$。

在实用计算中，当短路发生在 12MW 及以上的发电机出口母线上时，取 $K_M = 1.9$；当短路发生在发电厂高压侧母线上时，取 $K_M = 1.85$；当短路发生在网络其他地方时，取 $K_M = 1.8$。当短路发生在一般低压配电网中时，取 $K_M = 1 \sim 1.3$。

短路冲击电流一般用来校验设备的动态稳定性。

2. 短路电流全电流的最大有效值

在短路过程中，任一时刻 t 的短路电流的有效值 I_t 是以时刻 t 为中心的一个周期内瞬时电流的均方根值，即

$$I_t = \sqrt{\frac{1}{T}\int_{t-\frac{T}{2}}^{t+\frac{T}{2}} i_t^2 \,dt} = \sqrt{\frac{1}{T}\int_{t-\frac{T}{2}}^{t+\frac{T}{2}} (i_p + i_{ap})^2 \,dt} \tag{7-8}$$

式中　i_t——t 时刻短路电流瞬时值；

　i_p、i_{ap}——t 时刻短路电流周期分量和非周期分量的瞬时值；

　　　T——交流电的周期，$T = 0.02\text{s}$。

由图 7-2 可知，最大有效值电流也是发生在短路发生后半个周期时，假设在该时刻前后一个周期内直流分量近似不变，则最大有效值电流为

$$I_M = \sqrt{I_p^2 + i_{ap(t=0.01\text{s})}^2} = \sqrt{I_p^2 + (i_M - I_{pm})^2}$$
$$= \sqrt{I_p^2 + 2I_p^2(K_M - 1)^2} = I_p\sqrt{1 + 2(K_M - 1)^2} \tag{7-9}$$

当 $K_M = 1.9$ 时，$I_M = 1.62 I_p$；当 $K_M = 1.8$ 时，$I_M = 1.52 I_p$。

短路电流的最大有效值电流常用来校验某些设备（如熔断器）的断流能力。

3. 短路容量

在无限大系统供电的三相短路计算中，经常要用到短路容量这个概念。所谓短路容量是指某点的三相短路电流与该点短路前的平均额定电压的乘积。根据其定义，有

短路容量有名值　　　　　　　　$S_k = \sqrt{3}U_{av}I_k$ \hfill (7-10)

短路容量标幺值 $\qquad S_{k*} = \dfrac{S_k}{S_B} = \dfrac{\sqrt{3}U_{av}I_k}{\sqrt{3}U_{av}I_B} = I_{k*} = \dfrac{1}{X_{k\Sigma *}}$ $\qquad\qquad$ (7-11)

由式（7-10）可知，短路容量的大小实际上反映了该点短路时短路电流的大小，同时也反映了该点输入阻抗的大小。短路容量是一个很重要的概念，它反映了该点与系统联系的紧密程度。系统的容量越大，网络联系越紧密，则等值电抗越小，短路容量就越大。

另外，利用式（7-11）可以容易地求得某一点到无限大电源之间的未知电抗值。如图 7-3 所示，当系统的电抗值未知时，若已知 A 母线的短路容量 S_{kA}，则系统的电抗值为 $1/S_{kA}$。若不知道短路容量，工程近似计算中可以将接在该点的断路器 QF 的额定断流容量作为该点的短路容量。因为在选择断路器时，要保证断路器能切断流过它的短路电流，也就是断路器的额定断流容量应大于或等于在断路器后发生三相短路时的短路容量。因此，若已知断路器 QF 的断流容量，则其标幺值的倒数即为系统的电抗标幺值（$X_{k\Sigma *} = 1/S_{QF*}$）。

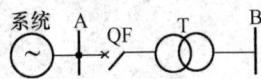

图 7-3 利用断路器断流容量求系统等值电抗

三、无限大系统供电的三相短路电流计算步骤

(1) 选取基准功率 S_B，基准电压 $U_B = U_{av}$，计算各元件参数的标幺值。

(2) 绘制等值电路图，并标注各元件参数。

(3) 利用网络变换原理化简网络，求出电源到短路点之间的总等值电抗标幺值 $X_{k\Sigma *}$。

(4) 计算短路电流标幺值和有名值；由于无限大系统供电的网络短路时电源电压保持不变，故有 $U_* = 1$，所以短路电流周期分量标幺值计算式为 $I_{k*} = \dfrac{U_*}{X_{k\Sigma *}} = \dfrac{1}{X_{k\Sigma *}}$，再按式 $I_k = I_{k*}\dfrac{S_B}{\sqrt{3}U_B}$ 换算成短路电流有名值。

(5) 按式 $i_M = \sqrt{2}K_M I_k$ 计算短路冲击电流，再按式 $S_k = \sqrt{3}U_{av}I_k$ 计算短路容量。

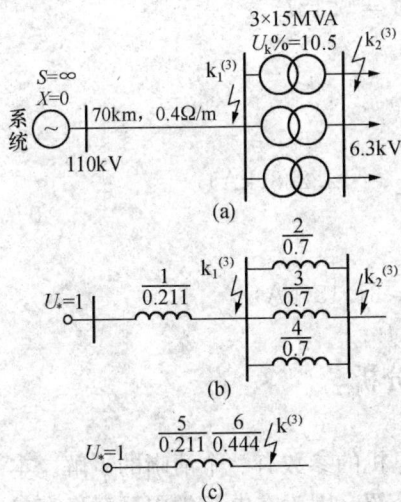

图 7-4 ［例 7-1］图
(a) 原理接线图；(b) 等值电路图；
(c) 简化等值图

【例 7-1】 图 7-4 所示为一无限大容量系统通过一条 70km 的 110kV 输电线路向变电所供电，试分别计算输电线路末端和变电站低压侧出线发生三相短路时的短路电流和短路冲击电流。

解 (1) 计算标幺值参数。

选取基准功率 $S_B = 100$MVA，基准电压 $U_B = U_{av}$。

线路电抗 $\qquad X_{1*} = 70 \times 0.4 \times \dfrac{100}{115^2} = 0.211$

变压器 $\qquad X_{2,3,4*} = 0.105 \times \dfrac{100}{15} = 0.7$

(2) 作等值电路图。等值电路如图 7-4（b）所示。

(3) 化简网络，求转移电抗。

k_1 点短路时的转移电抗 $\quad X_{5*} = 0.211$

k_2 点短路时的转移电抗 $\quad X_{6*} = 0.211 + \dfrac{0.7}{3} = 0.444$

简化后的等值电路如图 7-4（c）所示。

（4）计算短路电流周期分量。

k_1 点短路电流：标幺值 $\quad I_{k1*}^{(3)} = \dfrac{1}{0.211} = 4.739$

有名值 $\quad I_{k1}^{(3)} = 4.739 \times \dfrac{100}{\sqrt{3} \times 115} = 2.379$ （kA）

k_2 点短路电流：标幺值 $\quad I_{k2*}^{(3)} = \dfrac{1}{0.444} = 2.252$

有名值 $\quad I_{k2}^{(3)} = 2.252 \times \dfrac{100}{\sqrt{3} \times 6.3} = 20.64$ （kA）

（5）计算短路冲击电流和短路容量。

k_1 点短路冲击电流 $\quad i_{M1} = \sqrt{2} \times 1.8 \times 2.379 = 6.057$ (kA)

k_2 点短路冲击电流 $\quad i_{M2} = \sqrt{2} \times 1.8 \times 20.64 = 52.54$ (kA)

k_1 点短路容量 $\quad S_{k1} = \sqrt{3} \times 115 \times 2.379 = 473.86$ (MVA)

k_2 点短路容量 $\quad S_{k2} = \sqrt{3} \times 6.3 \times 20.64 = 225.22$ (MVA)

【例 7 - 2】 图 7 - 3 中，若已知变电站 110kV 侧断路器 QF 的断流容量为 2500MVA，变压器容量为 120MVA，$U_k\% = 10.5$，变比为 110/38.5kV，试求在变电站低压侧发生三相短路时的短路电流和短路冲击电流。

解 （1）计算标幺值参数。

选取基准容量 $S_B = 100$MVA，基准电压 $U_B = U_{av}$。

110kV 系统电抗 $\quad X_{S*} = \dfrac{1}{S_{QF*}} = \dfrac{S_B}{S_{QF}} = \dfrac{100}{2500} = 0.04$

变压器电抗 $\quad X_{T*} = 0.105 \times \dfrac{100}{120} = 0.0875$

（2）计算转移电抗。

$$X_{k*} = X_{S*} + X_{T*} = 0.04 + 0.0875 = 0.1275$$

（3）计算短路电流。

短路电流标幺值 $\quad I_{k*}^{(3)} = \dfrac{1}{X_{k*}} = \dfrac{1}{0.1275} = 7.843$

短路电流有名值 $\quad I_k^{(3)} = I_{k*}^{(3)} \dfrac{S_B}{\sqrt{3} U_B} = 7.843 \times \dfrac{100}{\sqrt{3} \times 37} = 12.238$ (kA)

（4）短路冲击电流。

$$i_M = \sqrt{2} K_M I_k^{(3)} = \sqrt{2} \times 1.8 \times 12.238 = 31.15 \text{(kA)}$$

第三节 同步发电机参数分析

分析同步发电机的稳态和暂态特性，首先要对同步发电机的参数有一个清晰的了解。本节将重点介绍发电机的暂态参数，而对稳态参数只作一般介绍，因为在电机学中已对稳态参数作过详细介绍。

一、同步发电机的空载电动势和同步电抗

设同步发电机空载运行，其励磁电流为 i_f，产生的磁通为 Φ_f。Φ_f 中包含励磁绕组的漏

磁通 $\Phi_{f\sigma}$ 和与定子绕组交链的主磁通 Φ_0。主磁通 Φ_0 将在定子绕组中感应一个电动势 E_q，即空载电动势。空载电动势 E_q 与励磁电流 i_f 的关系如图 7 - 5（a）所示，这一曲线又称为同步发电机的空载特性。由于 E_q 与 i_f 是线性关系，所以 E_q 正比于 i_f。

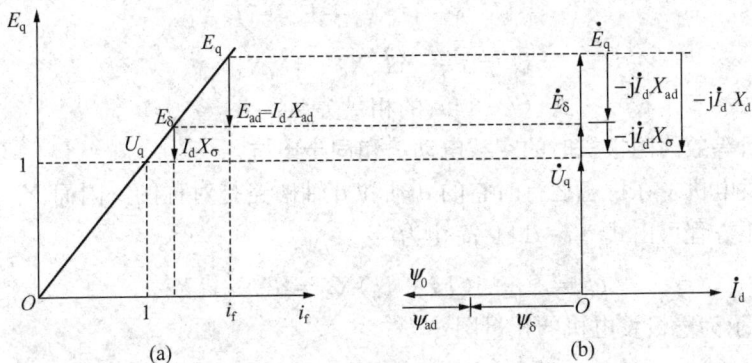

图 7 - 5　同步发电机的空载特性和相量图
（a）空载特性；（b）相量图

如果在发电机端接入纯电感负荷，则其定子电流落后于电动势 90°，如图 7 - 5（b）所示。此时，综合相量 $\dot{I}$ 与 d 轴重合，即 $I_d = I$。根据规定的 d 轴正方向，I_d 所产生的磁链与转子磁链方向相反，见图 7 - 5，所以 I_d 引起的电枢反应是去磁效应，如图 7 - 6 所示。气隙的合成磁链为 $\psi_\delta = \psi_0 - \psi_{ad}$，在定子绕组中感应电动势 E_δ，称为气隙电动势。因为气隙电动势 E_δ 中已考虑了电枢反应的影响，所以再减去定子绕组漏抗的压降就是发电机的端电压，即 $U_q = E_\delta - I_d X_\sigma$。如果将去磁电枢反应引起的电动势降低的效应用电压降 $E_{ad} = I_d X_{ad}$ 表示，则发电机 q 轴的端电压可表示为

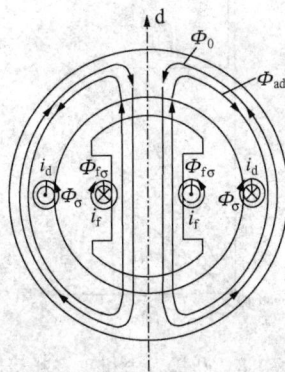

图 7 - 6　发电机 d 轴磁通分布图

$$\dot{U}_q = \dot{E}_q - j\dot{I}_d(X_{ad} + X_\sigma) = \dot{E}_q - j\dot{I}_d X_d \qquad (7 - 12)$$

式中　X_d——发电机 d 轴同步电抗，其值为 $X_d = X_{ad} + X_\sigma$；

X_σ——定子绕组漏抗；

X_{ad}——d 轴电枢反应电抗。

其相量关系示于图 7 - 5（b）中。

与 d 轴分析类似，可得出 q 轴的结果。由图 7 - 7 可知，由于发电机转子在 q 轴上没有绕组，也就没有转子的 q 轴主磁通，也即无 d 轴感应电动势。这时定子绕组的电流 I_q 产生 q 轴电枢反应磁链 ψ_{aq} 和漏磁链 ψ_σ，与此对应的压降分别为 $I_q X_{aq}$ 和 $I_q X_\sigma$。与式（7 - 12）类似，可得发电机 d 轴的端电压为

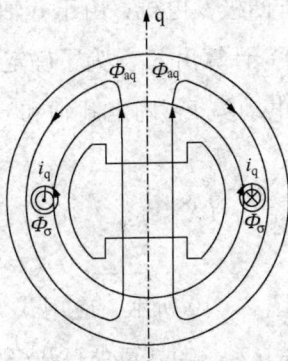

图 7 - 7　发电机 q 轴磁通分布图

$$\dot{U}_d = 0 - j\dot{I}_q(X_{aq} + X_\sigma) = -j\dot{I}_q X_q \qquad (7 - 13)$$

式中　X_q——发电机 q 轴同步电抗，其值为 $X_q = X_{aq} + X_\sigma$；

X_σ——定子绕组漏抗；

X_{aq}——q 轴电枢反应电抗。

一般情况下，发电机定子绕组中既有 I_d，又有 I_q，则由式（7-12）和式（7-13）可得

$$\dot{U}_d + \dot{U}_q = -j\dot{I}_q X_q + \dot{E}_q - j\dot{I}_d X_d$$

即

$$\dot{U} = \dot{E}_q - j\dot{I}_d X_d - j\dot{I}_q X_q \qquad (7-14)$$

图 7-8 示出了式（7-12）～式（7-14）的相量关系。

二、凸极机等效为隐极机时的空载电动势和同步电抗

对于隐极发电机，在稳态运行时它的 d 轴和 q 轴磁路是对称的，因而 $X_d = X_q$，所以隐极发电机的电压方程可由式（7-14）简化为

$$\dot{U} = \dot{E}_q - j(\dot{I}_d + \dot{I}_q)X_d = \dot{E}_q - j\dot{I}X_d \qquad (7-15)$$

图 7-9 所示为隐极发电机的相量图。

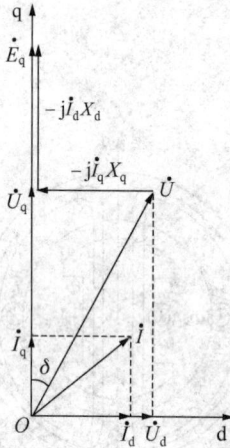

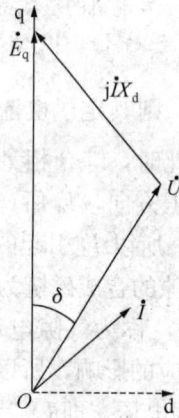

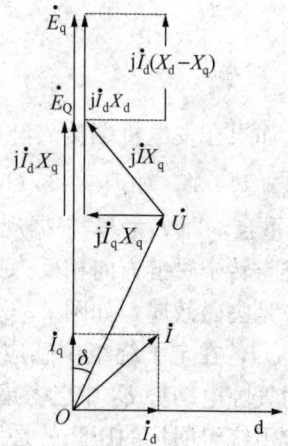

图 7-8 凸极发电机稳态相量图　　图 7-9 隐极发电机相量图　　图 7-10 等值隐极发电机相量图

在实际运行中，只能知道发电机的端电压 $\dot{U}$ 和定子电流 $\dot{I}$，而空载电动势 $\dot{E}_q$ 是未知的。对于隐极发电机，可通过式（7-15）方便地求出 $\dot{E}_q$，但是对于凸极发电机，由于 d 轴和 q 轴的方向还未确定，$\dot{I}_d$ 和 $\dot{I}_q$ 无法得到，因此无法应用式（7-14）计算出 $\dot{E}_q$。为了确定 q 轴的位置，将凸极发电机等值为隐极发电机，利用它的虚构空载电动势 $\dot{E}_Q$ 确定 d 轴和 q 轴，然后分析计算其空载电动势 $\dot{E}_q$。将式（7-14）改写为

$$\dot{U} = \dot{E}_q - j\dot{I}_d(X_d - X_q) - j(\dot{I}_d + \dot{I}_q)X_q = \dot{E}_Q - j\dot{I}X_q \qquad (7-16)$$

式中

$$\dot{E}_Q = \dot{E}_q - j\dot{I}_d(X_d - X_q) \qquad (7-17)$$

由式（7-16）和式（7-17）所作的凸极发电机相量图如图 7-10 所示。应用式（7-16）不难由 $\dot{U}$、$\dot{I}$ 求得 $\dot{E}_Q$，从而确定了 d 轴和 q 轴。然后应用式（7-17），可求得凸极发电机的空载电动势 E_q，其大小为

$$E_q = E_Q + I_d(X_d - X_q)$$

必须指出，当凸极发电机采用等值隐极发电机的虚构空载电动势 $\dot{E}_Q$ 时，必须采用同步

电抗 X_q 进行计算。

三、无阻尼绕组发电机的暂态电动势和暂态电抗

当发电机端发生突然三相短路时，定子电流的交流分量突然增大，定子绕组中的 I_d 所产生的去磁电枢反应增大，则励磁绕组中必然会感应电流 Δi_f 以保持磁链不变。这时励磁电流为 $i_f = i_{f0} + \Delta i_f$，式中 i_{f0} 为短路前的励磁电流，而其中 Δi_f 是由定子电流在短路前后突变量 ΔI_d 所引起的，这一突变量是未知的，其大小决定于短路地点的远近。

发电机短路前在负荷情况下运行时，发电机的正常励磁电流 i_f 对应的磁链为 ψ_{f0}，负荷电流 I_d 的去磁效应为 ψ_{ad0}，则励磁绕组的实际磁链为 $\psi_{f\Sigma} = \psi_{f0} - \psi_{ad0}$。其中 ψ_{f0} 中包含了转子励磁绕组的漏磁链 $\psi_{f\sigma0}$ 和与定子绕组交链的主磁链 ψ_0，故励磁绕组的实际磁链为 $\psi_{f\Sigma} = \psi_{f\sigma0} + \psi_0 - \psi_{ad0}$，或写为 $\psi_0 - \psi_{ad0} = \psi_{f\Sigma} - \psi_{f\sigma0}$。电枢反应磁链 ψ_{ad0} 一部分走主磁通路径，与主磁链 ψ_0 共同构成气隙合成磁链 $\psi_{\delta0}$；另一部分走励磁绕组漏磁路径（参见图 7 - 11），即 $\psi_{ad\sigma0}$，由此可得气隙合成磁链为

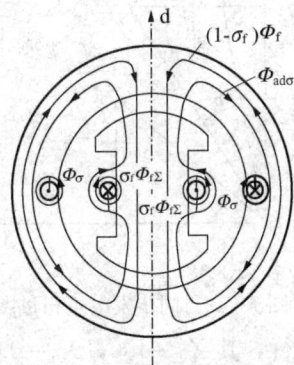

$$\psi_{\delta0} = \psi_{f\Sigma} - \psi_{f\sigma0} - \psi_{ad\sigma0} = (1 - \sigma_f)\psi_{f\Sigma} - \sigma_f\psi_{ad0} \quad (7 - 18)$$

式中　σ_f——励磁绕组漏磁系数，$\sigma_f = \psi_{f\sigma}/\psi_f = X_{f\sigma}i_f/X_fi_f = X_{f\sigma}/X_f = (X_f - X_{ad})/X_f$。

图 7 - 11　无阻尼绕组发电机短路前后的 d 轴磁通分布

如果虚构的磁链 $(1 - \sigma_f)\psi_{f\Sigma}$ 在发电机定子绕组中感应的虚构电动势用 E'_{q0} 表示，气隙磁链 $\psi_{\delta0}$ 用气隙电动势 $E_{\delta0}$ 表示，$E_{\delta0} = u_{q0} + i_{d0}X_\sigma$，以及 $\sigma_f\psi_{ad0}$ 用 $\sigma_fi_{d0}X_{ad}$ 表示，则可得短路前发电机的端电压为

$$u_{q0} + i_{d0}X_\sigma = E'_{q0} - \sigma_fi_{d0}X_{ad}$$

或写为

$$u_{q0} = E'_{q0} - i_{d0}(X_\sigma + \sigma_fX_{ad}) = E'_{q0} - i_{d0}X'_d \quad (7 - 19)$$

用相量形式表示为

$$\dot{U}_{q|0|} = \dot{E}'_{q|0|} - \mathrm{j}\dot{I}_{d|0|}X'_d \quad (7 - 20)$$

式中　$\dot{E}'_{q|0|}$——发电机暂态电动势；

X'_d——发电机 d 轴暂态电抗，其值为

$$X'_d = X_\sigma + \sigma_fX_{ad} = X_\sigma + \frac{X_{f\sigma}X_{ad}}{X_f} = X_\sigma + \frac{X_{f\sigma}X_{ad}}{X_{f\sigma} + X_{ad}} \quad (7 - 21)$$

当发电机突然发生三相短路后，定子电流分量突然增大，即电枢反应增大 $\Delta\psi_{ad}$，由短路前的 ψ_{ad0} 突增为 $\psi_{ad} = \psi_{ad0} + \Delta\psi_{ad}$。根据磁链守恒原理，励磁绕组中即感应一个电流 Δi_f 产生 $\Delta\psi_f$ 抵消 $\Delta\psi_{ad}$，以保持励磁绕组的实际磁链 $\psi_{f\Sigma}$ 不变，因而短路前后发电机的暂态电动势 E'_{q0} 保持恒定。发电机的暂态电动势可表示为

$$\dot{E}'_{q|0|} = \dot{U}_{q|0|} + \mathrm{j}\dot{I}_{d|0|}X'_d \quad (7 - 22)$$

对于发电机的 q 轴，由于转子在 q 轴上没有绕组，因此也没有转子的 q 轴磁链，所以 $E'_d = 0$。当发电机发生短路时，与图 7 - 7 类似，q 轴上的磁通路径没有变化，因而 $X'_q = X_q$。其电压方程式与式（7 - 13）类似，即

$$\dot{U}_{d|0|} = -\mathrm{j}\dot{I}_{q|0|}X'_q \quad (7 - 23)$$

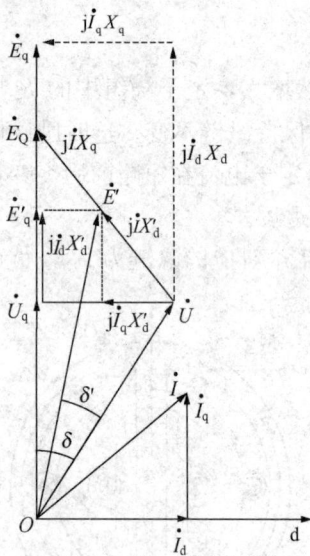

图 7-12 同步发电机相量图

图 7-12 所示为发电机的相量图，图中发电机的参数用空载电动势 $\dot{E}_q$ 和同步电抗 X_d、X_q 表示；用等值空载电动势 $\dot{E}_Q$ 和同步电抗 X_q 表示；用暂态电动势 $\dot{E}'$ 和暂态电抗 X'_d、X'_q 表示。

在近似计算中，往往忽略发电机的凸极效应，即 $X'_d = X'_q$，将式（7-22）与式（7-23）合并，可得

$$\dot{E}' = \dot{U} + j(\dot{I}_d + \dot{I}_q)X'_d = \dot{U} + j\dot{I}X'_d \qquad (7-24)$$

式中 $\dot{E}'$——暂态电抗 X'_d 后电动势。

发电机的电动势用 $\dot{E}'$ 时，其定子电抗采用 X'_d，并认为 E' 在短路前后也具有保持不变的性质。这样简化在计算上带来了很大的方便，但是由于忽略了凸极效应，也会带来一定的误差，特别是 $\dot{E}'$ 和 $\dot{E}'_q$ 的相位有一定的差别。当短路发生在发电机端，误差大些，短路发生在远处，则误差不大。

【例 7-3】 一台无阻尼绕组的同步发电机在额定状态下运行，其 $X_d = 1.0$，$X_q = 0.65$，$X'_d = 0.30$，$\cos\varphi_N = 0.85$。试计算：

（1）发电机为隐极机时的空载电动势。

（2）发电机为凸极机时的空载电动势。

（3）发电机的暂态电动势。

解 令发电机的端电压为 $\dot{U}_N = 1.0\angle 0°$，则发电机的电流为

$$\dot{I}_N = 1.0\angle -\varphi_N = 1\angle -\cos^{-1}0.85 = 1\angle -32°$$

（1）发电机为隐极机，即

$$\dot{E}_q = \dot{U} + j\dot{I}X_d = 1 + j1\angle -32° \times 1.0 = 1.53 + j0.85 = 1.75\angle 29°$$

（2）发电机为凸极机，即

$$\dot{E}_Q = \dot{U} + j\dot{I}X_q = 1 + j1\angle -32° \times 0.65 = 1.45\angle 22.3°$$

所以，由相量图 7-10 可得

$$I_d = I\sin(\delta + \varphi_N) = 1 \times \sin(22.3° + 32°) = 0.81$$

$$E_q = E_Q + I_d(X_d - X_q) = 1.45 + 0.81(1.0 - 0.65) = 1.73$$

$$\dot{E}_q = 1.73\angle 22.3°$$

（3）发电机的暂态电动势，由相量图 7-12 可得

$$E'_{q0} = U_{q|0|} + I_{d|0|}X'_d = 1 \times \cos22.3° + 0.81 \times 0.3 = 1.17$$

$$\dot{E}'_{q0} = 1.17\angle 22.3°$$

$$\dot{E}' = \dot{U} + j\dot{I}X'_d = 1 + j1\angle -32° \times 0.3 = 1.19\angle 12.4°$$

由以上计算结果可知，$\dot{E}'_{q0}$ 与 $\dot{E}'$ 模值差别不大，而其相位具有一定的误差。

四、有阻尼发电机的次暂态电动势和次暂态电抗

与分析暂态电动势和暂态电抗时类似，对于具有阻尼绕组的同步发电机，其转子 d 轴上有两个绕组，即励磁组 f 和 d 轴阻尼绕组 D。当发电机发生短路时，转子绕组的实际磁链

由这两个绕组共同保持不变。和前面分析相似，这时定子电枢反应磁通穿过气隙后被迫使走阻尼绕组和励磁绕组的漏磁通路径，如图 7 - 13 所示。对应这一磁路，同步发电机的次暂态电抗 X''_d 为

$$X''_\mathrm{d}= X_\sigma +1\bigg/\left(\frac{1}{X_\mathrm{ad}}+\frac{1}{X_\mathrm{f\sigma}}+\frac{1}{X_\mathrm{D\sigma}}\right) \tag{7-25}$$

与分析暂态电动势相似，对应于转子绕组的实际磁链在定子绕组中感应的电动势 E''_q 称为 q 轴次暂态电动势。由于转子绕组中的实际磁链在短路前后保持不变，所以次暂态电动势同样具有短路前后不变的性质。因此，发电机短路后的次暂态电动势可以由短路前的运行情况求得，即

$$\dot{E}''_{\mathrm{q}|0|} = \dot{U}_{\mathrm{q}|0|} + \mathrm{j}\dot{I}_{\mathrm{d}|0|} X''_\mathrm{d} \tag{7-26}$$

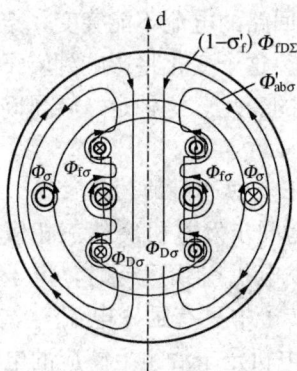

图 7 - 13 有阻尼绕组发电机
短路前后的 d 轴磁通分布

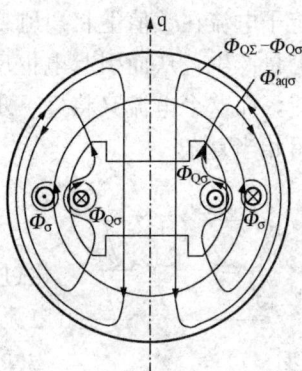

图 7 - 14 有阻尼绕组发电机
短路前后的 q 轴磁通分布

在 q 轴方面，转子上具有 q 轴阻尼绕组 Q，短路前它交链的实际磁通为

$$\varPhi_{\mathrm{Q}\Sigma}=\varPhi_\mathrm{Q}-\varPhi_\mathrm{aq}=0-\varPhi_\mathrm{aq}=-\varPhi_\mathrm{aq}$$

式中 $\varPhi_\mathrm{Q}$——q 轴阻尼绕组 Q 自身所产生的磁通。

稳态运行时，阻尼绕组中没有电流，所以 $\varPhi_\mathrm{Q}=0$。图 7 - 14 示出了 q 轴短路前后的磁通分布情况。

与前相似，可以得出同步发电机的 q 轴次暂态电抗 X''_q 和 d 轴次暂态电动势 E''_d，即

$$X''_\mathrm{q}=X_\sigma+1\bigg/\left(\frac{1}{X_\mathrm{Q\sigma}}+\frac{1}{X_\mathrm{aq}}\right) \tag{7-27}$$

$$\dot{E}''_{\mathrm{d}|0|} = \dot{U}_{\mathrm{d}|0|} + \mathrm{j}\dot{I}_{\mathrm{q}|0|} X''_\mathrm{q} \tag{7-28}$$

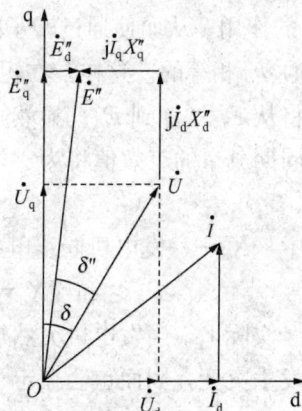

图 7 - 15 所示为具有阻尼绕组的同步发电机的相量图，图中采用次暂态电动势和次暂态电抗。需要注意的是，当发电机的电动势采用次暂态电动势表示时，其定子电抗必须相应地采用它的次暂态电抗。

由式（7 - 25）和式（7 - 27）可知，由于漏抗 $X_\mathrm{f\sigma}$、$X_\mathrm{D\sigma}$、$X_\mathrm{Q\sigma}$ 均较小，所以 $X''_\mathrm{d}\approx X''_\mathrm{q}$。

图 7 - 15 具有阻尼绕组的
同步发电机相量图

在近似计算中，一般假定 $X''_q = X''_d = X''$，并将式（7-26）和式（7-28）合并，则有

$$\dot{E}'' = \dot{E}''_q + \dot{E}''_d = \dot{U} + j(\dot{I}_d + \dot{I}_q)X''$$

$$= \dot{U} + j\dot{I}X'' \tag{7-29}$$

采用式（7-29）对同步发电机进行计算可使计算大为简化。

第四节　同步发电机供电的三相短路过程分析

一、无阻尼绕组同步发电机空载时突然三相短路

同步发电机稳态对称运行时，电枢磁动势的大小不随时间而变化，在空间以同步速旋转，由于它与转子没有相对运动，因而不会在转子绕组中感应出电流。但是在发电机端突然三相短路时，定子电流在数值上将急剧变化。由于电感回路的电流不能突变，定子绕组中必然有其他自由分量产生，从而引起电枢反应磁通的变化。这个变化将影响到转子，在转子绕组中感生出电流，而这个电流又将进一步影响定子电流的变化。这种定、转子间的相互影响使暂态过程变得相当复杂。

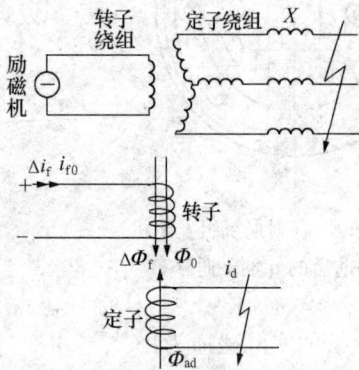

图 7-16　同步发电机的三相短路

1. 同步发电机三相短路时的物理过程

图 7-16 所示为同步发电机突然三相短路时磁通变化过程示意图。当发电机空载运行时，定子绕组内没有电流流过，此时在转子中只有励磁电流 i_{f0}，形成的磁通为 Φ_0，对应的在发电机定子绕组上感应的电动势为 E_{q0}，对应的发电机电抗为同步电抗 X_d。

当发电机定子突然短路后，定子绕组中将有很大的短路电流，此时在转子内就会出现和 Φ_0 反相的电枢反应磁通 Φ_{ad}，可见短路前后通过转子的磁通将发生突变。根据磁链守恒定律，闭合回路中的磁通是不能发生突变的。因此，在短路发生时，通过转子的磁通将要发生突变时，

励磁绕组中就会产生一个自由分量 Δi_f，形成一个附加的自由磁通 $\Delta\Phi_f$ 来抵消电枢反应磁通 Φ_{ad} 的作用。从而使通过转子的磁通保持不变，也就是说附加的自由磁通 $\Delta\Phi_f$ 是和电枢反应磁通 Φ_{ad} 相等的。这样，在短路的瞬间励磁磁通将从 Φ_0 增加到 $\Phi_0 + \Phi_{ad}$，对应的励磁电动势也将从 E_{q0} 增加到 E'_{q0}。显然励磁电动势的变化将引起短路电流的变化，在短路瞬间，短路电流周期分量的有效值将为

$$I' = E'_{q0} / X_d \tag{7-30}$$

式中　X_d——发电机同步电抗，其值为电枢反应磁通对应的电抗 X_{ad} 和漏磁通对应的电抗 X_σ 之和（$X_d = X_{ad} + X_\sigma$）。

实际上，当发电机突然短路时，和无限大系统供电的情况一样，由于定子回路中电流不能发生突变，因而也会在定子回路中产生一个自由的直流分量 ΔI_a。这个直流分量所产生的磁通在空间是静止的，由于转子的转动使转子励磁绕组产生一个同步频率的交变磁链，并在转子中感生一个同步频率的交流励磁分量 $\Delta i_f(\omega)$，用来抵消定子直流电流 ΔI_a 产生的电枢反应。如果进一步深入分析，励磁绕组中的交流分量 $\Delta i_f(\omega)$ 将产生一个按频率 ω 交变的脉动

磁场，它可分解为两个大小相等方向相反的旋转磁场：一个以 ω 向前旋转，由于转子的旋转，它将以 2ω 转速在空间旋转；而向后旋转的磁场在空间是不动的。向前旋转的磁场在定子中感应产生两倍频率的电动势，因此在定子电流中还含有两倍频率的交流分量 $\Delta I_{2\omega}$。

定子和转子绕组中的各种电流分量及它们相互依存的关系见表 7 - 2。

表 7 - 2　　　　　　　　　　**定子和转子绕组中的各种电流分量及其关系**

绕　组	强制分量	自由分量		
		交流自由分量 $\Delta I'_\omega = I' - I_\infty$	直流分量 ΔI_a	倍频分量 $\Delta I_{2\omega}$
定子侧	稳态短路电流 I_∞			
转子侧	励磁电流 i_{f0}	自由直流 Δi_f	基波交流分量 Δi_f（ω）	

表 7 - 2 中 $I_\infty = E_{q0}/X_d$，为短路电流周期分量稳态有效值；I' 为周期分量的起始有效值。

应该指出的是，直接从式（7 - 12）来求 I' 是比较困难的。因为 E'_{q0} 的大小取决于电枢反应磁通的大小，而电枢反应磁通的大小又取决于短路电流的大小。所以在工程计算中，短路电流周期分量的起始值可用发电机的暂态电抗近似求取。

2. 同步发电机三相短路时的短路电流

根据磁链守恒原则，在短路瞬间，定子电枢反应磁通在转子中感应电动势和电流的作用和变压器一次绕组中磁通发生变化时能在短接的二次绕组中感应出电动势和电流的作用一样。因此在短路的瞬间可以将同步发电机看作一个变压器，其定子绕组相当于变压器的一次绕组，转子绕组相当于二次绕组。据此可以画出 7 - 17 （a）所示的等值电路图。

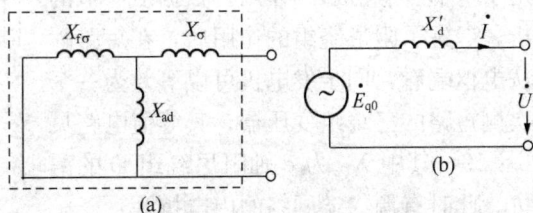

图 7 - 17　同步发电机短路瞬间的工作状态
（a）等值电路；（b）暂态电抗表示的等值图

由图 7 - 17 （a）可知，在短路的瞬间从电枢端看，发电机就是一个二次侧短路的变压器。应用等值电源定理，在短路瞬间可以将发电机化作图 7 - 17 （b）所示的有源二端网络，网络的等值电抗为

$$X'_d = X_\sigma + 1 \Big/ \Big(\frac{1}{X_{ad}} + \frac{1}{X_{f\sigma}} \Big) \tag{7 - 31}$$

式（7 - 31）与式（7 - 21）分析的结果一样。这里的 X'_d 就是同步发电机的暂态电抗，X_{ad} 为对应于电枢反应磁通的电抗，$X_{f\sigma}$ 为与附加自由磁通相对应的电抗，X_σ 为与漏磁通对应的电抗，网络的电动势则为同步发电机的空载电动势 E_{q0}。因此，短路瞬间同步发电机的起始暂态电流 I' 为

$$I' = \frac{E_{q0}}{X'_d} \tag{7 - 32}$$

二、无阻尼绕组同步发电机负载时的突然三相短路

带负载运行的发电机突然短路时，仍然遵循磁链守恒原理，从物理概念可以推论出短路电流中仍有前述的各种分量，所不同的是短路前已有负荷电流产生的电枢反应磁通，所以短路电流起始值比空载时要大，定子短路电流表达式也略有不同。

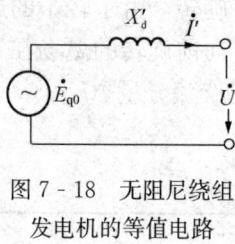

图 7 - 18　无阻尼绕组
发电机的等值电路

在求取负载情况下的发电机短路电流起始值时，发电机在短路瞬间仍可用以内电抗 X'_d 的有源二端网络来代替，其等值电路如图 7 - 18 所示。根据磁链守恒原理，短路前后励磁绕组的合成磁链不能发生突变，而与其合成磁链成正比变化的电动势 $\dot{E}'_{q0}$（称为暂态电动势）短路前后也不会变。故发电机短路电流起始值可用下式求取

$$I' = E'_{q0} / X'_d \tag{7 - 33}$$

式（7 - 33）中，暂态电动势 $\dot{E}'_{q0}$ 可用短路前的参数求得。但为了简化计算，常常采用另一个暂态电动势 $\dot{E}'$ 来近似代替 $\dot{E}'_{q0}$。$\dot{E}'$ 为 X'_d 后的虚构电动势，可以根据短路前的运行状态，由式（7 - 24）求得。实际上暂态电动势 $\dot{E}'_q$ 为虚构暂态电动势 $\dot{E}'$ 在 q 轴上的分量，因两者之间的夹角很小，故两者在数值上差异不大，可以用 $\dot{E}'$ 近似代替 $\dot{E}'_{q0}$。用 $\dot{E}'$ 代替 $\dot{E}'_{q0}$ 后，短路电流周期分量的起始值可以表示为

$$I' = E' / X'_d \tag{7 - 34}$$

三、有阻尼绕组同步发电机的突然三相短路

在上面讨论同步发电机的暂态过程中，只考虑了在短路瞬间定子电枢反应磁通在转子上感应出电动势和电流来。实际上发电机存在着阻尼绕组，这样在短路瞬间，阻尼绕组中也会感应出自由电流，形成附加的磁通来抵消定子电枢反应磁通的作用。根据上一节的分析，考虑了阻尼绕组的作用后，在短路瞬间从电枢端看，同步发电机可以等效为一个二次侧短路的三绕组变压器，其等值电路见图 7 - 19，其中 $X_{D\sigma}$ 为 d 轴阻尼绕组 D 的漏电抗。此时有源二端网络的内电抗为

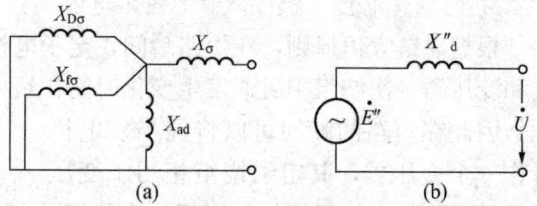

图 7 - 19　有阻尼绕组时的等值电路
(a) 等值电路；(b) 次暂态电抗表示的等值电路

$$X''_d = X_\sigma + 1 \Big/ \left(\frac{1}{X_{ad}} + \frac{1}{X_{f\sigma}} + \frac{1}{X_{D\sigma}} \right) \tag{7 - 35}$$

式（7 - 35）与式（7 - 25）分析的结果完全一样。X''_d 称为同步发电机次暂态电抗，它为一个虚构电抗。与此电抗对应的电动势 $\dot{E}''$ 称为次暂态电动势，也为一个虚构电动势。若发电机短路前工作在额定工作状态，端电压为 $\dot{U}_N$，额定电流为 $\dot{I}_N$，由式（7 - 29）不难得到次暂态电动势为

$$\dot{E}'' = \dot{U}_N + j\dot{I}_N X''_d \tag{7 - 36}$$

若在发电机出口短路，则次暂态短路电流周期分量起始有效值为

$$I'' = E'' / X''_d \tag{7 - 37}$$

次暂态电抗 X''_d 的标幺值一般由厂家给出，如无厂家资料时，对无阻尼绕组的水轮发电机 $X''_d = 0.27$；对有阻尼绕组的水轮发电机 $X''_d = 0.20$；对汽轮发电机 $X''_d = 0.125$。

由于次暂态电抗 X''_d 远比同步电抗 X_d 微小，故此次暂态电动势 $\dot{E}''$ 与短路前的发电机端电压 $\dot{U}_N$ 很接近。在近似计算时，常令 E'' 的标幺值为 1，则次暂态电流的标幺值为

$$I'' = 1 / X''_d \tag{7 - 38}$$

若短路点距发电机间还存在有电抗 X 时，则将上式中的 X''_d 用 $X''_d + X$ 代替即可。

在求得了发电机短路时的短路电流周期分量后，考虑最不利的情况下（即电压过零时短路），忽略二倍频分量，则短路电流瞬时值的表达式为

$$i_k = \sqrt{2}\Big[\Big(\frac{E''_{q0}}{X''_d} - \frac{E'_{q0}}{X'_d} \Big) e^{-t/T''_d} + \Big(\frac{E'_{q0}}{X'_d} - \frac{E_{q0}}{X_d} \Big) e^{-t/T'_d} + \frac{E_{q0}}{X_d} \Big] \sin(\omega t - 90°) + \frac{\sqrt{2}E''_{q0}}{X''_d} e^{-t/T_a}$$

$$(7 - 39)$$

式中　E''_{q0}、E'_{q0}、E_{q0}——短路前瞬间发电机的次暂态电动势、暂态电动势和空载电动势，近似计算时可取 $E''_{q0} = E''$、$E'_{q0} = E'$；

　　　　T''_d、T'_d——次暂态短路电流分量和暂态短路电流分量的衰减时间常数，一般 $T''_d = 0.03 \sim 0.1s$，$T'_d = 0.5 \sim 3s$；

　　　　T_a——短路电流直流分量衰减时间常数。

根据式（7 - 39）所作的短路电流变化曲线，如图 7 - 20 所示。在不考虑短路电流中倍频分量（该分量一般较小）的情况下，短路电流中只含有周期分量和直流分量。在空载短路的情况下，直流分量起始值与交流分量起始值大小相等，方向相反。与无限大容量系统供电的三相短路电流曲线不同的是，由于同步发电机电枢反应的作用，短路电流周期分量的幅值将不再维持不变，而会从最大值 $\sqrt{2}I''$ 逐渐衰减到稳态值

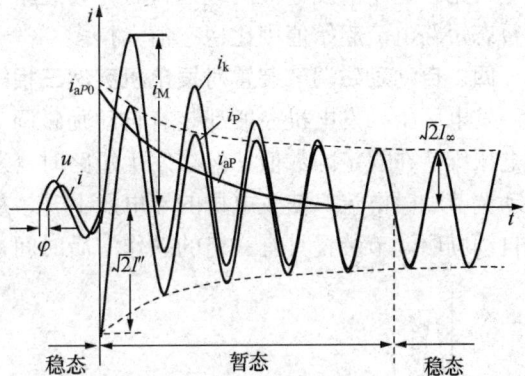

图 7 - 20　无自动励磁调节装置的发电机
三相短路电流变化曲线图

$\sqrt{2}I_\infty$。短路电流的衰减过程可分为次暂态衰减过程、暂态衰减过程和稳态短路过程三个阶段。这是因为在发电机 d 轴上一般有两个绕组，即励磁绕组 f 和阻尼绕组 D，而在转子绕组中感应的直流分量电流将按两个耦合绕组的衰减规律衰减，即一个为衰减快的分量，它按 T''_d 衰减；另一个为衰减慢的分量，它按 T'_d 衰减。当衰减完后，短路由暂态过程进入到稳态过程。

需要说明的是，同步发电机三相短路的短路冲击电流和短路电流最大有效值电流的计算与无限大系统供电时的计算类似。如果忽略周期分量电流在第一个周期内的衰减，则把式（7 - 7）和式（7 - 9）中的 I_P 换成 I'' 即可求得发电机三相短路时的短路冲击电流 i_M 和短路电流最大有效值 I_M。

【例 7 - 4】　某同步发电机的有关标幺值参数为 $X_d = 1.72$，$X''_d = 0.125$。试求：

（1）发电机空载运行情况下突然三相短路时的稳态短路电流。

（2）若发电机短路前在额定状态下运行，$U_N = 1.0$，$I_N = 1.0$，$\cos\varphi_N = 0.8$，发电机出口突然三相短路时的次暂态短路电流和稳态短路电流。

解　（1）发电机短路前空载时，空载电动势只能等于发电机的额定电压，即 $E_{q0} = U_N = 1.0$，因而

$$I_\infty = \frac{E_{q0}}{X_d} = \frac{1.0}{1.72} = 0.58$$

可见即使在发电机端部短路，其短路电流稳态值也仅有额定电流的 58%。

（2）发电机短路前在额定负荷下运行时的空载电动势和次暂态电动势，即

$$E_{q0} = \sqrt{(U_N + I_N X_d \sin\varphi_N)^2 + (I_N X_d \cos\varphi_N)^2}$$

$$= \sqrt{(1.0 + 1 \times 1.72 \times 0.6)^2 + (1 \times 1.72 \times 0.8)^2} = 2.52$$

$$E'' = \sqrt{(U_N + I_N X_d'' \sin\varphi_N)^2 + (I_N X_d'' \cos\varphi_N)^2}$$

$$= \sqrt{(1.0 + 1 \times 0.125 \times 0.6)^2 + (1 \times 0.125 \times 0.8)^2} = 1.08$$

稳态短路电流为
$$I_\infty = \frac{E_{q0}}{X_d} = \frac{2.52}{1.72} = 1.52$$

次暂态短路电流为
$$I'' = \frac{E''}{X_d''} = \frac{1.08}{0.125} = 8.64$$

可见，短路前发电机满载运行时，其短路电流的稳态值要大于空载运行时的稳态值。而次暂态短路电流起始值则比稳态值大得多。

四、自动励磁调节装置对发电机突然三相短路电流的影响

发电厂中的发电机一般都装有自动励磁调节装置，通过调节励磁电流的大小使发电机的端电压维持在规定的数值。但在发生短路时，发电机的端电压会下降，自动励磁调节装置会自动调节励磁电流，使发电机的端电压上升，从而使得短路时的短路电流随之增大。然而由于自动励磁调节装置具有一定的动作滞后时间，且励磁回路又具有较大的电感，尽管励磁调节装置已经动作调节励磁电流，但在短路一定时间后它才能起作用，因此它的存在对短路后几个周期内的短路电流是没有影响的。也就是说，装有自动励磁调节装置的发电机突然短路时，短路次暂态电流初值、非周期分量初值和它的衰减过程以及短路冲击电流和短路电流最大有效值是不变的。但它最终会影响短路电流的稳态值，使得短路电流稳态值较没有自动励磁调节装置时高。图 7 - 21 所示为具有自动励磁调节装置的短路电流变化曲线。

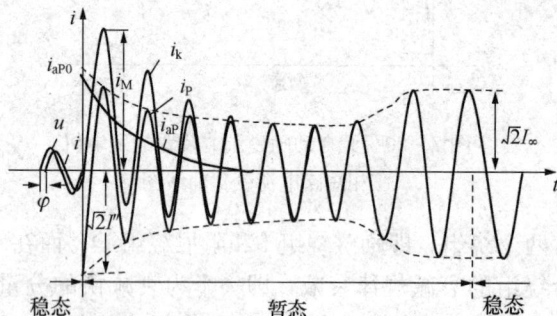

图 7 - 21 有自动励磁调节装置的发电机三相短路电流变化曲线

小 结

本章介绍了短路的基本概念、无限大容量系统供电时的三相短路计算、同步发电机的基本参数以及同步发电机供电时的三相短路过程分析。

在实际系统中是没有无限大容量系统的，在工程实用计算中为了简化计算，往往将电源内阻抗小于短路回路总阻抗 10% 的电源看作是无限大容量系统。即无限大容量系统在外部电流无论发生何种变化时，其电源电压始终保持恒定。无限大容量系统供电时发生三相短路故障，短路电流中既包含了由电源电压和回路阻抗所决定的周期分量，还包含了为满足感性

电路电流不能突变而产生的非周期（或称直流）分量。短路后的最大短路电流称为冲击电流，约出现在短路后半个周期时，冲击电流常用来校验设备的动态稳定性。

本章还通过对发电机内部磁通分布的分析，阐明了发电机的电动势及其相应的电抗，即空载电动势 E_q、E_Q 及同步电抗 X_d、X_q；暂态电动势 E_q'、E' 及暂态电抗 X_d'、$X_q' = X_q$；次暂态电动势 E_q''、E_d''、E'' 和次暂态电抗 X_d''、$X_q''(X_d'' = X_q'')$，并应用上述参数作出稳态运行时的发电机相量图。同时还阐明了上述电动势在突变状态下的特性。

当同步发电机突然三相短路时，定子短路电流中含有同步频率的交流分量、直流分量和二倍频分量；励磁绕组中则含有直流分量和交流分量。同时还说明了这些量之间的相互制约关系和衰减规律。

习 题

7-1 短路发生的原因、危害有哪些？

7-2 何谓无限大容量系统，它有何特点？

7-3 无限大系统供电的网络发生三相短路时，短路电流有哪些分量？各分量有哪些特点，稳态值为何？

7-4 何谓冲击电流？它出现在什么时候？计算冲击电流有何意义？

7-5 为什么同步发电机引用空载电动势 E_q 时，其电抗必须采用同步电抗 X_d、X_q；当引用暂态电动势 E_q' 计算时，必须采用暂态电抗 X_d'、X_q'；当引用次暂态电动势 E_q''、E_d'' 计算时，必须采用次暂态电抗 X_d''、X_q''？试阐述 E_q、E_q'、E'、E_q''、E_d''、E'' 的特性及与这些电动势相对应的电抗的物理意义。

7-6 同步发电机在实际运行时，只能测定其端电压、电流值及 $\cos\varphi$，如何确定其 d-q轴？

7-7 无阻尼发电机突然三相短路时，定子电流和转子励磁电流中会出现哪些电流分量？各电流分量间有什么内在联系？

7-8 有阻尼的发电机在突然三相短路时，为什么会出现一个衰减得很快的次暂态过程？其衰减的时间常数与哪些因素有关？

7-9 强行励磁装置对发电机短路过程有何影响？在计算冲击电流和短路电流最大有效值电流时，是否需要考虑强行励磁装置的影响？

7-10 为什么在计算三相短路电流起始值时，要采用次暂态（或暂态）电动势和次暂态（或暂态）电抗？如何计算三相短路电流起始值？

7-11 空载运行与满载运行的同步发电机突然三相短路时，其短路电流起始值哪个更大？短路电流稳态值哪个更大？为什么？

7-12 已知一台同步发电机的电抗为 $X_d=1.1$，$X_q=1.08$，其端电压为 $\dot{U}=1.0\angle30°$，电流为 $\dot{I}=0.8\angle-15°$。试计算发电机的空载电动势，并作出相量图。

7-13 一台凸极发电机，其电抗为 $X_d=1.0$，$X_q=0.65$，$X_d'=0.23$，$U=1.0$，$I=1.0$，$\cos\varphi=0.85$。试计算 E_q、E_q'、E'，并作出相量图。

7-14 某高压网络如图 7-22 所示，参数均标注在图中，若在变压器低压侧发生三相短路时，试计算变电站低压侧母联断路器 QF 闭合与打开两种情况下的三相短路电流以及短

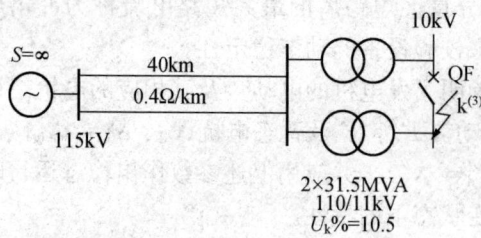

图 7 - 22 习题 7 - 14 图

直流分量的大小（忽略二倍频电流分量）。

路冲击电流。

7 - 15 一台同步发电机，其参数为 $X_d=$ 1.2，$X_d'=0.3$，$X_d''=0.2$，$T_a=0.25s$。发电机在额定电压下空载运行，若正好在电压过零时发生三相短路，试计算：

（1）短路瞬间，短路电流中交流分量的大小。

（2）短路后第三个周期末时，短路电流中

第八章　电力系统三相短路电流的实用计算

第一节　网络的变换与化简

一、输入阻抗和转移阻抗的定义

若一个复杂的网络经网络等值变换和化简后，得到只有一条有源支路的最简单形式，如图 8 - 1 所示，根据戴维南定理可知，$\dot{E}_\Sigma$ 即为短路点 k 前的开路电压，$X_{k\Sigma}$ 就是从 k 点与地之间看进网络的等值阻抗，也称之为网络对短路点的输入阻抗。

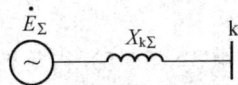

图 8 - 1　只含等值电源与等值电抗的简单网络

在某些情况下，往往不需要把所有的电源合并成一个等效电源，而是要分别求出这些电源与短路点之间直接连接的电抗，即化简为图 8 - 2 所示的形式。各电源直接和短路点之间相连的电抗称之为转移阻抗（电抗）。

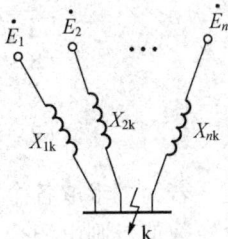

根据输入阻抗的概念，很容易得出输入阻抗与转移阻抗的关系为

$$X_{k\Sigma} = 1 \Big/ \left(\frac{1}{X_{1k}} + \frac{1}{X_{2k}} + \cdots + \frac{1}{X_{nk}} \right) \tag{8 - 1}$$

图 8 - 2　转移阻抗图

式（8 - 1）说明 k 点的输入阻抗等于 k 点对所有电源的转移阻抗的并联值。

网络变换和化简的主要目的就是要求取各电源对短路点转移阻抗或等值电源对短路点的输入阻抗，为短路电流的计算打下基础。

二、等效电源合并

对多电源供电的电力网络进行网络化简时，可将电源电动势相等、电气距离接近的同类型电源（如汽轮机或水轮机组）合并在一起，用一个等效的电源表示，这样就得到各个不同类型电源到短路点之间的转移电抗 X_k，如图 8 - 3（a）所示。在计算短路电流时，可以按照叠加原理，分别计算不同类型电源到短路点之间的短路电流，然后将分别计算出的短路电流叠加，即可求得短路点总的短路电流。

在实际计算中，往往会遇到要将多个不同电动势的电源合并成一个等效电源的情况，如图 8 - 3（b）所示。此时，即要求得短路回路的总电抗（即输入电抗 $X_{k\Sigma}$），又要求得等效电源的等效电动势 E_Σ。根据戴维南定理，合并后的等效电抗应为电源电动势短路从 A 点看进网络中的等效电抗，即

$$X_{k\Sigma} = 1 \Big/ \left(\frac{1}{X_{1k}} + \frac{1}{X_{2k}} + \frac{1}{X_{3k}} \right) \tag{8 - 2}$$

由图 8 - 3（a）可知

$$\dot{I} = \frac{\dot{E}_1 - \dot{U}}{\mathrm{j}X_{1k}} + \frac{\dot{E}_2 - \dot{U}}{\mathrm{j}X_{2k}} + \frac{\dot{E}_3 - \dot{U}}{\mathrm{j}X_{3k}} \tag{8 - 3}$$

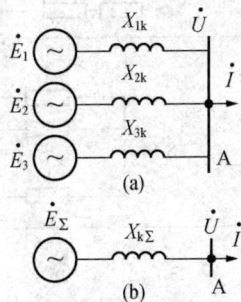

图 8 - 3　等效电源合并
(a) 多电源电路；
(b) 等效电源

由图 8 - 3（b）可知

$$\dot{I} = \frac{\dot{E}_\Sigma - \dot{U}}{jX_{k\Sigma}}$$ 　　　　　　(8 - 4)

按等效条件，式（8 - 3）和式（8 - 4）应相等，故有

$$\frac{\dot{E}_\Sigma - \dot{U}}{jX_{k\Sigma}} = \frac{\dot{E}_1 - \dot{U}}{jX_{1k}} + \frac{\dot{E}_2 - \dot{U}}{jX_{2k}} + \frac{\dot{E}_3 - \dot{U}}{jX_{3k}}$$

$$= \frac{\dot{E}_1}{jX_{1k}} + \frac{\dot{E}_2}{jX_{2k}} + \frac{\dot{E}_3}{jX_{3k}} - \dot{U}\left(\frac{1}{jX_{1k}} + \frac{1}{jX_{2k}} + \frac{1}{jX_{3k}}\right)$$

$$= \frac{\dot{E}_1}{jX_{1k}} + \frac{\dot{E}_2}{jX_{2k}} + \frac{\dot{E}_3}{jX_{3k}} - \frac{\dot{U}}{jX_{k\Sigma}}$$ 　　　(8 - 5)

由式（8 - 5）得等效电源电动势为

$$\dot{E}_\Sigma = \left(\frac{\dot{E}_1}{X_{1k}} + \frac{\dot{E}_2}{X_{2k}} + \frac{\dot{E}_3}{X_{3k}}\right)X_{k\Sigma}$$ 　　　(8 - 6)

当有 n 个不同电动势的电源并联时，等效电动势和等效电抗分别为

$$\dot{E}_\Sigma = \left(\frac{\dot{E}_1}{X_{1k}} + \frac{\dot{E}_2}{X_{2k}} + \cdots + \frac{\dot{E}_n}{X_{nk}}\right)X_{k\Sigma}$$ 　　(8 - 7)

$$X_{f\Sigma} = 1 \Big/ \left(\frac{1}{X_{1k}} + \frac{1}{X_{2k}} + \cdots + \frac{1}{X_{nk}}\right)$$ 　　(8 - 8)

必须指出，在网络化简时等效电源是否合并，应根据具体情况而定。若为了求取各个电源支路的短路电流，就不需要合并电源；若为了求取短路点总的短路电流数值，则电源合并更有利于计算过程的简化。

三、网络变换法化简网络

在进行短路电流计算时，往往先要计算出电源到短路点之间的电抗，即转移电抗 X_k 或短路回路的总阻抗 $X_{k\Sigma}$。这就要求对所计算的网络进行必要的变换和化简。网络化简常用的方法有串联电路的合并、并联电路的化简以及星形与三角形或三角形与星形变换等方法。

阻抗网络变换、化简的图形及换算公式见表 8 - 1。

表 8 - 1　　　　　　　　　　阻抗网络变换、化简图形及换算公式

原来的接线图	简化或变换后的接线图	换算公式
S_1○—□X_1—□X_2……□X_n—○	S_1○—□X—○	$X = X_1 + X_2 + \cdots + X_n$
S_1 并联 $X_1, X_2, \cdots, X_n$	S_1○—□X—○	$X = \dfrac{1}{\dfrac{1}{X_1} + \dfrac{1}{X_2} + \cdots + \dfrac{1}{X_n}}$ 只有两回路时，$X = \dfrac{X_1 X_2}{X_1 + X_2}$
三角形 S_1, S_2, S_3，X_{12}, X_{13}, X_{23}	星形 S_1, S_2, S_3，X_1, X_2, X_3	$X_1 = \dfrac{X_{12}X_{13}}{X_{12} + X_{13} + X_{23}}$　$X_2 = \dfrac{X_{12}X_{23}}{X_{12} + X_{13} + X_{23}}$　$X_3 = \dfrac{X_{13}X_{23}}{X_{12} + X_{13} + X_{23}}$

原来的接线图	简化或变换后的接线图	换算公式
		$X_{12}=X_1+X_2+\dfrac{X_1X_2}{X_3}$ $X_{23}=X_2+X_3+\dfrac{X_2X_3}{X_1}$ $X_{13}=X_1+X_3+\dfrac{X_1X_3}{X_2}$
		$X_{12}=X_1X_2\sum\dfrac{1}{X}$ $X_{23}=X_2X_3\sum\dfrac{1}{X}$ … 式中 $\sum\dfrac{1}{X}=\dfrac{1}{X_1}+\dfrac{1}{X_2}+\dfrac{1}{X_3}+\dfrac{1}{X_4}$

四、分裂电动势和分裂短路点

在网络化简中，有时可以将连接在一个电源点上的各支路拆开，拆开后各支路的端点仍具有与原来电动势相等的电源，这就是分裂电动势。有时也可将连接在短路点的 n 个支路从短路点拆开，各支路拆开后的端点仍具有原来短路点的电位（若为三相短路时，短路点电压为零），这就是分裂短路点。在某些情况下采用分裂电动势或分裂短路点的方法，可使网络化简变得比较方便。

对于图 8 - 4（a）所示的电力网络，将 X_1、X_3 支路在电动势点 $\dot{E}_1$ 处分开，分开后两条支路的电动势仍为 $\dot{E}_1$。同样可将 X_2、X_4 支路在电动势点 $\dot{E}_2$ 处分开，得到图 8 - 4（b）所示的电路，然后将 X_5 和 X_6 支路在短路点 k 处分开，便得到图 8 - 4（c）所示的两个独立电路，从而使计算变得容易多了。

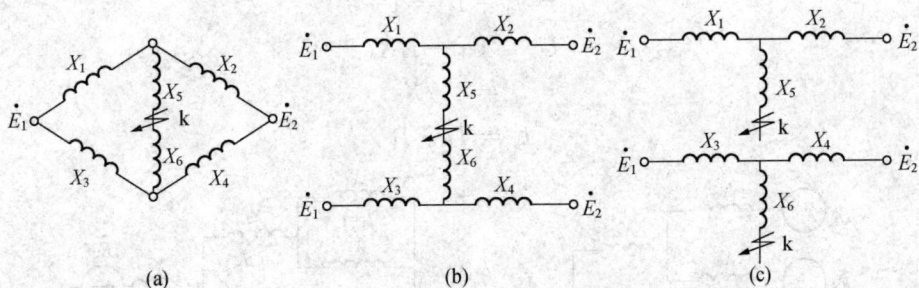

图 8 - 4　分裂电源点和分裂短路点
（a）电力网络等值图；（b）分裂电源点；（c）分裂短路点

五、利用网络对称性化简网络

在电力系统中，常常会遇到对于短路点具有结构对称的网络，如图 8 - 5（a）所示。如果所有发电机的电动势均相等，电抗都等于 X_G，电抗器的电抗为 X_L，两台变压器高、中、低压电抗 X_{T1}、X_{T2}、X_{T3} 分别相等，这样的网络在它的某些点上发生短路时，就存在对称关系。它的等效电路示于图 8 - 5（b）中。可以看出，k_1 点和 k_2 点短路时，网络是对称的。由于网络对于短路点是对称的，因而各对称部分相应点上的电位是相等的。如图 8 - 5（b）中 1、2 点的电位相等，可把 1、2 点直接连接起来，这样电抗 X_L 便被短接。又 3、4 两点电位也相等，也可以将两点直接相连，这样即可以得到图 8 - 5（c）所示的简单网络。

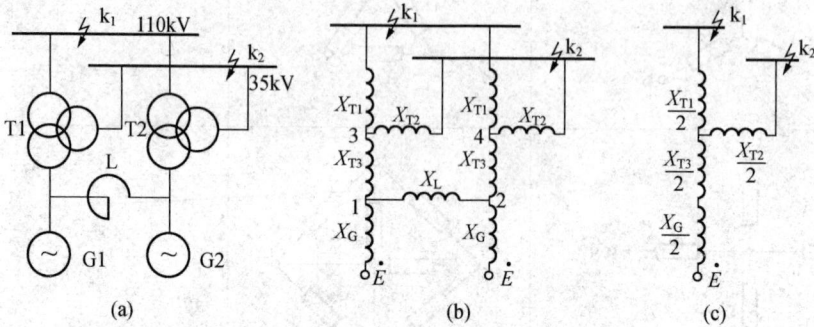

图 8 - 5　利用网络的对称性化简网络图

（a）接线图；（b）等值电路图；（c）网络化简图

应该指出的是，在进行网络化简时，无论如何进行变换和化简，其内部电路无论发生什么变化，对网络的外部而言仍然是等值的。

六、单位电流法化简网络

利用前述的几种网络变换法消去除电源和短路点之外的其他节点后，即可得到各电源至短路点之间的转移阻抗。但对某些放射形网络利用单位电流法求转移电抗则更为简便。

图 8 - 6（a）所示网络中，令电动势 $\dot{E}_1 = \dot{E}_2 = \dot{E}_3 = 0$，并在支路 X_1 中通以单位电流，$\dot{I}_1 = 1$，如图 8 - 6（b）所示。由图可得

$$U_b = I_1 X_1 = X_1$$

$$I_2 = U_b / X_2$$

$$I_4 = I_1 + I_2 = 1 + I_2$$

$$U_a = U_b + I_4 X_4$$

$$I_3 = U_a / X_3$$

$$I_k = I_3 + I_4$$

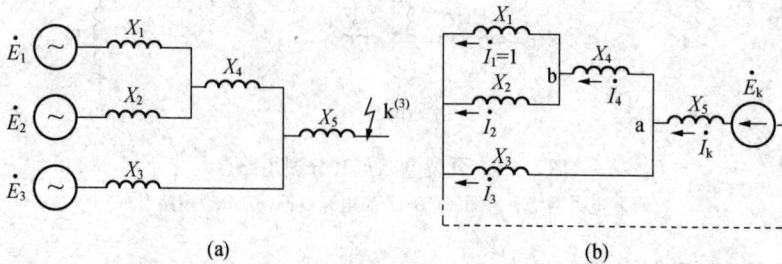

图 8 - 6　用单位电流法求转移电抗

（a）原网络图；（b）单位电流法示意图

$$E_k = U_a + I_k X_5$$

E_k 为产生 I_1（$=1$）、I_2 和 I_3 所需要的短路支路的电动势。根据转移电抗的定义，可得

$$X_{1k} = E_k/I_1 = E_k; X_{2k} = E_k/I_2; X_{3k} = E_k/I_3$$

【例 8 - 1】 电力网络如图 8 - 7（a）所示。已知 $X_1 = 2$，$X_2 = 4$，$X_3 = 4$，$X_4 = 2$，$X_5 = 4$。试用单位电流法求网络各电源到短路点 k 间的转移电抗。

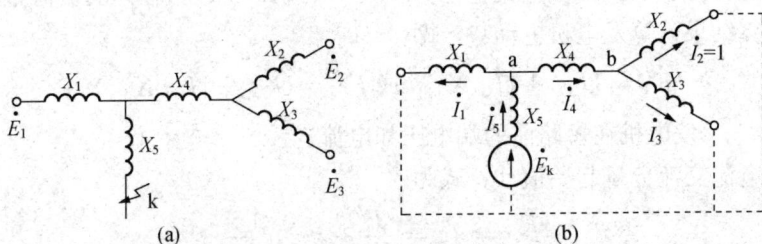

图 8 - 7 ［例 8 - 1］图
(a) 原网络图；(b) 用单位电流法求转移电抗

解 令各电源电动势都等于零，在短路点接入电动势 $\dot{E}_k$，如图 8 - 7（b）所示。设电动势 $\dot{E}_k$ 使 X_2 支路上的电流 $I_2 = 1$，则有

$$U_b = X_2 I_2 = X_2 = 4$$
$$I_3 = U_b/X_3 = 4/4 = 1$$
$$I_4 = I_2 + I_3 = 1 + 1 = 2$$
$$U_a = U_b + I_4 X_4 = 4 + 2 \times 2 = 8$$
$$I_1 = U_a/X_1 = 8/2 = 4$$
$$I_5 = I_4 + I_1 = 2 + 4 = 6$$
$$E_k = U_a + I_5 X_5 = 8 + 6 \times 4 = 32$$

因而，$X_{1k} = E_k/I_1 = 32/4 = 8$；$X_{2k} = E_k/I_2 = 32/1 = 32$；$X_{3k} = E_k/I_3 = 32/1 = 32$。

第二节 短路电流交流分量起始值的计算

在实际工作中，对短路电流进行极准确的计算是相当复杂的。而在解决大部分实际问题时，并不要求十分精确的计算结果。为了简化计算，通常多采用近似计算方法，并要对计算条件作一些必要的简化，使短路电流计算能更方便和迅速。为此，还要作以下几点假设：

（1）在短路过程中，所有发电机转速和电动势的相位均相同，即发电机无摇摆现象。

（2）不计系统的磁饱和，即认为短路回路各元件的感抗为常数，可采用重叠原理计算。

（3）不计变压器励磁支路和线路电容的影响，不计高压电网电阻的影响，仅在低压配电网计算中由于电阻值相对电抗较大时，才予以考虑。

（4）假设发电机转子是对称的，所以可以用次暂态电抗 X''_d 和次暂态电动势 $\dot{E}''$（或用暂态电抗 X'_d 和暂态电动势 $\dot{E}'$）来代表。

（5）短路电流一般远远大于负荷电流，因而可不计负荷电流的影响，即认为短路前发电机是空载的，各发电机的电动势标幺值为1。

（6）当短路点附近有大容量的电动机时，需要计及它们对短路电流的影响。

短路电流交流分量的计算步骤如下：

（1）选取基准功率 S_B 和基准电压 $U_B=U_{av}$，计算各元件的参数标幺值，并作等值电路。

（2）化简网络，求取各电源到短路点之间的转移电抗；或求取网络对短路点的输入电抗 $X_{k\Sigma}$，得到最简化的等值电路。

（3）不考虑负荷影响时，发电机电动势 $E''=1$（或 $E'=1$）。若计及负荷影响时，利用短路前的潮流计算结果计算发电机电动势，即

$$\dot{E}''_* = \dot{U}_{G*} + j\dot{I}_{G*}X''_{d*} \quad (\text{或} \ \dot{E}'_* = \dot{U}_{G*} + j\dot{I}_{G*}X'_{d*}) \tag{8-9}$$

式中　　$\dot{U}_G$、$\dot{I}_G$——发电机在短路前的端电压和电流。

（4）短路电流交流分量起始值计算式为

$$I_{k*} = I''_* = \frac{E''_*}{X_{k\Sigma*}} \approx \frac{1}{X_{k\Sigma*}} \tag{8-10}$$

当计及负荷影响时，各电源的 $\dot{E}''$ 不同相，则要按各电源对短路点的转移阻抗分别计算每台发电机送到短路点的短路电流，相加后得短路点的总短路电流。

（5）短路电流有名值及其他各量。

短路电流有名值
$$I_k = I_{k*}\frac{S_B}{\sqrt{3}U_{av}} \tag{8-11}$$

短路冲击电流
$$i_M = \sqrt{2}K_M I_k \tag{8-12}$$

短路容量
$$S_k = \sqrt{3}U_N I_k \tag{8-13}$$

总短路电流计算出来后，如果要求某一支路的短路电流，可根据网络计算电流分布，进而可得各支路的短路电流值。网络中短路电流的分布常用分布系数表示，由式（8-1）可得

$$\frac{X_{k\Sigma}}{X_{1k}} + \frac{X_{k\Sigma}}{X_{2k}} + \cdots + \frac{X_{k\Sigma}}{X_{nk}} = C_1 + C_2 + \cdots + C_n = 1 \tag{8-14}$$

式中　　C_1，C_2，$\cdots$，C_n——电流分布系数，表示该支路电流占总短路电流的比值。

显然，某一支路的短路电流应为

$$I_{ik} = C_i I_k = I_k \frac{X_{k\Sigma}}{X_{ik}} \quad (i=1,2,\cdots,n) \tag{8-15}$$

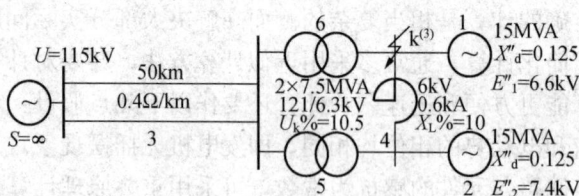

图 8-8　[例 8-2] 图

【例 8-2】　图 8-8 所示的电力系统中，k 点发生三相短路故障。求各电源对短路点的转移电抗，并计算短路电流。

解　（1）计算各元件参数的标幺值并作出等值电路。

取基准功率 $S_B=100MVA$，基准电压 $U_B=U_{av}$。

发电机 1、2　　$X_{1*}=X_{2*}=X''_d\frac{S_B}{S_{1N}}=0.125\times\frac{100}{15}=0.833$

$$E''_{1*} = \frac{E''_1}{U_B} = \frac{6.6}{6.3} = 1.048$$

$$E''_{2*} = \frac{E''_2}{U_B} = \frac{7.4}{6.3} = 1.175$$

输电线 $\qquad X_{3*} = \frac{1}{2} X_L \frac{S_B}{U_B^2} = \frac{1}{2} \times 50 \times 0.4 \times \frac{100}{115^2} = 0.076$

电抗器 $\qquad X_{4*} = \frac{X_L\%}{100} \times \frac{U_{LN}}{\sqrt{3} I_{LN}} \times \frac{S_B}{U_B^2} = 0.1 \times \frac{6}{\sqrt{3} \times 0.6} \times \frac{100}{6.3^2} = 1.455$

变压器 5、6 $\qquad X_{5*} = X_{6*} = \frac{U_k\%}{100} \times \frac{S_B}{S_{TN}} = 0.105 \times \frac{100}{7.5} = 1.4$

等值电路如图 8-9 所示。

（2）网络化简并求各电源对短路点的转移电抗。

先将图 8-9（a）中 X_{5*}、X_{6*}、X_{4*} 组成的三角形化成星形。等效电路如图 8-9（b）所示，其中

$$X_{7*} = \frac{X_{5*} X_{6*}}{X_{4*} + X_{5*} + X_{6*}} = \frac{1.4 \times 1.4}{1.457 + 1.4 + 1.4} = \frac{1.96}{4.255} = 0.461$$

$$X_{8*} = \frac{X_{4*} X_{6*}}{X_{4*} + X_{5*} + X_{6*}} = \frac{1.455 \times 1.4}{4.255} = 0.479$$

$$X_{9*} = \frac{X_{4*} X_{5*}}{X_{4*} + X_{5*} + X_{6*}} = \frac{1.455 \times 1.4}{4.255} = 0.479$$

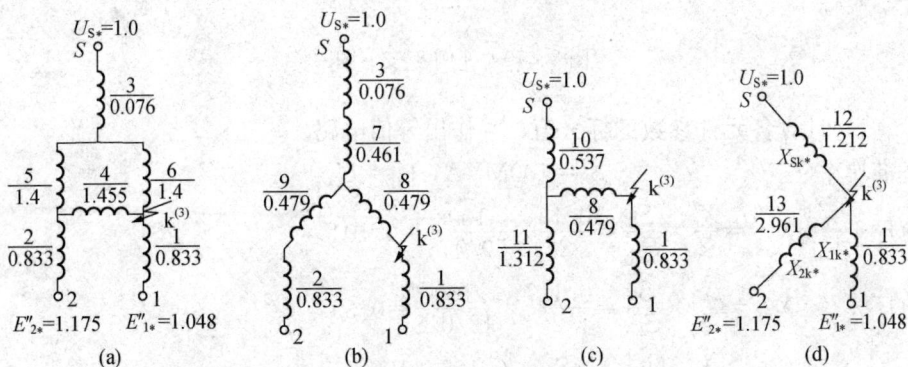

图 8-9 ［例 8-2］网络化简及转移电抗

（a）三角形；（b）星形；（c）各支路上的串联电抗相加后；（d）将星形化成三角形

再将图 8-9（b）中各支路上的串联电抗相加得图 8-9（c），其中

$$X_{10*} = X_{3*} + X_{7*} = 0.076 + 0.461 = 0.537$$

$$X_{11*} = X_{2*} + X_{9*} = 0.833 + 0.479 = 1.312$$

然后将图 8-9（c）中 X_{10*}、X_{8*}、X_{11*} 组成的星形化成三角形，则可求得无限大容量系统和电源 2 对短路点的转移电抗，如图 8-9（d）所示。其中

$$X_{12*} = X_{8*} + X_{10*} + \frac{X_{8*} X_{10*}}{X_{11*}} = 0.479 + 0.537 + \frac{0.479 \times 0.537}{1.312} = 1.212$$

$$X_{13*} = X_{8*} + X_{11*} + \frac{X_{8*} X_{11*}}{X_{10*}} = 0.479 + 1.312 + \frac{0.479 \times 1.312}{0.537} = 2.961$$

最后可得各电源点对短路点的转移电抗为

$$X_{1k*} = 0.833, \quad X_{2k*} = 2.961, \quad X_{Sk*} = 1.212$$

（3）求短路电流，即

$$I_{k*} = \frac{U_{S*}}{X_{Sk*}} + \frac{E''_{1*}}{X_{1*}} + \frac{E''_{2*}}{X_{2*}} = \frac{1}{1.212} + \frac{1.048}{0.833} + \frac{1.175}{2.961} = 2.59$$

化为有名值：$I_k = I_{k*} \dfrac{S_B}{\sqrt{3} U_B} = 2.59 \times \dfrac{100}{\sqrt{3} \times 6.3} = 23.736$（kA）

【例 8 - 3】　图 8 - 10 所示为一电力系统及其参数。试求在 k 点发生三相短路时，短路点处的短路电流、短路冲击电流和短路容量。

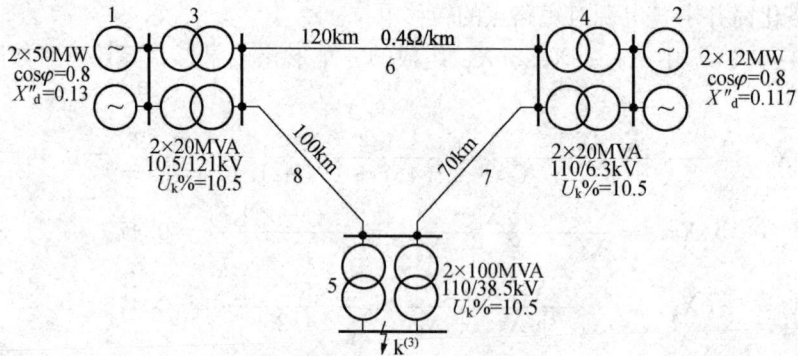

图 8 - 10　［例 8 - 3］图

解　（1）计算各元件参数的标幺值，并作出等值电路。

取基准功率　　　　　　　　$S_B = 100 \text{MVA}, \quad U_B = U_{av}$

发电厂 1　　$X_{1*} = \dfrac{X''_d}{2} \times \dfrac{S_B}{S_{1N}} = \dfrac{0.13}{2} \times \dfrac{100}{50/0.8} = 0.104$

发电厂 2　　$X_{2*} = \dfrac{X''_d}{2} \times \dfrac{S_B}{S_{2N}} = \dfrac{0.117}{2} \times \dfrac{100}{12/0.8} = 0.39$

变电站 3　　$X_{3*} = \dfrac{1}{2} \times \dfrac{U_k\%}{100} \times \dfrac{S_B}{S_{TN}} = \dfrac{0.105}{2} \times \dfrac{100}{20} = 0.263$

变电站 4　　$X_{4*} = \dfrac{1}{2} \times \dfrac{U_k\%}{100} \times \dfrac{S_B}{S_{TN}} = \dfrac{0.105}{2} \times \dfrac{100}{10} = 0.525$

变电站 5　　$X_{5*} = \dfrac{1}{2} \times \dfrac{U_k\%}{100} \times \dfrac{S_B}{S_{TN}} = \dfrac{0.105}{2} \times \dfrac{100}{10} = 0.525$

线路 6　　　$X_{6*} = X_{L6} \dfrac{S_B}{U_{av}^2} = 120 \times 0.4 \times \dfrac{100}{115^2} = 0.363$

线路 7　　　$X_{7*} = X_{L7} \dfrac{S_B}{U_{av}^2} = 70 \times 0.4 \times \dfrac{100}{115^2} = 0.212$

线路 8　　　$X_{8*} = X_{L8} \dfrac{S_B}{U_{av}^2} = 100 \times 0.4 \times \dfrac{100}{115^2} = 0.302$

该系统的等值电路如图 8 - 11 所示。

（2）化简网络。首先把串联支路相加得图 8 - 12（a），其中

$$X_{9*} = X_{1*} + X_{3*} = 0.104 + 0.263 = 0.367$$

$$X_{10*} = X_{2*} + X_{4*} = 0.39 + 0.525 = 0.915$$

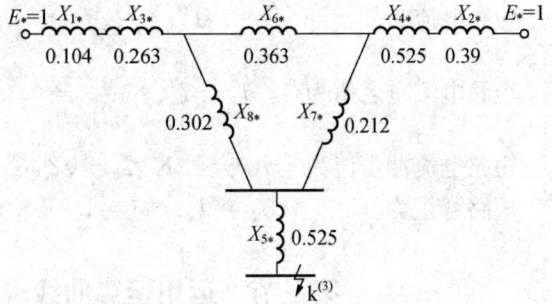

再将 X_{6*}、X_{7*}、X_{8*} 组成的三角形变成星形，如图 8 - 12（b）所示。

$$X_{11*} = \frac{X_{6*} X_{8*}}{X_{6*} + X_{7*} + X_{8*}}$$

$$= \frac{0.363 \times 0.302}{0.363 + 0.212 + 0.302} = 0.125$$

$$X_{12*} = \frac{X_{6*} X_{7*}}{X_{6*} + X_{7*} + X_{8*}}$$

$$= \frac{0.363 \times 0.212}{0.363 + 0.212 + 0.302} = 0.088$$

图 8 - 11　［例 8 - 3］等值电路

$$X_{13*} = \frac{X_{7*} X_{8*}}{X_{6*} + X_{7*} + X_{8*}} = \frac{0.212 \times 0.302}{0.363 + 0.212 + 0.302} = 0.073$$

再将图 8 - 12（b）中的串联电抗相加得图 8 - 12（c），其中

$$X_{14*} = X_{9*} + X_{11*} = 0.367 + 0.125 = 0.492$$

$$X_{15*} = X_{10*} + X_{12*} = 0.915 + 0.088 = 1.003$$

$$X_{16*} = X_{13*} + X_{5*} = 0.073 + 0.525 = 0.598$$

由于短路电流实用计算中可以不计负荷的影响，故可以将两个电源合并。将 X_{14*} 与 X_{15*} 并联后再与 X_{16*} 相加，得图 8 - 12（d）。其中

$$X_{17*} = \frac{X_{14*} X_{15*}}{X_{14*} + X_{15*}} + X_{16*} = \frac{0.492 \times 1.008}{0.492 + 1.008} + 0.598 = 0.928$$

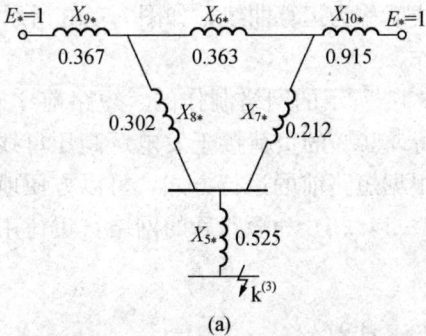

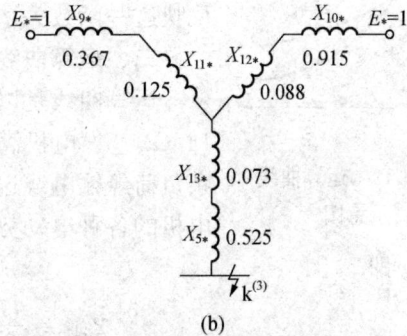

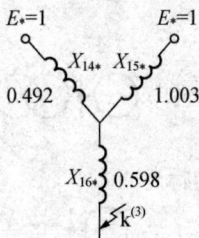

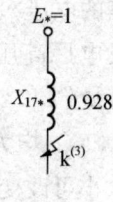

图 8 - 12　［例 8 - 3］网络化简图

(a) 串联支路相加；(b) 三角形变成星形；(c) 串联电抗相加；(d) 合并

（3）短路电流及各量的计算。

短路电流为　　　　　$I''_{k*} = \dfrac{1}{X_{17*}} = \dfrac{1}{0.928} = 1.08$

短路电流有名值为　　$I''_k = I''_{k*} \dfrac{S_B}{\sqrt{3}U_{av}} = 1.08 \times \dfrac{100}{\sqrt{3} \times 37} = 1.69(kA)$

短路电流冲击值为　$i_M = \sqrt{2}K_M I''_k = \sqrt{2} \times 1.8 \times 1.69 = 4.302(kA)$

短路容量为　　　　$S_k = I''_{k*} S_B = 1.08 \times 100 = 108(MVA)$

第三节　运用运算曲线求任意时刻的短路电流

一、运算曲线的概念

在工程计算中，常采用运算曲线来求短路后任意时刻的短路电流的交流分量。由第七章分析可知，由于短路电流是许多参数的函数，它与发电机的各种电抗、时间常数、发电机电动势、励磁系统的参数、短路点离电源的电气距离及时间 t 等因素有关。在发电机的参数和运行初始状态给定后，短路电流只是短路点距离（用外界电抗 X_c 表示）和时间 t 的函数。通常将归算到发电机容量的外接电抗的标幺值与发电机次暂态电抗 X''_d 之和定义为计算电抗，记为 X_{js}，即

$$X_{js} = X_c + X''_d$$

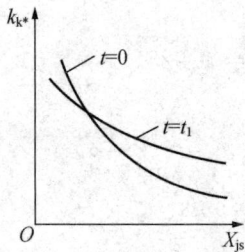

这样，短路电流交流分量的标幺值可表示为计算电抗和时间的函数，即

$$I_{k*} = f(X_{js}, t)$$

反映这一函数关系的曲线就称为运算曲线，如图 8 - 13 所示。

图 8 - 13　运算曲线
示意图

二、运算曲线的制作

运算曲线是以图 8 - 14 所示的网络制作的。短路前［见图 8 - 14（a）］发电机满载运行，50％的负荷接于发电厂高压母线上，其余负荷经输电线送出。根据短路前的运行方式，可以方便地算出发电机的各种电动势。图8 - 14（b）为短路后的网络，负荷用恒定阻抗模拟，即

$$Z_{LD} = \dfrac{U^2}{S_{LD}}(\cos\varphi + j\sin\varphi)$$

式中　U——负荷点的电压，取 $U=1$；

S_{LD}——接于发电厂高压母线的负荷，其大小为发电机额定容量的 50％，$\cos\varphi$ 取 0.9。

图 8 - 14 中 X_T、X_L 均为以发电机额定值为基准值的标幺值。改变 X_L 的大小可改变短路点的远近。

根据图 8 - 14（b）可以求出发电机的外部网络对发电机的等值电抗，也就是外部电抗。再将外部电抗与发电机的有关电抗相加，即可用发电机短路电流交流分量的表达式计算出不同时刻的周期分量电流值。

不同发电机的参数不同，运算曲线也不同。我国根据自

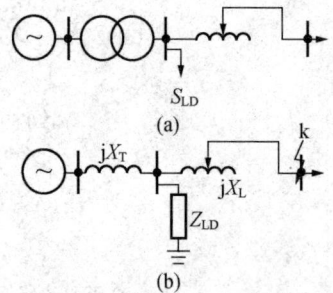

图 8 - 14　制作运算曲线的接线图
（a）短路前；（b）短路后

已的实际情况，选取了容量从 $12\sim200\mathrm{MW}$ 的 18 种不同型号的汽轮发电机作为样机。对给定的 X_{js} 和时间 t，分别算出各种机组的交流分量电流值，取其算术平均值作为汽轮发电机的短路电流交流分量值，然后绘制成曲线。对于水轮发电机也用相同的方法制作运算曲线，各种类型的运算曲线列于附录中。

运算曲线只做到 $X_{js*}=3.45$ 为止。当 $X_{js*}\geqslant3.45$ 时，可以近似地认为，短路电流交流分量的幅值已不随时间而变，可直接按下式计算

$$I_{k*}=\frac{1}{X_{js*}} \tag{8-16}$$

三、运算曲线应用

下面介绍应用运算曲线计算短路电流的步骤。

1. 网络化简，求各电源对短路点的转移电抗

在运用运算曲线之前，首先要略去负荷支路（曲线制作时已近似地计及了负荷的影响），将原系统等值电路通过网络变换，求得每个电源到短路点之间的转移电抗。

2. 求各电源的计算电抗

由于求得的转移电抗为按事先选定的 S_B 基准值的标幺值，必须将转移电抗归算到以各发电机容量为基准的标幺值，才能得到发电机对短路点的计算电抗，即

$$X_{js*i}=X_{ik*}\frac{S_{iN}}{S_B}\quad(i=1,2,\cdots,n) \tag{8-17}$$

式中　　S_{iN}——第 i 台发电机的额定容量；

　　　　　n——发电机台数。

3. 查运算曲线

由 X_{js1}，X_{js2}，$\cdots$，X_{jsn} 分别查适当的运算曲线，找出指定时刻各发电机提供的以发电机额定容量为基准的交流分量标幺值 I_{t1*}，I_{t2*}，$\cdots$，I_{tn*}。

网络中如有无限大容量系统时，其供给的短路电流周期分量是不衰减的，由下式计算

$$I_{S*}=\frac{1}{X_{Sk}} \tag{8-18}$$

4. 求各周期分量有名值之和，得短路点的短路电流

第 i 台发电机提供的短路电流为

$$I_{ti}=I_{ti*}\frac{S_{iN}}{\sqrt{3}U_{av}} \tag{8-19}$$

无限大容量系统提供的短路电流为

$$I_S=I_{S*}I_B=I_{S*}\frac{S_B}{\sqrt{3}U_{av}} \tag{8-20}$$

则短路点总的短路电流有名值为

$$I_t=I_S+\sum_{i=1}^{n}I_{ti} \tag{8-21}$$

实际电力系统中，发电机数目很多，如果每台发电机都用一个电源表示，则计算工作量很大。因此，在实用计算中，为了简化计算，通常可以将类型相同或电源到短路点之间电气距离相近的电源合并为一个等效电源，如参数接近的汽轮发电机或水轮发电机可以合并，距短路点较远的不同类型发电机可以合并等。发电厂合并成一个等效电源后，进而求出等效电

源到短路点之间的转移电抗，相应的转移电抗应归算到以等效电源总容量为基准的计算电抗。这时式（8-17）和式（8-19）中的 S_{iN} 应为被合并的所有发电机额定容量之和 $\sum S_{iN}$。

【例 8-4】 图 8-15（a）所示的电力系统中，发电厂（G1、G2）和系统都是由火力发电厂组成，发电机母线断路器 QF 处于断开状态。试计算 k 点发生三相短路 0.2s 时的短路电流，分别考虑以下两种情况：

（1）发电机 G1、G2 及系统各用一个电源表示；

（2）发电厂 G2 和系统合并为一个等值机。

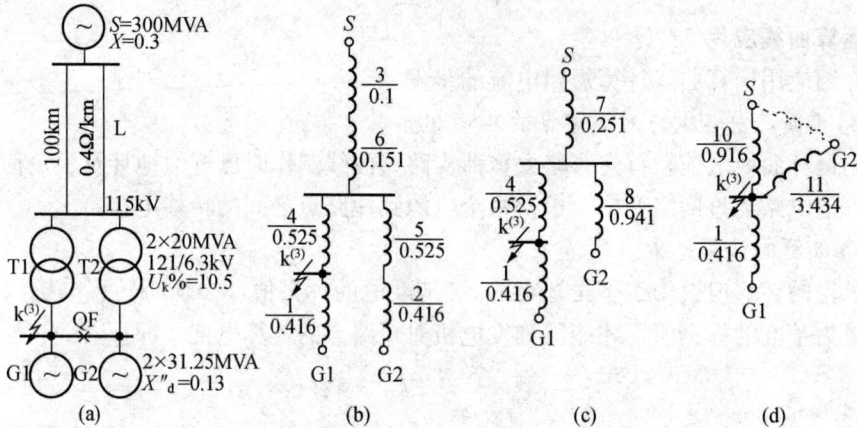

图 8-15 ［例 8-4 附图］

（a）原理接线图；（b）、（c）、（d）网络化简图

解 取 $S_B = 100\text{MVA}$，$U_B = U_{av}$

发电机 G1、G2　$X_1 = X_2 = X''_d \dfrac{S_B}{S_{GN}} = 0.13 \times \dfrac{100}{31.25} = 0.416$

系统　$X_3 = X \dfrac{S_B}{S_{SN}} = 0.3 \times \dfrac{100}{300} = 0.1$

变压器 T1、T2　$X_4 = X_5 = \dfrac{U_k\%}{100} \times \dfrac{S_B}{S_{TN}} = 0.105 \times \dfrac{100}{20} = 0.525$

线路　$X_6 = \dfrac{1}{2} X_L \dfrac{S_B}{U_B^2} = \dfrac{1}{2} \times 100 \times 0.4 \times \dfrac{100}{115^2} = 0.151$

等值电路如图 8-15（b）所示。

（1）G1、G2 和系统各为一个电源。

1）网络化简，求转移电抗。

把图 8-15（b）中的串联电抗合并可得图 8-15（c），将星形 X_7、X_4、X_8 化成三角形得 X_9、X_{10}、X_{11}，如图 8-15（d）所示。则 X_{10} 为系统对短路点的转移阻抗，X_{11} 为 G2 对短路点的转移阻抗，即

$$X_{Sk} = X_{10} = 0.251 + 0.525 + \frac{0.251 \times 0.525}{0.941} = 0.916$$

$$X_{2k} = X_{11} = 0.525 + 0.941 + \frac{0.525 \times 0.941}{0.251} = 3.434$$

$$X_{1k} = 0.416$$

2）求各电源的计算电抗。

$$X_{Sjs} = X_{Sk} \frac{S_{SN}}{S_B} = 0.916 \times \frac{300}{100} = 2.748$$

$$X_{1js} = X_{1k} \frac{S_{GN}}{S_B} = 0.416 \times \frac{31.25}{100} = 0.131$$

$$X_{2js} = X_{2k} \frac{S_{GN}}{S_B} = 3.434 \times \frac{31.25}{100} = 1.073$$

3）由计算电抗查运算曲线，得各电源在短路发生 0.2s 时，短路电流的标幺值，即

$$I_1 = 4.9; I_2 = 0.78; I_S = 0.35$$

4）求短路点总短路电流。

$$I_{0.2} = 4.9 \times \frac{31.25}{\sqrt{3} \times 6.3} + 0.78 \times \frac{31.25}{\sqrt{3} \times 6.3} + 0.35 \times \frac{300}{\sqrt{3} \times 6.3}$$

$$= 14.033 + 2.234 + 9.623$$

$$= 25.89 (kA)$$

（2）G2 与系统合并成一个等值机。

合并后等值机的转移电抗为

$$X_{2Sk} = (X_7 /\!/ X_8) + X_4 = (0.251 /\!/ 0.941) + 0.525 = 0.723$$

归并到等值机容量下的转移电抗为

$$X_{2Sjs} = 0.723 \times \frac{31.25 + 300}{100} = 2.395$$

查运算曲线得短路发生 0.2s 时，等值机提供的短路电流为

$$I_{0.2} = 0.4$$

短路点总短路电流为

$$I_{0.2} = 4.9 \times \frac{31.25}{\sqrt{3} \times 6.3} + 0.4 \times \frac{31.25 + 300}{\sqrt{3} \times 6.3} = 26.175 (kA)$$

以上两种情况短路点总短路电流相差 0.285kA（误差为 1.1%），可见当 k 点发生短路时，将 G2 和系统合并为一个等值机所引起的误差是不大的。

第四节　异步电动机对短路电流的影响

当短路点附近有大容量同步或异步电动机时，在其电动势作用下，电动机将向短路点提供短路电流。在正常运行时，异步电动机的定子绕组和转子绕组中都存在交变的磁链。在异步电动机定子端发生三相短路时，根据磁链守恒定律，短路瞬间定子绕组和转子绕组中的磁链都不能突变。因此，定子和转子绕组中都将感应产生直流分量电流，以维持短路瞬间各绕组的磁链不变。同时，由于转子具有较大的机械惯性，转子的转速变化较慢。因而转子绕组的直流电流产生的磁场将在定子绕组中感应出交流电流，这就是异步电动机能提供短路电流的原因。当然定子绕组中的直流分量也能在转子绕组中感应产生交流电流。由于电动机本身没有励磁电源，在短路瞬间产生的交流电流也是没有电源供给的自由分量，所以定子绕组和转子绕组中的电流最后均衰减到零。图 8 - 16 示出异步电动机突然三相短路时的电流波形。

由上分析可知，短路瞬间异步电动机也可以用一个与转子绕组交链的磁链成正比的电动

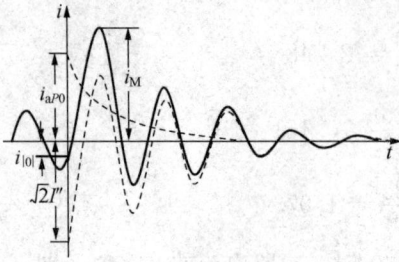

图 8-16　异步电动机三相短路
时的电流波形

势——次暂态电动势，以及与它相应的次暂态电抗来代表。次暂态电动势可由短路前运行状态求得。在短路瞬间，异步电动机端电压为零，则短路电流为

$$I'' = E''_{|0|}/X'' \qquad (8-22)$$

式中的 X'' 为异步电动机的次暂态电抗，其值等于异步电动机的起动电抗 X_{st}，考虑到异步电动机的起动电流约为额定电流的 5 倍左右，即起动电流 I_{st} 的标幺值大约为 5，故异步电动机的次暂态电抗值约为 $X'' \approx X_{st} \approx 1/I_{st} \approx 0.2$。

异步电动机正常运行时的相量图如图 8-17 所示。由图可知，次暂态电动势 $E''_{|0|}$ 可用式（8-23）求得

$$E''_{|0|} = \sqrt{(U_{|0|} - I_{|0|}X''\sin\varphi_{|0|})^2 + (I_{|0|}X''\cos\varphi_{|0|})^2}$$
$$(8-23)$$

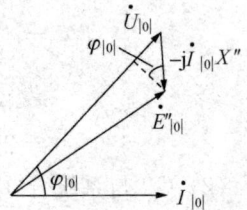

图 8-17　异步电动机相量图

由于 $I_{|0|}X''\cos\varphi_{|0|}$ 项相对较小，可以忽略不计，则上式可简写为

$$E''_{|0|} = U_{|0|} - I_{|0|}X''\sin\varphi_{|0|} \qquad (8-24)$$

若短路前电动机为额定运行方式，即 $U_{|0|} = 1$，$I_{|0|} = 1$，$\cos\varphi_{|0|} = 0.85$，取 $X'' \approx 0.2$，则 $E''_{|0|} = 0.9$。由式（8-10）可得异步电动机三相短路电流的起始值为

$$I'' = E''_{|0|}/X'' = 4.5$$

即短路瞬间短路电流为电动机额定电流的 4.5 倍。

在实用计算中，异步电动机供给的短路冲击电流计算式为

$$i_M = \sqrt{2}K_M I'' \qquad (8-25)$$

式中　K_M——电动机的短路电流冲击系数。

K_M 取值范围如下，对低压小容量电动机和综合负荷，$K_M = 1$；容量为 $200 \sim 500kW$ 的异步电动机，$K_M = 1.3 \sim 1.5$；容量为 $500 \sim 1000kW$ 的异步电动机，$K_M = 1.5 \sim 1.7$；容量为 $1000kW$ 以上的异步电动机，$K_M = 1.7 \sim 1.8$。

【例 8-5】　异步电动机 $S_N = 30MVA$，$U_N = 10kV$。正常运行时，异步电动机消耗的功率为 $20MW$，$\cos\varphi = 0.8$，端电压为 $10.2kV$，异步电动机起动电流为额定电流的 5 倍。如果在电动机端点发生三相短路，求电动机所提供的短路电流及最大冲击电流。

解　正常运行时电动机的负荷电流为

$$I_{|0|} = \frac{P}{\sqrt{3}U_N\cos\varphi} = \frac{20}{\sqrt{3} \times 10.2 \times 0.8} = 1.42(kA)$$

电动机额定电流为

$$I_N = \frac{S_N}{\sqrt{3}U_N} = \frac{30}{\sqrt{3} \times 10} = 1.732 \ (kA)$$

$$I_{|0|*} = \frac{I_{|0|}}{I_N} = \frac{1.42}{1.732} = 0.82$$

$$U_{|0|*} = \frac{U_{|0|}}{U_N} = \frac{10.2}{10} = 1.02$$

$$X''_* = \frac{1}{I_{st*}} = \frac{1}{5} = 0.2$$

所以　　$E''_* \approx U_{|0|*} - I_{|0|*} X''_* \sin\varphi_{|0|} = 1.02 - 0.82 \times 0.2 \times \sin36.9° = 0.922$

则短路电流为　　　　$I''_* = \frac{E''_{|0|*}}{X''_*} = \frac{0.922}{0.2} = 4.61$

故电动机在机端发生三相短路时所提供的短路电流值为

$$I'' = I''_* I_N = 4.61 \times 1.732 = 7.985(kA)$$

短路冲击电流为　　　$i_M = \sqrt{2} K_M I'' = \sqrt{2} \times 1.8 \times 7.985 = 20.325 \ (kA)$

【例 8-6】　图 8-18（a）所示的简单网络中，一台同步发电机向一台同步电动机供电。同步发电机和同步电动机的功率均为 30MVA，额定电压均为 10.5kV，次暂态电抗均为 0.2。以发电机额定值为基准的线路电抗标幺值为 0.1。设正常运行时电动机消耗的功率为 20MW，功率因数为 0.8（滞后），端电压为 10.2kV。若在电动机端部 k 点发生三相短路，试求故障点的电流以及发电机和电动机支路中的电流。

解　取基准值 $S_B = 30MVA$，$U_B = 10.5kV$，则 $I_B = \dfrac{30 \times 10^3}{\sqrt{3} \times 10.5} = 1650(A)$

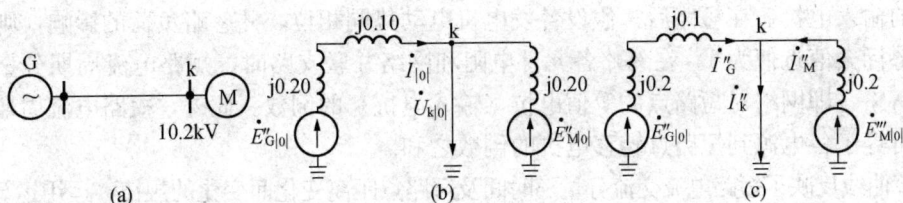

图 8-18　［例 8-6］图

(a) 网络图；(b) 短路前的等值电路；(b) 短路后的等值电路

（1）计算短路前发电机和电动机的电动势 $\dot{E}''_{G|0|}$、$\dot{E}''_{M|0|}$（本例中未采用 $\dot{E}''_{G|0|} = 1$ 的假定）。

若以 $\dot{U}_{k|0|}$ 为参考相量，即

$$\dot{U}_{k|0|*} = \frac{10.2}{10.5} = 0.97\angle 0°$$

则正常情况下电路中的工作电流为

$$\dot{I}_{|0|} = \frac{20 \times 10^3}{\sqrt{3} \times 10.2 \times 0.8} \angle -36.9° = 1415\angle -36.9°(A)$$

以标幺值表示为　　$\dot{I}_{|0|*} = \frac{\dot{I}_{|0|}}{\dot{I}_B} = \frac{1415}{1650} \angle -36.9° = 0.86\angle -36.9° = 0.69 - j0.52$

发电机和电动机的次暂态电动势分别为

$$\dot{E}''_{G|0|*} = \dot{U}_{k|0|*} + j\dot{I}_{|0|*} X''_{d\Sigma} = 0.97 + j(0.69 - j0.52) \times 0.3 = 1.126 + j0.207$$

$$\dot{E}''_{M|0|*} = \dot{U}_{k|0|*} - j\dot{I}_{|0|*} X''_d = 0.97 - j(0.69 - j0.52) \times 0.2 = 0.866 - j0.138$$

（2）根据短路后的等值电路计算各处电流。

发电机支路中的电流为

$$\dot{I}''_G = \frac{1.126 + j0.207}{j0.3} \times 1650 = (0.69 - j3.75) \times 1650 = 1139 - j6188(A)$$

电动机支路中的电流为

$$\dot{I}''_M = \frac{0.866 - j0.138}{j0.2} \times 1650 = -(0.69 + j4.33) \times 1650 = -1139 - j7145(A)$$

短路点的电流为

$$\dot{I}''_k = \dot{I}''_G + \dot{I}''_M = (1139 - j6188) + (-1139 - j7145) = -j13333(A)$$

由本例可知，当故障点附近有大容量电动机时，由于它们所提供的短路电流较大，因而计算中必须计及它们对短路点提供的短路电流。

小　结

本章首先介绍了网络的化简知识，其次介绍了电力系统三相短路的实用计算方法。实用计算方法是在一些假定条件下进行的，从而使计算得以简化。

电力系统的网络化简方法有多种，其本质是必须求得短路点到各电源之间的转移电抗或短路点的输入电抗。在短路后，假设各发电机电动势同相位，并忽略负荷的影响，则各发电机电动势标幺值近似为 1；在忽略各元件电阻和网络并联支路时，短路电流周期分量的起始值为 $1/X_{k\Sigma}$，即网络对短路点的等值电抗（输入电抗）的倒数。此外，短路电流周期分量起始值也可等于各电源到短路点转移电抗的倒数之和。

运算曲线反映了短路电流交流分量随时间及短路点距离变化而变化的规律，运用运算曲线可以求取短路后任意时刻的短路电流。只要求得各电源对短路点的转移电抗，再求得归算到发电机容量的计算电抗，以此查运算曲线即可得任意时刻以发电机容量为基准的短路电流标幺值。

当短路发生在电动机端时，大容量的电动机会向短路点提供短路电流，因而计算短路电流时应计及电动机的影响。

习　题

8-1　什么是转移阻抗？什么是输入电抗？两者有何关系？

8-2　化简网络应遵循的原则是什么？

8-3　什么是分布系数？有什么意义？

8-4　在进行短路电流周期分量起始值计算时，做了哪些假设，这些假设对短路电流起始值计算有什么影响？

8-5　如何计算短路电流周期分量起始值 I''，它与冲击电流 i_M 有何关系？

8-6　何谓运算曲线？它是怎样制作出来的？

8-7　运用运算曲线计算任意时刻的短路电流的步骤是什么？

8-8　什么是计算电抗？它与转移电抗有何异同？

8-9　在电动机端部短路时，为什么电动机会向短路点提供短路电流？如何计算该短路电流？

8-10　某电力系统如图 8-19 所示。已知 $\dot{E}_1 = \dot{E}_2$，若在 k 点发生三相短路，试将网络化简成由一个等值电动势和一个等值电抗表示的形式，并写出它们的表达式。

8 - 11　某系统接线如图 8 - 20 所示。试用下述方法求各发电机对短路点的转移电抗。

（1）用单位电流法；

（2）用网络变换法。

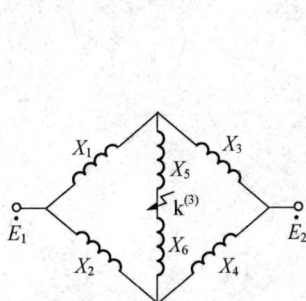

图 8 - 19　习题 8 - 10 图　　　　　　　图 8 - 20　习题 8 - 11 图

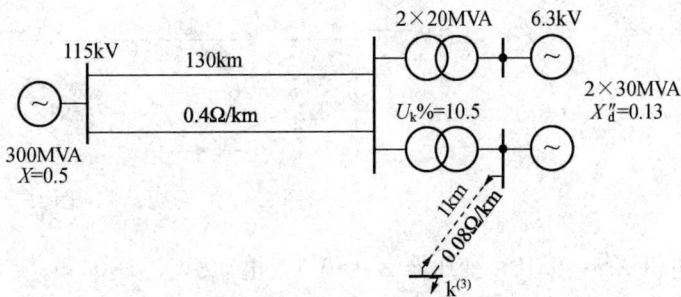

8 - 12　求图 8 - 21 所示发电厂中 k 点发生三相短路时的短路电流起始值 I'' 及短路冲击电流 i_M，短路后 0.2s 和 1.5s 的短路电流值，取 $S_B = 100MVA$。

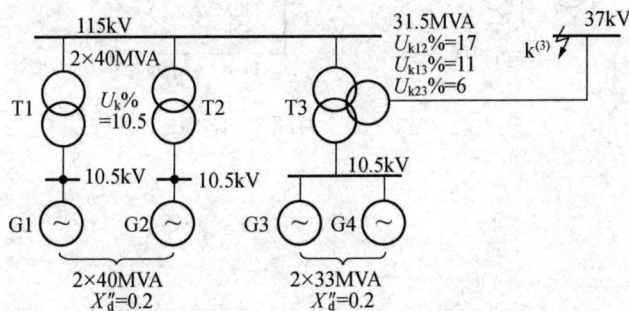

图 8 - 21　习题 8 - 12 图

8 - 13　试计算图 8 - 22 中流过断路器 QF 的最大可能的次暂态短路电流 I'' 以及可能的最大短路冲击电流 i_M。

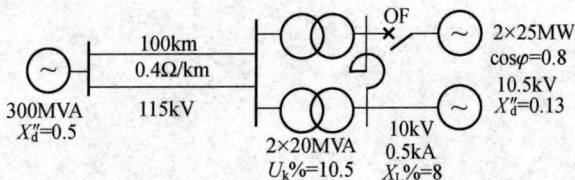

图 8 - 22　习题 8 - 13 图

8 - 14　试计算图 8 - 23 所示电力系统 k 点发生三相短路时短路点的总短路电流及各发电机支路的电流，取 $S_B = 100MVA$。

8 - 15　图 8 - 24 所示系统参数不详，已知与系统相联接的一回出线所装断路器的额定断流容量为 1000MVA，求 k 点发生三相短路 0、0.2s 时的短路电流。

8 - 16　一台同步电动机经变压器接到一台同步发电机，归算到同一基准下的参数为：

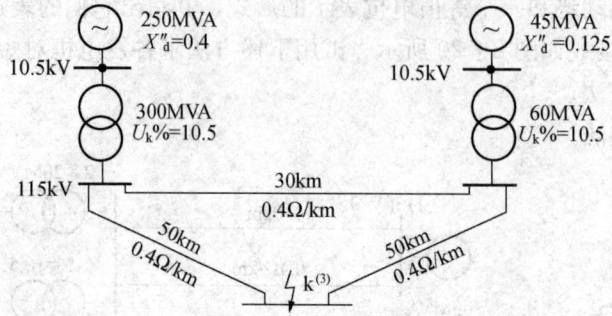

图 8 - 23　习题 8 - 14 图

发电机 $X''_d = 0.15$，变压器 $X_T = 0.1$，电动机 $X''_d = 0.35$。

在电动机的机端发生三相短路。故障前发电机端电压为 1.05，电流为 1.0，功率因数为 0.8（滞后），求故障点发生三相短路时，发电机和电动机的次暂态短路电流。

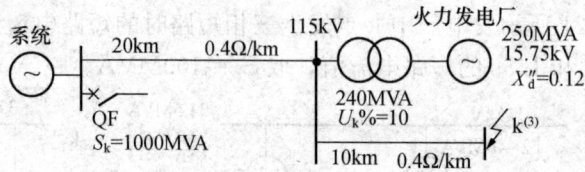

图 8 - 24　习题 8 - 15 图

第九章　对称分量法及电力系统各元件的序阻抗和等值电路

第一节　对称分量法

三相短路时，由于电路的对称性没有被破坏，所以只需分析一相即可。当系统发生不对称短路时，电路的对称性被破坏，网络中出现了不对称电流和电压，这时就不能只取一相进行计算。因此，在分析不对称短路时，通常是将不对称的电压和电流等不对称量分解成三组对称分量。在线性网络中，这三序分量是相互独立的，可以分别进行计算，最后再将计算结果按照一定规则组合起来得到最终的短路电流结果，这就是对称分量法。

在三相系统中，任意不对称的三相量，可以分解为三组对称分量。这三组对称分量为：

（1）正序分量。三相量大小相等，彼此互差120°，且与系统正常运行方式下相序一致的一组相量，如图 9-1（a）所示。

（2）负序分量。三相量大小相等，彼此互差120°，与系统正常相序相反的一组相量，如图 9-1（b）所示。

（3）零序分量。由3个大小相等、相位相同的三相量组成，如图 9-1（c）所示。

当选择 a 相作为基准相，并引入旋转相量 $a = e^{j120°}$ 后，三序相量有如下关系：

正序分量　　　　　　$\dot{F}_{b1} = a^2 \dot{F}_{a1}$；$\dot{F}_{c1} = a \dot{F}_{a1}$

负序分量　　　　　　$\dot{F}_{b2} = a \dot{F}_{a2}$；$\dot{F}_{c2} = a^2 \dot{F}_{a2}$

零序分量　　　　　　$\dot{F}_{a0} = \dot{F}_{b0} = \dot{F}_{c0}$

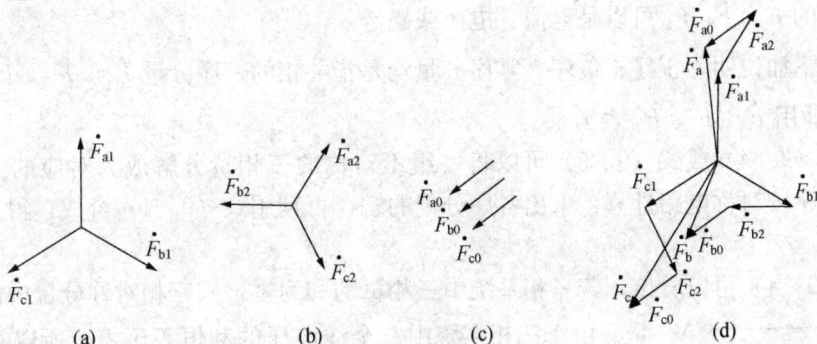

图 9-1　对称分量法

（a）正序相量图；（b）负序相量图；（c）零序相量图；（d）正、负、零序合成的相量图

上述的旋转相量 a 称为算子，其值为

$$a = e^{j120°} = -\frac{1}{2} + j\frac{\sqrt{3}}{2}；a^2 = e^{j240°} = -\frac{1}{2} - j\frac{\sqrt{3}}{2}$$

$$1 + a + a^2 = 0；a^3 = 1$$

用作图法很容易将三个下标分别含 a、b、c 的三序相量合成为一组不对称相量 $\dot{F}_a$、$\dot{F}_b$、$\dot{F}_c$，合成结果示于图 9-1（d）中。由图可得合成结果的数学表达式为

$$\left.\begin{aligned}
\dot{F}_a &= \dot{F}_{a1} + \dot{F}_{a2} + \dot{F}_{a0} = \dot{F}_{a1} + \dot{F}_{a2} + \dot{F}_{a0} \\
\dot{F}_b &= \dot{F}_{b1} + \dot{F}_{b2} + \dot{F}_{b0} = a^2\dot{F}_{a1} + a\dot{F}_{a2} + \dot{F}_{a0} \\
\dot{F}_c &= \dot{F}_{c1} + \dot{F}_{c2} + \dot{F}_{c0} = a\dot{F}_{a1} + a^2\dot{F}_{a2} + \dot{F}_{a0}
\end{aligned}\right\}$$ (9-1)

其矩阵形式为

$$\begin{bmatrix} \dot{F}_a \\ \dot{F}_b \\ \dot{F}_c \end{bmatrix} = \begin{bmatrix} 1 & 1 & 1 \\ a^2 & a & 1 \\ a & a^2 & 1 \end{bmatrix} \begin{bmatrix} \dot{F}_{a1} \\ \dot{F}_{a2} \\ \dot{F}_{a0} \end{bmatrix}$$ (9-2)

简写为 $$\boldsymbol{F_P = TF_S}$$ (9-3)

上式说明三组对称相量可以合成得一组（三个）不对称相量。解上述方程式，得

$$\left.\begin{aligned}
\dot{F}_{a1} &= \frac{1}{3}(\dot{F}_a + a\dot{F}_b + a^2\dot{F}_c) \\
\dot{F}_{a2} &= \frac{1}{3}(\dot{F}_a + a^2\dot{F}_b + a\dot{F}_c) \\
\dot{F}_{a0} &= \frac{1}{3}(\dot{F}_a + \dot{F}_b + \dot{F}_c)
\end{aligned}\right\}$$ (9-4)

其矩阵形式为

$$\begin{bmatrix} \dot{F}_{a1} \\ \dot{F}_{a2} \\ \dot{F}_{a0} \end{bmatrix} = \frac{1}{3}\begin{bmatrix} 1 & a & a^2 \\ 1 & a^2 & a \\ 1 & 1 & 1 \end{bmatrix} \begin{bmatrix} \dot{F}_a \\ \dot{F}_b \\ \dot{F}_c \end{bmatrix}$$ (9-5)

简写为 $$\boldsymbol{F_S = T^{-1}F_P}$$ (9-6)

式（9-4）～式（9-6）表示任一组不对称相量可以分解为三组对称分量，且这种分解是唯一的。式中的 $\dot{F}_a$、$\dot{F}_b$、$\dot{F}_c$ 可以是电流、电压或磁链。

以后凡不加说明，正序、负序、零序分量均是指 a 相的三序分量 $\dot{F}_{a1}$、$\dot{F}_{a2}$、$\dot{F}_{a0}$，而且略去下标 a，即用 $\dot{F}_1$、$\dot{F}_2$、$\dot{F}_0$ 表示。

利用式（9-4）或式（9-5）可以将一组不对称的三相量分解成为对应的三序对称分量，然后三序按对称电路计算，求出各序分量的解，再利用式（9-1）合成，得到不对称电路的解。

由式（9-4）可以看出，若三相系统中三相量的和为零，则三相对称分量中没有零序分量。由于三相系统中三个线电压的和恒等于零，所以在线电压中没有零序分量。而相电压在发生不对称接地时是不平衡的，所以才有零序分量。

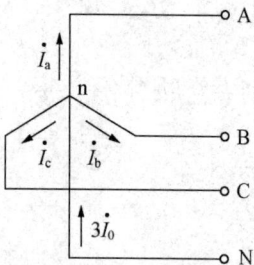

图 9-2　零序电流以中性线为通路

在中性线不接地或没有中性线的三相电路中，线电流之和恒等于零，它不含有零序分量。在三角形接法中，相电流可以在三角形内部形成环流，线电流为相电流之差，线电流之和也恒等于零，所以线电流中也没有零序分量。由此可见，零序电流必须以中性线或大地（以地代中性线）作为通路。因而，在有中性线（或中性点接地）的三相电路中，如图 9-2 所示，中性线的电流

等于一相零序电流的 3 倍，即 $\dot{I}_n = \dot{I}_a + \dot{I}_b + \dot{I}_c = 3\dot{I}_0$。

需要说明的是，上述对称分量不仅仅是数学上的线性变换，它们是客观存在的，各序分量均可以测量出来，而且每一组分量都有其物理意义。如负序电流在旋转电机中产生的磁通相对于转子以两倍同步速度旋转，因而会在转子中感应电流造成转子的附加发热。而零序电流分量则总是与接地的短路故障相联系，可以在变压器中性点处测得。

第二节　对称分量法在不对称故障分析中的应用

一、对称电路的序分量

在三相对称电路中，各相的参数是相同的。若在三相对称电路中通以三相正序电流，则在电路的元件上只产生正序电压降。同理，若在三相对称电路中分别通以三相负序和零序电流，则在元件上只分别产生三相负序和零序电压降；反过来，若在对称电路中分别施以正序、负序和零序电压，电路中分别产生正序、负序、零序的对称电流分量，即同序电压只与同一序电流有关。这样，就可对三序分量分别进行计算，最后再将结果叠加即可。对称电路对不同的序分量呈现的参数也不同，分别称为正序、负序和零序阻抗，但各序三相参数仍然对称，因此对每一序只需计算一相即可。下面以单回输电线路为例加以说明。

图 9 - 3 所示为一三相对称输电线路，该线路每相的自阻抗为 Z_S（与第二章介绍等值阻抗不同），相间的互阻抗为 Z_m。若网络中某处发生不对称故障，则线路上流过三相不对称电流。虽然三相阻抗是对称的，但三相电压降仍然是不对称的，三相电压降与三相电流关系为

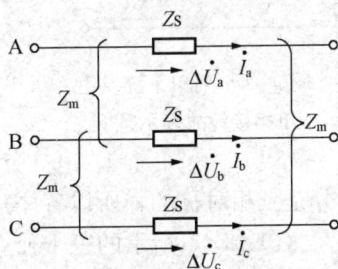

图 9 - 3　三相对称输电线路

$$\Delta\dot{U}_a = Z_S\dot{I}_a + Z_m\dot{I}_b + Z_m\dot{I}_c$$
$$\Delta\dot{U}_b = Z_m\dot{I}_a + Z_S\dot{I}_b + Z_m\dot{I}_c$$
$$\Delta\dot{U}_c = Z_m\dot{I}_a + Z_m\dot{I}_b + Z_S\dot{I}_c$$

写成矩阵形式为

$$\begin{bmatrix} \Delta\dot{U}_a \\ \Delta\dot{U}_b \\ \Delta\dot{U}_c \end{bmatrix} = \begin{bmatrix} Z_S & Z_m & Z_m \\ Z_m & Z_S & Z_m \\ Z_m & Z_m & Z_S \end{bmatrix} \begin{bmatrix} \dot{I}_a \\ \dot{I}_b \\ \dot{I}_c \end{bmatrix} \qquad (9 - 7)$$

可简写为

$$\Delta\dot{U}_P = Z_P\dot{I}_P \qquad (9 - 8)$$

用式（9 - 3）将式（9 - 8）变成对称分量，则

$$T\Delta\dot{U}_S = Z_P T\dot{I}_S$$
$$\Delta\dot{U}_S = T^{-1}Z_P T\dot{I}_S = Z_S\dot{I}_S \qquad (9 - 9)$$

其中

$$Z_S = T^{-1}Z_P T = \begin{bmatrix} Z_S - Z_m & 0 & 0 \\ 0 & Z_S - Z_m & 0 \\ 0 & 0 & Z_S + 2Z_m \end{bmatrix} \qquad (9 - 10)$$

式中　Z_S——电压降的对称分量和电流的对称分量之间的阻抗矩阵。

由式（9-9）和式（9-10）可得到以对称分量表示的正序、负序、零序电压降，与各序阻抗及三序电流的关系为

$$\Delta \dot{U}_1 = (Z_S - Z_m)\dot{I}_1 = Z_1 \dot{I}_1$$
$$\Delta \dot{U}_2 = (Z_S - Z_m)\dot{I}_2 = Z_2 \dot{I}_2$$
$$\Delta \dot{U}_0 = (Z_S + 2Z_m)\dot{I}_0 = Z_0 \dot{I}_0$$

$$(9-11)$$

式中　Z_1、Z_2、Z_0——线路的正序、负序、零序阻抗。其中 Z_1 所对应的电抗即为第二章中所介绍的电抗。

由以上分析可知，在三相对称线性电路中通以某序电流时，网络中只产生与该序电流对应的序电压降，而与其他序分量无关。换言之，网络对三序电流呈现不同的阻抗，且三序网络相互独立，对于系统中的静止元件，如变压器、线路等，正序和负序阻抗相等，而线路的零序阻抗大于正序阻抗；对于发电机、电动机等旋转设备，其正序和负序阻抗不相等。

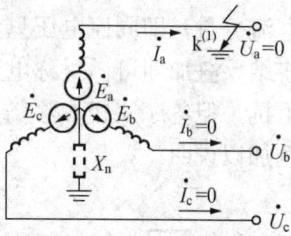

二、对称分量法在不对称短路中的应用

图 9-4　简单系统发生
单相接地故障示意图

图 9-4 所示为一中性点直接接地的简单系统发生单相接地故障示意图。若 k 点发生 a 相接地故障，在故障点存在以下关系：$\dot{U}_a = 0$，而 $\dot{U}_b \neq 0$，$\dot{U}_c \neq 0$；$\dot{I}_a \neq 0$，而 $\dot{I}_b = 0$，$\dot{I}_c = 0$。由此可知，系统发生单相接地故障时，故障点处的三相电压出现了不对称，三相电流也不对称。而此时发电机三相电动势是对称的，线路三相参数也是对称的。

利用对称分量法，将故障点处的不对称电压和不对称电流分解成三组对称分量，如图 9-5（a）所示。由于电路的其余部分是三相对称的，所以各序具有独立性。根据叠加原理，图 9-5（a）可以分解成图 9-5（b）、（c）、（d）所示的三个独立网络，即正序、负序网络和零序网络。同理，三个序网络叠加起来即为图 9-5（a）。

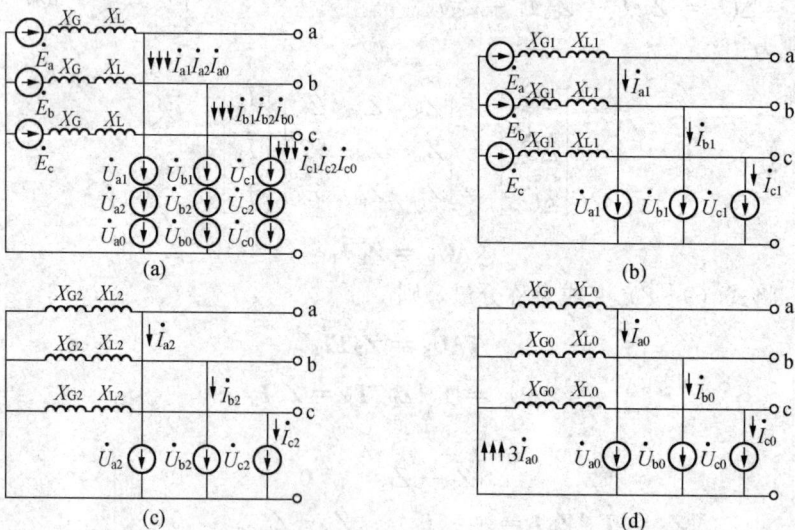

图 9-5　利用对称分量法分析不对称短路
(a) 单相接地；(b) 正序网络图；(c) 负序网络图；(d) 零序网络图

1. 正序网络

图 9-5（b）中包含发电机电动势（正序）$\dot{E}_a$、$\dot{E}_b$、$\dot{E}_c$ 和故障点的正序电压分量 $\dot{U}_{a1}$、$\dot{U}_{b1}$、$\dot{U}_{c1}$，网络中只有正序电流，电流所遇到的阻抗为正序阻抗，所以正序网络为有源网络。由于正序网络中三相序电压、序电流以及发电机三相电动势均对称，所以正序网络可以用单相电路表示，如图 9-6（a）所示。由图可得正序网络的电压方程式为

$$\dot{E}_a - j\dot{I}_{a1}X_{1\Sigma} = \dot{U}_{a1} \tag{9-12}$$

式中　$X_{1\Sigma}$——正序网络对故障点的输入阻抗，即网络正常运行时或三相对称短路时的电抗。

2. 负序网络

如图 9-5（c）所示，因为三相对称发电机只产生正序电动势，所以负序网络中没有发电机的电动势。负序网络中只有故障点的负序电压分量作用，网络中只有负序电流，它遇到的阻抗为负序阻抗。由于三相负序电压、电流对称，故可以用单相电路表示，如图 9-6（b）所示。负序网络的电压方程式为

$$-j\dot{I}_{a2}X_{2\Sigma} = \dot{U}_{a2} \tag{9-13}$$

式中　$X_{2\Sigma}$——负序网络对故障点的输入阻抗。

3. 零序网络

如图 9-5（d）所示，没有发电机电动势，只有故障点的零序电压分量作用，网络中只有零序电流，它遇到的阻抗为零序阻抗。由于三相零序网络也对称，所以也可以用单相电路表示，如图 9-6（c）所示。零序网络的电压方程式为

$$-j\dot{I}_{a0}X_{0\Sigma} = \dot{U}_{a0} \tag{9-14}$$

式中　$X_{0\Sigma}$——零序网络对故障点的输入阻抗。

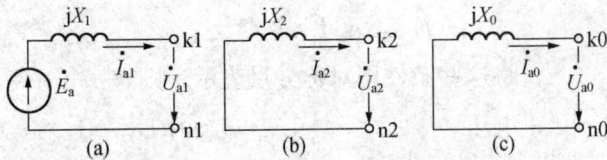

图 9-6　三序序网图

（a）正序网络；（b）负序网络；（c）零序网络

值得注意的是，当中性点经阻抗 X_n 接地时，由于三相正序和负序电流分量对称，流过中性点阻抗 X_n 上的电流和始终为零，故中性点阻抗对正序和负序网络没有影响，也不出现在负序和正序网络中。但在零序网络中，由于三相零序大小相等、方向相同，流过中性点阻抗 X_n 的零序电流为一相零序电流的 3 倍，如图 9-5（d）所示。在用单相电路表示零序网络时，中性点阻抗 X_n 应乘以 3 倍。

以上介绍的是一台发电机与空载线路相连，a 相发生接地故障的情况。实际电力系统的网络要复杂得多，但通过网络等值变换和化简，对于故障点仍可以得到与上述完全类似的电压方程式，即

$$\left.\begin{array}{l}\dot{E}_{\Sigma}-j\dot{I}_{a1}Z_{1\Sigma}=\dot{U}_{a1}\\ -j\dot{I}_{a2}Z_{2\Sigma}=\dot{U}_{a2}\\ -j\dot{I}_{a0}Z_{0\Sigma}=\dot{U}_{a0}\end{array}\right\} \qquad (9-15)$$

式中　　　　　$\dot{E}_{\Sigma}$——正序网络对于故障点的等值电动势，其值等于故障发生之前故障点 a 相的相电压；

$Z_{1\Sigma}$、$Z_{2\Sigma}$、$Z_{0\Sigma}$——正序、负序、零序网络对故障点的输入阻抗；

$\dot{I}_{a1}$、$\dot{I}_{a2}$、$\dot{I}_{a0}$——故障点 a 相电流的正序、负序、零序分量；

$\dot{U}_{a1}$、$\dot{U}_{a2}$、$\dot{U}_{a0}$——故障点 a 相电压的正序、负序、零序分量。

式（9-15）所对应的等值电路如图 9-7 所示。

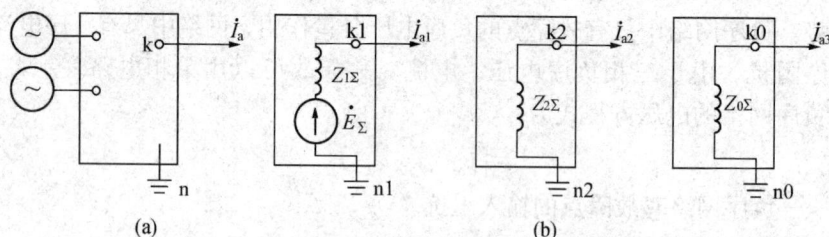

图 9-7　任意网络的序网图

（a）任意复杂系统；（b）三序网络等值电路

4. 复合序网

三序网络的电压方程式（9-15）中，共有 6 个未知数，还不能求出故障点的各序电压和电流。这是因为三序电压方程只反映了不对称短路的一般规律，没有考虑各种不对称短路的特殊性（边界条件）。下面以上述简单系统为例进行讨论，a 相短路时其边界条件为

$$\dot{U}_{a}=0;\ \dot{I}_{b}=\dot{I}_{c}=0$$

将这些条件用对称分量表示，则有：

电压　　　　　$$\dot{U}_{a}=\dot{U}_{a1}+\dot{U}_{a2}+\dot{U}_{a0}=0 \qquad (9-16)$$

电流　　　　　$$\dot{I}_{a1}=\frac{1}{3}(\dot{I}_{a}+a\dot{I}_{b}+a^{2}\dot{I}_{c})=\frac{1}{3}\dot{I}_{a}$$

$$\dot{I}_{a2}=\frac{1}{3}(\dot{I}_{a}+a^{2}\dot{I}_{b}+a\dot{I}_{c})=\frac{1}{3}\dot{I}_{a}$$

$$\dot{I}_{a0}=\frac{1}{3}(\dot{I}_{a}+\dot{I}_{b}+\dot{I}_{c})=\frac{1}{3}\dot{I}_{a}$$

整理得　　　　　$$\dot{I}_{a1}=\dot{I}_{a2}=\dot{I}_{a0}=\dot{I}_{a}/3 \qquad (9-17)$$

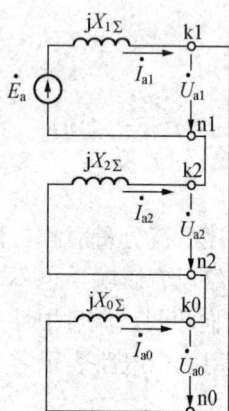

图 9-8　复合序网图

在计算不对称短路时，通常根据边界条件分解的结果将三序网络按照一定的规律连接起来，构成所谓的复合序网。根据式（9-17）可知三序电流相等，三序网络应为串联；又根据式（9-16）可知，三序网络串联后构成一个闭合回路，其复合序网图如图 9-8 所示。

第三节　系统各元件的序阻抗及序网络

电力系统各元件的序阻抗是指施加在该元件端点的某序电压与流过的该序电流的比值。分析各元件的序阻抗时，需分析元件各相之间的磁耦合关系。尤其是各元件的零序电抗，它不仅与元件的结构有关，而且还与零序电流的路径有关，分析计算较为复杂。在此只给出一般性结论，详细的理论分析和推导请参阅有关书籍。

系统中各元件的正序电抗就是各元件在正常对称运行状态下的电抗。

对于具有静止磁耦合的元件，其正序阻抗和负序阻抗相等，如变压器、线路、电抗器等，正序电抗 X_1 等于负序电抗 X_2。这是因为三相电流的相序改变，并不改变元件各相间的互感。但通入零序电流时，由于三相电流同相，相间的互感影响与通入正、负序电流时不同，因而零序阻抗与正、负序阻抗不同。

一、旋转电机的序电抗

1. 同步发电机

对于同步发电机等旋转元件而言，当在定子绕组中流过一组负序电流时，它所产生的旋转磁场的旋转方向与转子旋转方向相反。因此，定子电流产生的旋转磁场在不同的位置遇到不同的磁阻，在 d 轴方向所对应的电抗为 X''_d，在 q 轴方向所对应的电抗为 X''_q。由于负序旋转磁场不断交替地与转子 d 轴和 q 轴重合，因此发电机的负序电抗取 X''_d 和 X''_q 的平均值，即

$$X_2 = \frac{1}{2}(X''_d + X''_q) \tag{9-18}$$

在近似计算中，对汽轮发电机和 d 轴及 q 轴都有阻尼绕组的发电机取 $X_2 = 1.22X''_d$；对无阻尼绕组的发电机取 $X_2 = 1.45X'_d$。实用计算中一般可取 $X_2 = X''_d$。

当零序电流在发电机定子绕组中流过时，由于三相大小相等且相位相同，而定子 3 个绕组在空间互差 $120°$，因此 3 个电流所产生的合成磁场为零，只剩有每个绕组的漏磁通，所以发电机的零序电抗就是这种条件下的漏电抗，一般可取

$$X_0 = (0.15 \sim 0.6)X''_d \tag{9-19}$$

表 9-1 列出同步发电机负序电抗和零序电抗的平均标幺值。

表 9-1　　　　　　　　　同步发电机负序电抗和零序电抗的平均标幺值

同步机的形式	X_2	X_0
汽轮发电机	0.15	0.05
水轮发电机（有阻尼）	0.25	0.07
水轮发电机（无阻尼）	0.45	0.07
同步补偿和大型同步电动机	0.24	0.08

2. 异步电动机

异步电动机是旋转元件，它的正序电抗就是异步电动机的次暂态电抗 X''，但它的负序电抗不等于正序电抗。当电动机端通入负序电流时，将在气隙中产生一个与旋转方向相反的旋转磁场。若转子相对正序旋转磁场的转差率为 s，则转子相对于负序旋转磁场的转差率为 $2-s$。因此，异步电动机的负序电抗也是转差率的函数。在实用计算中，为了简化计算，取

$s=1$，即以转子静止（或启动瞬间）状态的电抗值为负序电抗，故异步电动机的负序电抗与次暂态电抗近似相等，即

$$X_2 = X'' \tag{9-20}$$

异步电动机常接成三角形或不接地星形，因此定子绕组中没有零序电流流通，即异步电动机的零序电抗 $X_0 = \infty$。

二、架空输电线路的序阻抗

当架空线路中流过零序电流时，不像正、负序电流那样三相线路互为回路，必须另有回路。在中性点直接接地的系统中，通过三相线路中的零序电流经过大地构成回路。电流在地中流过的等值深度与土壤的导电性有关。因而输电线的零序电抗除导线的电抗外，还应加上地回路电抗的影响。由于三相零序是同方向的，相间的互感是相互增强的，因而零序电抗较正序电抗大。当输电线有架空地线或为多回路架空线路时，由于互感的影响，架空地线和其他回路的线路中流过零序电流将影响到该架空输电线所匝链的零序磁通。因此，架空线的零序电抗除与土壤的导电率、等值深度有关外，还与输电线路有无架空地线、是否双回路等因素有关。根据理论分析及实际测量，在实际计算中架空线每一回路的每相零序电抗可采用表 9-2 给出的数值，表中 x_1 为单位长度的正序参数。

表 9-2　　　　　　　　　不同类型输电线路的零序电抗 （$x_1 = 0.4\Omega/\text{km}$）

线路类型	x_0/x_1	线路类型	x_0/x_1
无架空地线单回路	3.5	有良导体架空地线双回路	3.0
无架空地线双回路	5.5	有钢导体架空地线双回路	4.7
有良导体架空地线单回路	2.0	35kV 电缆线路 （$X_1 = 0.12 \times 10^{-3}\Omega/\text{m}$）	4.6
有钢导体架空地线单回路	3.0	6～10kV 电缆线路 （$X_1 = 0.08 \times 10^{-3}\Omega/\text{m}$）	4.6

三、变压器的序阻抗

变压器属于静止元件，其负序电抗与正序电抗相等，即为稳态运行时的等值电抗。

当在变压器端部施加零序电压时，其绕组中有无零序电流、零序电流的大小与变压器三相绕组的接线方式和变压器的结构密切相关。零序电压施加在变压器绕组的三角形侧或不接地星形侧时，无论另一侧绕组的接线方式如何，变压器中均没有零序电流流通。这时变压器的零序电抗 $X_0 = \infty$。

当零序电压施加在绕组连接成接地星形一侧时，大小相等、相位相同的零序电流将通过三相绕组，并经中性点流入大地，但另一侧有无零序电流则取决于该侧的接线方式。

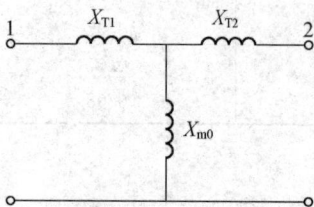

图 9-9　变压器的 T 形等值图

如第二章所述，变压器可用 T 形等值电路表示，如图 9-9 所示。不管变压器中通入正序、负序电流或是零序电流时，绕组间的互感影响不变，故一、二次绕组漏抗 X_{T1}、X_{T2} 不受三相电流相序的影响。但零序励磁电抗 X_{m0} 则不一样，它与变压器的铁芯结构有密切关系。

当三相变压器为由 3 个单相变压器组成时，各相磁路独立，各序磁通都以铁芯为通路，因而各相励磁电抗相等，X_{m0} 很大，在短路电流计算中可以认为 $X_{m0} = \infty$。这时变压器等值电路就可以用 X_{T1} 和 X_{T2} 串联表示，其零序电抗为 $X_T = X_{T1} + X_{T2}$。

如果变压器为三相三柱式，在三相绕组中施加三相零序电压后，三相磁通同相位，只能通过油箱壁构成回路，如图9-10所示。因此，零序磁通所遇到的磁阻很大，零序励磁电抗 X_{m0} 比正序（正序励磁电抗 $X_{m1}=20$，零序励磁电抗 $X_{m0}=0.3\sim1$，平均为 0.6，变压器漏抗 $X_T=0.05\sim0.15$）时的电抗要小得多，这时 X_{m0} 一般通过实测给出。其等值电路只能使用图9-9所示的 T 形等值电路。

对于三相五柱式变压器及壳式变压器，零序电流产生的磁通都是以铁芯为回路，其中 $X_{m0}=\infty$，故其零序电抗为 $X_T=X_{T1}+X_{T2}$。

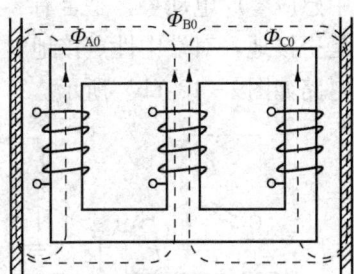

图9-10　三相三柱式变压器零序磁通路径

下面按不同绕组接线方式对变压器零序电路加以讨论。

（1）YNd 接线变压器。如图9-11（a）所示，当 YN 侧流过零序电流时，在 d 侧绕组中感生零序电动势。这个零序电动势在三角形绕组中形成环流，以电压降落形式消耗于三角形绕组的漏抗中，而外电路无零序电流流过，这相当于该绕组短接，其等值电路如图9-11（b）所示。

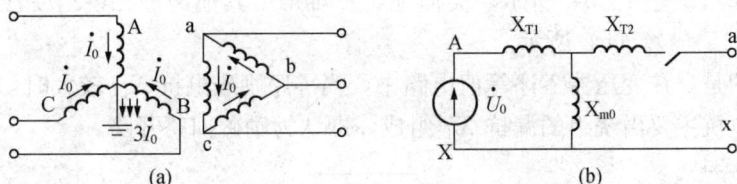

图9-11　YNd 接线变压器的零序等值电路
（a）接线图；（b）零序等值电路

零序电抗为

$$X_0 = X_{T1} + \frac{X_{T2} X_{m0}}{X_{T2} + X_{m0}} \tag{9-21}$$

（2）YNy 接线变压器。如图9-12（a）所示，当 YN 侧流过零序电流时，由于 y 侧中性点不接地，零序电流无通路，因此无零序电流通过，其等值电路如图9-12（b）所示。零序电抗 X_0 为

$$X_0 = X_{T1} + X_{m0} \tag{9-22}$$

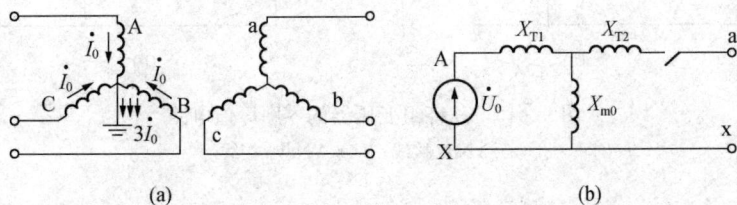

图9-12　YNy 接线变压器的零序等值电路图
（a）接线图；（b）零序等值电路图

（3）YNyn 接线变压器。如图9-13（a）所示，当 YN 侧流过零序电流时，在二次侧绕

组中感应零序电动势，是否有零序电流通路取决于变压器二次侧绕组所连接线路的对端中性点是否接地，对端中性点接地时有零序电流通路；不接地时则相当于二次侧为 y 连接。其等值电路如图9-13（b）所示。

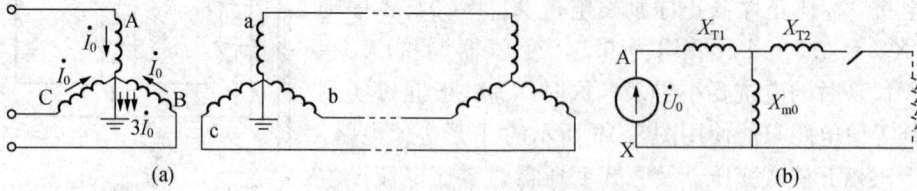

图9-13　YNyn 接线变压器的零序等值电路图
(a) 接线图；(b) 零序等值电路图

（4）三绕组变压器。在三绕组变压器中，为了提供三次谐波的通路，改善电动势波形，在三绕组变压器中往往有一侧接成三角形。其常用的接线形式有 YNdy、YNdyn、YNdd 3 种。在 YNdy 接线中，如图9-14（a）所示，当 YN 侧流过零序电流时，其 YNd 和 YNy 相当于两台双绕组变压器，仿照前面的分析方法，d 侧相当于零序短路，y 侧相当于开路，其零序等值电路如图9-14（b）所示。类似地，不难得出其他两种三绕组变压器的零序等值电路，如图9-15（a）、（b）所示。

需要说明的是，在变压器零序等值电路中，当零序励磁电抗 X_{m0} 较大时，可以近似认为变压器的零序电抗主要由绕组的漏抗 X_T 组成，即认为励磁回路开路。

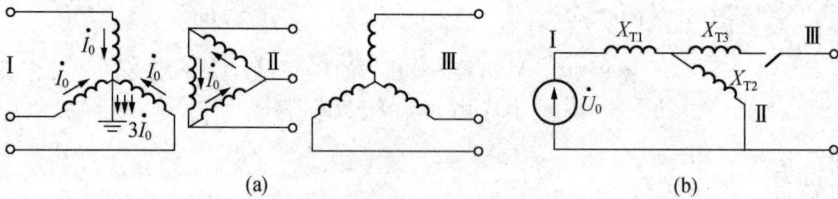

图9-14　YNdy 接线变压器的零序等值电路
(a) 接线图；(b) 零序等值电路

图9-15　三绕组变压器的零序等值电路
(a) YNdd 接线；(b) YNdyn 接线

第四节　电力系统的序网络

在用对称分量法进行不对称短路电流计算时，要作出正序、负序、零序网络的等值电路。由于各序分量的特点不同，各序网络亦不同，下面分别说明各序网络的绘制方法。

1. 正序网络

正序网络就是通常用以计算三相对称短路的网络，其主要特点有以下几点：

（1）正序网络中包含有发电机的次暂态电动势 $\dot{E}''$（或暂态电动势 $\dot{E}'$）。

（2）所有元件的电抗均用正序电抗表示，其中发电机电抗用 X_d'' 或 X_d'，异步电动机电抗用 X''。

（3）短路点的正序电压为 $\dot{U}_{a1}$，为不对称短路时用对称分量法分解出来的电压。

（4）正序网络中仅有正序电流分量 $\dot{I}_{a1}$，而无其他电流分量。

（5）正序网络为三相对称系统，中性点电抗 X_n 中无电流通过，故 X_n 不必绘在正序网络中。在正序网络中，电源中性点和负荷中性点与零电位点一致，可以连接起来。

从故障端口看，正序网络为一有源二端网络，用戴维南定理可将其简化为一等效电动势 $\dot{E}_\Sigma$ 与等效电抗 $X_{1\Sigma}$ 串联的等值电路。$\dot{E}_\Sigma$ 即为短路点的开路电压，$X_{1\Sigma}$ 为从故障端口看进去的输入电抗。

2. 负序网络

负序电流在网络中所流经的元件与正序电流相同，所以组成负序网络的元件与组成正序网络的元件完全相同，只是发电机的负序电动势为零，故负序网络为无源网络。网络中各元件的电抗均用负序电抗表示。其主要特点有以下几点：

（1）负序网络为无源网络。

（2）网络中各元件的电抗均为负序电抗，静止元件的负序阻抗与正序阻抗相等；旋转元件的负序阻抗与正序阻抗不等。

（3）短路点的电压为负序电压 $\dot{U}_{a2}$，为不对称短路时用对称分量法分解出来的电压。

（4）与正序网络一样，由于三相系统对称，中性点电抗 X_n 不出现在负序网络中，并可以将电源中性点和负荷中性点与零电位点直接连接起来。

（5）与正序网络一样，负序网络中仅有负序电流 $\dot{I}_{a2}$，而无其他各序电流。

从故障端口看，负序网络为一无源二端网络，可以用等值电抗 $X_{2\Sigma}$ 来表示。$X_{2\Sigma}$ 等于从负序网络故障端口看进网络的输入电抗。

3. 零序网络

由于零序电流以地为回路，故变压器的接法和中性点的接地方式对网络中零序电流的分布及零序网络的结构有决定性的影响。另外，不同地点发生不对称短路，其零序电流分布和网络结构也不同。因此，一般情况下零序网络和正、负序网络不一样，而且元件参数也不一样，其主要特点有以下几点：

（1）发电机无零序电动势，故零序网络为无源网络。

（2）零序网络中只需绘出零序电流通过的电路，其他无关电路不需绘出。

（3）和短路点直接相连的网络中性点接地时，才有零序通路。因此，绘制零序网络时，必须首先知道变压器的接线方式。

（4）短路点的零序电压为 $\dot{U}_{a0}$，它与 $\dot{U}_{a1}$、$\dot{U}_{a2}$ 一样，为不对称短路时用对称分量法分解出来的电压。

（5）当零序电流流过中性点电抗 X_n 时，X_n 中的压降为电流 $3\dot{I}_{a0}$ 产生的压降，用单相电路表示时，可用 $\dot{I}_{a0}$ 通过 $3X_n$ 时产生的压降代替。换言之，当绘制零序网络时，中性点电抗应以 $3X_n$ 反映在零序网络中。

从故障端口看，零序网络亦为一无源二端网络，可以用等值电抗 $X_{0\Sigma}$ 来表示。$X_{0\Sigma}$ 等于从零序网络故障端口看进网络的输入电抗。

需要指出的是，在绘制零序网络时，一般从短路点着手，由近及远逐段查明零序电流可能的流通路径，然后将零序电流流通的变压器、线路和其他元件用前述的等值电路和零序阻抗代替，零序电流不能流通的元件不必反映在零序网中。同时要注意正确处理中性点接地阻抗，在单相等值电路中，中性点接地电抗要取实际值的 3 倍。

下面通过例题说明三序网络的绘制方法。

【例 9 - 1】　　如图 9 - 16 所示电力系统，在 k 点发生不对称短路，试绘制该网络的三序网络图。

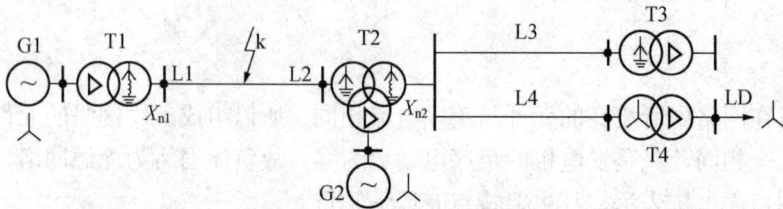

图 9 - 16　　［例 9 - 1］图

解　（1）正序网络。图 9 - 17（a）为根据图 9 - 16 绘制的正序网络。在正序网络中，发电机电抗用 X''_d 表示，发电机的正序电动势为 $\dot{E}''$，变压器、线路参数均为正序参数，负荷 LD 用等值阻抗表示。$\dot{U}_{a1}$ 为故障点的正序电压。正序网络可简化为图 9 - 17（b）所示的形式。

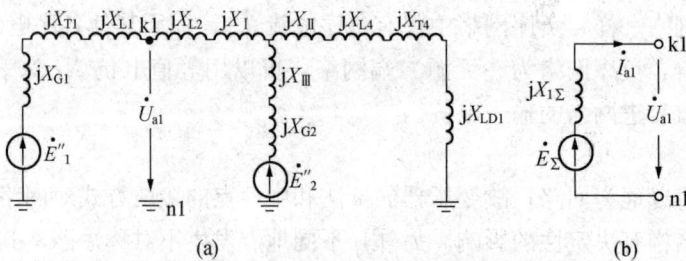

图 9 - 17　正序网络及等值电路
（a）正序网络；（b）正序等值电路

（2）负序网络。图 9 - 18（a）所示为负序网络，它与正序网络完全一样，只是负序网络中所有电源电动势为零。各元件参数为负序参数，发电机的负序参数近似计算时和正序参数相等，也为 X''_d，其他静止元件的负序参数等于正序参数，$\dot{U}_{a2}$ 为故障点的负序电压。负序网络可简化为图 9 - 18（b）所示的形式。

（3）零序网络。图 9 - 19（a）所示为零序网络，它为一无源网络，所有元件的参数用

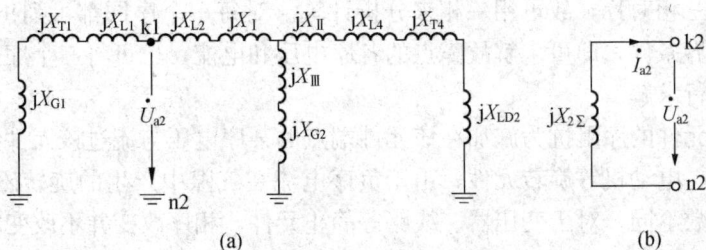

图 9 - 18 负序网络及等值电路
(a) 负序网络；(b) 负序等值电路

零序参数表示，$\dot{U}_{a0}$ 为故障端口的零序电压，其具体绘制方法如下：

在绘制零序网络之前，首先要弄清零序电流的通路，通常都是从短路点出发，由近及远逐个元件观察零序电流的途径。先观察 k 点的左侧，左侧变压器 T1 为 YNd 接线，零序电流通过 L1 线路流经变压器 T1，经 T1 中性点接地电抗 X_{n1} 构成回路，绘制零序网络时，该电抗应乘以 3 倍；三角形侧零序相当于短路，变压器 T1 左侧无零序电流。再观察 k 点右侧，右侧变压器 T2 为 YNynd 接线，零序电流通过线路 L2 流经变压器 T2，经 T2 中性点接地构成回路。三角形侧零序相当于短路，发电机 G2 中无零序电流。变压器 T2 中压侧为 yn接线，且中性点经电抗 X_{n2} 接地（同样应乘以 3 倍），在 yn 侧有无零序电流取决于它后面有无零序通路。yn 侧的零序电流经线路 L3 流经变压器 T3，经 T3 中性点直接接地构成回路，T3 变压器的三角形侧零序相当于短路，三角形侧后无零序电流。线路 L4 后面的变压器 T4为 Yd 接线，无零序通路，故在零序网络中不须绘出。零序网络可简化为图 9 - 19 （b） 所示的形式。

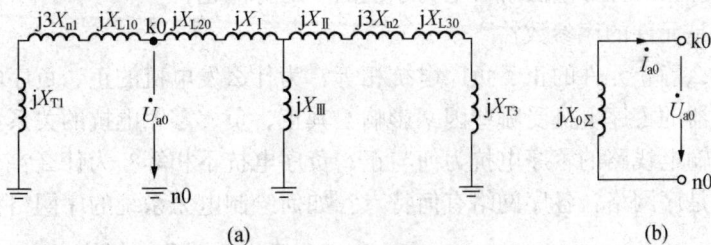

图 9 - 19 零序网络及等值电路
(a) 零序网络；(b) 零序等值电路

小 结

本章介绍了对称分量法及对称分量法在电力系统不对称故障分析中的应用和序阻抗概念，还介绍了电力系统主要电气元件的序电抗及各序网络图的特点和制订方法。

电力系统发生不对称故障时，在故障点出现不对称电压和不对称电流。在线性电路中可利用对称分量法将这一组不对称电压、电流分解成三组对称的电压、电流分量。由于网络除故障点外参数是对称的，三组对称分量是相互独立的，因而可用三个相互独立的序网来代表。由于每一序三相对称，故可用一相来分析计算。对每一个序网都可列出电压平衡方程，加上故障点的边界条件，即可求解故障点的各序电压和电流，也可将三个序网按照边界条件组成复合序网进行求解。

电力系统各元件的序阻抗为施加在该元件端点的某序电压与流过该元件的同一序电流之比。对于发电机、电动机等旋转元件，由于负序电流在气隙中产生的旋转磁场与正序相反，因而正、负序参数不同。对于变压器、线路等静止元件，相序改变并不改变相间的磁耦合关系，因而正、负序参数相等。零序电流必须以大地构成回路，且零序电流是大小相等、方向相同的一组相量，因而流过各元件时，其磁耦合关系与正、负序不同，故元件的零序阻抗与正、负序阻抗不等。发电机零序电抗等于发电机流过零序电流时的漏电抗；变压器的零序电抗与变压器的结构、接线方式和外电路的连接是否有接地中性点等有关；输电线路的零序电抗以大地为回路，输电的回路数、架空地线等因素均会影响线路的零序电抗。

由于各序特点不同，所以各序网络亦不同。正序网络即为对称短路时的等值网络。负序网络中，没有发电机电动势，旋转电机的负序参数不等于正序参数，静止元件的负序参数等于正序参数。建立零序网络时，必须特别注意零序电流的流通路径问题。零序电流的通路与元件的连接法、中性点接地等情况有关。零序网络中应包括故障情况下零序电流可以通过的所有元件，零序电流不能通过的元件则不必绘制在零序网络中。

习　题

9-1　何谓对称分量法？一组不对称三相量是如何分解成 3 组对称分量的？分解的目的是什么？

9-2　如何应用对称分量法解决电力系统的不对称问题？

9-3　什么是元件的序参数？

9-4　为什么静止元件的正、负序电抗相等？为什么发电机的正、负序电抗不相等？

9-5　变压器的零序电抗受哪些因素影响？其正、负、零序电抗的关系如何？为什么？

9-6　架空输电线路的零序电抗为何与正、负序电抗不相等？为什么？

9-7　什么是序网络？各序网络有何特点？如何绘制电力系统的序网络？

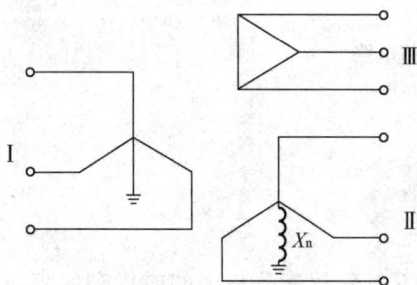

图 9-20　习题 9-10 图

9-8　已知某线路 a 相的三序电流分别为 $\dot{I}_{a1} = 20A$，$\dot{I}_{a2} = 5-j8.66A$，$\dot{I}_{a0} = j5A$。试计算该线路的相电流，并用相量图表示。

9-9　当某线路发生不对称短路时，已知 $\dot{I}_{a} = 0$，$\dot{I}_{b} = -300\angle110°A$，$\dot{I}_{c} = 300\angle-110°A$，试求以 a 相为基准相的各序电流分量。

9-10　试作出图 9-20 所示三绕组变压器的零序等值电路。

9-11　某电力系统如图 9-21 所示，当 k 点发生不对称短路时，在考虑负荷和略去负荷两种情况下，试分别作出它们的正、负、零序网络。

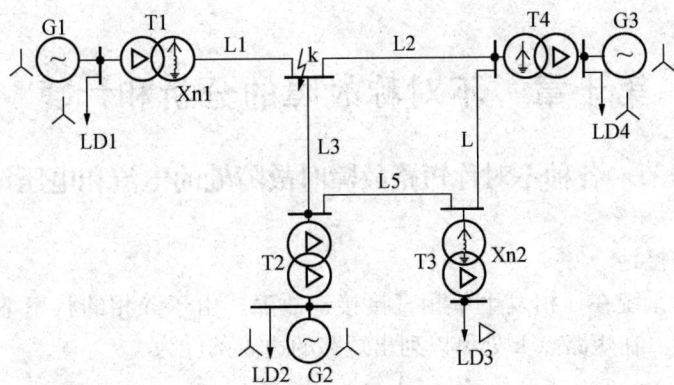

图 9 - 21　习题 9 - 11 图

第十章　不对称故障的分析和计算

第一节　各种不对称短路故障时故障处的电流和电压计算

一、单相短路接地

图 10-1 所示系统在 a 相发生单相直接接地故障，由于 a 相的状态不同于 b、c 两相，故称 a 相为特殊相。在短路点 k 处可以列出短路的边界条件为

$$\dot{U}_{a} = 0; \dot{I}_{b} = 0; \dot{I}_{c} = 0 \tag{10-1}$$

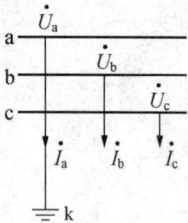

应用对称分量法，上述故障点的边界条件可改用序电压和序电流表示［参见式（9-16）和式（9-17）］为

$$\dot{U}_{a} = \dot{U}_{a1} + \dot{U}_{a2} + \dot{U}_{a0} = 0 \tag{10-2}$$

$$\dot{I}_{a1} = \dot{I}_{a2} = \dot{I}_{a0} = \dot{I}_{a}/3 \tag{10-3}$$

联立求解式（9-15）和式（10-2）、式（10-3），即可以得到单相

图 10-1　单相接地　短路后的三序电流分量 $\dot{I}_{a1}$、$\dot{I}_{a2}$、$\dot{I}_{a0}$ 和三序电压分量 $\dot{U}_{a1}$、$\dot{U}_{a2}$、$\dot{U}_{a0}$，再根故障示意图　据对称分量的合成方法求出短路后故障相的短路电流和非故障相的电压，此方法称为解析法。也可以利用式（10-2）和式（10-3）构成图 10-2 所示的复合序网进行求解，此称为复合序网法。由于复合序网简单直观，以下分析均采用复合序网法。

根据图 10-2 所示的复合序网，可得各序电流分量为

$$\dot{I}_{a1} = \dot{I}_{a2} = \dot{I}_{a0} = \frac{\dot{E}_{\Sigma}}{j(X_{1\Sigma} + X_{2\Sigma} + X_{0\Sigma})} \tag{10-4}$$

a 相（短路相）的短路电流为

$$\dot{I}_{a} = \dot{I}_{a1} + \dot{I}_{a2} + \dot{I}_{a0} = \frac{3\dot{E}_{\Sigma}}{j(X_{1\Sigma} + X_{2\Sigma} + X_{0\Sigma})} \tag{10-5}$$

单相短路电流的绝对值为

$$I_{k}^{(1)} = 3I_{a1} = \frac{3E_{\Sigma}}{X_{1\Sigma} + X_{2\Sigma} + X_{0\Sigma}} \tag{10-6}$$

故障处 b、c 相的电流为零。

在一般网络中，$X_{2\Sigma}$ 近似等于 $X_{1\Sigma}$，若 $X_{0\Sigma}$ 大于 $X_{1\Sigma}$，则单相短路电流小于同一点的三相短路电流；若 $X_{0\Sigma}$ 小于 $X_{1\Sigma}$，则单相短路电流大于三相短路电流。

图 10-2　单相接地时的复合序网

式（10-4）为计算单相短路电流的基本关系式。当三序电流分量计算出来后，根据复合序网可得故障处三序电压分量为

$$\left. \begin{array}{l} \dot{U}_{a1} = \dot{E}_{\Sigma} - j\dot{I}_{a1}X_{1\Sigma} = j\dot{I}_{a1}(X_{2\Sigma} + X_{0\Sigma}) \\ \dot{U}_{a2} = -j\dot{I}_{a2}X_{2\Sigma} \\ \dot{U}_{a0} = -j\dot{I}_{a0}X_{0\Sigma} \end{array} \right\} \tag{10-7}$$

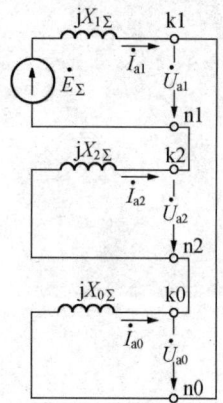

由各序电压合成得故障处的三相电压为

$$\left.\begin{array}{l} \dot{U}_a = \dot{U}_{a1} + \dot{U}_{a2} + \dot{U}_{a0} = 0 \\ \dot{U}_b = a^2\dot{U}_{a1} + a\dot{U}_{a2} + \dot{U}_{a0} \\ \dot{U}_c = a\dot{U}_{a1} + a^2\dot{U}_{a2} + \dot{U}_{a0} \end{array}\right\} \tag{10-8}$$

下面讨论非故障相电压的变化规律。设 $X_{1\Sigma} = X_{2\Sigma}$，令 $K_0 = X_{0\Sigma}/X_{1\Sigma}$，则由式（10-8）得

$$\begin{aligned} \dot{U}_b &= a^2\dot{U}_{a1} + a\dot{U}_{a2} + \dot{U}_{a0} \\ &= a^2(\dot{E}_\Sigma - j\dot{I}_{a1}X_{1\Sigma}) + a(-j\dot{I}_{a2}X_{2\Sigma}) + (-j\dot{I}_{a0}X_{0\Sigma}) \\ &= a^2\dot{E}_\Sigma - (a^2+a)j\dot{I}_{a1}X_{1\Sigma} - j\dot{I}_{1\Sigma}X_{0\Sigma} \\ &= \dot{E}_{b\Sigma} - \frac{\dot{E}_\Sigma}{j(2X_{1\Sigma}+X_{0\Sigma})}j(X_{0\Sigma}-X_{1\Sigma}) \\ &= \dot{E}_{b\Sigma} - \dot{E}_\Sigma \frac{K_0-1}{2+K_0} = \dot{U}_{b|0|} - \dot{U}_{a|0|}\frac{K_0-1}{2+K_0} \end{aligned} \tag{10-9}$$

同理，可得 c 相的电压为

$$\dot{U}_c = \dot{E}_{c\Sigma} - \dot{E}_\Sigma \frac{K_0-1}{2+K_0} = \dot{U}_{c|0|} - \dot{U}_{a|0|}\frac{K_0-1}{2+K_0} \tag{10-10}$$

以上两式中，$\dot{E}_{a\Sigma}$、$\dot{E}_{b\Sigma}$、$\dot{E}_{c\Sigma}$ 分别为 k 点故障前的三相电压 $\dot{U}_{a|0|}$、$\dot{U}_{b|0|}$、$\dot{U}_{c|0|}$。

当 $K_0 < 1$，即 $X_{0\Sigma} < X_{1\Sigma}$，非故障相电压较正常时电压有所降低。

当 $K_0 = 0$，则

$$\dot{U}_b = \dot{U}_{b|0|} + \frac{1}{2}\dot{U}_{a|0|} = \frac{\sqrt{3}}{2}\dot{U}_{b|0|} \angle 30°$$

$$\dot{U}_c = \dot{U}_{c|0|} + \frac{1}{2}\dot{U}_{a|0|} = \frac{\sqrt{3}}{2}\dot{U}_{c|0|} \angle -30°$$

当 $K_0 = 1$，即 $X_{0\Sigma} = X_{1\Sigma}$，则 $\dot{U}_b = \dot{U}_{b|0|}$，$\dot{U}_c = \dot{U}_{c|0|}$，即故障后非故障相电压不变。

当 $K_0 > 1$，即 $X_{0\Sigma} > X_{1\Sigma}$，故障时非故障相电压较正常时升高。当 $X_{0\Sigma} = \infty$ 时，非故障相电压升高最为严重，这时有

$$\dot{U}_b = \dot{U}_{b|0|} - \dot{U}_{a|0|} = \sqrt{3}\dot{U}_{b|0|} \angle -30°$$

$$\dot{U}_c = \dot{U}_{c|0|} - \dot{U}_{a|0|} = \sqrt{3}\dot{U}_{c|0|} \angle 30°$$

$X_{0\Sigma} = \infty$，相当于中性点不接地系统，当发生单相接地故障时，非故障相电压将升高 $\sqrt{3}$ 倍。

根据 a 相接地短路时的边界条件，由式（10-2）和式（10-3）可画出短路点电压、电流的相量图，如图 10-3（a）、（b）所示。相量图电路为纯电感性，而且设 $X_{0\Sigma} > X_{1\Sigma}$，所有相量均是以 $\dot{E}_\Sigma$ 为参考相量绘制的。图 10-3（c）为非故障相电压的变化轨迹。

以上讨论的单相接地故障是纯金属性短路，即短路点与地之间的阻抗为零。在实际电力系统故障中，故障点往往是经过一定的过渡阻抗接地的。设 a 相经过阻抗 Z_f 接地，如图 10-4 所示。这时故障点的边界条件为

$$\dot{I}_b = 0; \dot{I}_c = 0; \dot{U}_a = \dot{I}_a Z_f$$

因而有

$$\dot{I}_{a1} = \dot{I}_{a2} = \dot{I}_{a0} \tag{10-11}$$

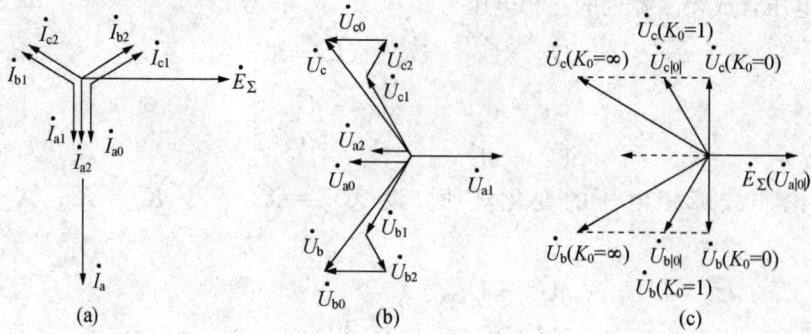

图 10 - 3 a 相接地故障处相量图

(a) 电流相量图；(b) 电压相量图；(c) 非故障相电压的变化轨迹

$$\dot{U}_{a1} + \dot{U}_{a2} + \dot{U}_{a0} = (\dot{I}_{a1} + \dot{I}_{a2} + \dot{I}_{a0})Z_f = \dot{I}_{a1} 3Z_f \tag{10 - 12}$$

根据式（10 - 11）和式（10 - 12）可作出复合序网，如图 10 - 5 所示。从而可得出

$$\dot{I}_{a1} = \dot{I}_{a2} = \dot{I}_{a0} = \frac{\dot{E}_{\Sigma}}{j(X_{1\Sigma} + X_{2\Sigma} + X_{0\Sigma}) + 3Z_f} \tag{10 - 13}$$

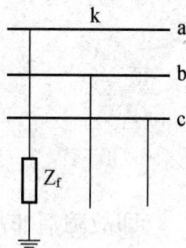

图 10 - 4 a 相经阻抗接地   图 10 - 5 a 相经阻抗接地时的复合序网

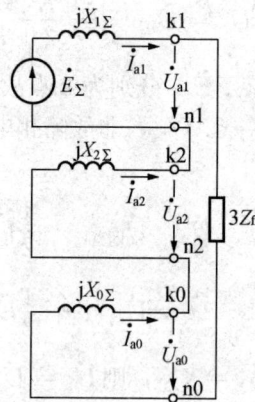

电压计算公式同式（10 - 7）。

由单相接地短路故障的分析可得出以下结论：

（1）短路点正、负、零序电流分量大小相等，方向相同，短路电流 $\dot{I}_k^{(1)} = 3\dot{I}_{a1}$。

（2）短路点故障相的电压等于零，由式（10 - 9）和式（10 - 10）及图 10 - 3 (c) 可知，非故障相电压幅值相等，其值取决于 $X_{0\Sigma}$ 与 $X_{1\Sigma}$ 之比，当 $X_{0\Sigma}/X_{1\Sigma}$ 在零到无穷大范围内变化时，非故障相电压相位在 180°～60°变化。

（3）由式（10 - 4）可知，单相接地短路的正序电流值相当于在三相短路电流计算的等值电路中的短路点处串联一个附加电抗（$X_{\Delta} = X_{2\Sigma} + X_{0\Sigma}$）后发生三相短路的短路电流，即

$$\dot{I}_{a1} = \frac{\dot{E}_{\Sigma}}{j(X_{1\Sigma} + X_{\Delta})} \tag{10 - 14}$$

【例 10 - 1】 在图 10 - 6 所示简单电力系统中，已知参数如下：

发电机 G：电压为 10.5kV，功率为 200MW，$\cos\varphi=0.85$，$\dot{E}_1=1.1\angle 0°$，$X''_d=0.12$

变压器 T：容量为 250MVA，$U_k\%=10.5$，电压为 242/10.5kV

线　路 L：长度为 60km，$x_1=0.4\Omega/km$，$x_0=3.5x_1$

试计算 k 点发生单相直接接地时的短路电流和非故障相的电压。

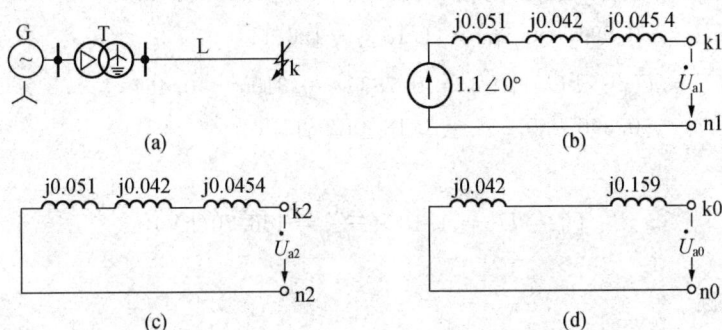

图 10 - 6　[例 10 - 1] 图
(a) 原理接线；(b) 正序网络；(c) 负序网络；(d) 零序网络

解　（1）计算参数，作各序网络等值图。取基准容量 $S_B=100MVA$，基准电压 $U_B=U_{av}$，则各元件参数为：

发电机 G　　$X_{G1*}=X_{G2*}=0.12\times\dfrac{100}{200/0.85}=0.051$

变压器 T　　　　$X_{T*}=0.105\times\dfrac{100}{250}=0.042$

线　路 L　　$X_{L1*}=X_{L2*}=60\times0.4\times\dfrac{100}{230^2}=0.0454$

　　　　　　$X_{L0*}=3.5X_{L1*}=3.5\times0.0454=0.159$

（2）作各序网络图。正序、负序、零序网络图如图 10 - 6 （b）、(c)、(d) 所示。正序网络中包含了发电机电动势，负序和零序网络中无发电机电动势，零序网络中无发电机零序电抗。由图 10 - 6 （b）、(c)、(d) 得各序输入阻抗为

　　　　$X_{1\Sigma}=X_{2\Sigma}=j(0.051+0.042+0.0454)=j0.138$

　　　　$X_{0\Sigma}=j(0.042+0.159)=j0.201$

（3）作复合序网图。根据单相短路特点，所作的复合序网图如图 10 - 7 所示。

（4）计算故障相短路电流。首先按式（10 - 4）计算正序电流，再按式（10 - 6）计算故障相短路电流

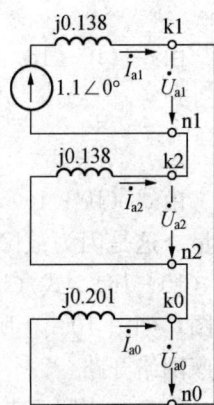

图 10 - 7　[例 10 - 1] 复合序网图

$$\dot{I}_{a1}=\frac{\dot{E}_\Sigma}{j(X_{1\Sigma}+X_{2\Sigma}+X_{0\Sigma})}=\frac{1.1}{j(0.138\times2+0.201)}=-j2.31$$

$$\dot{I}_a=3\dot{I}_{a1}=3\times(-j2.31)=-j6.93$$

$$I_k^{(1)}=I_a=6.93\times\frac{100}{\sqrt{3}\times230}=1.74(kA)$$

（5）计算非故障相电压。按式（10 - 7）、式（10 - 8）计算故障点处的非故障相电压如下

$$\dot{U}_{a1} = j\dot{I}_{a1}(X_{2\Sigma} + X_{0\Sigma}) = (-j2.31) \times j(0.138 + 0.201) = 0.783$$

$$\dot{U}_{a2} = -j\dot{I}_{a2}X_{2\Sigma} = -j(-j2.31) \times 0.138 = -0.319$$

$$\dot{U}_{a0} = -j\dot{I}_{a0}X_{0\Sigma} = -j(-j2.31) \times 0.201 = -0.464$$

$$\dot{U}_b = a^2\dot{U}_{a1} + a\dot{U}_{a2} + \dot{U}_{a0} = 0.783a^2 - 0.319a - 0.464$$

$$= -0.696 - j0.954 = 1.18\angle -126.11°$$

$$\dot{U}_c = a\dot{U}_{a1} + a^2\dot{U}_{a2} + \dot{U}_{a0} = 0.783a - 0.319a^2 - 0.464$$

$$= -0.696 + j0.954 = 1.18\angle 126.11°$$

所以

$$U_b = U_c = 1.18 \times \frac{230}{\sqrt{3}} = 156.70(kV)$$

二、两相短路

两相短路故障示意图如图 10 - 8 所示，设 b、c 相短路，故障处的边界条件为

$$\dot{I}_a = 0; \quad \dot{I}_b = -\dot{I}_c; \quad \dot{U}_b = \dot{U}_c \tag{10 - 15}$$

利用式（9 - 4）将不对称电流转化为对称分量，则

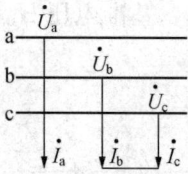

图 10 - 8　两相短路
故障示意图

$$\left.\begin{aligned}
\dot{I}_{a1} &= \frac{1}{3}(\dot{I}_a + a\dot{I}_b + a^2\dot{I}_c) = \frac{j\dot{I}_b}{\sqrt{3}} \\
\dot{I}_{a2} &= \frac{1}{3}(\dot{I}_a + a^2\dot{I}_b + a\dot{I}_c) = -\frac{j\dot{I}_b}{\sqrt{3}} \\
\dot{I}_{a0} &= \frac{1}{3}(\dot{I}_a + \dot{I}_b + \dot{I}_c) = 0
\end{aligned}\right\}$$

即

$$\left.\begin{aligned}
\dot{I}_{a1} &= -\dot{I}_{a2} \\
\dot{I}_{a0} &= 0
\end{aligned}\right\} \tag{10 - 16}$$

由式（10 - 15）电压关系得

$$\dot{U}_b = a^2\dot{U}_{a1} + a\dot{U}_{a2} + \dot{U}_{a0} = a\dot{U}_{a1} + a^2\dot{U}_{a2} + \dot{U}_{a0} = \dot{U}_c$$

即

$$\dot{U}_{a1} = \dot{U}_{a2} \tag{10 - 17}$$

由式（10 - 16）可知，两相短路时没有零序电流分量。这是因为故障点不接地，零序电流无通路。由式（10 - 16）、式（10 - 17）可得两相短路时的复合序网图，如图 10 - 9 所示，正序网络与负序网络并联，零序网络开路。

由复合序网可直接解得

$$\left.\begin{aligned}
\dot{I}_{a1} &= -\dot{I}_{a2} = \frac{\dot{E}_\Sigma}{j(X_{1\Sigma} + X_{2\Sigma})} \\
\dot{U}_{a1} &= \dot{U}_{a2} = j\dot{I}_{a1}X_{2\Sigma}
\end{aligned}\right\} \tag{10 - 18}$$

故障处的各相电流分别为

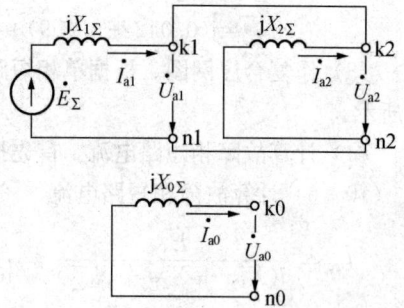

图 10 - 9　两相短路时的复合序网图

$$\left.\begin{array}{l}\dot{I}_{\mathrm{b}}=a^2\dot{I}_{\mathrm{a1}}+a\dot{I}_{\mathrm{a2}}=(a^2-a)\dot{I}_{\mathrm{a1}}=-\mathrm{j}\sqrt{3}\dot{I}_{\mathrm{a1}}=-\mathrm{j}\sqrt{3}\dfrac{\dot{E}_\Sigma}{\mathrm{j}(X_{1\Sigma}+X_{2\Sigma})} \\[3mm] \dot{I}_{\mathrm{c}}=a\dot{I}_{\mathrm{a1}}+a^2\dot{I}_{\mathrm{a2}}=(a-a^2)\dot{I}_{\mathrm{a1}}=\mathrm{j}\sqrt{3}\dot{I}_{\mathrm{a1}}=\mathrm{j}\sqrt{3}\dfrac{\dot{E}_\Sigma}{\mathrm{j}(X_{1\Sigma}+X_{2\Sigma})}\end{array}\right\} \quad (10\text{-}19)$$

当 $X_{1\Sigma}=X_{2\Sigma}$ 时，则有

$$\dot{I}_{\mathrm{b}}=-\dot{I}_{\mathrm{c}}=-\mathrm{j}\frac{\sqrt{3}}{2}\frac{\dot{E}_\Sigma}{\mathrm{j}X_{1\Sigma}}=-\mathrm{j}\frac{\sqrt{3}}{2}\dot{I}_{\mathrm{k}}^{(3)} \quad (10\text{-}20)$$

式中 $\dot{I}_{\mathrm{k}}^{(3)}$ ——同一 k 点发生三相短路时的短路电流。

当短路点远离电源时，一般满足 $X_{1\Sigma}=X_{2\Sigma}$，由式（10-20）可知，两相短路电流是同一点三相短路电流的 $\sqrt{3}/2$ 倍。所以一般而言，电力系统中的两相短路电流总是小于三相短路电流。

故障处的各相电压（设 $X_{1\Sigma}=X_{2\Sigma}$）为

$$\left.\begin{array}{l}\dot{U}_{\mathrm{a}}=\dot{U}_{\mathrm{a1}}+\dot{U}_{\mathrm{a2}}=2\dot{U}_{\mathrm{a1}}=\mathrm{j}2\dot{I}_{\mathrm{a1}}X_{2\Sigma} \\[2mm] \qquad =\mathrm{j}2\dfrac{\dot{E}_\Sigma}{\mathrm{j}2X_{2\Sigma}}X_{2\Sigma}=\dot{E}_\Sigma \\[3mm] \dot{U}_{\mathrm{b}}=a^2\dot{U}_{\mathrm{a1}}+a\dot{U}_{\mathrm{a2}}=-\dot{U}_{\mathrm{a1}}=-\dfrac{\dot{U}_{\mathrm{a}}}{2} \\[3mm] \dot{U}_{\mathrm{c}}=a\dot{U}_{\mathrm{a1}}+a^2\dot{U}_{\mathrm{a2}}=-\dot{U}_{\mathrm{a1}}=-\dfrac{\dot{U}_{\mathrm{a}}}{2}\end{array}\right\} \quad (10\text{-}21)$$

式（10-21）表明，当发生两相短路时，非故障相电压不变，故障相电压幅值降低一半。图 10-10 给出了 b、c 相短路时，故障处的电压、电流相量图。

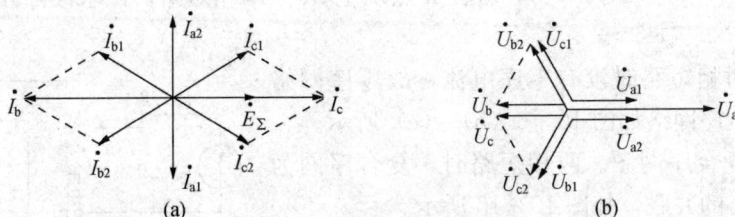

图 10-10 两相短路故障处的电压、电流相量图
(a) 电流相量图；(b) 电压相量图

若 b、c 相经过渡阻抗 Z_{f} 短路，如图 10-11 所示，对应的边界条件为

$$\left.\begin{array}{l}\dot{I}_{\mathrm{a}}=0,\ \dot{I}_{\mathrm{b}}=-\dot{I}_{\mathrm{c}} \\[2mm] \dot{U}_{\mathrm{b}}-\dot{U}_{\mathrm{c}}=\dot{I}_{\mathrm{b}}Z_{\mathrm{f}}\end{array}\right\} \quad (10\text{-}22)$$

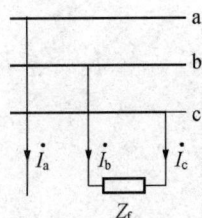

图 10-11 b、c 相经阻抗 Z_{f} 短路

电流的边界条件与纯金属性两相短路时完全相同，即 $\dot{I}_{\mathrm{a1}}=-\dot{I}_{\mathrm{a2}}$。电压的边界条件推导如下

$$(a^2\dot{U}_{\mathrm{a1}}+a\dot{U}_{\mathrm{a2}})-(a\dot{U}_{\mathrm{a1}}+a^2\dot{U}_{\mathrm{a2}})=(a^2\dot{I}_{\mathrm{a1}}+a\dot{I}_{\mathrm{a2}})Z_{\mathrm{f}}$$

$$(a^2 - a)\dot{U}_{a1} + (a - a^2)\dot{U}_{a2} = (a^2 - a)\dot{I}_{a1}Z_f$$

即
$$\dot{U}_{a1} - \dot{U}_{a2} = \dot{I}_{a1}Z_f \tag{10-23}$$

由式（10-22）和式（10-23）可得复合序网如图 10-12 所示。由复合序网可求得各序电流分量

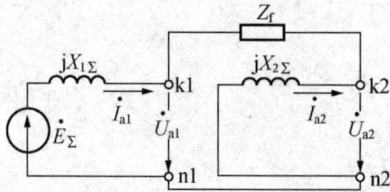

图 10-12 b、c 相经阻抗 Z_f 短路时的复合序网图

$$\dot{I}_{a1} = -\dot{I}_{a2} = \frac{\dot{E}_\Sigma}{j(X_{1\Sigma} + X_{2\Sigma}) + Z_f} \tag{10-24}$$

短路电流为

$$\dot{I}_b = -\dot{I}_c = -j\sqrt{3}\dot{I}_{a1} \tag{10-25}$$

由以上分析可得出以下结论：

（1）两相短路时，短路电流及电压中不存在零序分量。

（2）两相短路电流中的正序分量与负序分量大小相等、方向相反；两故障相中的短路电流总是大小相等、方向相反，在数值上等于正序电流的 $\sqrt{3}$ 倍。

（3）故障点两故障相的电压总是大小相等、相位相同，其数值仅有非故障相电压的一半，相位与非故障相电压相反。

（4）当 $X_{1\Sigma} = X_{2\Sigma}$ 时，同一点的两相短路电流是三相短路电流的 $\sqrt{3}/2$ 倍。

（5）与三相短路的情况相比，两相短路的正序分量与在短路点串接一个附加电抗 X_Δ（$X_\Delta = X_{2\Sigma}$）时的三相短路电流相等，即

$$\dot{I}_{a1} = \frac{\dot{E}_\Sigma}{j(X_{1\Sigma} + X_\Delta)} \tag{10-26}$$

【例 10-2】 ［例 10-1］中，若在 k 点发生 b、c 两相短路，试求故障相的短路电流和各相电压。

解 由于两相短路时没有零序电流，故零序网络不存在，正、负序网络如图 10-6（b）、（c）所示。

（1）制定复合序网图。两相短路时，复合序网为正序和零序网络的并联，如图 10-13 所示。

（2）计算短路电流。利用式（10-18）、式（10-19）计算各电流如下

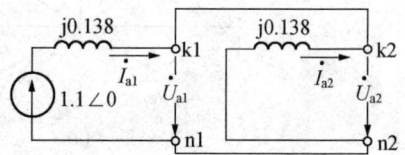

图 10-13 ［例 10-2］的复合序网图

$$\dot{I}_{a1} = -\dot{I}_{a2} = \frac{\dot{E}_\Sigma}{j(X_{1\Sigma} + X_{2\Sigma})} = \frac{1.1}{j0.138 \times 2} = -j3.986$$

$$\dot{I}_b = a^2\dot{I}_{a1} + a\dot{I}_{a2} = (a^2 - a)\dot{I}_{a1} = -j\sqrt{3}\dot{I}_{a1} = -j\sqrt{3} \times (-j3.986) = -6.9$$

$$\dot{I}_c = a\dot{I}_{a1} + a^2\dot{I}_{a2} = (a - a^2)\dot{I}_{a1} = j\sqrt{3}\dot{I}_{a1} = j\sqrt{3} \times (-j3.986) = 6.9$$

$$I_k^{(2)} = I_b = I_c = 6.9 \times \frac{100}{\sqrt{3} \times 230} = 1.732(\text{kA})$$

（3）计算各相电压。各相电压为

$$\dot{U}_{a1} = \dot{U}_{a2} = j\dot{I}_{a1}X_{2\Sigma} = j(-j3.986) \times 0.138 = 0.55$$

$$\dot{U}_a = 2\dot{U}_{a1} = 2 \times 0.55 = 1.1$$

$$\dot{U}_\mathrm{b} = \dot{U}_\mathrm{c} = -\dot{U}_\mathrm{a1} = -0.55$$

各相电压有名值为

$$U_\mathrm{a} = 1.1 \times \frac{230}{\sqrt{3}} = 146.07(\mathrm{kV})$$

$$U_\mathrm{b} = U_\mathrm{c} = U_\mathrm{a}/2 = 73.04(\mathrm{kV})$$

三、两相短路接地

两相短路接地处故障示意图如图 10 - 14 所示，设 b、c 两相短路接地，其边界条件为

$$\dot{I}_\mathrm{a} = 0, \ \dot{U}_\mathrm{b} = \dot{U}_\mathrm{c} = 0 \tag{10 - 27}$$

将上述边界条件转化为对称分量

$$\left. \begin{aligned} \dot{I}_\mathrm{a} &= \dot{I}_\mathrm{a1} + \dot{I}_\mathrm{a2} + \dot{I}_\mathrm{a0} = 0 \\ \dot{U}_\mathrm{a1} &= \dot{U}_\mathrm{a2} = \dot{U}_\mathrm{a0} = \frac{1}{3}\dot{U}_\mathrm{a} \end{aligned} \right\} \tag{10 - 28}$$

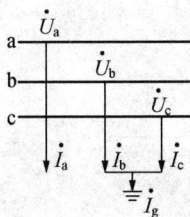

图 10 - 14 两相短路接地   图 10 - 15 两相短路接地时的复合序网图

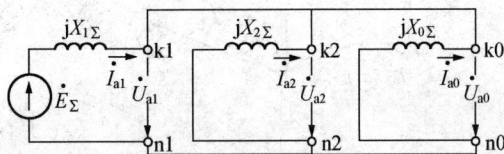

实际上，式（10 - 27）与单相短路接地的边界条件很相似，只是电压和电流互换。显然，满足式（10 - 28）条件的复合序网为三序网络在故障处并联，如图 10 - 15 所示，则

$$\dot{I}_\mathrm{a1} = \frac{\dot{E}_\Sigma}{\mathrm{j}X_{1\Sigma} + \mathrm{j}\dfrac{X_{2\Sigma}X_{0\Sigma}}{X_{2\Sigma} + X_{0\Sigma}}} \tag{10 - 29}$$

$$\left. \begin{aligned} \dot{I}_\mathrm{a2} &= -\dot{I}_\mathrm{a1}\frac{X_{0\Sigma}}{X_{0\Sigma} + X_{2\Sigma}} \\ \dot{I}_\mathrm{a0} &= -\dot{I}_\mathrm{a1}\frac{X_{2\Sigma}}{X_{0\Sigma} + X_{2\Sigma}} \end{aligned} \right\} \tag{10 - 30}$$

故障相的短路电流为

$$\left. \begin{aligned} \dot{I}_\mathrm{b} &= a^2\dot{I}_\mathrm{a1} + a\dot{I}_\mathrm{a2} + \dot{I}_\mathrm{a0} \\ &= a^2\dot{I}_\mathrm{a1} - a\dot{I}_\mathrm{a1}\frac{X_{0\Sigma}}{X_{2\Sigma} + X_{0\Sigma}} - \dot{I}_\mathrm{a1}\frac{X_{2\Sigma}}{X_{2\Sigma} + X_{0\Sigma}} = \dot{I}_\mathrm{a1}\left(a^2 - \frac{X_{2\Sigma} + aX_{0\Sigma}}{X_{2\Sigma} + X_{0\Sigma}}\right) \\ \dot{I}_\mathrm{c} &= a\dot{I}_\mathrm{a1} + a^2\dot{I}_\mathrm{a2} + \dot{I}_\mathrm{a0} \\ &= a\dot{I}_\mathrm{a1} - a^2\dot{I}_\mathrm{a1}\frac{X_{0\Sigma}}{X_{2\Sigma} + X_{0\Sigma}} - \dot{I}_\mathrm{a1}\frac{X_{2\Sigma}}{X_{2\Sigma} + X_{0\Sigma}} = \dot{I}_\mathrm{a1}\left(a - \frac{X_{2\Sigma} + a^2X_{0\Sigma}}{X_{2\Sigma} + X_{0\Sigma}}\right) \end{aligned} \right\} \tag{10 - 31}$$

将 $a = -\dfrac{1}{2} + \mathrm{j}\dfrac{\sqrt{3}}{2}$，$a^2 = -\dfrac{1}{2} - \mathrm{j}\dfrac{\sqrt{3}}{2}$ 代入式（10 - 31）中，并两端取模值，整理后可得短路处故障相短路电流有效值为

$$I_k^{(1.1)} = I_b = I_c = \sqrt{3} \times \sqrt{1 - \frac{X_{2\Sigma} X_{0\Sigma}}{(X_{2\Sigma} + X_{0\Sigma})^2}} \times I_{a1} \qquad (10 - 32)$$

两相短路接地时，流入地中的电流为

$$\dot{I}_g = \dot{I}_b + \dot{I}_c = 3\dot{I}_0 = -3\dot{I}_{a1} \frac{X_{0\Sigma}}{X_{2\Sigma} + X_{0\Sigma}} \qquad (10 - 33)$$

由复合序网可求得短路处电压的各序分量为

$$\dot{U}_{a1} = \dot{U}_{a2} = \dot{U}_{a0} = j \frac{X_{2\Sigma} X_{0\Sigma}}{X_{2\Sigma} + X_{0\Sigma}} \dot{I}_{a1} \qquad (10 - 34)$$

短路点非故障相电压为

$$\dot{U}_a = 3\dot{U}_{a1} = j \frac{3 X_{2\Sigma} X_{0\Sigma}}{X_{2\Sigma} + X_{0\Sigma}} \dot{I}_{a1} = \dot{E}_\Sigma \frac{3 X_{2\Sigma} X_{0\Sigma}}{X_{1\Sigma} X_{2\Sigma} + X_{1\Sigma} X_{0\Sigma} + X_{2\Sigma} X_{0\Sigma}} \qquad (10 - 35)$$

图 10 - 16 所示为两相短路接地时故障处的电压、电流相量图。由于单相接地短路与两相接地短路的电压、电流存在对偶关系，若将单相接地短路时的电压相量图和电流相量图对调，即为两相接地短路时的电压、电流相量图。

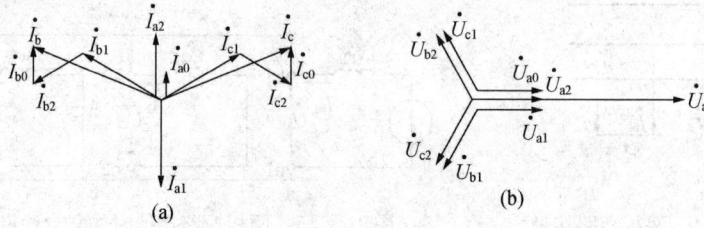

图 10 - 16　两相短路接地故障处相量图
(a) 电流相量图；(b) 电压相量图

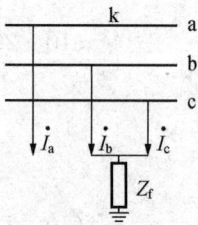

图 10 - 17　b、c 相
短路经 Z_f 接地

下面讨论 b、c 两相短路后经过渡阻抗接地的情况，如图 10 - 17 所示。故障点的边界条件为

$$\dot{I}_a = 0, \dot{U}_b = \dot{U}_c = (\dot{I}_b + \dot{I}_c) Z_f \qquad (10 - 36)$$

由 $\dot{I}_a = 0, \dot{U}_b = \dot{U}_c$ 可得

$$\left. \begin{array}{l} \dot{I}_{a1} + \dot{I}_{a2} + \dot{I}_{a0} = 0 \\ \dot{U}_{a1} = \dot{U}_{a2} \end{array} \right\} \qquad (10 - 37)$$

由 $\dot{U}_b = (\dot{I}_b + \dot{I}_c) Z_f$ 可得

$$\dot{U}_b = a^2 \dot{U}_{a1} + a \dot{U}_{a2} + \dot{U}_{a0} = (a^2 + a) \dot{U}_{a1} + \dot{U}_{a0} = -\dot{U}_{a1} + \dot{U}_{a0}$$

$$= (\dot{I}_b + \dot{I}_c) Z_f = 3 \dot{I}_{a0} Z_f$$

故

$$\dot{U}_{a1} = \dot{U}_{a0} - 3 \dot{I}_{a0} Z_f \qquad (10 - 38)$$

由式（10 - 37）和式（10 - 38）可得复合序网如图 10 - 18 所示。由复合序网可得各序电流分量。显然，两相短路经阻抗 Z_f 接地时，各序电流仍可用式（10 - 29）和式（10 - 30）计算，只是式中的 $X_{0\Sigma}$ 用 $X_{0\Sigma} + 3 Z_f$ 代替即可。

故障相电压计算式为

$$\dot{U}_a = \dot{U}_{a1} + \dot{U}_{a2} + \dot{U}_{a0} = 2 \dot{I}_{a1} \frac{j X_{2\Sigma} (j X_{0\Sigma} + 3 Z_f)}{j(X_{2\Sigma} + X_{0\Sigma}) + 3 Z_f} + \dot{I}_{a1} \frac{j X_{2\Sigma} j X_{0\Sigma}}{j(X_{2\Sigma} + X_{0\Sigma}) + 3 Z_f}$$

$$= 3\dot{I}_{a1} \frac{jX_{2\Sigma}(jX_{0\Sigma} + 2Z_f)}{j(X_{2\Sigma} + X_{0\Sigma}) + 3Z_f} \tag{10-39}$$

$$\dot{U}_b = \dot{U}_c = 3\dot{I}_{a0}Z_f = -3\dot{I}_{a1} \frac{jX_{2\Sigma}Z_f}{j(X_{2\Sigma} + X_{0\Sigma}) + 3Z_f} \tag{10-40}$$

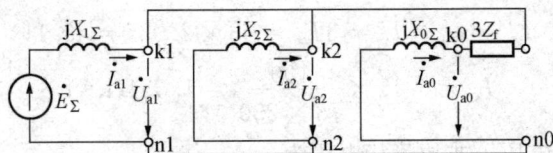

图 10-18 b、c 相短路经 Z_f 接地时的复合序网图

通过以上分析，对两相短路接地有以下几点结论：

(1) 两相短路接地时，两故障电流的幅值相等。其值为 $I_k^{(1,1)}$

$$I_k^{(1,1)} = \sqrt{3} \times \sqrt{1 - \frac{X_{2\Sigma}X_{0\Sigma}}{(X_{2\Sigma} + X_{0\Sigma})^2}} \cdot I_{a1}^{(1,1)}$$

(2) 两相短路接地时，流入地中的电流为 $\dot{I}_g$

$$\dot{I}_g = \dot{I}_b + \dot{I}_c = 3\dot{I}_0 = -3\dot{I}_{a1} \frac{X_{0\Sigma}}{X_{2\Sigma} + X_{0\Sigma}}$$

(3) 两相短路接地时，短路点处的正序电流分量与在故障处串接一个附加电抗 $X_\Delta = X_{2\Sigma} /\!/ X_{0\Sigma}$ 后产生的三相短路电流相等，即

$$\dot{I}_{a1} = \frac{\dot{E}_\Sigma}{j(X_{1\Sigma} + X_\Delta)} \tag{10-41}$$

【例 10-3】 ［例 10-1］ 中，若在 k 点发生 b、c 两相接地短路，试求故障相的短路电流、地中电流以及非故障相电压。

解 (1) 制订复合序网。根据边界条件分解的结果可知，两相接地短路时的三序网络并联，如图 10-19 所示。

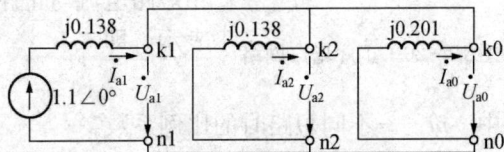

图 10-19 ［例 10-3］的复合序网图

(2) 计算短路电流。利用公式计算各序电流分量及故障相电流分别为

$$\dot{I}_{a1} = \frac{1.1}{j\left(0.138 + \dfrac{0.138 \times 0.201}{0.138 + 0.201}\right)} = -j5.0$$

$$\dot{I}_{a2} = -\frac{0.201}{0.138 + 0.201}(-j5.0) = j2.965$$

$$\dot{I}_{a0} = -\frac{0.138}{0.138 + 0.201}(-j5.0) = j2.035$$

$$\dot{I}_b = a^2\dot{I}_{a1} + a\dot{I}_{a2} + \dot{I}_{a0} = -j(5.0a^2 - 2.965a - 2.035)$$
$$= -6.9 + j3.053 = 7.55\angle156.13°$$

$$\dot{I}_c = a\dot{I}_{a1} + a^2\dot{I}_{a2} + \dot{I}_{a0} = -j(5.0a - 2.965a^2 - 2.035)$$
$$= 6.9 + j3.053 = 7.55\angle23.87°$$

所以故障相电流为

$$I_k^{(1,1)} = I_b = I_c = 7.55 \times \frac{100}{\sqrt{3} \times 230} = 1.90(\text{kA})$$

流入大地电流（也就是通过变压器中性点电流）为

$$\dot{I}_g = \dot{I}_b + \dot{I}_c = 3\dot{I}_{a0} = j3 \times 2.035 = j6.11$$

$$I_g = 6.11 \times \frac{100}{\sqrt{3} \times 230} = 1.534(\text{kA})$$

（3）计算非故障相电压。非故障相电压为

$$\dot{U}_a = \dot{U}_{a1} + \dot{U}_{a2} + \dot{U}_{a0} = 3\dot{U}_{a1} = 3(-j0.138) \times j2.965 = 3 \times 0.409 = 1.227$$

$$U_a = 1.227 \times 230/\sqrt{3} = 162.94(\text{kV})$$

四、正序等效定则

由上面不对称短路故障的分析可知，各种不对称短路的正序分量均与在短路点加附加电抗 X_Δ 后发生三相对称短路时的短路电流相等，式（10-4）、式（10-18）、式（10-29）可统一用一个关系式表示为

$$\dot{I}_{a1} = \frac{\dot{E}_\Sigma}{jX_{1\Sigma} + jX_\Delta} \tag{10-42}$$

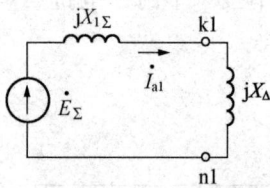

上述关系称为正序等效定则。相应地，对于任一种不对称短路，其短路电流的正序分量都可以利用图 10-20 所示的正序增广网络来计算。

由式（10-6）、式（10-19）、式（10-32）可以看出，故障相短路电流与正序电流分量存在一定的关系，也可用一个关系式表示，即

$$I_k = mI_{a1} \tag{10-43}$$

图 10-20　正序增广网络

式中　m——不同短路时的比例系数。

表 10-1 列出了各种短路时的附加电抗 X_Δ 和 m 值，其中 m 值只适用于纯电感的情况。

表 10-1　　　　　　　　　　各种短路时的 X_Δ 和 m 值

短路种类	代表符号	X_Δ	m
三相短路	$k^{(3)}$	0	1
单相短路	$k^{(1)}$	$X_{2\Sigma} + X_{0\Sigma}$	3
两相短路	$k^{(2)}$	$X_{2\Sigma}$	$\sqrt{3}$
两相短路接地	$k^{(1,1)}$	$\dfrac{X_{2\Sigma} X_{0\Sigma}}{X_{2\Sigma} + X_{0\Sigma}}$	$\sqrt{3}\sqrt{1 - \dfrac{X_{2\Sigma} X_{0\Sigma}}{(X_{2\Sigma} + X_{0\Sigma})^2}}$

需要说明的是，利用运算曲线也可以计算任意时刻不对称短路的短路电流。即首先根据短路类型，在短路点接入附加电抗 X_Δ 构成正序增广网络，再计算各电源点到短路点之间的转移电抗，将转移电抗转化为以各电源容量为基准的计算电抗，查运算曲线得任意时刻的正序电流，最后按式（10-43）求得任意时刻的短路电流。

第二节 非故障处电流和电压计算

在分析电力系统故障时，不仅需要计算短路点处的电流和电压，往往还要计算出流过网络中某些支路的电流和某些节点的电压。本节将讨论各种不对称短路时，非故障处的电流和电压计算方法。

一、各序中任意处的电流和电压计算

要计算网络中任意处的电流和电压，必须首先求得各序网络中该处电流和电压的序分量，然后再将该处电流和电压的序分量合成，即可得该处的三相电流和电压。

负序网络和零序网络是无源网络，当通过复合序网求得故障点处的各序电流 $\dot{I}_{a2}$、$\dot{I}_{a0}$ 和各序电压 $\dot{U}_{a2}$、$\dot{U}_{a0}$ 后，便可以很方便地求得网络中任意处的支路序电流和支路序电压。

正序网络是有源网络，求得故障处的 $\dot{I}_{a1}$ 和 $\dot{U}_{a1}$ 后，可以利用叠加原理把正序网络分解成正常情况和故障情况两部分，如图 10 - 21 所示。

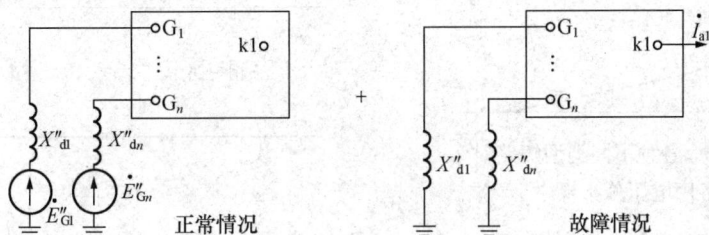

图 10 - 21 正序网分解

正常情况下各节点电压和支路电流可由潮流计算得到。在实用计算中，假定正常运行时系统为空载，故障情况时故障点只有正序分量电流，网络中无电源，故仿照负序或零序网络的方法也很容易求出任意处的节点电压和支路电流。

在图 10 - 22 所示的简单系统中，网络中某一节点的各序电压等于短路点的各序电压加上该点与短路点之间的同一序电流产生的电压降。如线路首端 L，在正、负、零序网络中，分别经电抗 X_{L1}、X_{L2} 和 X_{L0} 与短路点 k 相连，则 L 处的各序电压分别为

$$\left.\begin{aligned}
\dot{U}_{L1} &= \dot{U}_{a1} + j\dot{I}_{a1}X_{L1} = \dot{E}_{\Sigma} - j(X_{1\Sigma} - X_{L1})\dot{I}_{a1} \\
\dot{U}_{L2} &= \dot{U}_{a2} + j\dot{I}_{a2}X_{L2} = -j(X_{2\Sigma} - X_{L2})\dot{I}_{a2} \\
\dot{U}_{L0} &= \dot{U}_{a0} + j\dot{I}_{a0}X_{L0} = -j(X_{0\Sigma} - X_{L0})\dot{I}_{a0}
\end{aligned}\right\} \tag{10-44}$$

显然，由式（10 - 44）可知 $\dot{U}_{L1} > \dot{U}_{a1}$，$\dot{U}_{L2} < \dot{U}_{a2}$，$\dot{U}_{L0} < \dot{U}_{a0}$。

在电源点，负序电压等于零，而零序电压一般未到电源点就已降为零了。图 10 - 22 还示出简单系统在各种不同类型短路时，各序电压有效值的分布情况。正序网络中，电源正序电压最高，越靠近短路点正序电压越低，三相短路时，短路点电压为零。负序和零序网中，节点距故障点越远，即越靠近电源点，负序和零序电压越低。上述结论可以推广到一般系统。

二、对称分量经变压器后的相位变化

在前面各种不对称短路的分析计算中，没有考虑对称分量经变压器后的相位变化，即将

等值电路中的所有变压器当作是 Yy0 接线变压器看待。这样，正序和负序分量流过变压器时不会引起相位的变化，仅有幅值的变化。若再考虑到计算中多采用标幺值，变压器的变比 $k=1$，则各序分量经变压器后既无相位变化，又无幅值变化。

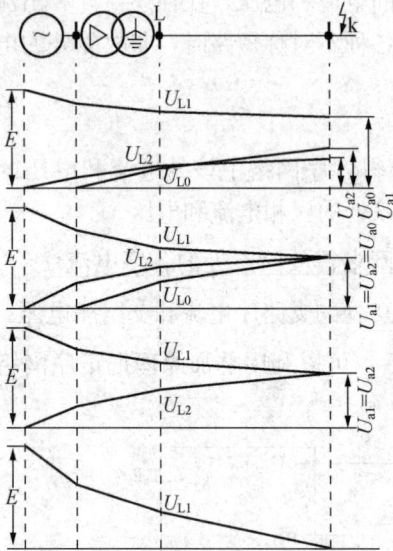

图 10 - 22　各种不同类型短路时的各序电压分布规律

短路类型	短路点各序电压
单相接地短路	$U_{a1} = (U_{a2} + U_{a0})$
两相接地短路	$U_{a1} = U_{a2} = U_{a0}$
两相短路	$U_{a1} = U_{a2}$
三相短路	$U_{a1} = 0$

实际上当变压器接线组别为 Yd 接线时，变压器一、二次绕组的电压、电流不仅有相位的变化，而且还有幅值的变化。图 10 - 23 （a）所示为 Yd11 接线变压器，如在 Y 侧施以正序电压，则 d 侧的线电压与 Y 侧的相电压同相位，但 d 侧的相电压却超前 Y 侧的相电压 30°，如图 10 - 23 （b）所示。当在 Y 侧施以负序电压时，d 侧的相电压落后于 Y 侧相电压 30°，如图 10 - 23 （c）所示。变压器两侧相电压的正序和负序分量有以下关系

$$\dot{U}_{a1} = \frac{1}{k}\dot{U}_{A1}\, e^{j(12-11)\times 30°} = \frac{1}{k}\dot{U}_{A1}\, e^{j30°} \left.\vphantom{\begin{array}{c}1\\1\end{array}}\right\}$$
$$\dot{U}_{a2} = \frac{1}{k}\dot{U}_{A2}\, e^{-j(12-11)\times 30°} = \frac{1}{k}\dot{U}_{A2}\, e^{-j30°} \qquad (10-45)$$

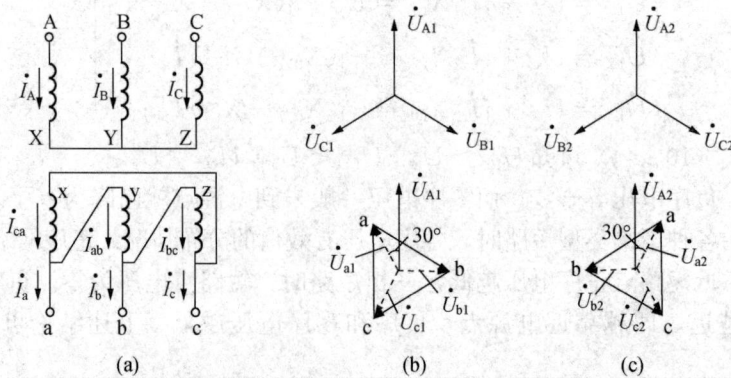

(a)　　　　　(b)　　　　　(c)

图 10 - 23　Yd11 接线变压器两侧正、负电压分量的相位关系

(a) Yd11 变压器接线；(b) 正序电压相位关系；(c) 负序电压相位关系

不难理解，因为不计损耗时变压器两侧的功率相等，所以两侧的功率因数也相等，并且在 Yd11 接线变压器中，两侧的正负序电流的相位关系和电压的相位关系是一样的。d 侧的正序电流超前 Y 侧的正序电流 30°，d 侧的负序电流滞后于 Y 侧负序电流 30°，如图 10 - 24 所示。变压器两侧电流的正、负序分量有以下关系

$$\left.\begin{aligned} \dot{I}_{a1} &= k\dot{I}_{A1} e^{j(12-11)\times30°} = k\dot{I}_{A1} e^{j30°} \\ \dot{I}_{a2} &= k\dot{I}_{A2} e^{-j(12-11)\times30°} = k\dot{I}_{A2} e^{-j30°} \end{aligned}\right\}$$

$$(10-46)$$

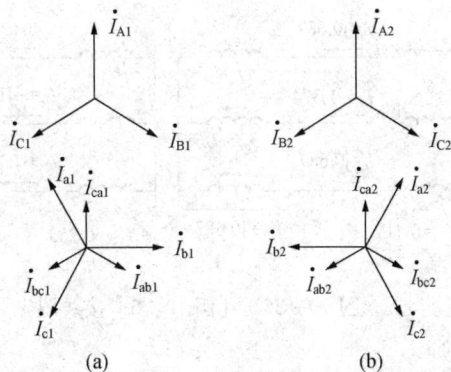

图 10 - 24　Yd11 接线变压器两侧电流相位关系

(a) 正序电流相位关系；(b) 负序电流相位关系

由式（10 - 45）和式（10 - 46）可得任意接线组别的变压器的两侧电压和电流的关系为

$$\left.\begin{aligned} \dot{U}_{a1} &= \frac{1}{k}\dot{U}_{A1} e^{j(12-n)\times30°}, \dot{U}_{a2} = \frac{1}{k}\dot{U}_{A2} e^{-j(12-n)\times30°} \\ \dot{I}_{a1} &= k\dot{I}_{A1} e^{j(12-n)\times30°}, \dot{I}_{a2} = k\dot{I}_{A2} e^{-j(12-n)\times30°} \end{aligned}\right\}$$

$$(10-47)$$

式中　n——变压器接线组别的钟点数。

需要注意的是，Yd 接线变压器在 d 侧的外电路中总是不存在电压和电流的零序分量。此外，在采用标幺值计算时，式（10 - 47）中的变压器变比 $k=1$。

【例 10 - 4】　如图 10 - 25（a）所示的简单系统，发电机经 YNd11 变压器升压后向外送电，如在变压器高压侧发生单相短路故障，试用作图法确定变压器低压侧哪一相电流最大。

解　单相短路时，故障点的正、负序和零序电流大小相等，方向相同，即 $\dot{I}_{A1} = \dot{I}_{A2} = \dot{I}_{A0}$，相量关系如图 10 - 25（b）所示。由式（10 - 45）和式（10 - 46）可知，低压 d 侧的正序电流超前于 Y 侧的正序电流 30°，低压 d 侧的负序电流滞后于 Y 侧的负序电流 30°，且低压 d 侧外电路中无零序电流分量。据此所作的变压器低压 d 侧的电流相量图如图 10 - 25（c）所示。

由图可知，变压器高压 Y 侧单相短路时，低压 d 侧的 a、c 相电流最大，其值为正序电流的 $\sqrt{3}$ 倍。而 b 相电流最小，其值为零。

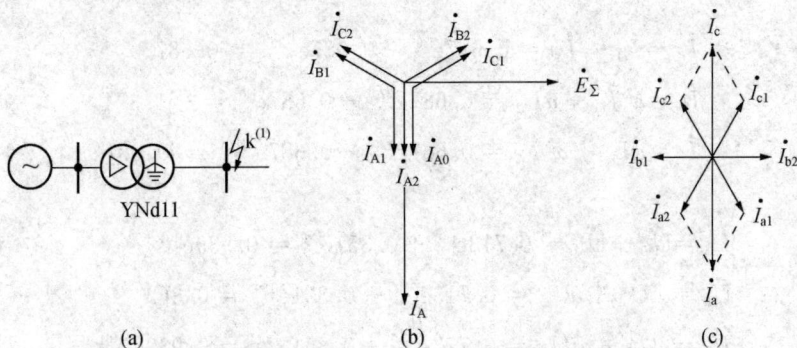

图 10 - 25　[例 10 - 4] 图

(a) 接线图；(b) Y 侧的电流相量图；(c) d 侧的电流相量图

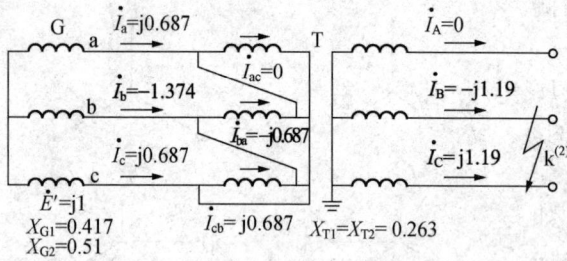

图 10 - 26　［例 10 - 5］接线图

【例 10 - 5】　在图 10 - 26 所示的系统接线图中，假设在 YNd11 变压器的高压侧母线上发生 B、C 相短路，若低压 d 侧母线电压为 10.5kV，试求 d 侧低压母线上短路瞬间的各相电流和电压。

解　所有元件的电抗均以 $S_B = 100$MVA，$U_B = U_{av}$ 为基准的标幺值表示，则

$$X_{G1} = 0.417, X_{G2} = 0.51, E'' = j1$$

$$X_{T1} = X_{T2} = 0.263$$

$$X_{1\Sigma} = X_{G1} + X_{T1} = 0.417 + 0.263 = 0.68$$

$$X_{2\Sigma} = X_{G2} + X_{T2} = 0.51 + 0.263 = 0.773$$

选 A 相为基准相，当两相短路时，短路点处的各序电流和电压分别为

$$\dot{I}_{A1} = \frac{\dot{E}''}{j(X_{1\Sigma} + X_{2\Sigma})} = \frac{j1}{j(0.68 + 0.773)} = 0.687$$

$$\dot{I}_{A2} = -\dot{I}_{A1} = -0.687$$

$$\dot{I}_B = -j\sqrt{3}\dot{I}_{A1} = -j1.19$$

$$\dot{I}_C = j\sqrt{3}\dot{I}_{A1} = j1.19$$

$$\dot{U}_{A1} = \dot{U}_{A2} = -j\dot{I}_{A2}X_{2\Sigma} = -j(-0.687) \times 0.773 = j0.532$$

d 侧低压母线上的各序电流和电压分别为

$$\dot{I}_{a1} = \dot{I}_{A1}e^{j30°} = 0.687e^{j30°}$$

$$\dot{I}_{a2} = \dot{I}_{A2}e^{-j30°} = -0.687e^{-j30°}$$

$$\dot{U}_{a1} = (\dot{U}_{A1} + \dot{I}_{A1}jX_{T1})e^{j30°} = -(j0.532 + j0.687 \times 0.263)e^{j30°} = 0.713e^{j30°}$$

$$\dot{U}_{a2} = (\dot{U}_{A2} + \dot{I}_{a2}jX_{T2})e^{-j30°} = (j0.532 - j0.687 \times 0.263)e^{-j30°} = 0.351e^{j60°}$$

d 侧低压母线上各相电流、电压的标幺值分别为：

相电流

$$\dot{I}_a = \dot{I}_{a1} + \dot{I}_{a2} = 0.687e^{j30°} - 0.687e^{-j30°} = j0.687$$

$$\dot{I}_b = a^2\dot{I}_{a1} + a\dot{I}_{a2} = 0.687e^{j270°} - 0.687e^{j90°} = -j1.374$$

$$\dot{I}_c = a\dot{I}_{a1} + a^2\dot{I}_{a2} = 0.687e^{j150°} - 0.687e^{-j210°} = j0.687$$

相电压

$$\dot{U}_a = \dot{U}_{a1} + \dot{U}_{a2} = 0.713e^{j30°} + 0.351e^{j60°} = 0.939e^{j101.1°}$$

$$\dot{U}_b = a^2\dot{U}_{a1} + a\dot{U}_{a2} = 0.713e^{j360°} + 0.351e^{j180°} = 0.362$$

$$\dot{U}_c = a\dot{U}_{a1} + a^2\dot{U}_{a2} = 0.713e^{j240°} + 0.351e^{j300°} = 0.939e^{-j101.1°}$$

相间电压

$$\dot{U}_{ab} = \dot{U}_a - \dot{U}_b = 0.939e^{j101.1°} - 0.362 = 1.07e^{j120.5°}$$

$$\dot{U}_{bc} = \dot{U}_b - \dot{U}_c = 0.362 - 0.939e^{-j101.1°} = 1.07e^{j59.5°}$$

$$\dot{U}_{ca} = \dot{U}_c - \dot{U}_a = 0.939e^{-j101.1°} - 0.939e^{j101.1°} = -j1.842$$

d 侧低压母线上各相电流、电压的有名值分别为

$$I_a = I_c = 0.687 \times \frac{100}{\sqrt{3} \times 10.5} = 3.78(\text{kA})$$

$$I_b = 1.374 \times \frac{100}{\sqrt{3} \times 10.5} = 7.56(\text{kA})$$

$$U_{ab} = U_{bc} = 1.07 \times \frac{10.5}{\sqrt{3}} = 6.49(\text{kV})$$

$$U_{ca} = 1.842 \times \frac{10.5}{\sqrt{3}} = 11.18(\text{kV})$$

由以上计算可以看出，Y 侧发生两相短路时，d 侧三相中均有电流流过，a、c 相电流大小相等，方向相同，而 b 相电流最大，其值为 a、c 相电流的两倍，且与 a、c 相电流方向相反。若 Y 侧为其他相别短路时，两相中的超前相电流最大，而其他两相电流大小相等，方向相同。d 侧的电压情况是：相间电压都很大，但总有一相对地的电压为零（当不考虑变压器压降时），或为较小的数值，如本例中的 $\dot{U}_b$。

变压器两侧的电压、电流的相位关系如图 10 - 27 所示。

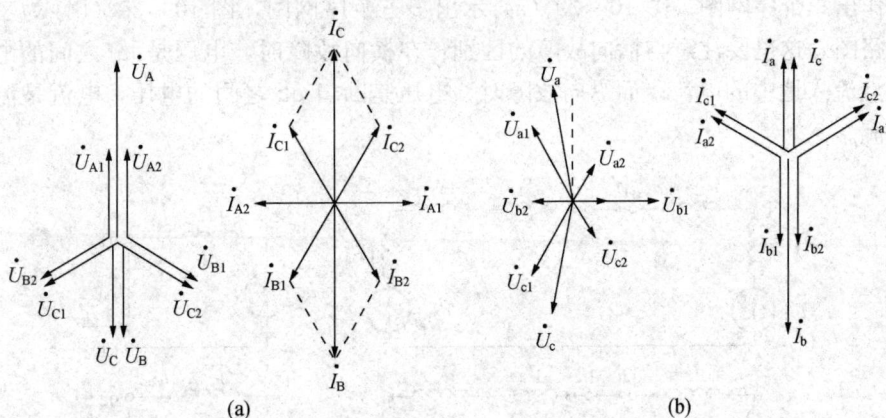

图 10 - 27　[例 10 - 5] 变压器两侧电压、电流相量图
(a) YN 侧电压、电流；(b) d 侧电压、电流

第三节　非全相运行的分析和计算

电力系统中，除了出现前述的横向故障外，还可能出现纵向故障，主要是单相断线和两相断线，又称之为非全相运行。下面分别讨论单相断线和两相断线的情况。

一、单相断线

图 10 - 28 (a) 所示的电力系统在 qk 间发生 a 相断线故障，如图 10 - 28 (b) 中所示，在 a 相中出现了断口 qk。在断口 qk 处的三相线路电流（从端口一侧流到另一侧）和三相断口两端间的电压均不对称，而系统其他处的参数仍然是对称的。和分析不对称短路时类似，

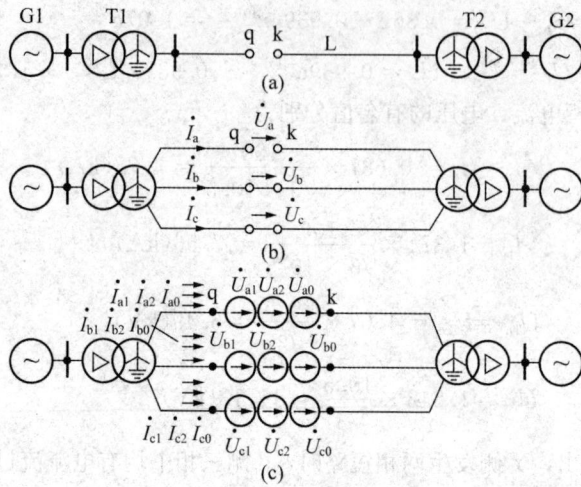

图 10 - 28　简单系统的单相断线

（a）网络接线图；（b）单相断线；（c）断口处电压和电流的各序分量

将断口处的三相线路电流和断口间的三相电压分解成三序对称分量，如图 10 - 28（c）所示。

由于系统中其他地方的参数是对称的，所以三序网是相互独立的。与不对称短路时一样，可以作出三个序网图。图 10 - 29（a）示出了三个序网图，图 10 - 29（b）为三序网络的等值电路图。这里要注意与横向故障的区别：在横向故障时，电压是 kn 之间的电压，电流是从 k 点流入地中的电流；而纵向故障时，电压是断口 qk 之间的电压，电流是流过断口端点的电流。

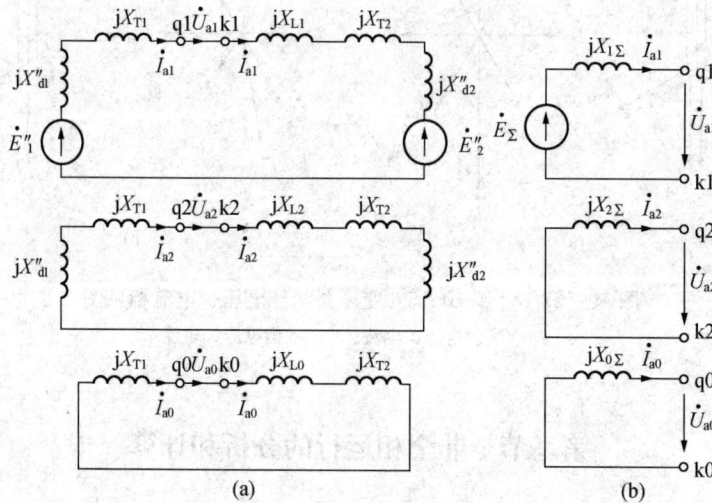

图 10 - 29　三序网络及等值电路

（a）正、负序和零序网络；（b）正、负序和零序网络等值电路

由图 10 - 29（b）可得

$$\left.\begin{array}{l}\dot{U}_{a1}=\dot{E}_{\Sigma}-j\dot{I}_{a1}X_{1\Sigma}\\\dot{U}_{a2}=-j\dot{I}_{a2}X_{2\Sigma}\\\dot{U}_{a0}=-j\dot{I}_{a0}X_{0\Sigma}\end{array}\right\}\quad(10\text{-}48)$$

式中 $\dot{E}_{\Sigma}$——从正序网络 qk 端口看进去的正序等值电动势；

$X_{1\Sigma}$、$X_{2\Sigma}$、$X_{0\Sigma}$——根据戴维南定理从 qk 端口看进去的各序网络的等值电抗。

由图 10 - 28（b）可以看出，a 相断线的边界条件为

$$\dot{I}_a=0,\dot{U}_b=0,\dot{U}_c=0\quad(10\text{-}49)$$

显然，单相断线的边界条件与两相短路接地时的边界条件类似，用对称分量表示为

$$\left.\begin{array}{l}\dot{I}_{a1}+\dot{I}_{a2}+\dot{I}_{a0}=0\\\dot{U}_{a1}=\dot{U}_{a2}=\dot{U}_{a0}\end{array}\right\}\quad(10\text{-}50)$$

由式（10 - 50）可知，单相断线时的复合序网是三序网络的并联，如图 10 - 30 所示。由图可以看出，单相断线时的复合序网图与图 10 - 15 两相接地时的复合序网图在形式上完全一样，只是所代表的端口不相同。因而，单相断线和两相短路接地的三序电流的计算公式在形式上也完全一样，即

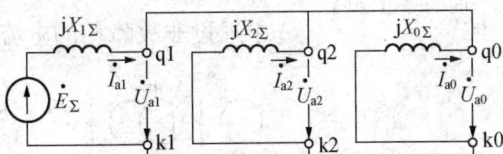

图 10 - 30 单相断线时的复合序网图

$$\left.\begin{array}{l}\dot{I}_{a1}=\dfrac{\dot{E}_{\Sigma}}{jX_{1\Sigma}+j\dfrac{X_{2\Sigma}X_{0\Sigma}}{X_{2\Sigma}+X_{0\Sigma}}}\\\dot{I}_{a2}=-\dot{I}_{a1}\dfrac{X_{0\Sigma}}{X_{0\Sigma}+X_{2\Sigma}}\\\dot{I}_{a0}=-\dot{I}_{a1}\dfrac{X_{2\Sigma}}{X_{0\Sigma}+X_{2\Sigma}}\end{array}\right\}\quad(10\text{-}51)$$

断口的各序电压可用式（10 - 48）计算。

图 10 - 31 两相断线

二、两相断线

图 10 - 28（a）所示的电力系统在 qk 间发生两相断线故障时，其断口 qk 的情况如图 10 - 31 所示。设 b、c 相断线，其边界条件为

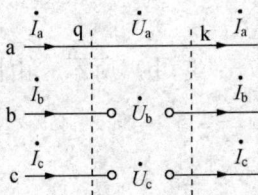

$$\dot{U}_a=0,\dot{I}_b=0,\dot{I}_c=0\quad(10\text{-}52)$$

其相应的对称分量表示的边界条件为

$$\left.\begin{array}{l}\dot{U}_{a1}+\dot{U}_{a2}+\dot{U}_{a0}=0\\\dot{I}_{a1}=\dot{I}_{a2}=\dot{I}_{a0}\end{array}\right\}\quad(10\text{-}53)$$

由式（10 - 53）可知，两相断线的边界条件与单相短路接地时的边界条件在形式上完全一样。因此，它们的复合序网和计算公式也相同，其复合序网如图 10 - 32 所示，由复合序网可得各序电流为

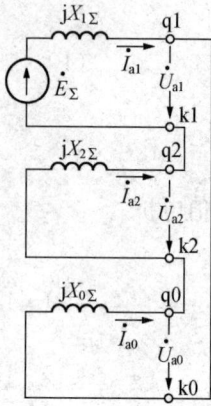

图 10 - 32　两相断线
时的复合序网

$$\dot{I}_{a1} = \dot{I}_{a2} = \dot{I}_{a0} = \frac{\dot{E}_\Sigma}{\mathrm{j}(X_{1\Sigma} + X_{2\Sigma} + X_{0\Sigma})} \qquad (10\text{-}54)$$

断口的各序电压可用式（10 - 48）计算。

与不对称短路一样，可以用正序增广网络计算断线故障时的正序分量。正序增广网络为在正序网络断口处串联一附加电抗 X_Δ，在单相断线时

$$X_\Delta = \frac{X_{2\Sigma} X_{0\Sigma}}{X_{2\Sigma} + X_{0\Sigma}} \qquad (10\text{-}55)$$

两相断线时　　　　　　　　$X_\Delta = X_{2\Sigma} + X_{0\Sigma}$ 　　　　　（10 - 56）

【例 10 - 6】　图 10 - 33（a）所示电力系统，各元件参数均为在 $S_B = 100\mathrm{MVA}$，$U_B = U_{av}$ 基准下的标幺值，发电机电动势 $\dot{E}_1 = \mathrm{j}1.43$，标注在图 10 - 33（b）的各序网络中。当 qk 点发生 a 相断线故障时，求通过非故障相的电流。

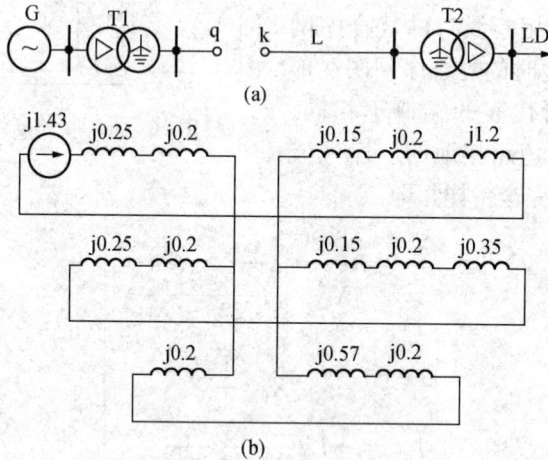

(a)

(b)

图 10 - 33　［例 10 - 6］图
(a) 系统接线图；(b) 各元件序参数及复合序网图

解　以 a 相为基准相。当 a 相断线时，对应的复合序网如图 10 - 33（b）所示。由图 10 - 33（b）可知

$$X_{1\Sigma} = 0.25 + 0.2 + 0.15 + 0.2 + 1.2 = 2$$
$$X_{2\Sigma} = 0.25 + 0.2 + 0.15 + 0.2 + 0.35 = 1.15$$
$$X_{0\Sigma} = 0.2 + 0.57 + 0.2 = 0.97$$

由式（10 - 51）有

$$\dot{I}_{a1} = \frac{\dot{E}_1}{\mathrm{j}(X_{1\Sigma} + X_{2\Sigma} /\!/ X_{0\Sigma})} = \frac{\mathrm{j}1.43}{\mathrm{j}2 + \dfrac{\mathrm{j}1.15 \times \mathrm{j}0.97}{\mathrm{j}(1.15 + 0.97)}} = 0.565$$

$$\dot{I}_{a2} = -\dot{I}_{a1} \frac{X_{0\Sigma}}{X_{2\Sigma} + X_{0\Sigma}} = -0.565 \times \frac{0.97}{1.15 + 0.97} = -0.258$$

$$\dot{I}_{a0} = -\dot{I}_{a1} \frac{X_{2\Sigma}}{X_{2\Sigma} + X_{0\Sigma}} = -0.565 \times \frac{1.15}{1.15 + 0.97} = -0.307$$

非故障相的电流

$$\dot{I}_b = a^2 \dot{I}_{a1} + a\dot{I}_{a2} + \dot{I}_{a0} = 0.565\angle240° - 0.258\angle120° - 0.307$$
$$= -0.461 - j0.714 = 0.85\angle237°$$

$$\dot{I}_c = a\dot{I}_{a1} + a^2\dot{I}_{a2} + \dot{I}_{a0} = 0.565\angle240° - 0.238\angle240° - 0.307$$
$$= -0.461 + j0.714 = 0.85\angle123°$$

　　需要指出的是，在前面分析各种不对称短路和断线故障时，都是将 a 相作为故障时的特殊相，即故障时 a 相不同于 b、c 相。若系统中只有一处故障，无论实际故障发生在哪一相，都可假设 a 相是特殊相。因为不论故障发生在哪一相，其电压和电流的相对关系都与 a 相故障时相同。这样做的主要目的是可使故障时各序电压和电流间的关系变得比较简单，序网图也比较简单，从而便于计算。

小　结

　　本章主要介绍了应用对称分量法分析和计算各种不对称短路和断线故障时的电压和电流。分析不对称短路和断线故障的步骤类似，即首先根据故障类型，列出故障处的边界条件；再转换为以对称分量表示的边界条件；根据边界条件将各序网连成复合序网；由复合序网求得故障点处的各序电流和各序电压；最后将各序电压和电流分量合成，可得故障处的相电压、相电流。

　　由复合序网求得故障处的各序电流和电压后，可进一步计算各序网任意处的电流和电压分布。经 Yd11 接线变压器后，若各相电压和电流均有相位移才可以合成得任意处的三相电流和电压。

　　正序等效定则说明：不对称短路时，短路点的正序电流的大小等于在短路点串联一个附加电抗并在其后发生三相短路时的短路电流值。正序等效定则把不对称短路与三相短路计算联系起来。

　　正序等效定则同样适用于断线故障，对于断线故障，附加电抗接于正序网络的断口之间。

习　题

10 - 1　应用对称分量法分析单相短路、两相短路、两相短路接地的一般方法是什么？

10 - 2　何谓正序等效定则？

10 - 3　不对称短路时各序电压是如何分布的？

10 - 4　YNd11 接线变压器两侧的正、负、零序电压和电流分量的相位关系如何？

10 - 5　说明不对称短路和断线故障的不同点。

10 - 6　何谓基准相、特殊相？分析不对称问题时为什么要选择基准相？

10 - 7　已知某电力系统接线如图 10 - 34 所示，各元件电抗均已知，当 k 点发生单相接地故障时，求短路点各序电流、电压以及故障相电流和非故障相电压，并绘出短路点的电流、电压相量图。

10 - 8　在图 10 - 34 所示电力系统中，若在 k 点发生 b、c 两相短路故障，试求短路点

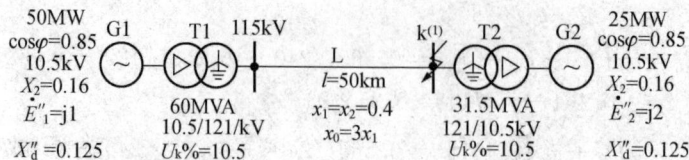

图 10 - 34　习题 10 - 7 图

各序电流、电压以及故障相的电流和非故障相的电压。

10 - 9　图 10 - 35 所示电力系统接线中，各元件参数均已知，当 k 点分别发生 $k^{(3)}$、$k^{(1)}$、$k^{(2)}$、$k^{(1,1)}$ 短路时，求短路点的短路电流。

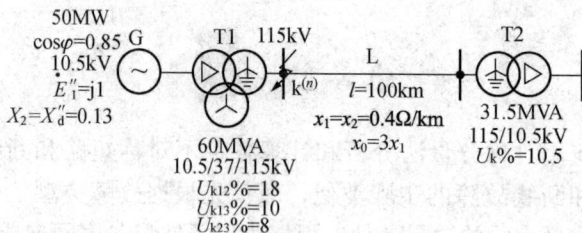

图 10 - 35　习题 10 - 9 图

10 - 10　试计算图 10 - 36 所示电力系统的 k 点分别发生单相短路和两相短路时，流经发电机 G1 的电流。

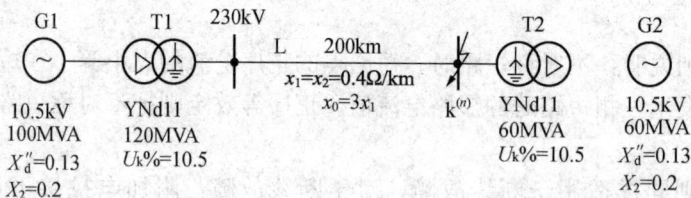

图 10 - 36　习题 10 - 10 图

10 - 11　试计算图 10 - 37 所示网络中 k 点发生两相接地短路时，发电机母线上的三相电压和电流。（取 $S_B = 45MVA$）

10 - 12　某电力系统如图 10 - 38 所示，系统各元件的参数标幺值均标注在图中。如在 qk 间发生 b、c 相断线，试求非故障 a 相的电流标幺值。

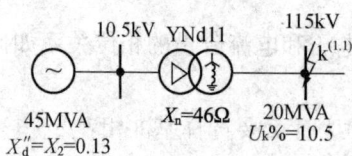

图 10 - 37　习题 10 - 11 图

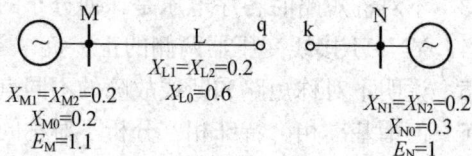

图 10 - 38　习题 10 - 12 图

第十一章　电力系统稳定性问题概述

电力系统发生故障后，发电机组输入的机械功率和输出的电磁功率间将出现暂时的不平衡，从而引发转子的机械运动过程。在这个运动过程中，系统是否还能继续稳定运行是电力系统稳定研究的核心问题。由于稳定问题既涉及转子的机械运动过程，又涉及电磁功率的变化过程，所以它是一个机电暂态过程。

第一节　电力系统稳定的基本概念

电力系统中同步发电机都是并联运行的。在正常运行时，原动机输入的机械功率和发电机输出的电磁功率是平衡的，所以发电机都保持同步运行。如果电力系统受到一些小的或大的扰动（如系统负荷的随机变动是一种小的扰动，系统中发生故障或切除主干线路则是大的扰动），系统中发电机的电磁功率将发生变化，而原动机输入的机械功率由于惯性的缘故变化缓慢，不能立即响应，因此引起了发电机转速的变化。在这个机电暂态过程中，转速偏离了同步转速，如果变化着的转速在同步转速上下的摇摆，经过一段时间后能够重新恢复到同步运行状态，称系统是稳定的；相反，如果转速偏离同步转速后不能恢复同步运行，则称系统是不稳定的。因此，稳定性可以看作是在外界扰动下发电机组间保持同步运行的能力。通常，将小扰动所引起的稳定性问题称为电力系统静态稳定性，由大扰动所引起的稳定性问题称为电力系统暂态稳定性。

电力系统静态稳定性是指系统在某种正常运行状态下，突然受到某种小扰动后，能够自动恢复到原来的稳定运行状态的能力。实际上电力系统中这种任意小的扰动是随时存在的。如负荷的变化，风吹导线使相间距离变化引起的线路电抗的微小变化，调速器、励磁调节器工作点的变化，系统末端的操作等。在小干扰作用下，系统中各状态变量的变化很小。

电力系统暂态稳定性是指电力系统在某种正常运行状态下，突然遭受到某种较大扰动后，能够自动过渡到一个新的稳定运行状态的能力。实际上电力系统遭受大扰动是人们不希望的，但也是无法避免的。如大负荷的投切，大型元件（大型发电机、变压器、高压输电线路）的投切，短路故障的冲击等。系统受到大的扰动时，系统中的运行参数（电压、电流和功率）都将急剧地变化，致使原动机的机械功率与发电机的电磁功率失去平衡。在不平衡转矩作用下，转子的转速将发生变化。转子相对位置的变化，反过来又将影响系统中电流、电压和功率的变化，且在这一过程中，各状态变量的变化都较大。

电力系统的稳定性问题还可以分为电源稳定性和负荷稳定性两类。电源稳定性就是要研究扰动后同步发电机转子的运动规律；负荷稳定性的实质就是电压稳定性，是指正常运行情况下或遭受扰动后，电力系统维持各负荷点母线电压在可接受的稳态值的能力。在实际系统中，这两种稳定性往往是交织在一起的，是相互影响和相互关联的。当发电机失去同步时，系统的电压稳定性也遭受到了破坏。

当系统运行失去了稳定，便不能保持同步运行，往往引起大面积的停电事故，严重地影响生产和生活。国外在 20 世纪六七十年代发生的几次停电事故以及近几年在美国、加拿大等国发生的大停电事故都是由于失去稳定而造成的，停电范围达百万平方千米，容量达数千万千瓦，停电时间达数十小时，造成数以百亿计的损失。因此，分析电力系统稳定性的内在规律并研究提高稳定性的措施，对现代电力系统的可靠、安全运行是极其重要的。1981 年原电力工业部制定了《电力系统安全稳定导则》，规定了系统运行稳定性方面的要求与准则，以提高系统运行的安全性和可靠性。

第二节　同步发电机的转子运动方程

产生电力系统稳定性问题的最根本原因是发电机组主轴上功率不平衡引起的机械运动过程。所以分析稳定问题必须写出转子运动方程以及发电机组的输入和输出功率特性。如果不计原动机调速器的作用，则输入机械功率 P_T 保持不变。

根据旋转物体的力学定律，当同步发电机组转子上出现过剩转矩 ΔM 的作用，便产生机械角加速度 α，其大小与物体的转动惯量 J 有关，关系式为

$$J\alpha = J\frac{\mathrm{d}\Omega}{\mathrm{d}t} = \Delta M \tag{11-1}$$

式中　α——转子的机械角加速度，$\mathrm{rad/s^2}$；

Ω——转子的机械角速度，$\mathrm{rad/s}$；

J——转子的转动惯量，$\mathrm{kg \cdot m^2}$；

ΔM——作用在转子主轴上的过剩转矩，它等于原动机的机械转矩 M_T 和发电机组电磁制动转矩 M_E 之差，即 $\Delta M = M_T - M_E$，$\mathrm{N \cdot m}$；

t——时间，s。

当转子在额定转速，即同步转速 Ω_0 旋转时，其动能为

$$W_K = \frac{1}{2}J\Omega_0^2 \tag{11-2}$$

式中　W_K——转子在额定转速时的动能，J。

将式（11-2）中的 J 代入式（11-1），得

$$\frac{2W_K}{\Omega_0^2} \cdot \frac{\mathrm{d}\Omega}{\mathrm{d}t} = \Delta M \tag{11-3}$$

如果取 $\Omega_B = \Omega_0$，并考虑到有 $S_B = M_B\Omega_B$ 的关系，则式（11-3）两端同除以 M_B 后的标幺值形式为

$$\frac{2W_K/\Omega_B^2}{S_B/\Omega_B} \cdot \frac{\mathrm{d}\Omega}{\mathrm{d}t} = \frac{2W_K}{S_B\Omega_0} \cdot \frac{\mathrm{d}\Omega}{\mathrm{d}t} = \Delta M_* \tag{11-4}$$

式中：S_B 单位为 VA（$\mathrm{N \cdot m/s}$）。由于机械角速度与电角速度存在下列关系

$$\Omega = \frac{\omega}{p}; \quad \Omega_0 = \frac{\omega_0}{p}$$

式中　p——发电机转子的极对数；

ω_0——同步电角速度，$\mathrm{rad/s}$。

式（11-4）可改写为

$$\frac{2W_K}{S_B\omega_0} \cdot \frac{\mathrm{d}\omega}{\mathrm{d}t} = \frac{T_J}{\omega_0} \cdot \frac{\mathrm{d}\omega}{\mathrm{d}t} = \Delta M_* \tag{11-5}$$

式中　T_J——发电机组的转子惯性时间常数，其值为 $T_J = 2W_K/S_B$，s。

发电机组转子惯性时间常数的物理意义可解释如下：

式（11-4）可改写为

$$T_J \frac{d\Omega_*}{dt} = \Delta M_* \tag{11-6}$$

式中：$\Omega_* = \Omega/\Omega_0$。由此可得

$$dt = T_J \frac{1}{\Delta M_*} d\Omega_* \tag{11-7}$$

令 $\Delta M_* = 1$，并将式（11-7）从 $\Omega_* = 0$ 到 $\Omega_* = 1$ 进行积分，则

$$t = \int_0^1 \frac{T_J}{\Delta M_*} d\Omega_* = T_J \tag{11-8}$$

式（11-8）说明：当在发电机组转子上加以单位转矩（额定转矩）$\Delta M_* = 1$，转子转速从静止状态 $\Omega_* = 0$ 升高到同步转速 $\Omega_* = 1$ 时，所需要的时间正好为 T_J。

转子惯性时间常数 T_J 也可以由制造厂家提供的飞轮转矩 GD^2 求得，G 为转子的实际质量（t），D 为转子的环动直径（m），由式（11-5）可得

$$T_J = \frac{J\Omega_0^2}{S_B} = G\left(\frac{D}{2}\right)^2 \frac{\Omega_0^2}{S_B} = \frac{GD^2}{4S_B}\left(\frac{2\pi n}{60}\right)^2 = \frac{2.74GD^2 n^2}{1000 S_B} \tag{11-9}$$

式中　GD^2——发电机组的飞轮转矩，t·m²；

　　　S_B——发电机组的额定容量，kVA；

　　　n——发电机组的额定转速，r/min。

式（11-5）即是发电机组的转子运动方程，它还可以用电角度来表示。在图 11-1 中，发电机组的 q 轴以电角速度 ω 旋转（即发电机的电动势相量以 ω 旋转），无限大系统的母线电压相量 $\dot{U}$ 以电角速度 ω_0 旋转，它们之间的夹角为 δ。当 $\omega \neq \omega_0$ 时，δ 不断变化，是时间的函数，显然有以下关系

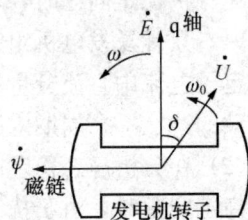

图 11-1　δ 和 ω、ω_0 的关系

$$\left. \begin{array}{l} \dfrac{d\delta}{dt} = \omega - \omega_0 \\[2mm] \dfrac{d^2\delta}{dt^2} = \dfrac{d\omega}{dt} \end{array} \right\} \tag{11-10}$$

将式（11-10）代入式（11-5）得

$$\frac{T_J}{\omega_0} \cdot \frac{d^2\delta}{dt^2} = \Delta M_* \tag{11-11}$$

考虑到发电机组的惯性比较大，一般机械角速度的变化较小，故可以近似地认为转矩的标幺值等于功率的标幺值，即 $\Delta M_* = \Delta P_* = P_{T*} - P_{E*}$。若再省略掉下标"*"，则式（11-11）可以改写为

$$\frac{T_J}{\omega_0} \cdot \frac{d^2\delta}{dt^2} = P_T - P_E \tag{11-12}$$

式（11-12）即为以电角度表示的发电机转子运动方程，它还可改写为状态方程的形式，即

$$\left.\begin{aligned} \frac{\mathrm{d}\delta}{\mathrm{d}t} &= \omega - \omega_0 \\ \frac{\mathrm{d}\omega}{\mathrm{d}t} &= \frac{\omega_0}{T_\mathrm{J}}(P_\mathrm{T} - P_\mathrm{E}) \end{aligned}\right\}$$

若将上式中的 ω 用以 ω_0 为基准的标幺值表示，并忽略 ω_* 下标中的 " $*$ "，则状态方程可改写为

$$\left.\begin{aligned} \frac{\mathrm{d}\delta}{\mathrm{d}t} &= (\omega - 1)\omega_0 \\ \frac{\mathrm{d}\omega}{\mathrm{d}t} &= \frac{1}{T_\mathrm{J}}(P_\mathrm{T} - P_\mathrm{E}) \end{aligned}\right\} \tag{11-13}$$

式中，除了 t、T_J 和 ω_0 为有名值外，其余各量均为标幺值。

以上给出的几种形式的转子运动方程表明了电的或机械的角加速度和转子上不平衡功率（或转矩）的关系。在稳态运行时机械功率（或转矩）和发电机的电磁功率（或输出电磁转矩）相等，而在暂态过程中原动机的机械功率受调速器的控制。在近似分析较短时间内的暂态过程时可以假设调速器不起作用，即原动机的机械功率（或转矩）不变。

第三节 同步发电机的电磁功率

在分析稳定问题时，对于发电机组的电磁暂态过程，实用上采用以下基本假设：

（1）只计及发电机组定子电流中正序同步频率交流分量产生的电磁转矩（或功率），而忽略定子电流中直流分量和负序分量所产生的转矩（或功率），因为这些分量所产生的转矩是脉动的，在一个周期内的平均值接近于零。

（2）在分析静态稳定问题时，假设发电机组的空载电动势 E_q 保持恒定。这是因为分析静态稳定问题时，由于扰动比较小，对于无自动励磁调节装置的发电机组，其转子励磁电流不变，而与之成正比的空载电动势 E_q 也保持不变。

（3）在分析暂态稳定问题时，假设发电机组的暂态电动势 E'、E'_q（或次暂态电动势 E''_q）保持恒定。这是因为扰动比较大时，发电机定子电流剧烈变化使电枢反应加大，但根据磁链守恒定律，合成磁链不发生突变，而与合成磁链对应的暂态电动势 E'、E'_q（或次暂态电动势 E''_q）保持恒定。

一、单机—无限大系统的功角特性

图 11-2 所示为一简单电力系统及其等值电路，由发电机、变压器、线路与无限大功率母线相连，后者电压恒定不变，频率保持同步频率。

图 11-3 示出了简单电力系统的相量图，其中图 11-3（a）、（b）分别为隐极发电机和凸极发电机的相量图。发电机采用不同特性的电动势，如 $\dot{E}_\mathrm{q}$、$\dot{E}'_\mathrm{q}$、$\dot{E}'$、$\dot{E}_\mathrm{Q}$。

1. 隐极发电机

对于隐极发电机，根据图 11-3（a）所示的相量图，不难得出以下关系式

$$\left.\begin{aligned} E_\mathrm{q}\sin\delta &= I_\mathrm{a}X_{\mathrm{d}\Sigma} \\ E'\sin\delta' &= I_\mathrm{a}X'_{\mathrm{d}\Sigma} \\ U_\mathrm{G}\sin\delta_\mathrm{S} &= I_\mathrm{a}X_\mathrm{S} \end{aligned}\right\}$$

式中 $\dot{I}_\mathrm{a}$——传输电流 $\dot{I}$ 的有功分量，与 $\dot{U}$ 同方向。

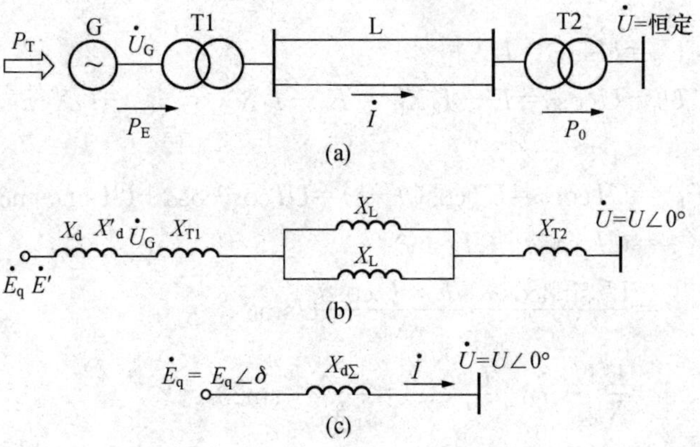

图 11 - 2　简单电力系统的等值电路

（a）接线图；（b）等值电路；（c）简化等值电路

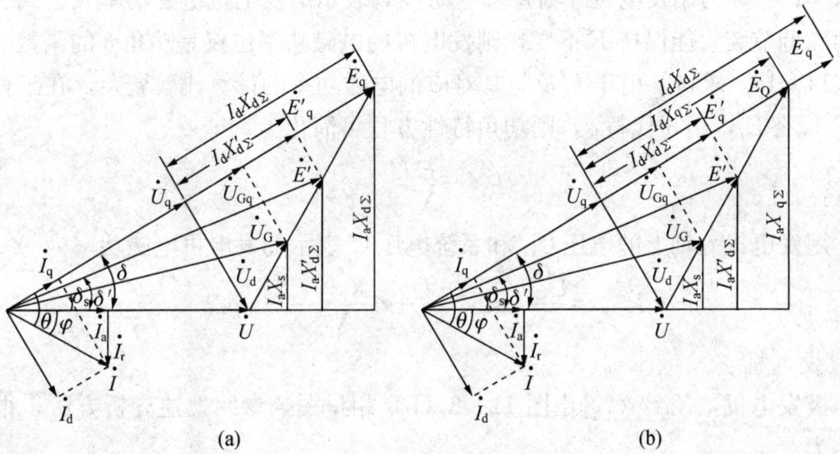

图 11 - 3　简单电力系统相量图

（a）隐极发电机；（b）凸极发电机

其中
$$X_{d\Sigma} = X_d + X_S;\ X'_{d\Sigma} = X'_d + X_S;\ X_S = X_{T1} + \frac{1}{2}X_L + X_{T2}$$

由于 $P = UI\cos\varphi = UI_a$，所以系统的传输功率可以用下列公式表示

$$P_{Eq} = \frac{E_q U}{X_{d\Sigma}}\sin\delta \tag{11 - 14}$$

$$P_E{}' = \frac{E' U}{X'_{d\Sigma}}\sin\delta' \tag{11 - 15}$$

$$P_{U_G} = \frac{U_G U}{X_S}\sin\delta_S \tag{11 - 16}$$

式（11 - 14）～式（11 - 16）分别表示当 E_q、E'、U_G 为恒定值时的传输功率特性，它反映了发电机的电磁功率与功角（发电机电动势与系统电压的夹角）的关系，亦即发电机的功角特性。

用发电机 q 轴上的电动势 E'_q 和系统电压 U 表示的发电机电磁功率也可由图 11 - 13（a）

求得。因为

$$U_d = U\sin\delta = I_q X_{d\Sigma}$$
$$U_q = U\cos\delta = E_q' - I_d X_{d\Sigma}' = E_q - I_d X_{d\Sigma} = U_{Gq} - I_d X_S \Big\}$$ (11-17)

所以

$$P_{E_q'} = UI\cos\varphi = UI\cos(\theta-\delta) = UI\cos\theta\cos\delta + UI\sin\theta\sin\delta$$

$$= UI_q\cos\delta + UI_d\sin\delta$$

$$= \frac{U^2\sin\delta\cos\delta}{X_{d\Sigma}} + \frac{E_q'-U\cos\delta}{X_{d\Sigma}'}U\sin\delta$$ (11-18)

$$= \frac{E_q'U}{X_{d\Sigma}'}\sin\delta - \frac{U^2}{2}\times\frac{X_{d\Sigma}-X_{d\Sigma}'}{X_{d\Sigma}X_{d\Sigma}'}\sin2\delta$$

若将式（11-17）第二式中的 I_d 消去，即可得出 E_q 和 E_q' 之间的关系为

$$\frac{E_q-U\cos\delta}{X_{d\Sigma}} = \frac{E_q'-U\cos\delta}{X_{d\Sigma}'} = \frac{U_{Gq}-U\cos\delta}{X_S}$$ (11-19)

式（11-18）即为用发电机 q 轴暂态电动势 E_q' 表示的发电机电磁功率表达式。如果近似认为自动励磁调节装置能保持 E_q' 不变，则发电机的电磁功率也仅是功角 δ 的函数。E_q' 的计算可通过式（11-19）求得。由于 E_q' 及与其对应的电磁功率的计算比较繁杂，在工程近似计算中通常用 E' 代替 E_q'，用 δ' 代替 δ，则功角特性方程可简化为

$$P_E' = \frac{E'U}{X_{d\Sigma}'}\sin\delta$$ (11-20)

同理，用发电机 q 轴上的电压 U_{Gq} 和系统电压 U 表示的发电机电磁功率为

$$P_{UGq} = \frac{U_{Gq}U}{X_S}\sin\delta - \frac{U^2}{2}\times\frac{X_{d\Sigma}-X_S}{X_{d\Sigma}X_S}\sin2\delta$$ (11-21)

2. 凸极发电机

对于凸极发电机，$X_q \neq X_d$，由图 11-3（b）相量图，参照上述分析方法，很容易得到其功角特性为

$$P_{EQ} = \frac{E_QU}{X_{q\Sigma}}\sin\delta$$ (11-22)

$$P_{E'} = \frac{E'U}{X_{d\Sigma}'}\sin\delta'$$ (11-23)

$$P_{UG} = \frac{U_GU}{X_S}\sin\delta_S$$ (11-24)

式中：$X_{q\Sigma} = X_q + X_S$。

$$P_{E_q'} = \frac{E_q'U}{X_{d\Sigma}'}\sin\delta - \frac{U^2}{2}\times\frac{X_{q\Sigma}-X_{d\Sigma}'}{X_{q\Sigma}X_{d\Sigma}'}\sin2\delta$$ (11-25)

$$P_{UGq} = \frac{U_{Gq}U}{X_S}\sin\delta - \frac{U^2}{2}\times\frac{X_{q\Sigma}-X_S}{X_{q\Sigma}X_S}\sin2\delta$$ (11-26)

$$P_{Eq} = \frac{E_qU}{X_{d\Sigma}}\sin\delta - \frac{U^2}{2}\times\frac{X_{q\Sigma}-X_{d\Sigma}}{X_{q\Sigma}X_{d\Sigma}}\sin2\delta$$ (11-27)

以上讨论了隐极发电机和凸极发电机的功角特性方程，在稳定性分析时，必须按照发电机的不同运行情况，选用上述不同的功角方程。例如对无励磁调节装置的发电机，且其运行情况变化缓慢，可采用 E_q 为恒定值进行计算，即采用式（11-14）功角方程；如果发电机

装有励磁调节器，则应根据调节量来选用功角方程；若发电机以 U_G 为恒定调节励磁，则应选用 P_{U_G} 功角方程；当发电机运行突然遭受扰动时，在扰动瞬间 E'_q 保持不变，且扰动后的一段短暂时段内也近似认为不变，则可以采用 E'_q 恒定的功角方程。实用上为简化计算，常常采用 E' 恒定的功角方程，即用式（11 - 20）进行计算。

图 11 - 4 是根据式（11 - 14）和式（11 - 27）绘出的隐极发电机和凸极发电机在 E_q 恒定时的功角特性。由图可知，凸极发电机的功角特性中，除正弦的基波部分功率外，还有附加的且与 E_q 无关的二次谐波功率，其大小决定于 $X_d - X_q$。由于这一附加功率的缘故，在 δ 略小于 $90°$ 时凸极发电机已达到功率极限，且功率极限幅值略有提高。

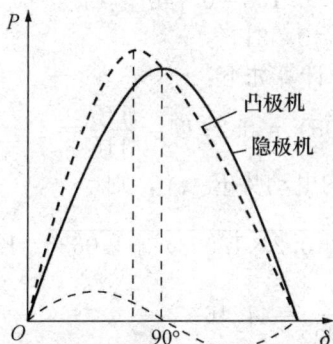

图 11 - 4　同步发电机的功角特性

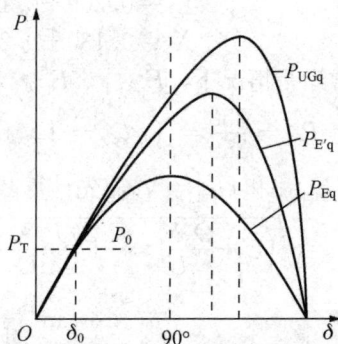

图 11 - 5　不同功角特性的比较

图 11 - 5 所示为同一运行条件下，当 E_q、E'_q 和 U_G 分别恒定时不同功角特性的比较。由图可知，对于具有自动励磁调节装置的发电机，能保持 E'_q 恒定，$P_{E'_q}$ 就提高了。如果能使 U_G 维持恒定不变，P_{U_G} 提高得更为显著，且与功率极限对应的功角 δ 也大于 $90°$，这对提高系统静态稳定性是极其有利的。

【例 11 - 1】　如图 11 - 2 所示的简单电力系统中，发电机为凸极机，各元件参数如下：

发电机 G：$S_N = 352.5\text{MVA}$，$U_N = 10.5\text{kV}$，$\cos\varphi_N = 0.85$，$X_d = 0.95$，$X_q = 0.56$，$X'_d = 0.22$；

变压器 T1：$S_N = 360\text{MVA}$，$242/10.5\text{kV}$，$U_k\% = 14$；

变压器 T2：$S_N = 360\text{MVA}$，$220/121\text{kV}$，$U_k\% = 14$；

输电线 L：$U_N = 220\text{kV}$，250km，$x_1 = 0.41\Omega/\text{km}$；

运行情况：$P_0 = 250\text{MW}$，$\cos\varphi_0 = 0.98$，$U = 115\text{kV}$。

试计算当发电机分别保持 E_q、E'_q 和 U_G 恒定时的发电机功率特性。

解　（1）计算各元件参数。取 $S_B = 250\text{MVA}$，$U_{B(110)} = 115\text{kV}$，$U_{B(220)} = 115 \times 220/121 = 209\text{kV}$，则

$$X_d = 0.95 \times \frac{250}{352.5} \times \left(\frac{10.5}{209}\right)^2 \times \left(\frac{242}{10.5}\right)^2 = 0.903$$

$$X_q = 0.56 \times \frac{250}{352.5} \times \left(\frac{10.5}{209}\right)^2 \times \left(\frac{242}{10.5}\right)^2 = 0.532$$

$$X'_d = 0.22 \times \frac{250}{352.5} \times \left(\frac{10.5}{209}\right)^2 \times \left(\frac{242}{10.5}\right)^2 = 0.209$$

$$X_{T1} = 0.14 \times \frac{250}{360} \times \left(\frac{242}{209}\right)^2 = 0.130$$

$$X_{T1} = 0.14 \times \frac{250}{360} \times \left(\frac{220}{209}\right)^2 = 0.108$$

$$X_L = \frac{1}{2} \times 250 \times 0.41 \times \frac{250}{209^2} = 0.293$$

因此系统的总阻抗为

$$X_{d\Sigma} = 0.903 + 0.130 + 0.293 + 0.108 = 1.434$$

$$X_{q\Sigma} = 0.532 + 0.130 + 0.293 + 0.108 = 1.063$$

$$X'_{d\Sigma} = 0.209 + 0.130 + 0.293 + 0.108 = 0.740$$

$$X_S = 0.130 + 0.293 + 0.108 = 0.531$$

（2）正常运行情况下，$E_{q|0|}$、$E'_{q|0|}$ 和 $U_{Gq|0|}$ 的计算如下：

由已知得 $P_0 = \frac{250}{250} = 1$；$Q_0 = 1 \times \tan(\cos^{-1} 0.98) = 0.2$；$U = \frac{115}{115} = 1$

为求 $E_{q|0|}$、$E'_{q|0|}$ 和 $U_{Gq|0|}$，需先计算凸极机的虚构电动势 $E_{Q|0|}$，则

$$E_{Q|0|} = \sqrt{\left(U + \frac{Q_0 X_{q\Sigma}}{U}\right)^2 + \left(\frac{P_0 X_{q\Sigma}}{U}\right)^2} = \sqrt{(1 + 0.2 \times 1.063)^2 + 1.063^2} = 1.615$$

$$\delta_{|0|} = \tan^{-1} \frac{1.063}{1 + 0.2 \times 1.063} = 41.16°$$

将式（11-19）中的 E_q 和 $X_{d\Sigma}$ 改为 E_Q 和 $X_{q\Sigma}$，即可用来求取凸极机的 $E_{q|0|}$、$E'_{q|0|}$ 和 $U_{Gq|0|}$

$$E_{q|0|} = \frac{X_{d\Sigma}}{X_{q\Sigma}}(E_Q - U\cos\delta) - U\cos\delta = \frac{1.434}{1.063} \times (1.615 - \cos 41.16°) - \cos 41.16° = 1.916$$

$$E'_{q|0|} = \frac{X'_{d\Sigma}}{X_{q\Sigma}}(E_Q - U\cos\delta) - U\cos\delta = \frac{0.740}{1.063} \times (1.615 - \cos 41.16°) - \cos 41.16° = 1.353$$

$$U_{Gq|0|} = \frac{X_S}{X_{q\Sigma}}(E_Q - U\cos\delta) - U\cos\delta = \frac{0.531}{1.063} \times (1.615 - \cos 41.16°) - \cos 41.16° = 1.184$$

（3）功率特性方程

$$P_{Eq} = \frac{1.916 \times 1}{1.434}\sin\delta + \frac{1}{2} \times \frac{1.434 - 1.063}{1.434 \times 1.063}\sin 2\delta = 1.336\sin\delta + 0.122\sin 2\delta$$

$$P_{E'q} = \frac{1.353 \times 1}{0.740}\sin\delta - \frac{1}{2} \times \frac{1.063 - 0.740}{1.063 \times 0.740}\sin 2\delta = 1.828\sin\delta - 0.205\sin 2\delta$$

$$P_{UGq} = \frac{1.184 \times 1}{0.531}\sin\delta - \frac{1}{2} \times \frac{1.063 - 0.531}{1.063 \times 0.531}\sin 2\delta = 2.230\sin\delta - 0.471\sin 2\delta$$

其功率特性曲线形状，如图 11-5 所示。

二、多机系统中发电机的功率特性

假设发电机用一个等值电抗及其后的电动势来表示，例如采用 X'_d 后的电动势 E'。假定系统中除发电机节点外，已消去了网络中其他的中间节点，对于 n 机系统，就只有 n 个节点，参照式（4-14），则任一发电机的电磁功率方程为

$$P'_{Ei} = E'_i \sum_{j=1}^{n} E'_j(G_{ij}\cos\delta_{ij} + B_{ij}\sin\delta_{ij}) = E'^2_i G_{ii} + E'_i \sum_{\substack{j=1 \\ j \neq i}}^{n} E'_j |Y_{ij}| \sin(\delta_{ij} + \beta_{ij})$$

$$(11-28)$$

式中的 Y_{ij} 为发电机电动势间的互导纳；$|Y_{ij}|$ 为 Y_{ij} 的模值；$\delta_{ij}=\delta_i-\delta_j$ 为 $\dot{E}'_i$ 与 $\dot{E}'_j$ 相量间的夹角；$\beta_{ij}=\tan^{-1}(G_{ij}/B_{ij})$，即 $G_{ij}=|Y_{ij}|\sin\beta_{ij}$，$B_{ij}=|Y_{ij}|\cos\beta_{ij}$。

对于两机系统，其功率方程为

$$\left.\begin{array}{l}P'_{E1}=E'^2_1G_{11}+E'_1E'_2(G_{12}\cos\delta_{12}+B_{12}\sin\delta_{12})=E'^2_1G_{11}+E'_1E'_2|Y_{12}|\sin(\delta_{12}+\beta_{12})\\P'_{E2}=E'^2_2G_{22}+E'_1E'_2(G_{12}\cos\delta_{21}+B_{12}\sin\delta_{21})=E'^2_2G_{22}-E'_1E'_2|Y_{12}|\sin(\delta_{12}-\beta_{12})\end{array}\right\}$$

$$(11\text{-}29)$$

根据式（11-29）作出的 P'_{E1}、P'_{E2} 与 δ_{12} 的关系曲线，如图 11-6 所示。如果将 P'_{E1} 和 P'_{E2} 表示成 $\delta_{21}(\delta_{21}=\delta_2-\delta_1)$ 的函数关系，则两个功率曲线的形状将倒过来。

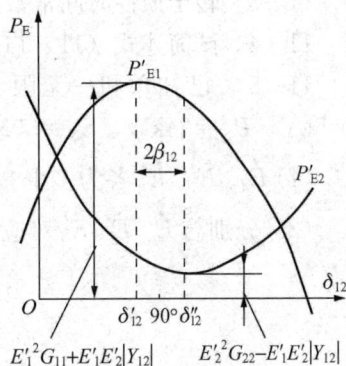

式（11-29）也可用来表示简单系统的功率方程式。当一台机组经串联电抗 $X_{d\Sigma}$ 与一无限大系统（相当于一台无限大容量的等值机）并联运行，忽略网络电阻，则 $G_{11}=G_{12}=0$，$B_{12}=1/X'_{d\Sigma}$，$\beta_{12}=0$，$E'_2=U$，$\delta_{12}=\delta$。发电机功率表达式为

$$P_E'=\frac{E'U}{X'_{d\Sigma}}\sin\delta \qquad (11\text{-}30)$$

与式（11-20）的形式一样。

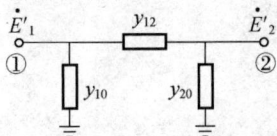

图 11-6　两机系统的功角特性

图 11-7　两机系统等值图

【例 11-2】　两机系统如图 11-7 所示，已知发电机的暂态电动势 $\dot{E}_1=1.43\angle 26.2°$，$\dot{E}_2=1.10\angle 9.38°$，消去负荷节点后的导纳矩阵元素为，$Y_{11}=y_{10}+y_{12}=0.03-\text{j}1.27$，$Y_{12}=-y_{12}=0.23+\text{j}1.07$，$Y_{22}=y_{20}+y_{12}=1.59-\text{j}2.47$。试求两台发电机的功率特性。

解　由导纳元素可得

$$G_{11}=0.03,\ G_{22}=1.59,\ Y_{12}=1.1\angle 77.9°,\ \beta_{12}=\tan^{-1}\frac{0.23}{1.07}=12.1°$$

由式（11-29）可得其功率特性为

$$P'_{E1}=1.43^2\times 0.03+1.43\times 1.10\times 1.1\sin(\delta_{12}+\beta_{12})$$
$$=0.061+1.730\sin(\delta_{12}+12.1°)$$
$$P'_{E2}=1.10^2\times 1.59-1.43\times 1.10\times 1.1\sin(\delta_{12}-\beta_{12})$$
$$=1.924-1.730\sin(\delta_{12}-12.1°)$$

小　结

本章阐述了电力系统静态稳定性和暂态稳定性的基本概念。稳定性问题的实质是作用在发电机转轴上的机械功率与电磁功率能否保持平衡和恢复平衡的问题，因此它是一个机电暂态过程。为此，本章推导了发电机组的转子运动方程，并阐述了发电机转子惯性时间常数的物理意义。

为了分析系统的稳定性问题，必须了解发电机不同运行情况下的电磁功率方程式。本章推导了隐极发电机和凸极发电机在不同工作条件下的功角方程式。在分析稳定性时，可根据

具体问题选用不同的功角方程式。

习　题

11 - 1　为什么说电力系统稳定问题是影响整个电力系统安全运行的问题？

11 - 2　电力系统静态稳定的概念是什么？暂态稳定的概念是什么？两者有何区别？

11 - 3　转子惯性时间常数的物理意义是什么？

11 - 4　试简述式（11 - 14）～式（11 - 27）所示的功角方程式各适用于什么情况？

11 - 5　已知单机—无限大系统的汽轮发电机参数 $X_{d*} = 1.5$，$X'_{d*} = 0.18$，$U_G = 10.5\text{kV}$，$P_N = 24\text{kW}$，$S_N = 30\text{MVA}$。试计算：

（1）$\dot{E}_q$、$\dot{E}'$、$\dot{E}'_q$ 各为多少？

（2）分别与 $\dot{E}_q$、$\dot{E}'$、$\dot{E}'_q$ 对应的发电机功角方程式，并作图。

第十二章　电力系统静态稳定性

电力系统静态稳定是指电力系统受到小干扰后，不发生自发振荡或非周期性失步，自动恢复到初始运行状态的能力。因此，电力系统的静态稳定性又称为小干扰稳定性。电力系统几乎时时刻刻都受到小的干扰，如负荷的变化、切投负荷、风吹使线路摆动以及发电机的机械振动等。不管哪一种干扰，如果它的后果使电力系统静态稳定遭到破坏，系统都是静态不稳定的。因此，静态稳定问题的实质就是电力系统保持同步稳定运行状态的能力。

第一节　简单电力系统的静态稳定

一、简单电力系统的静态稳定分析

对于图 11 - 2 所示简单电力系统中发电机的功角方程式为

$$P_E = \frac{E_q U}{X_{d\Sigma}} \sin\delta \qquad (12-1)$$

式中：$X_{d\Sigma} = X_d + X_{T1} + \frac{1}{2} X_L + X_{T2}$；$\delta$ 为功角。

与这一功角方程式对应的发电机功角特性曲线如图 12 - 1 所示。在某一运行情况下，发电机组的输入功率为 P_T，发电机向系统输送功率为 $P_0 = P_m \sin\delta_a$，若 $P_0 = P_T$，如图 12 - 1 中 a 点的运行情况，发电机的输入和输出功率是平衡的，发电机保持同步运行。由发电机功角特性曲线可以看出，除了 a 点是功率平衡点外，b 点也是功率平衡点，即发电机有两个可能运行的角度 δ_a 和 δ_b。下面讨论 a、b 两个运行点的性质。

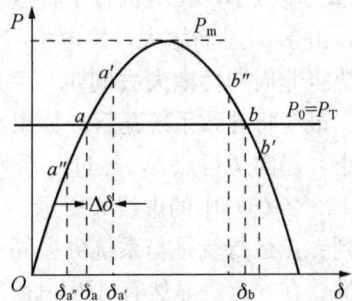

图 12 - 1　发电机的功角特性

若不计原动机调速器的作用，则原动机的输入机械功率 P_T 不变。当输送功率为 P_0 时，如前所述，发电机有两个可能的运行点。在 a 点运行时，电力系统受到某些微小的扰动，使发电机运行点偏离平衡点一个微小的增量 $\Delta\delta$，即运行在 a' 点，这时发电机的输出功率 $P_{a'}$ 大于原动机输入的机械功率 P_T。由于 $P_T < P_{a'}$，发电机转子将减速，使 $\omega < \omega_0$（ω_0 为同步转速），所以 δ 将减小，趋向 a 点，经过一段时间的衰减振荡过程后回复到 a 点运行，如图 12 - 2（a）中的实线 1 所示。如果运行点微小偏移到 a'' 点运行，$P_T > P_{a''}$，发电机转子将加速，增大趋向 a 点，相似地经过衰减振荡过程后回复到 a 点运行，如图 12 - 2（a）中的虚线 2 所示。由以上分析可知，系统在 a 点运行时，受到任何小的扰动后总能自行恢复到原先的平衡状态，因此系统是稳定的。进一步分析 a 点的性质，由图 12 - 1 可知，在 a 点随着功角 δ 的增大电磁功率也增大；随着 δ 的减小电磁功率也减小。令 $\Delta\delta = \delta_{a'} - \delta_a$ 及 $\Delta P_E = P_{a'} - P_T$ 或 $\Delta\delta = \delta_{a''} - \delta_a$ 及 $\Delta P_E = P_{a''} - P_T$，则两个增量 $\Delta\delta$ 及 ΔP_E 有相同的符号，即 $\Delta P_E / \Delta\delta > 0$。当这些微小增量非常小时，取其极限值，则有

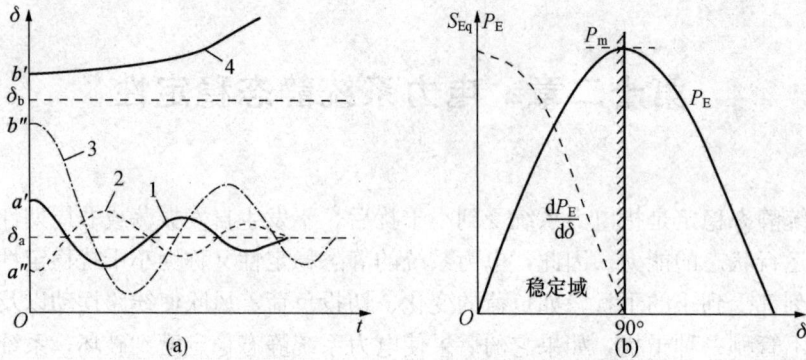

图 12-2 不同运行点的功角变化特性及稳定域
(a) 功角变化特性；(b) 简单系统的稳定域

$$\lim_{\Delta\delta\to 0} \frac{\Delta P_E}{\Delta\delta} = \frac{dP_E}{d\delta} > 0 \tag{12-2}$$

这就是系统静态稳定的判据。

若发电机在 b 点运行，由图 12-1 可知，如果小扰动使其运行点偏离一个微小增量 $\Delta\delta$ 运行在 b' 点，这时 $P_T > P_{b'}$，发电机转子加速，功角 δ 将进一步增大；功角增大使电磁功率又进一步减小，发电机转子将进一步加速，功角 δ 更快地增加，如图 12-2 (a) 中实线 4 所示，由于 $\delta_{b'}$ 不断增大，发电机将不会再回到 b 点运行。δ 不断增大，标志着发电机与无限大系统将非周期性地失去同步，系统中的电流、电压和功率将大幅度波动，系统无法正常运行，最终将导致系统瓦解。如果小扰动使运行点偏移到 b'' 点，则因 $P_T < P_{b'}$，转子减速，δ 减小，趋向运行点 a，经过一系列的振荡，最后在稳定平衡点 a 运行，再也回不到 b 点，如图 12-2 (a) 中的虚线 3 所示。从运行点的稳定性来说，运行点 b 在受到小扰动后，不是转移到 a 点运行就是与系统失去同步，没有能力自动恢复到原来的 b 点运行，所以 b 点是不稳定的。在 b 点，显然有 $dP_E/d\delta < 0$，这就是系统不稳定的标志。

导数 $dP_E/d\delta$ 称为整步功率系数，用 S_{Eq} 表示，由功率式 (12-1) 可以求得

$$S_{Eq} = \frac{dP_E}{d\delta} = \frac{EU}{X_\Sigma}\cos\delta \tag{12-3}$$

式 (12-3) 表明，当 $\delta < 90°$ 时，$dP_E/d\delta > 0$，这是发电机稳定运行的范围。由图 12-1 (b) 可知，δ 越接近 $90°$，$dP_E/d\delta$ 值越小，稳定程度越低。所以，$dP_E/d\delta$ 的大小可以表明发电机维持同步运行的能力，有时也称 $dP_E/d\delta$ 为同步功率。当 $\delta = 90°$ 时，$dP_E/d\delta = 0$，这是稳定与不稳定的分界点，称为稳定极限。对单机—无限大系统情况，静态稳定极限与传输的功率极限是一致的，都是在 $\delta = 90°$ 的运行点。

在正常运行时，为了保证系统安全运行，必须具有足够的静态稳定储备，其储备系数为

$$K_P = \frac{P_m - P_0}{P_0} \times 100\% \tag{12-4}$$

式中 P_0——某运行方式下实际的输送功率。

我国现行的 DL 755—2001《电力系统安全稳定导则》中规定：在正常运行方式和正常检修运行方式下，静态稳定储备系数应为 $K_P\% \geqslant 15\% \sim 20\%$；在事故运行方式和特殊运行方式下，$K_P\% \geqslant 10\%$。

【例 12 - 1】 简单电力系统如图 12 - 3 所示。系统参数的标幺值均以发电机的额定容量为基准值。无限大系统母线电压为 $\dot{U} = 1 \angle 0°$，发电机的端电压 $\dot{U}_G = 1.05 \angle \delta_{G0}$，输送功率为 $P_0 = 0.8$。试计算系统在该运行方式下发电机的静态稳定储备系数 K_P。

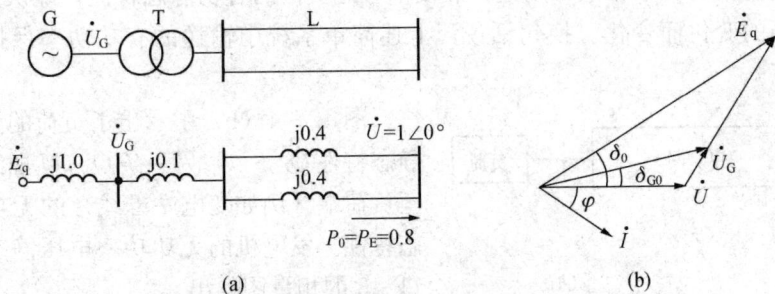

图 12 - 3 简单电力系统及其相量图

(a) 系统接线及等值电路图；(b) 相量图

解 因为系统静态稳定极限即为功率极限 $P_m = \dfrac{E_q U}{X_{d\Sigma}}$，所以必须先计算出空载电动势 E_q。

由 $\dot{U}$、$\dot{U}_G$、P_0 可求出发电机端电压 $\dot{U}_G$ 和无限大系统母线电压 $\dot{U}$ 之间的相角 δ_{G0}，然后再由式 (11 - 16) 可得

$$P_E = \frac{U U_G}{X_T + X_L} \sin\delta_{G0} = \frac{1 \times 1.05}{0.3} \sin\delta_{G0} = P_0 = 0.8$$

则

$$\delta_{G0} = 13.21°$$

$$\dot{I} = \frac{\dot{U}_G - \dot{U}}{j(X_T + X_L)} = \frac{1.05 \angle 13.21° - 1 \angle 0°}{j0.3} = 0.803 \angle -5.29°$$

$$\dot{E}_q = \dot{U} + j\dot{I} X_{d\Sigma} = 1 \angle 0° + j0.803 \angle -5.29° \times 1.3 = 1.51 \angle 43.48°$$

所以，静态稳定极限为

$$P_m = \frac{1.51 \times 1}{1.3} = 1.16$$

储备系数为

$$K_P = \frac{1.16 - 0.8}{0.8} \times 100\% = 45\%$$

二、电压稳定性

所谓电压稳定性是指系统受到小的扰动后，引起系统各母线电压发生变化，负荷的无功功率与电源的无功功率能否保持平衡或恢复平衡的问题。由于这种稳定性通常关注的是负荷点的电压行为，即关注负荷点的无功能否保持平衡或恢复平衡，所以这种稳定性通常又称作负荷电压稳定性或负荷稳定性。

当电力系统电压稳定性遭受破坏时，将导致系统电压崩溃，电动机失速、停转，并列运行的发电机失步，系统瓦解。因此，电压的不稳定往往是与功角的不稳定交织在一起的，电

压稳定性与发电机运行的功角稳定性同等重要，都是电力系统稳定运行的重要方面。这里人为地将它们分开来讨论，只是为了分析方便，下面对这种静态电压稳定作一简要讨论。

图 12-4（a）所示为一简单电力系统，由发电机经电网供电给负荷。为了简明地讨论电源与负荷间的无功功率和电压问题，假设不考虑负荷的有功静态特性，即认为负荷的有功功率不随电压的变化而变化。换句话说，上述简单系统中输送的有功功率保持不变，为一定值。

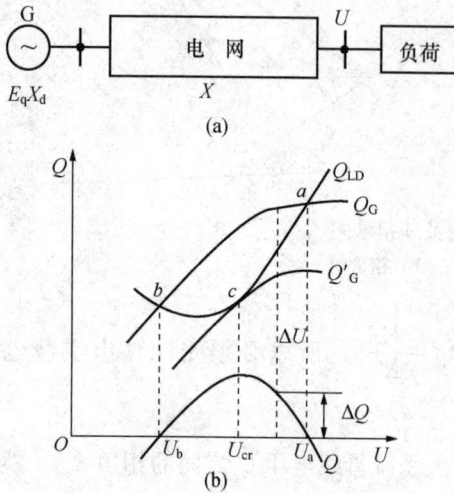

图 12-4 电源和负荷的无功电压特性
（a）系统接线示意图；（b）无功功率特性

图 12-4（b）中示出了负荷的无功功率电压静态特性 Q_{LD}-U，另一条 Q_G-U 曲线是发电机送至负荷端（例如变电站母线）的无功功率电压静态特性。发电机的无功功率电压静态特性可由图 11-3 的相量图得出

$$Q_G = UI\sin\varphi = \frac{U}{X_\Sigma}IX_\Sigma\sin\varphi$$

$$= \frac{U}{X_\Sigma}(E\cos\delta - U)$$

$$= \frac{EU}{X_\Sigma}\cos\delta - \frac{U^2}{X_\Sigma} \quad (12-5)$$

式中，$X_\Sigma = X_d + X$。

由式（12-5）不难作出 Q_G-U 曲线。若用 Q_G 曲线与 Q_{LD} 曲线相减，即可得到负荷（中枢）点的无功功率电压特性 Q-U 曲线。

由图 12-4（b）可知，a、b 两点都满足系统无功功率平衡的条件。在 a 点运行时，如果系统遭受到某个小的干扰使电压下降 ΔU，这时出现 $Q_G > Q_{LD}$，令 $\Delta Q = Q_G - Q_{LD}$ 则 ΔQ 为正值。这表明系统的无功功率有多余，或者说这时发电机的电动势 E 对于供给目前的无功负荷是偏高了，因此电压回升，运行点将恢复到原始的 a 点。若小干扰使电压有一个 ΔU 的上升，则由于 $Q_{LD} > Q_G$，类似上述的解释，运行点又恢复到原始的 a 点，所以系统电压是静态稳定的。b 点的运行情况正好相反，所以 b 点是不稳定的。

综上所述，可以得出电压的静态稳定判据为

$$\frac{dQ}{dU} < 0 \quad (12-6)$$

设系统负荷不变，将发电机的电动势逐步降低，则 Q_G-U 曲线逐渐下移，如图 12-4（b）中的 Q'_G-U 曲线，这时运行点只有一个 c 点，它是 Q'_G-U 和 Q_{LD}-U 曲线的切点。在此情况下，任何微小的干扰都会使系统的电压不断下降，这种现象称为系统电压崩溃。对应于 c 点的电压称为临界电压 U_{cr}。从上面分析可知，如果系统中电源的无功备用不足，其可能提供的无功功率较小，即 Q_G-U 曲线较低，则其运行电压与临界电压较为接近，系统的电压静态稳定性较差。因此，为了保证系统安全运行，无功电源不足的系统也需有足够的静态稳定储备，其储备系数为

$$K_U = \frac{U - U_{cr}}{U} \times 100\% \quad (12-7)$$

式中　U——正常运行电压。

在 DL 755—2001《电力系统安全稳定导则》中规定：在正常运行方式和正常检修运行方式下，按 $\mathrm{d}Q/\mathrm{d}U$ 判据计算的静态稳定储备系数应为 $K_U\%\geqslant10\%\sim15\%$，在事故后运行方式和特殊运行方式下，$K_U\%\geqslant8\%$。

第二节　小干扰法分析系统静态稳定

电力系统受到小干扰时，引起的功角、电压、电流和功率的变化是很小的。用来描述系统运行状态的微分方程组虽然是非线性的，但可将其展开为泰勒级数形式，略去高次项后，即将其线性化后就可得到近似的线性微分方程组。

所谓小干扰法[1]，就是首先列出描述系统运动的，通常是非线性的状态方程组，然后将它们线性化，得出近似的线性微分方程组，再根据其特征方程的根的性质判断系统的稳定性。特征方程根中只要有一个正的实根，就表明变量（如角度增量 $\Delta\delta$）中有一个分量将随时间非周期性地不断增大，说明系统是不稳定的；当特征方程全为负实根时，则表明所有的分量都是衰减的，因此系统是稳定的；当特征方程的根为虚根时，表明系统将出现等幅振荡，这种情况称为稳定的"临界状况"，从电力系统运行的观点来说，即认为是稳定极限情况；当具有复根时，实数部分若为正值，表明系统将振荡（周期性）失步，实数部分若为负值，表明系统为减幅震荡，系统是稳定的。

一、小干扰法分析简单系统的静态稳定性

1. 列出系统线性化的状态方程组

系统中发电机的转子运动方程可由第 11 章中式（11 - 12）得出。对于无限大系统，由于其电压和频率保持不变，即始终保持稳定运行而无变化，所以不需要列出它的状态方程。因此，系统的状态方程中只有发电机的转子运动方程，即

$$\frac{T_J}{\omega_0}\frac{\mathrm{d}^2\delta}{\mathrm{d}t^2}=P_T-P_E=P_T-\frac{E_qU}{X_{d\Sigma}}\sin\delta \tag{12 - 8}$$

在某一运行方式下，系统受到小干扰，令 $\delta=\delta_0+\Delta\delta$，代入式（12 - 8）得

$$\frac{\mathrm{d}^2(\delta_0+\Delta\delta)}{\mathrm{d}t^2}=\frac{\mathrm{d}^2\Delta\delta}{\mathrm{d}t^2}=\frac{\omega_0}{T_J}\left[P_T-\frac{E_qU}{X_{d\Sigma}}\sin(\delta_0+\Delta\delta)\right] \tag{12 - 9}$$

再将电磁功率 P_E 在 δ_0 附近展开为泰勒级数，由于 $\Delta\delta$ 是微偏量，略去级数中偏移量的二次及以上的各高次项，便可近似地得出 P_E 和 $\Delta\delta$ 的线性关系，即将 P_E-δ 的非线性特性在微小的 $\Delta\delta$ 领域内进行线性化处理。

$$P_E=\frac{E_qU}{X_{d\Sigma}}\sin(\delta_0+\Delta\delta)=\frac{E_qU}{X_{d\Sigma}}\sin\delta_0+\left(\frac{\mathrm{d}P_E}{\mathrm{d}\delta}\right)_{\delta_0}\Delta\delta+\frac{1}{2!}\left(\frac{\mathrm{d}^2P_E}{\mathrm{d}\delta^2}\right)_{\delta_0}\Delta\delta^2+\cdots$$

$$\approx P_0+\left(\frac{\mathrm{d}P_E}{\mathrm{d}\delta}\right)_{\delta_0}\Delta\delta \tag{12 - 10}$$

将式（12 - 10）代入式（12 - 9），并考虑到 $P_T=P_0=\dfrac{E_qU}{X_{d\Sigma}}\sin\delta_0$，则

---

[1]　小干扰法在数学上是一种严格的方法，其理论基础是 1892 年李雅普诺夫奠定的。

$$\frac{d^2 \Delta\delta}{dt^2} = -\frac{\omega_0}{T_J}\left(\frac{dP_E}{d\delta}\right)_{\delta_0} \Delta\delta \qquad (12-11)$$

式（12-11）即为线性化的系统状态方程。

2. 根据特征值判断系统的稳定性

式（12-11）所示的线性微分方程是可解的，但在实际判断系统稳定时，并不需要直接解这一微分方程，而只需要对式（12-11）进行拉斯变换，求出特征方程的根，就可以直接判断系统的稳定性。

若令 $\frac{d}{dt}=\lambda$，即对式（12-11）进行拉斯变换，则式（12-11）的特征方程为

$$\lambda^2 + \frac{\omega_0}{T_J}\left(\frac{dP_E}{d\delta}\right)_{\delta_0} = 0 \qquad (12-12)$$

求得特征值 λ 为

$$\lambda_{1,2} = \pm\sqrt{-\frac{\omega_0}{T_J}\left(\frac{dP_E}{d\delta}\right)_{\delta_0}} \qquad (12-13)$$

显然，当 $\left(\frac{dP_E}{d\delta}\right)_{\delta_0} < 0$ 时，特征值 $\lambda_{1,2}$ 中有一个为正实根，即 $\Delta\delta$ 将随时间单调地增大，发电机相对于无限大系统将非周期性地失去同步，所以系统是不稳定的。当 $\left(\frac{dP_E}{d\delta}\right)_{\delta_0} > 0$ 时，$\lambda_{1,2}$ 为一对虚根，从理论上讲，$\Delta\delta$ 将不断地等幅振荡。实际上，由于系统中存在着阻尼的因素，包括机械的和电的阻尼作用，所以 $\Delta\delta$ 的振荡将随时间而逐渐衰减，系统最终将恢复原始运行状态，发电机恢复同步运行，系统是稳定的。

应用小干扰法分析简单电力系统的静态稳定，其判据与式（12-2）完全一致，仍然是

$$\left(\frac{dP_E}{d\delta}\right)_{\delta_0} > 0 \qquad (12-14)$$

如果发电机是隐极的，其电磁功率 P_{Eq} 如式（11-14）所示，这时

$$\frac{dP_E}{d\delta} = S_{Eq} = \frac{E_q U}{X_{d\Sigma}}\cos\delta \qquad (12-15)$$

当系统运行在 $S_{Eq} > 0$ 的范围内，系统是稳定的，在 $\delta = 90°$ 处为稳定极限（$S_{Eq}=0$），如图 12-2（b）所示。

如果发电机是凸极的，由式（11-27）可得

$$\frac{dP_E}{d\delta} = S_{Eq} = \frac{E_q U}{X_{d\Sigma}}\cos\delta + U^2 \frac{X_d - X_q}{X_{d\Sigma} X_{q\Sigma}}\cos 2\delta \qquad (12-16)$$

由式（12-16）可知，其稳定极限将出现在 δ 略小于 $90°$ 处。由图 11-4（a）可知，系统运行的稳定范围略小于 $90°$。

3. 考虑阻尼时的系统稳定性

在前面的分析中没有计及转子运动过程中受到阻尼的影响，阻尼作用一方面来自转子旋转时的摩擦、风阻等机械阻尼；另一方面来自转子在高于或低于同步转速运转时转子表面上感应的涡流，以及由转子阻尼绕组中的感应电流形成的阻尼转矩，或阻尼功率，其大小可简单地认为与 $\Delta\omega$ 成正比，记为

$$P_D = D\Delta\omega \qquad (12-17)$$

式中 D——阻尼系数。

阻尼系数 D 除了和发电机及系统参数有关以外，还和原始运行状态下的功角 δ_0 以及 $\Delta\delta$ 和 $\Delta\omega$ 的振荡频率有关。在一般情况下，D 是一个正值，且可简单地认为是个常数。由以上分析可知，当 $\Delta\omega$ 为正值时，阻尼功率 P_D 将阻碍转子再加速，所以它与过剩功率的作用相反。

计及阻尼功率 P_D 后，发电机转子运动方程式（11 - 12）应改写为

$$\frac{\mathrm{d}^2\Delta\delta}{\mathrm{d}t^2} = \frac{\omega_0}{T_J}[P_T - P_E - P_D] = -\frac{\omega_0}{T_J}\left[\left(\frac{\mathrm{d}P_E}{\mathrm{d}\delta}\right)_{\delta_0}\Delta\delta + D\Delta\omega\right] \tag{12 - 18}$$

再根据式（11 - 13）中的第一式，考虑到 $\delta=\delta_0+\Delta\delta$，可得

$$\frac{\mathrm{d}(\delta_0 + \Delta\delta)}{\mathrm{d}t} = \frac{\mathrm{d}\Delta\delta}{\mathrm{d}t} = (\omega - 1)\omega_0 = \Delta\omega\,\omega_0 \tag{12 - 19}$$

将式（12 - 19）代入式（12 - 18），可得系统的状态方程为

$$\frac{\mathrm{d}^2\Delta\delta}{\mathrm{d}t^2} = -\frac{\omega_0}{T_J}\left[\left(\frac{\mathrm{d}P_E}{\mathrm{d}\delta}\right)_{\delta_0}\Delta\delta + \frac{D}{\omega_0}\frac{\mathrm{d}\Delta\delta}{\mathrm{d}t}\right] \tag{12 - 20}$$

若令 $\dfrac{\mathrm{d}}{\mathrm{d}t}=\lambda$，则式（12 - 20）的特征方程为

$$\lambda^2 + \frac{D}{T_J}\lambda + \frac{\omega_0}{T_J}\left(\frac{\mathrm{d}P_E}{\mathrm{d}\delta}\right)_{\delta_0} = 0 \tag{12 - 21}$$

求得特征值为

$$\lambda_{1,2} = -\frac{D}{2T_J} \pm \frac{1}{2T_J}\sqrt{D^2 - 4\omega_0 T_J\left(\frac{\mathrm{d}P_E}{\mathrm{d}\delta}\right)_{\delta_0}} \tag{12 - 22}$$

当 $D>0$，$\left(\dfrac{\mathrm{d}P_E}{\mathrm{d}\delta}\right)_{\delta_0}>0$ 时，特征值 λ 具有负的实部。如果阻尼较强，即 D 值较大，则 λ 为两个负实根。系统受到小干扰后，其偏移量将非周期地（单调地）衰减，最后趋于零。如果 D 值不够大，λ 为一对具有负实部的复根，这时发电机的 $\Delta\delta$ 和 $\Delta\omega$ 的振荡逐渐衰减，最后也趋于零。在以上情况下，系统都是稳定的。所以当 $D>0$ 时，$\left(\dfrac{\mathrm{d}P_E}{\mathrm{d}\delta}\right)_{\delta_0}>0$ 是系统稳定的判据。

二、多机系统的静态稳定性

前面对单机—无限大系统的静态稳定作了分析，实际的系统中发电机台数很多，在工程实用计算中往往采用一些简化措施。首先是对发电机采用简化模型，即将发电机用一个恒定电动势 E_q' 表示，而不再计及励磁调节器的影响。为了计算方便，还可以近似地认为暂态电抗后的电动势 E' 为常数。其次是对负荷的近似处理，即将负荷用恒定阻抗代表。前面未考虑负荷是因为已将负荷并入到无限大系统中。

这里仅介绍两机系统静态稳定的近似分析方法，它可以很方便地推广到更复杂的系统中。

图 12 - 5（a）所示为两机系统，其中包含一个用恒定阻抗表示的负荷。设发电机暂态电动势 E' 恒定，它们相对于某一参考坐标的角度分别为 δ_1 和 δ_2（严格地讲应为 δ_1' 和 δ_2'），如图 12 - 5（b）所示。参考坐标以同步角速度 ω_0 旋转，$\dot{E}_1'$ 和 $\dot{E}_2'$ 各按发电机的转速旋转。

这样的两机系统的状态方程就是两台发电机的转子运动方程。由于负荷用恒定阻抗表示，所以可看作是网络中的阻抗。将图 12 - 5（a）中的星形网络转化为三角形网络，即消

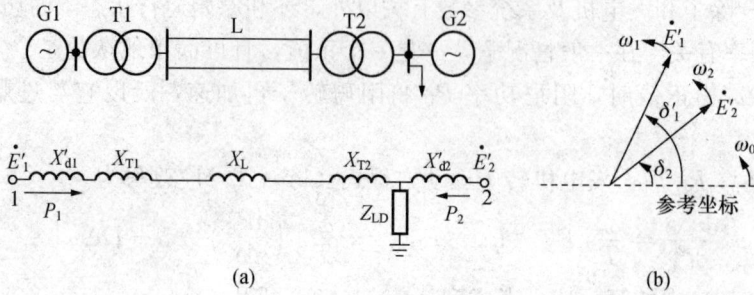

图 12 - 5　两机系统及相量图

(a) 两机系统及等值电路；(b) 电势相量图

去负荷节点，则网络中只含有发电机 1、2 两个节点。这时发电机的电磁功率表达式可由式 (11 - 29) 得到，即

$$\left.\begin{aligned} P_{E1} &= E_1'^2 G_{11} + E_1' E_2' (G_{12} \cos\delta_{12} + B_{12} \sin\delta_{12}) \\ P_{E2} &= E_2'^2 G_{22} + E_1' E_2' (G_{12} \cos\delta_{21} + B_{12} \sin\delta_{21}) \\ &= E_2'^2 G_{22} + E_1' E_2' (G_{12} \cos\delta_{12} - B_{12} \sin\delta_{12}) \end{aligned}\right\} \quad (12 - 23)$$

式中，$\delta_{12} = \delta_1 - \delta_2$，$\delta_{21} = \delta_2 - \delta_1$。

将电磁功率 P_{E1}、P_{E2} 经泰勒级数展开，和式 (12 - 10) 相似，只近似地取其偏移量的第一项为

$$\left.\begin{aligned} \Delta P_{E1} &= -\left(\frac{\mathrm{d}P_{E1}}{\mathrm{d}\delta_{12}}\right)_{\delta_{120}} \Delta\delta_{12} = -K_1 \Delta\delta_{12} \\ \Delta P_{E2} &= -\left(\frac{\mathrm{d}P_{E2}}{\mathrm{d}\delta_{12}}\right)_{\delta_{120}} \Delta\delta_{12} = -K_2 \Delta\delta_{12} \end{aligned}\right\} \quad (12 - 24)$$

其中

$$\left.\begin{aligned} K_1 &= \left(\frac{\mathrm{d}P_{E1}}{\mathrm{d}\delta_{12}}\right)_{\delta_{120}} = E_1' E_2' (B_{12} \cos\delta_{120} - G_{12} \sin\delta_{120}) \\ K_2 &= \left(\frac{\mathrm{d}P_{E2}}{\mathrm{d}\delta_{12}}\right)_{\delta_{120}} = -E_1' E_2' (B_{12} \cos\delta_{120} + G_{12} \sin\delta_{120}) \end{aligned}\right\} \quad (12 - 25)$$

将式 (12 - 24) 代入发电机的转子运动方程，可得线性化的系统状态方程为

$$\left.\begin{aligned} \frac{T_{J1}}{\omega_0} \frac{\mathrm{d}^2 \Delta\delta_1}{\mathrm{d}t^2} &= -K_1 \Delta\delta_{12} \\ \frac{T_{J2}}{\omega_0} \frac{\mathrm{d}^2 \Delta\delta_2}{\mathrm{d}t^2} &= -K_2 \Delta\delta_{12} \end{aligned}\right\} \quad (12 - 26)$$

或改写为

$$\left.\begin{aligned} \frac{\mathrm{d}^2 \Delta\delta_1}{\mathrm{d}t^2} + \omega_0 \frac{K_1}{T_{J1}} \Delta\delta_{12} &= 0 \\ \frac{\mathrm{d}^2 \Delta\delta_2}{\mathrm{d}t^2} + \omega_0 \frac{K_2}{T_{J2}} \Delta\delta_{12} &= 0 \end{aligned}\right\} \quad (12 - 27)$$

因为 $\delta_{12} = \delta_1 - \delta_2$，或改写为 $(\delta_{120} + \Delta\delta_{12}) = (\delta_{10} + \Delta\delta_1) - (\delta_{20} + \Delta\delta_2)$，故有

$$\frac{\mathrm{d}^2 \Delta\delta_{12}}{\mathrm{d}t^2} = \frac{\mathrm{d}^2 \Delta\delta_1}{\mathrm{d}t^2} - \frac{\mathrm{d}^2 \Delta\delta_2}{\mathrm{d}t^2} \quad (12 - 28)$$

将式（12 - 27）中两线性化的状态方程相减，并考虑到式（12 - 28），得

$$\frac{d^2 \Delta \delta_{12}}{dt^2} + \omega_0 \left(\frac{K_1}{T_{J1}} - \frac{K_2}{T_{J2}} \right) \Delta \delta_{12} = 0 \qquad (12 - 29)$$

若令 $\dfrac{d}{dt} = \lambda$，则式（12 - 29）的特征方程为

$$\lambda^2 + \omega_0 \left(\frac{K_1}{T_{J1}} - \frac{K_2}{T_{J2}} \right) = 0 \qquad (12 - 30)$$

求得的特征值为

$$\lambda_{1,2} = \pm \sqrt{-\omega_0 \left(\frac{K_1}{T_{J1}} - \frac{K_2}{T_{J2}} \right)} \qquad (12 - 31)$$

所以两机系统静态稳定的判据为

$$\frac{K_1}{T_{J1}} - \frac{K_2}{T_{J2}} > 0 \qquad (12 - 32)$$

当系统的运行点满足式（12 - 32）时，λ 为一对共轭虚根，即系统受到小干扰后发生等幅振荡。实际上由于系统存在着阻尼，故为衰减振荡，系统是静态稳定的。若不满足该条件，λ 将出现一正实根，系统将非周期性地失去稳定。

下面再根据图 11 - 6 所示的两台发电机电磁功率和 δ_{12} 的关系曲线分析满足式（12 - 32）的运行情况。图 11 - 6 中绘出的是 $\delta_{12} > 0$ 的部分曲线，即对应于 $\delta_1 > \delta_2$ 的运行情况。由曲线可以看出，在 δ'_{12} 处 P_{E1} 达到最大值，在 δ''_{12} 处 P_{E2} 达到最小值。若正常运行时 δ_{12} 小于 δ'_{12}，系统总是满足式（12 - 32）的条件，即系统是静态稳定的。若正常运行时 δ_{12} 大于 δ''_{12}，系统不能满足式（12 - 32）的条件，系统将不能保持静态稳定。因此，系统静态稳定的极限一定落在 δ'_{12} 和 δ''_{12} 之间的区域，其稳定极限对应的角度应由式（12 - 33）计算

$$\frac{K_1}{T_{J1}} - \frac{K_2}{T_{J2}} = 0 \qquad (12 - 33)$$

通过以上分析可知，在两机系统中静态稳定极限与发电机的功率极限是不一致的，即系统的稳定区域扩展到发电机的功率极限以外。这一现象可以解释如下：当运行点处于 $\delta'_{12} \sim \delta''_{12}$ 之间的某一角度 δ_{12} 时，两个功率特性曲线的斜率（导数）均小于零。如果某一扰动使 δ_{12} 产生一增量，即 $\Delta \delta_{12} > 0$，则使两台发电机的功率增量 ΔP_{E1} 和 ΔP_{E2} 均小于零，于是两台发电机的转子都开始加速，其加速度与 $-\Delta P_E / T_J$ 成正比。当满足稳定判据式（12 - 32）时，$-\Delta P_{E2} / T_{J2} > -\Delta P_{E1} / T_{J1}$，说明发电机 2 的加速度大于发电机 1 的加速度，即 δ_2 增加得比 δ_1 增加得更快，结果使 δ_{12} 开始减小而逐渐回到扰动前的运行点。

由于 δ'_{12} 和 δ''_{12} 之间的区间较小，同时稳定区域的扩展并没有使送端发电机 1 的最大输出功率增加，而实际上人们关心的问题是送端发电机 1 能否稳定地发出功率，因此通常就近似地把对应送端发电机功率极限的功角 δ'_{12} 看作是稳定极限。

【例 12 - 2】　两机系统如［例 11 - 2］所示，试计算其静态稳定性、稳定极限和稳定储备系数。系统的运行情况是：发电机 1 的输送功率为 $P_{10} = 0.9$，$Q_{10} = 0.4$，$T_{J1} = 8s$；发电机 2 为 $P_{20} = 1.8$，$Q_{20} = 0.9$，$T_{J2} = 33s$。

解　（1）静态稳定性计算如下

$$\delta_{120} = 26.2° - 9.38° = 16.82°, \beta_{12} = 12.1°$$

$$K_1 = \left(\frac{dP_{E1}}{d\delta_{12}} \right)_{\delta_{120}} = 1.73 \cos(\delta_{120} + \beta_{12}) = 1.73 \cos 28.92° = 1.51$$

$$K_2 = \left(\frac{\mathrm{d}P_{E2}}{\mathrm{d}\delta_{12}}\right)_{\delta_{120}} = -1.73\cos(\delta_{120} - \beta_{12}) = -1.73\cos 4.72° = -1.72$$

因为

$$\frac{K_1}{T_{J1}} - \frac{K_2}{T_{J2}} = \frac{1.51}{8} - \frac{-1.72}{33} = 0.24 > 0$$

所以系统是静态稳定的。

（2）静态稳定极限计算。近似地以发电机 1 的功率极限为静稳定极限，即

$$P_{E1m} = E_1'^2 G_{11} + E_1' E_2' |Y_{11}| = 0.061 + 1.73 = 1.79$$

（3）静稳定储备系数计算如下

$$K_P = \frac{1.79 - 0.9}{0.9} \times 100\% = 99\%$$

第三节　提高静态稳定性的措施

分析和研究电力系统稳定性，目的是为了保证系统能稳定运行，以提高系统供电的可靠性。如果发现系统运行的稳定性不能满足要求时，就得采取措施提高其稳定性。从最基本的概念来说，发电机可能输送的功率极限越高，则静态稳定性越高。由稳定极限的表达式（12-1）可以看出，影响功率稳定极限的主要因素有 E_q、U 和 $X_{d\Sigma}$。所以，减小系统电抗 $X_{d\Sigma}$ 或提高发电机电动势 E_q 以及系统侧母线电压 U，都能提高系统的静态稳定性。

一、减小系统电抗

系统的电抗主要是由发电机、变压器和线路等元件的电抗组成。减小系统电抗主要是减小线路电抗，因为减小发电机、变压器电抗，在制造上存在一定困难，在技术上效果不大，而在经济上增加了成本。减小线路电抗的主要措施有以下几种：

（1）采用分裂导线。高压输电线路采用分裂导线不仅增大了导线截面，增大了输送功率，而且增大了线路的等值半径，避免了导线在较高电压下产生电晕。采用分裂导线后，可以减小线路电抗。例如对于 500kV 线路，采用单根导线时的电抗约为 $0.42\Omega/\mathrm{km}$，采用四分裂导线的电抗约为 $0.29\Omega/\mathrm{km}$。采用分裂导线比采用单根导线电抗减小 $20\%\sim30\%$。

（2）采用串联电容补偿。串联电容补偿在调压方面的应用已在第六章中作了介绍。串联电容补偿就是利用容抗来补偿线路的感抗，使线路的电抗大幅度地减小，从而达到提高稳定性的目的。设串联补偿线路的补偿度为 $K_C = X_C/X_L$，一般 K_C 取为 $25\%\sim50\%$。串联补偿的补偿度越大，提高稳定的效果越明显。但过大的补偿度将会使发电机在轻负荷情况下呈容性运行，可能引起系统低频振荡或出现自励磁现象。前者是一种机电振荡问题，后者是一种电磁不稳定现象，这是因为发电机在容性电流下运行时，其电枢反应呈助磁作用，使发电机自发地建立某个电动势而不受励磁调节器的控制，直至发电机的磁路饱和为止。此外，过大的补偿度将会使短路电流值更大，短路电流在流过电容器时，在电容器两端产生很高的过电压，所以补偿度不宜选择得过大。

（3）改善系统结构及设置中间补偿设备。改善系统结构，加强系统间的联系，表现为系统间联系电抗的大小。电抗越小表明系统之间联系越紧密，对提高稳定性越有利。加强系统间联系的方法较多，例如增加输电线路的回路数，远距离输电线路中间设置开关站等。

对于远距离输电线路，可以在线路中间设置开关站或变电站，并在变电站内设置无功补

偿装置，如同期调相机、静止补偿器等设备，如图 12 - 6 所示。这既可以使系统维持较高的运行电压水平，又相当于将远距离输电线路分为两段，缩短了电气距离，因而提高了稳定性。

维持电网具有较高的电压水平也是保证系统静态稳定的重要因素。它不仅影响系统的功角稳定性，而且还与系统电压稳定性有关。因此，在系统设计和规划中必须考虑配置有足够的无功电源。

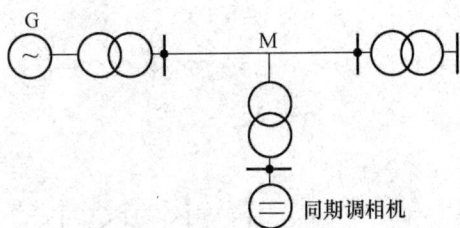

图 12 - 6 具有中间补偿设备的电力系统

二、提高系统电压

提高系统的电压可以提高稳定性，但提高系统的电压必须增强线路的绝缘水平，增大导线间的距离并加大杆塔尺寸，也增大了变电站的投资。提高系统电压包括提高系统运行电压和提高电压等级两个方面。提高系统运行电压水平，就要求系统有足够的无功功率备用容量，这无论对提高功率极限值还是对维持系统的电压稳定都是重要的。但如要大幅度提高极限输送功率，就必须通过提高输电电压等级来实现。

提高线路额定电压水平也可以等值地看作是减小线路电抗。由线路电抗标幺值的表达式 $X_{L*}=X_L S_B/U_B^2$ 可知，提高线路电压水平，线路电抗 X_{L*} 将按输电电压的平方反比地减小，因而提高了系统的静态稳定性。

三、提高发电机电动势

提高发电机电动势 E，主要是采用自动励磁调节装置来实现。为了提高运行的稳定性，在现代的电力系统中几乎都装有自动励磁调节装置。当发电机端电压 U_G 下降时，自动励磁调节装置动作调节励磁电流，升高电动势以恢复电压，电动势升高就提高了系统的静态稳定性。

图 12 - 7 (a) 所示简单系统中，发电机装有自动调节励磁装置。为了说明该装置对静态稳定影响的基本概念，设该装置为机械型调节器，其调节过程是不连续的，即有一个不大的失灵区。当传输的功率 P 增大时，由式 (11 - 14) 可知，对应的功角也相应增大；由于传输功率增大，电流亦增大，在发电机电动势不变的情况下，发电机端电压 U_G 将下降。当 U_G 下降越出失灵区的下限值时，如图 12 - 7 (b) 上部所示，励磁调节装置动作，增大发电机的励磁，从而增大它的空载电动势 E_q，如图 12 - 7 (b) 下部所示。对应于图 12 - 7 (c)，即运行点从一条功角特性曲线转移到上面一条曲线。设初始运行状态在 a 点，当传输功率增大，δ 角增大，功角特性曲线将由曲线 A 转移到曲线 B，运行点沿着 $a—a'—b$ 线段运行；同理，当传输功率进一步增大时，δ 角再增大，U_G 又下降，当 U_G 又一次越出下限时，励磁调节器又一次增加励磁以增大发电机空载电动势 E_q，功率特性曲线转移到曲线 C，运行在图中 $b—b'—c$ 线段。依此类推，发电机将按折线 $a—a'—b—b'—c—c'—d—d'—e$ 运行。如果失灵区非常小，则发电机将按以 U_G 为定值的功率特性 $a—b—c—d—e$ 运行。

由以上分析可知，发电机装有自动调节励磁装置，其功率极限将出现在 δ 大于 90°处，通常将 $\delta>90°$到$dP_E/d\delta=0$ 的这段区域称为人工稳定区，且 $dP_E/d\delta=0$ 所对应的稳定极限有很大的提高，其值可由 $U_G=$常数求得。但由于这类励磁调节装置动作有失灵区，如图 12 - 7 (b) 和 (c) 所示。当 $\delta=90°$时，发电机运行于功率特性曲线 E 的 e 点，如果这时再增大传输功率，δ 再增大，U_G 的下降还没有越出它的下限值，励磁调节装置不动作，所以这时发

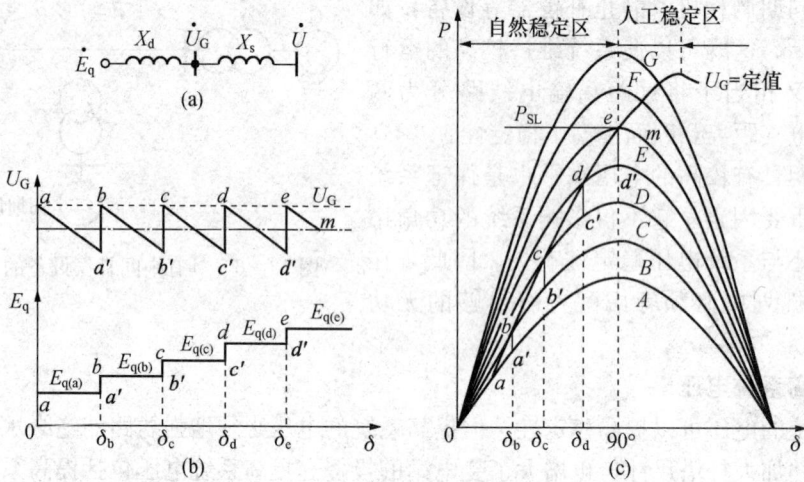

图 12 - 7   自动调节励磁装置对系统静态稳定的影响

(a) 等值电路；(b) 发电机 E_q 变化；(c) 功角特性

电机将沿着 $E_{q(e)}$ 为定值的曲线 E 运行，运行点将由 e 向 m 点移动。显然，在 e—m 段运行时 $dP_E/d\delta < 0$，系统不稳定，所以其传输功率的最大值仍由 $\delta = 90°$ 来确定。将图 12 - 7（c）中的 P_{SL} 作为功率极限。

应当指出，在上述讨论中，假定自动调节励磁装置的作用是随时响应的。实际上，从电压 U_G 测量输入经调节装置的调节升高励磁电压，到增大励磁电流提高发电机空载电动势 E_q 有一个暂态过程，调节作用不可能瞬时响应。换句话说，这个过程有一定的时间滞后，因此实际系统工作时，只能工作在 $\delta \leqslant 90°$ 的区域。详细分析具有自动励磁调节系统的静态稳定时，必须在系统的状态方程中列入励磁调节的方程，然后由特征值来判断系统是否静态稳定。上述机械型自动励磁调节装置目前已不多见，现代电力系统中较多地采用自动连续调节的电磁型和电子型励磁调节装置，这类装置对系统稳定性具有更优越的性能。下面仅给出几种励磁调节装置对稳定性影响的结论：

（1）无励磁调节装置时，系统的静态稳定极限由 $dP_E/d\delta = 0$ 确定，它与 P_{Eq} 的功率极限一致。

（2）当发电机装有按某运行参数偏移量调节的比例式调节器时，可以保持 q 轴暂态电动势 E'_q 为常数，其静态稳定极限则由 $dP_{E'q}/d\delta = 0$ 确定，与 $P_{E'q}$ 的功率极限一致。但在实用计算中，如上分析，发电机不能工作在 $\delta > 90°$ 的区域，而只能工作在 $\delta = 90°$ 的区域。所以，通常在近似计算中认为这种比例式励磁调节器可保持 E' 为常数。这样，它的静态稳定极限和 P_E 的功率极限一致。

（3）当发电机装有按某运行参数偏移量对时间的微分调节的微分式调节器时，它可以保持发电机端电压 U_G 为常数，其静态稳定极限则由 $dP_{UGq}/d\delta = 0$ 确定，它与 P_{UGq} 的功率极限一致。实用计算中，近似认为 P_{UG} 的功率极限就是其静态稳定极限。

小 结

本章通过对简单电力系统的分析，阐述了静态稳定的概念、静态稳定判据、静态稳定极限及功率储备系数等概念，简要分析了简单系统的负荷电压稳定性、电压稳定判据及电压储备系数等概念。介绍了我国现行的 DL 755—2001《电力系统安全稳定导则》对静态稳定性的有关规定。

应用小干扰法判定系统的静态稳定，无论是对单机系统还是对多机系统，其判别的依据是状态方程的全部特征值具有负的实部，即为负实根或负实部的复根。两机系统的静态稳定极限出现在式（12-33）确定的功角 δ_{12} 处，近似计算时往往取送端发电机的功率极限为系统的静态稳定极限。

提高系统的静态稳定性，其基本方法是提高系统输送的功率极限 $P_m = EU/X_\Sigma$。各种不同的提高稳定性的措施都是基于调节发电机电动势的，即提高 E，尽量采用和维持较高的电压水平，以及降低系统间的联系电抗等。

习 题

12-1 简单系统静态稳定的判据是什么？电压稳定的判据是什么？

12-2 什么是静态稳定功率极限？什么是电压稳定临界电压？

12-3 系统运行中为什么必须要有足够的静态稳定储备？储备系数的基本概念是什么？

12-4 我国现行的《电力系统安全稳定导则》对储备系数有什么规定？

12-5 小干扰法的基本思想是什么？

12-6 在应用小干扰法分析静态稳定时，为什么要对非线性方程进行线性化处理？

12-7 试说明如何应用特征值判断系统的静态稳定性。

12-8 在两机系统中，为什么可以将送端发电机的功率极限作为系统的静态稳定极限？

12-9 自动励磁调节装置为什么能提高系统的静态稳定性？发电机的功率极限为什么仍以 $\delta = 90°$ 来确定？

12-10 为什么具有串联电容补偿的线路的补偿度 K_C 不能太大？

12-11 较低电压等级供电网中的串联电容补偿的作用与高压输电网中的串联电容补偿的作用是否相同？为什么？

12-12 图 12-8 所示简单电力系统，各元件参数标幺值均标注在图中，试计算下列情况下的系统静稳定储备系数 $K_P\%$。

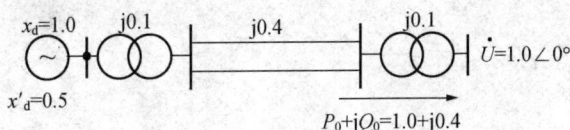

图 12-8 习题 12-12 图

（1）发电机无自动调节励磁装置时。

（2）发电机有比例式（可近似维持 E' 恒定）自动励磁调节装置时。

（3）发电机装有微分式（可维持端电压 U_G 恒定）自动励磁调节装置时。

12-13 某两机系统如图 12-9 所示，发电机用暂态电抗 X'_d 后的电动势 E' 表示，参数及原始运行条件已标注在图 12-9 中。试以 $dP_{E1}/d\delta_{12} > 0$ 判据近似计算系统的静态稳定极限

P_{EIm}、对应的 δ_{12} 值和静态稳定储备系数 K_{P}。计算中负荷用恒定阻抗 Z_{LD} 表示，负荷端电压 $\dot{U} = 1\angle 0°$。

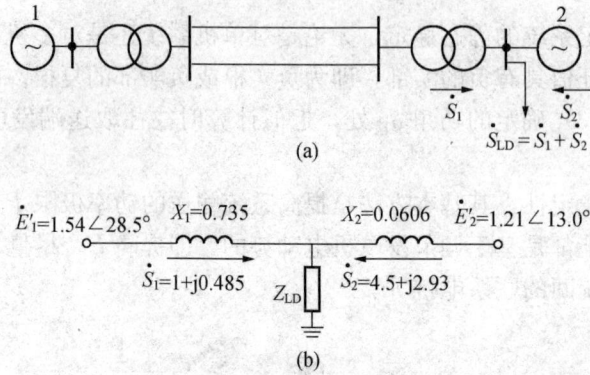

(a)

(b)

图 12 - 9　习题 12 - 13 图

(a) 两机系统接线图；(b) 等值电路图

第十三章　电力系统暂态稳定性

第一节　电力系统暂态稳定概述

电力系统暂态稳定性是指在某种运行方式下，系统突然受到某种较大的干扰后，能否经过暂态过程达到新的稳态运行状态或者恢复到原来的状态的能力。这里所谓的大干扰是相对于前面静稳定分析中的小干扰而言的，一般是指短路故障、突然切除大型元件（如大型发电机、变压器或重载高压输电线路）以及负荷突然变化等。如果系统受到大的干扰后仍能保持稳定运行，则系统是暂态稳定的。相反，若系统受到大的干扰后不能建立新的稳定运行状态，或不能恢复到原来的运行状态，则系统是暂态不稳定的。

当系统遭受到上述突然的大扰动后，它的各种运行参数（如电压、电流和功率）都要发生急剧变化，但由于原动机调速装置具有很大的机械惯性，不能立即动作调整原动机的输入功率，所以各发电机输出功率同相应的原动机输入功率间的平衡就要受到严重破坏，机组转轴相应出现不平衡转矩，使转子的转速以及转子间的相对角度发生变化；而转子间相对角度的变化反过来又影响到系统中各点的电压、电流和各发电机输出功率。因此，遭受大的扰动后，系统中就出现了一个同电压、电流变化相联系的电磁暂态过程和机电暂态过程。

在分析暂态稳定时，以上提及的几种大干扰中以短路故障最为严重。而各种短路故障中又以三相短路最为严重。从系统安全稳定运行的角度出发，应以最严重的干扰来检验系统的暂态稳定性。但由于最严重的干扰出现的概率较小，因此一般并不要求以最严重的干扰来检验系统的暂态稳定性。我国现行 DL 755—2001《电力系统安全稳定导则》对不同电压等级系统规定的大扰动如下：①对于 220kV 及以上电压等级，单回线路为瞬时单相接地故障并重合闸成功；双回线路为单相永久性接地故障。②110kV 电压等级输电线路为瞬时两相短路故障并重合闸成功。③110kV 以下电压等级输电线路为瞬时三相短路故障并重合闸成功。同时要求系统在经受这些大的扰动后，必须能够保持稳定。

电力系统受到大扰动，经过一段时间后，或是逐步趋向稳态运行或是趋向失去同步。这段时间的长短与系统本身的情况有关，短期则几秒钟，中期则几十秒至几分钟，长期则几分钟甚至几十分钟。在短期（1s）内，系统中的保护和自动装置有一系列动作，如切除故障线路和重合闸、切除发电机等，但在这段时间内发电机的各种调节系统还来不及进行各种调节。而中期（10s）内，系统中各发电机组的调节系统已开始进行调节，如增大励磁电流、调节原动机输出功率等。电力系统暂态稳定分析通常仅涉及系统在短中期内（10s 之内）的动态过程。至于长期系统的稳定分析，涉及系统遭受严重破坏时的动态响应，其内容已超出本书的基本要求，读者可参阅有关书籍更深入地了解。

为了分析暂态稳定方便起见，在实用上还采用以下基本假设：

（1）在暂态稳定分析计算中，认为网络的频率仍维持为同步频率。因为发电机组具有较大的惯性，在短暂的时间段内各发电机组的转速偏离同步速度不大，网络中的频率仍接近 50Hz。

（2）网络中发生突然短路后，在暂态稳定分析和计算中忽略短路电流中的直流分量。因为直流分量的衰减相对于暂态过程是非常短暂的，而且直流分量电流所产生的转矩是交变的，是平均值接近于零的制动转矩，对分析暂态稳定的影响不大。

（3）当大扰动为不对称短路时，发电机定子回路中将有负序电流和零序电流。负序电流对转子产生的转矩也是交变的，也是平均值接近于零的制动转矩，这一转矩对机电暂态过程影响不大，可以略去不计。而不对称短路时产生的零序电流分量，由于其产生的磁场在空间的合成结果为零，故对发电机转子不产生转矩。因此，在转子运动方程中的过剩功率只计及正序分量的电磁功率。

（4）在分析暂态稳定的短暂时段（几秒）内，认为发电机的机械功率 P_T 保持恒定。这是由于原动机调速机构具有很大的机械惯性，在短时间内来不及动作，因而在分析暂态稳定时可不计调速系统的作用。

最后需要说明的是，电力系统暂态稳定性是研究电力系统遭受大干扰后的动态过程，在分析暂态过程中往往还同时伴随着网络结构的变化，因此不能像研究静态稳定那样将状态方程线性化。

第二节　简单系统的暂态稳定性分析

一、物理过程分析

图 13 - 1 所示的简单电力系统中，某一运行方式下 k 点发生短路故障，由于不同的短路类型、不同的短路地点以及不同的初始运行方式，系统的暂态稳定性有不同的结果。下面以 k 点发生不对称短路故障为例进行分析。

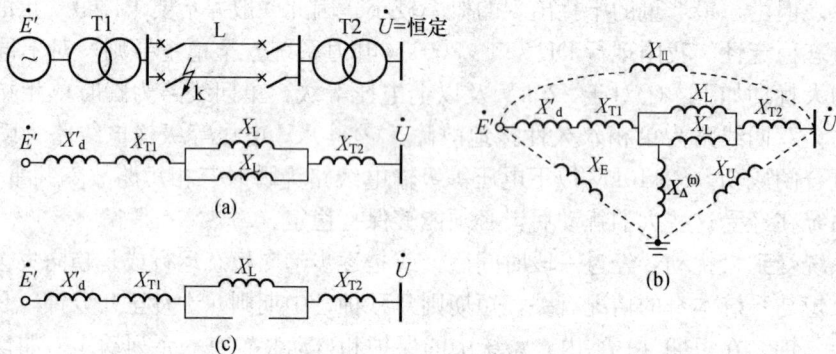

图 13 - 1　简单电力系统不同运行方式下的等值电路
(a) 正常运行（Ⅰ）；(b) 故障方式（Ⅱ）；(c) 故障切除后方式（Ⅲ）

图 13 - 1 (a) 为正常运行方式的等值电路，发电机的电动势用 E' 表示，严格地讲，应采用发电机 q 轴暂态电动势 E'_q，因为 E'_q 正比于发电机定子绕组的合成磁链，短路前后 E'_q 保持恒定。但随着暂态过程的进行，E'_q（或 E'）也会逐渐衰减。考虑到一方面它衰减较慢，另一方面发电机励磁调节器特别是强行励磁装置的作用，故在近似计算中，常常采用 E' 恒定计算。在不考虑发电机凸极效应的情况下，由图可知，正常运行时电动势 $\dot{E}'$ 与无限大系统间的转移电抗为

$$X_{\text{I}} = X'_{\text{d}} + X_{\text{T1}} + \frac{X_{\text{L}}}{2} + X_{\text{T2}} \tag{13-1}$$

这时传输的功率为

$$P_{\text{I}} = \frac{E'U}{X_{\text{I}}}\sin\delta = P_{\text{Im}}\sin\delta \tag{13-2}$$

图 13-1（b）为故障情况下的等值电路，在一回输电线路的 k 点发生不对称短路。应用第十章学过的正序增广网络，只要在正序网络的故障点根据不同的短路类型接入不同的附加电抗 $jX_{\Delta}^{(n)}$，这个正序增广网络即可用来计算不对称短路时的正序电流和正序功率。例如单相短路，附加电抗应为负序电抗与零序电抗的串联；两相短路时，附加电抗等于负序电抗；三相短路，作为不对称短路的一种特殊形式，它的附加电抗 $X_{\Delta}^{(3)} = 0$。经网络变换后，可得发电机电动势 $\dot{E}'$ 与无限大系统间的转移电抗为

$$X_{\text{II}} = X'_{\text{d}} + X_{\text{T1}} + \frac{1}{2}X_{\text{L}} + X_{\text{T2}} + \frac{(X'_{\text{d}} + X_{\text{T1}})(X_{\text{L}}/2 + X_{\text{T2}})}{X_{\Delta}} > X_{\text{I}} \tag{13-3}$$

对于三相短路，显然 $X_{\text{II}} = \infty$，即三相短路截断了发电机和系统间的联系。

当发电机电动势 E' 不变时，故障情况下传输功率为

$$P_{\text{II}} = \frac{E'U}{X_{\text{II}}}\sin\delta = P_{\text{IIm}}\sin\delta \tag{13-4}$$

三相短路时发电机输出的功率为零（忽略了电阻）。

短路故障发生后，由于线路的继电保护动作，断开了故障线路，如图 13-1（c）所示，这时发电机电动势与无限大系统之间的转移电抗为

$$X_{\text{III}} = X'_{\text{d}} + X_{\text{T1}} + X_{\text{L}} + X_{\text{T2}} \tag{13-5}$$

其传输功率为

$$P_{\text{III}} = \frac{E'U}{X_{\text{III}}}\sin\delta = P_{\text{IIIm}}\sin\delta \tag{13-6}$$

在电力系统中分析暂态稳定时，以正常的运行方式（Ⅰ）为基础，对发生故障（Ⅱ）以及故障切除后（Ⅲ）两种状态进行分析计算。故障后状态有时还包括线路的自动重合闸的动作，例如图 13-1 中的双回路线路在故障切除后为单回线路。若故障是瞬时性的，重合成功，则线路又恢复双回路运行；若故障是永久性的，重合失败，则又将以单回线路运行。

下面分析系统受到这一系列大扰动后发电机转子的运动情况。图 13-2 示出了正常运行时的功角特性曲线 P_{I}、故障后和故障切除后的功角特性曲线 P_{II} 和 P_{III}。正常运行时，发电机工作在 a 点，其功角为 δ_0，对应的发电机输送到无限大系统的功率为 $P_0 = P_{\text{Im}}\sin\delta_0$，则原动机输入的机械功率 P_{T} 等于 P_0。假定不计故障后几秒钟内调速器的作用，即认为机械功率始终保持 P_0。发生短路后功率特性立即降为 P_{II}，但由于转子惯性，转子角度 δ_0 不会立即变化，因此发电机的运行点由 a 点突然变至 b 点，输出电磁功率显著减少，而在原动机功率 P_{T} 不变的情况下，则产生较大的过剩功率。故障情况越严重，P_{II} 功率曲线越低（三相短路时为零），则过剩功率越大。在过剩功率作用下发电机转子将加速，其相对速度（相对于同步速）和相对角度 δ 逐渐增大，使运行点由 b 点向 c 点移动。若故障永久存在下去，则始终存在过剩转矩，发电机将不断加速，最终与无限大系统失去同步。但由于继电保护的作用，断路器迅速动作切除故障线路，则发电机功率曲线变为 P_{III}，运行点将从 c 点突然变至曲线 P_{III} 上的 e 点。这时发电机的输出功率比原动机的机械功率大，转子受到制动并开始减

速。由于此时转子速度已经大于同步速，所以相对角还要继续增大。假定转子制动过程延续到 f 点时速度才回到同步速，则 δ 角不再增大。但在 f 点还存在有过剩功率，转子还将继续减速，相对角度 δ 将逐渐减小，运行点沿 P_{III} 曲线由 f 点向 e、k 点转移。在达到 k 点以前转子一直减速，转子速度低于同步速。在 k 点虽然机械功率与电磁功率平衡，但由于这时转子速度小于同步速，δ 继续减小。但越过 k 点以后机械功率开始大于电磁功率，转子又加速，因而 δ 一直减小到转速恢复到同步速后又开始增大。此后运行点沿着 P_{III} 开始第二次振荡。如果振荡过程中没有能量损耗，则第二次时 δ 又将增大至 f 点对应的角度 δ_{m}，以后就一直沿着 P_{III} 往复不已的振荡。实际上，由于网络中存在有阻尼，所以震荡过程将逐渐衰减，发电机最后停留在一个新的稳定运行点 k 上继续运行。显然，这种情况是暂态稳定的。图 13-3 示出了上述振荡过程中转子相对速度 ω 和相对角度 δ 随时间 t 的变化曲线（即摇摆曲线）。

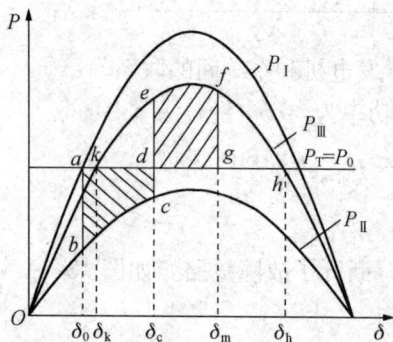

图 13-2　简单系统正常运行、故障和
故障切除后的功率特性曲线

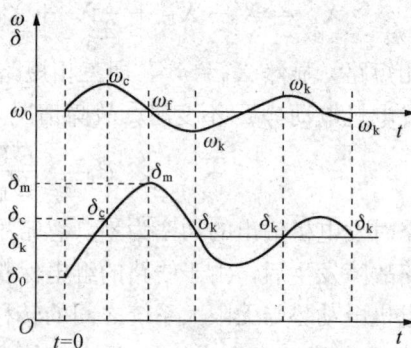

图 13-3　振荡过程摇摆曲线

　　如果故障线路切除得比较晚，如图 13-4 所示，这时转子加速已比较严重，因此当故障线路切除后，在到达与图 13-2 所示的 f 点时转子转速仍大于同步速，甚至在到达 h 点时转速还未降至同步速，δ 将越过 h 点对应的角度 δ_{h}。一旦越过 h 点后，转子立即在加速转矩的作用下，又开始加速，且加速度越来越大，δ 将不断增大，发电机与无限大系统间失去同步。这种情况显然是暂态不稳定的，其失步过程中的摇摆曲线，如图 13-5 所示。

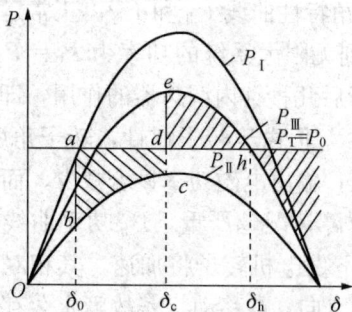

图 13-4　故障切除时间过晚的情形

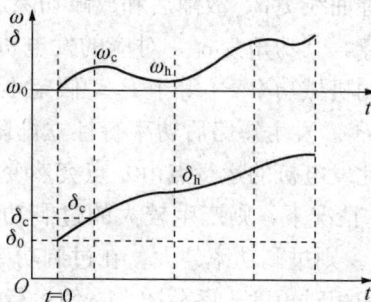

图 13-5　失步过程摇摆曲线

　　由上述可知，快速切除故障是保证电力系统暂态稳定的有效措施。

　　以上定性地叙述了简单系统发生短路故障后，两种暂态过程不同的结果。前者显然是暂态稳定的，后者是不稳定的。由两者的 $\delta(t)$ 变化曲线可以看出，前者的 δ 第一次增大至 δ_m（小于 $180°$）后即开始减小，以后振荡逐渐衰减；后者 δ 在接近 $180°(\delta_h)$ 时仍然继续增大。因此，在第一个振荡周期即可判断系统是否稳定。

二、等面积定则

　　由图 13-2 和图 13-4 所示简单系统的暂态稳定分析过程可以看出，当系统中发生故障，发电机的功率特性曲线立即由 P_I 变为 P_{II}，产生过剩功率 ΔP，使转子加速，运行点由 b 点逐渐向 c 点移动。在这一段加速时间里，功角由 δ_0 移到 δ_c，转子的转速由 ω_0 增加到 ω_c，即加速过程增加了转子的动能。

　　过剩功率对转子所做的功为

$$A_{(+)} = \int_{\delta_0}^{\delta_c} \Delta P \mathrm{d}\delta = \int_{\delta_0}^{\delta_c} (P_0 - P_{IIm}\sin\delta)\mathrm{d}\delta = S_{abcd} \tag{13-7}$$

式中　S_{abcd}——图 13-2 中 $abcd$ 所围成阴影部分的面积，简称为加速面积。

　　加速期间转子增加的动能，由式（11-5）和式（11-13）可得

$$A_{(+)} = \int_{\delta_0}^{\delta_c} \Delta P \mathrm{d}\delta = \int_{\delta_0}^{\delta_c} \Delta M \mathrm{d}\delta = \int_{\delta_0}^{\delta_c} \left(T_J \frac{\mathrm{d}\Delta\omega}{\mathrm{d}t}\right)(\Delta\omega\mathrm{d}t) \tag{13-8}$$

$$= \int_0^{\Delta\omega_c} T_J \Delta\omega \mathrm{d}\Delta\omega = \frac{1}{2} T_J \Delta\omega_c^2$$

　　式（13-7）和式（13-8）证明了加速面积 S_{abcd} 即为加速过程中过剩功率在转子上所做的功，它增加了转子的相对动能。

　　当功角从 δ_c 移动到 δ_m 时，过剩功率 ΔP 为负，使转子受到制动转矩而减速，转子速度则从 ω_c 减到 ω_0，即减速过程消耗了转子的动能。转子释放的动能为

$$A_{(-)} = \int_{\delta_c}^{\delta_m} \Delta P \mathrm{d}\delta = \int_{\delta_c}^{\delta_m} (P_{IIIm}\sin\delta - P_0)\mathrm{d}\delta = S_{defg} \tag{13-9}$$

式中　S_{defg}——图 13-2 中 $defg$ 所围成阴影部分的面积，称为减速面积。

　　减速面积代表在减速过程中过剩功率所消耗转子的动能。

　　根据能量守恒定律，加速过程中在转子上积蓄的能量应等于减速过程中转子释放的能量，即

$$A_{(+)} = A_{(-)} \tag{13-10}$$

　　式（13-10）即称为等面积定则，即当加速面积等于减速面积时，转子角速度恢复到同步速度，δ 达到 δ_m 并开始减小。

三、极限切除角与极限切除时间

　　利用上述等面积定则，可以决定极限切除角度，即最大可能的 δ_c。根据前面的分析可知，为了保持系统的稳定，必须在到达 h 点以前使转子恢复同步速度。极限情况是正好达到 h 点时转子恢复同步速度，这时的故障切除角度称为极限切除角 δ_{cm}。根据等面积定则有以下关系

$$A_{(+)} = \int_{\delta_0}^{\delta_{cm}} (P_0 - P_{II}\sin\delta)\mathrm{d}\delta = \int_{\delta_{cm}}^{\delta_h} (P_{IIIm}\sin\delta - P_0)\mathrm{d}\delta = A_{(-)}$$

则可推得极限切除角为

$$\cos\delta_{cm} = \frac{P_0(\delta_h - \delta_0) + P_{IIIm}\cos\delta_h - P_{IIm}\cos\delta_0}{P_{IIIm} - P_{IIm}} \tag{13-11}$$

式中，$\delta_0 = \sin^{-1}\dfrac{P_0}{P_{\mathrm{Im}}}$，$\delta_{\mathrm{h}} = \pi - \sin^{-1}\dfrac{P_0}{P_{\mathrm{IIIm}}}$。

在极限切除角时切除线路故障，已利用了最大可能的减速面积。如果故障切除角 δ 大于极限切除角 δ_{cm}，就会造成加速面积大于减速面积，暂态过程中运行点就会越过 h 点而使系统失去同步。相反，只要故障切除角 δ 小于极限切除角 δ_{cm}，系统总是稳定的。但是，利用上式求得极限切除角 δ_{cm} 并没有真正解决问题，因为工程上实际需要知道的是，为了保证系统稳定必须在多少时间之内切除故障线路，也就是要知道与极限切除角 δ_{cm} 对应的故障切除时间，这一时间通常称为极限切除时间 t_{cm}。显然，故障切除时间 t_{c} 小于极限切除时间 t_{cm} 则系统是稳定的；反之，故障切除时间 t_{c} 大于极限切除时间 t_{cm}，则系统是不稳定的。因此，为了保证系统稳定性，电力系统中所有继电保护的动作时间都应小于这个时间。

极限切除时间 t_{cm} 不能直接求出，通常利用求解式（11-12）或式（11-13）转子运动方程，得到相对角度 δ 随时间 t 的变化曲线，即摇摆曲线 $\delta(t)$。再根据极限切除角 δ_{cm}，在 $\delta(t)$ 曲线上查得对应的极限切除时间 t_{cm}。限于篇幅，摇摆曲线的求解，将在下节中讨论。

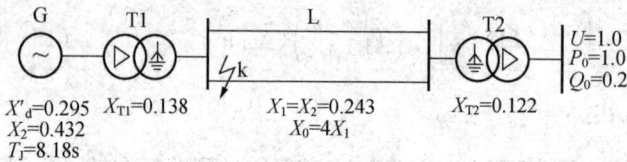

图 13-6　［例 13-1］系统图

【例 13-1】　某简单电力系统接线如图 13-6 所示。设输电线路某一回线的首端发生两相接地短路，折算到统一基准下的各元件标幺值参数示于图 13-6 中，试计算为保持系统暂态稳定而要求的极限切除角度 δ_{cm}。

解　（1）系统正常运行时的 E' 和 δ。

$\dot{E}'$ 与系统间的总转移电抗为

$$X_{\mathrm{I}} = 0.295 + 0.138 + 0.243 + 0.122 = 0.798$$

发电机的暂态电动势为

$$E' = \sqrt{\left(U + \dfrac{Q_0 X_I}{U}\right)^2 + \left(\dfrac{P_0 X_I}{U}\right)^2}$$
$$= \sqrt{(1 + 0.2 \times 0.798)^2 + 0.798^2}$$
$$= 1.41$$

$$\delta_0 = \tan^{-1}\dfrac{0.798}{1 + 0.2 \times 0.798} = 34.53°$$

（2）故障后的功率特性。

由图 13-7（b）可得故障点的负序和零序电抗为

$$X_{2\Sigma} = \dfrac{(0.432 + 0.138) \times (0.243 + 0.122)}{(0.432 + 0.138) + (0.243 + 0.122)}$$
$$= 0.222$$

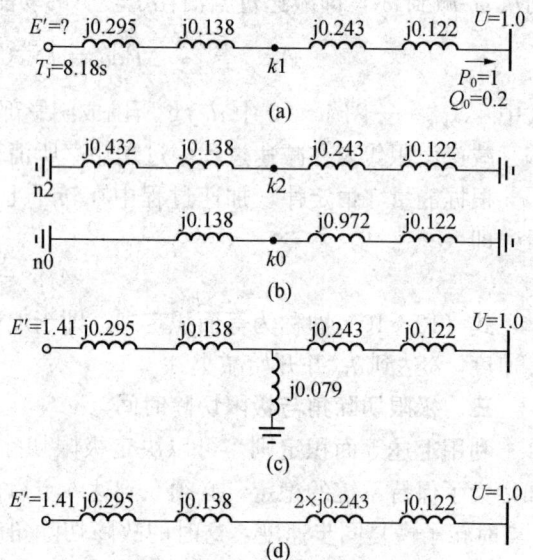

图 13-7　图 13-6 等值电路
(a) 正常运行等值电路；(b) 负序和零序等值电路；
(c) 故障时等值电路；(d) 故障切除后等值电路

$$X_{0\Sigma} = \dfrac{0.138 \times (0.972 + 0.122)}{0.138 + (0.972 + 0.122)} = 0.123$$

在正序网络的故障点接入的附加电抗为

$$X_\Delta = \frac{0.222 \times 0.123}{0.222 + 0.123} = 0.079$$

由图 13 - 7 (c) 可以求得故障时 $\dot{E}'$ 与系统间的总转移电抗为

$$X_{\mathbb{I}} = 0.433 + 0.365 + \frac{0.433 \times 0.365}{0.079} = 2.80$$

所以，故障时发电机输出的最大功率为

$$P_{\mathbb{I}m} = \frac{E'U}{X_{\mathbb{I}}} = \frac{1.41 \times 1}{2.80} = 0.504$$

（3）故障切除后的功率特性。

故障切除后的等值电路如图 13 - 7 (d) 所示，其等值电抗为

$$X_{\mathbb{II}} = 0.295 + 0.138 + 2 \times 0.243 + 0.122 = 1.041$$

此时最大功率为

$$P_{\mathbb{II}m} = \frac{E'U}{X_{\mathbb{II}}} = \frac{1.41 \times 1}{1.041} = 1.35$$

$$\delta_h = 180° - \sin^{-1}\frac{P_0}{P_{\mathbb{II}m}} = 180° - \sin^{-1}\frac{1}{1.35} = 132.2°$$

（4）极限切除角。

$$\delta_{cm} = \cos^{-1}\left[\frac{P_0(\delta_h - \delta_0) + P_{\mathbb{II}m}\cos\delta_h - P_{\mathbb{I}m}\cos\delta_0}{P_{\mathbb{II}m} - P_{\mathbb{I}m}}\right]$$

$$= \cos^{-1}\left[\frac{1 \times \frac{\pi}{180}(132.2 - 34.53) + 1.35\cos132.5° - 0.504\cos34.53°}{1.35 - 0.504}\right]$$

$$= \cos^{-1}0.458 = 62.7°$$

第三节　发电机转子摇摆曲线的求解

摇摆曲线是描述发电机转子在运动过程中它的 δ 角随时间变化的特性。对简单系统而言，如果 δ 角经过一段衰减振荡后稳定在某一新的稳态值，则系统是稳定的。相反，当 δ 角随时间不断振荡增大（超过 $180°$），则系统是不稳定的。一般来说，对于多机的复杂系统，在遭受大干扰后，也需要首先作出各发电机的摇摆曲线，然后再得出各发电机之间的相对功角 δ_{ij} (t) 的变化曲线。如果出现 δ_{ij} (t) 随时间不断增大，超过 $180°$ 时系统是暂态不稳定的。因此，摇摆曲线是分析系统暂态稳定性的重要依据。

实际上，仅求得极限切除角 δ_{cm} 是不够的，还必须求出与极限切除角 δ_{cm} 对应的时间——极限切除时间 t_{cm}。这就要求首先作出摇摆曲线，再在摇摆曲线上找到与极限切除角 δ_{cm} 对应的极限切除时间 t_{cm}。显然，当故障切除时间 $t_c < t_{cm}$ 时，系统是暂态稳定的。

求解摇摆曲线 δ (t) 的过程，实质上就是求解转子运动方程的过程。在分析稳定问题时，曾假设原动机输入的机械功率不变，即 $P_T = P_0$，发电机输出的电磁功率 $P_E = P_m \sin\delta$。于是，式（11 - 12）的发电机转子运动方程可改写为

$$\frac{T_J}{\omega_0}\frac{d^2\delta}{dt^2} = \Delta P = P_0 - P_m\sin\delta \tag{13 - 12}$$

式（13-12）为一非线性微分方程，其解不能用普通函数来表示，且求解也很困难。工程上对这一方程多采用数值解法，如改进欧拉法、龙格—库塔法等；手算时一般采用分段计算法。

分段计算法就是将时间 t 分成一个个时间小段 Δt，在每一个时间小段内，作用于转子上的过剩功率（转矩）被认为是恒定的，亦即将该小时段内的变加速运动看作是匀加速运动。按匀加速运动计算出小时段 Δt 内的角增量 $\Delta \delta$，再与上一个时段末的角度相加，就可求出经过本时段后的角度 δ。如此反复，即可得出角度 δ 随时间 t 变化的曲线。

式（13-12）中 δ 对时间 t 的二阶导数是发电机转子的角加速度 α，于是转子运动方程又可改写为

$$\alpha = \frac{\omega_0}{T_J} \Delta P \tag{13-13}$$

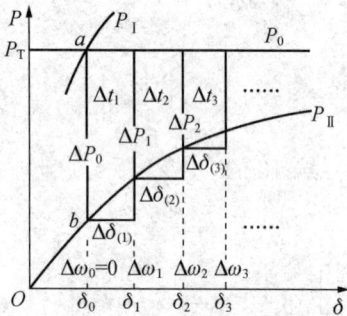

图 13-8 分段计算法示意图

由上一节对简单系统的讨论可知，当系统发生短路故障时，发电机的输出功率突然下降，因此过剩功率 $\Delta P = P_0 - P_{II} = P_0 - P_{IIm} \sin\delta$。从短路发生的瞬间开始计时，将运行点沿 P_{II} 曲线转移的过程分成一个个时间小段，在每个时间小段 Δt 内，认为 ΔP 为常数，如图 13-8 所示。下面分段讨论功角 δ 的变化情况。

第一个时间段，短路发生瞬间 $t=0s$ 时，初始功角 $\delta = \delta_0$，参照图 13-8 可得：

过剩功率 $\qquad \Delta P_{(0)} = P_0 - P_{IIm} \sin\delta_0$

转子角加速度 $\qquad \alpha_{(0)} = \frac{\omega_0}{T_J} \Delta P_{(0)}$

转子相对初速度 $\qquad\qquad\qquad\qquad \Delta\omega_{(0)} = 0$

第一时段的角增量 $\quad \Delta\delta_{(1)} = \frac{1}{2}\alpha_{(0)}\Delta t^2 = \frac{\omega_0 \Delta t^2}{T_J} \times \frac{\Delta P_{(0)}}{2} = K\frac{\Delta P_{(0)}}{2}$

式中，$K = \dfrac{\omega_0 \Delta t^2}{T_J} = \dfrac{360 f_0 \Delta t^2}{T_J}$。

第一时段末（亦即第二时段初）的功角为 $\quad \delta_{(1)} = \delta_0 + \Delta\delta_{(1)}$

第二个时间段，仿照上面分析方法，有：

过剩功率 $\qquad\qquad\qquad\qquad \Delta P_{(1)} = P_0 - P_{IIm} \sin\delta_{(1)}$

转子角加速度 $\qquad\qquad\qquad\qquad \alpha_{(1)} = \frac{\omega_0}{T_J} \Delta P_{(1)}$

转子相对初速度 $\qquad \Delta\omega_{(1)} = \Delta\omega_{(0)} + \alpha_{(1)av}\Delta t = \frac{\alpha_{(0)} + \alpha_{(1)}}{2}\Delta t$

式中 $\alpha_{(1)av}$——平均加速度，$\alpha_{(1)av} = [\alpha_{(0)} + \alpha_{(1)}]/2$。

第二时段末的角增量为

$$\Delta\delta_{(2)} = \Delta\omega_{(1)}\Delta t + \frac{1}{2}\alpha_{(1)}\Delta t^2 = \frac{\alpha_{(0)} + \alpha_{(1)}}{2}\Delta t^2 + \frac{1}{2}\alpha_{(1)}\Delta t^2 = \Delta\delta_{(1)} + K\Delta P_{(1)}$$

第二时段末的功角为 $\qquad\qquad \delta_{(2)} = \delta_{(1)} + \Delta\delta_{(2)}$

依此类推，以后各时间段内角增量的计算与第二个时间段相同。显然，第 v 个时间段内

的角增量计算通式为

$$
\left.
\begin{aligned}
\Delta P_{(v-1)} &= P_0 - P_{\text{II m}}\sin\delta_{(v-1)} \\
\Delta\delta_{(v)} &= \Delta\delta_{(v-1)} + K\Delta P_{(v-1)} \\
\delta_{(v)} &= \delta_{(v-1)} + \Delta\delta_{(v)}
\end{aligned}
\right\}
\tag{13-14}
$$

如果在第 $k-1$ 时间段末故障刚好开始切除，那么在计算第 k 个时间段时，过剩功率将突然从 $\Delta P'_{(k)} = P_0 - P_{\text{II m}}\sin\delta_k$ 跃变到 $\Delta P''_{(k)} = P_0 - P_{\text{III m}}\sin\delta_k$，因此计算该时间段时，过剩功率取跃变前后两个过剩功率的平均值，即

$$
\Delta P_{(k)} = \frac{\Delta P'_{(k)} + \Delta P''_{(k)}}{2}
\tag{13-15}
$$

显然，分段计算法与实际情况是有出入的，即计算本身存在误差，这是因为将连续变化的量用阶梯形变化的量来代替了。但如果时间段 Δt 取得足够小，误差是可以接受的。通常取 $\Delta t = 0.02 \sim 0.1\text{s}$ 就可以满足工程实际需要的精度。计算总时间一般取 $t \leqslant 1\text{s}$，这是因为计算时间超过 1s 后，各种调节装置已经动作并发挥作用，继续这样的计算已经失去了意义。

【例 13-2】 计算［例 13-1］的极限切除时间，并作出在 0.15s 切除故障时的摇摆曲线。

解 （1）计算极限切除时间。

先计算故障期间的摇摆曲线。取时间段 $\Delta t = 0.05\text{s}$，则

$$
K = \frac{360 f_0 \Delta t^2}{T_{\text{J}}} = \frac{360 \times 50 \times 0.05^2}{8.18} = 5.5
$$

刚短路时 δ_0 仍为 34.53°，则在第一个时段开始时的过剩功率为

$$
\Delta P_{(0)} = P_0 - P_{\text{II m}}\sin\delta_0 = 1 - 0.504\sin34.53° = 1 - 0.285 = 0.716
$$

所以第一个时段末的角增量为

$$
\Delta\delta_{(1)} = 0 + K\frac{0 + \Delta P_{(0)}}{2} = 5.5 \times \frac{0.716}{2} = 1.97°
$$

角 $\delta_{(1)}$ 为

$$
\delta_{(1)} = \delta_0 + \Delta\delta_{(1)} = 34.53° + 1.97° = 36.5°
$$

第二个时间段发电机的过剩功率为

$$
\Delta P_{(1)} = P_0 - P_{\text{II m}}\sin\delta_{(1)} = 1 - 0.504\sin36.5° = 1 - 0.3 = 0.7
$$

经过第二个时间段的角增量为

$$
\Delta\delta_{(2)} = \Delta\delta_{(1)} + K\Delta P_{(1)} = 1.97 + 5.5 \times 0.7 = 5.82°
$$

第二时间段末的角度为

$$
\delta_{(2)} = \delta_{(1)} + \Delta\delta_{(2)} = 36.5° + 5.82° = 42.32°
$$

如此继续计算下去，在表 13-1 中列出 4 个时段的计算结果。

表 13-1　　　　　　　　　　　　　　［例 13-2］4 个时段的计算结果

t (s)	v	$\delta_{(v)}$	$\sin\delta_{(v)}$	$P_{(v)} = P_{\text{II m}}\sin\delta_{(v)}$	$\Delta P_{(v)} = P_0 - P_{(v)}$	$\Delta\delta_{(v+1)} = \Delta\delta_{(v)} + K\Delta P_{(v)}$
0	0	34.53°	0.566	0.285	0.715/2	1.97°
0.05	1	36.50°	0.595	0.300	0.700	5.82°
0.10	2	42.32°	0.673	0.339	0.661	9.46°
0.15	3	51.78°	0.786	0.396	0.604	12.78°
0.20	4	64.56°	0.903	0.455	0.545	15.78°

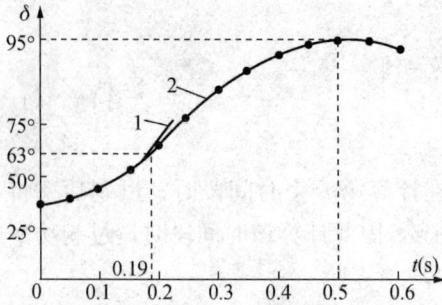

图 13 - 9　$\delta(t)$ 摇摆曲线

由表可知，$0.20s$ 时对应的角度为 $64.56°$，已大于极限切除角 $62.7°$。在图 13 - 9 中的摇摆曲线（只作到 $0.2s$）段上查得对应 $62.7°$ 的极限切除时间为 $0.19s$。

（2）当故障切除时间为 $0.15s$ 时计算摇摆曲线。

前面计算得到 $0.15s$ 的结果继续有效。从第三段末开始，发电机的功率特性跃变为 $P_Ⅲ$。即 $P_{(3)}$ 由表中的 0.396 突变为

$$P_{(3)} = 1.35\sin51.78° = 1.06$$

其对应的过剩功率为

$$\Delta P_{(3)} = 1 - 1.06 = -0.06$$

因此，$0.15s$ 时过剩功率的平均值为

$$\Delta P_{(3)} = \frac{0.604 - 0.06}{2} = 0.272$$

故

$$\Delta\delta_{(4)} = \Delta\delta_{(3)} + K\Delta P_{(3)} = 9.46 + 5.5 \times 0.272 = 10.96°$$

$$\delta_{(4)} = \delta_{(3)} + \Delta\delta_{(4)} = 51.78° + 10.96° = 62.74°$$

第五时段开始时，发电机的过剩功率为

$$\Delta P_{(4)} = P_0 - P_{Ⅲm}\sin\delta_{(4)} = 1 - 1.35\sin62.74° = 1 - 1.2 = -0.2$$

$$\Delta\delta_{(5)} = \Delta\delta_{(4)} + K\Delta P_{(4)} = 10.96 + 5.5 \times (-0.2) = 9.86°$$

$$\delta_{(5)} = \delta_{(4)} + \Delta\delta_{(5)} = 62.74° + 9.86° = 72.6°$$

如此计算下去，计算结果列于表 13 - 2 中。

表 13 - 2　　　　　　　　　　　　[例 13 - 2] 0.15s 切除故障后的计算结果

t (s)	v	$\delta_{(v)}$	$\sin\delta_{(v)}$	$P_{(v)} = P_{Ⅲm}\sin\delta_{(v)}$	$\Delta P_{(v)} = P_0 - P_{(v)}$	$\Delta\delta_{(v+1)} = \Delta\delta_{(v)} + K\Delta P_{(v)}$
0.15	3	51.78°	0.786	0.396	0.272	10.96°
0.20	4	62.74°	0.889	1.2	-0.2	9.86°
0.25	5	72.6°	0.954	1.288	-0.288	8.28°
0.30	6	80.88°	0.987	1.333	-0.333	6.45°
0.35	7	87.33°	0.999	1.348	-0.348	4.54°
0.40	8	91.87°	0.999	1.348	-0.348	2.63°
0.45	9	94.5°	0.997	1.346	-0.346	0.73°
0.50	10	95.23°	0.996	1.344	-0.344	-1.16°
0.55	11	94.07°	0.997	1.346	-0.346	-3.06°
0.60	12	91.01°				

由表 13 - 2 或图 13 - 9 摇摆曲线 2 可以看出，在大约 $0.5s$ 时 δ 角达到了最大值，约 $95°$，此后，δ 角开始减小，这就表明系统是稳定的。

第四节　复杂系统的暂态稳定性

复杂电力系统暂态稳定计算的基本思想和简单系统的计算原理是一样的，仍然是要求解发电机转子的运动方程，得出各发电机自身的摇摆曲线，但是对于复杂系统来讲，需用各发

电机之间的相对角度 δ_{ij} 的摇摆曲线来判断系统的暂态稳定性。如果有任意两台发电机之间的相对角度 δ_{ij} 随时间不断增大，且超过 $180°$ 时，即可判断该系统不能保持暂态稳定。因为在多机系统中发电机的输出功率 P_{Ei} 是相对角度 δ_{ij} 的函数，如式（11 - 28）所示，相对角度 δ_{ij} 不断增大将引起功率的振荡，系统就不能保持稳定运行。

计算多机系统的暂态稳定，仍然是求解发电机的转子运动方程，对于第 i 台发电机，有

$$\frac{T_{Ji}}{\omega_0}\frac{\mathrm{d}^2\delta_i}{\mathrm{d}t^2} = P_{Ti} - P'_{Ei}(\delta_{ij}) \tag{13-16}$$

式中

$$P'_{Ei} = E'_i\sum_{j=1}^{n}E'_j(G_{ij}\cos\delta_{ij} + B_{ij}\sin\delta_{ij})\quad(i = 1,2,\cdots n) \tag{13-17}$$

对于多机系统的摇摆曲线的计算，仍可采用前述的分段计算法。当前一时间段计算结束后，得出了发电机 i 对系统中任一台发电机 j 的相对角度 $\delta_{ij}=\delta_i-\delta_j$，进而利用式（13 - 17）求得发电机的电磁功率，再利用式（13 - 16）的转子运动方程计算出每台发电机在本时间段内的功角增量 $\Delta\delta_i$（$i=1$，2，$\cdots$，n），从而得出本时间段末每台发电机的功角 δ_i（$i=1$，2，$\cdots$，n），此后即转入下一时段的计算。

需要指出的是，在一个时段计算结束后，需要得出所有发电机的功角 δ_i（$i=1$，2，$\cdots$，n），因此在一个时间段内必须轮流地求解各发电机的转子运动方程。此外，在计算开始前，即正常运行方式下，需对系统作一次潮流计算，求得各发电机的暂态电动势 E'_i、初始功角 δ_{0i} 和电磁（机械）功率初值 $P_{Ti}=P_{0i}$。

如果在计算过程中网络结构发生变化，如出现了故障情况和故障切除情况，则在功率计算中必须修改系统的导纳矩阵，从而修改式（13 - 17）功率方程式中的导纳。

经过上述的计算，可以得出各发电机的摇摆曲线 $\delta_i(t)$。在多机系统中，δ_i 的不断增大并不表明系统是不稳定的，因此还需作出 $\delta_{ij}(t)$ 的摇摆曲线。如果 δ_{ij} 不断增大且超过 $180°$ 时，表明系统是暂态不稳定的，如图 13 - 10（a）所示；如果 δ_{ij} 增大不超过 $180°$ 时，则表明

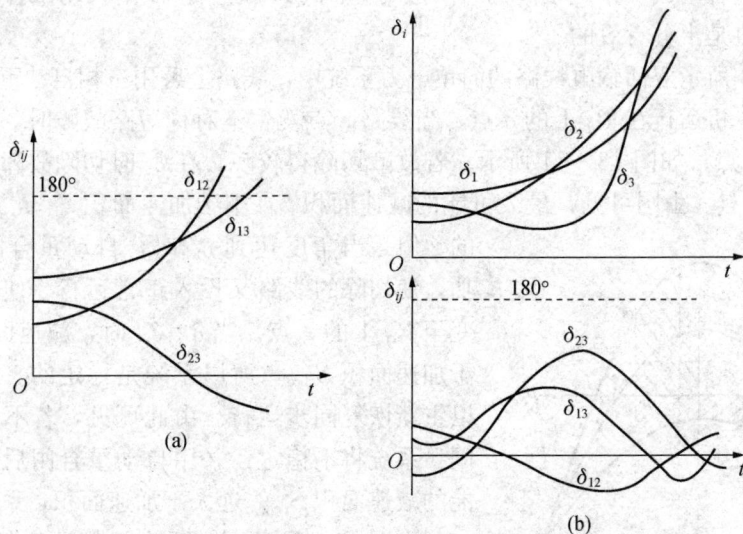

图 13 - 10　三机系统暂态稳定示意图
（a）系统暂态不稳定；（b）系统暂态稳定

系统是暂态稳定的，如图 13 - 10（b）所示。

需要说明的是，多机系统暂态稳定计算的工作量是很大的，工程上一般多采用计算机进行计算，限于篇幅，这里不再详细讨论。

第五节 提高电力系统暂态稳定性的措施

引起电力系统暂态稳定问题，主要是由于遭受大扰动后，在发电机转子上机械输入功率与电磁输出功率的不平衡所造成的。暂态稳定的严重程度，与扰动后转子上的过剩功率 ΔP 的大小及扰动持续时间有关。对于简单系统而言，主要与加速面积和减速面积有关。提高系统暂态稳定性，就需设法减小加速面积，增大最大可能的减速面积。需要指出的是，前述提高静态稳定性的措施，如缩短电气距离、提高发电机电动势 E 及提高系统电压 U 等，对提高系统暂态稳定性同样有效。

下面介绍几种常用的提高系统暂态稳定性的措施。

一、快速切除故障和自动重合闸装置的应用

这两个措施可以较大地减小加速面积，同时增大减速面积，既有效又经济。

1. 快速切除故障

快速切除故障对提高系统暂态稳定性是很有效的。如图 13 - 2 所示，故障切除的时间 t_c 越小，加速面积越小，而对应的最大可能减速面积越大，越利于系统暂态稳定。故障切除时间 t_c 包含有继电保护动作时间、断路器固有分闸时间和灭弧时间几部分。目前广泛使用的 SF_6 断路器和真空断路器的全分闸时间一般都在两个周波（$0.04 \sim 0.06s$）左右，新型保护装置的动作时间已可做到几十毫秒以内，因此切除故障的最快时间已可做到 $0.06s$。

2. 采用自动重合闸装置

由于电力系统中的故障绝大多数是短路故障，且短路故障中绝大多数又是瞬时性故障，所以故障后的重合闸成功率是很高的，一般可达到 90% 以上。采用自动重合闸装置对提高系统的稳定性也是十分有效的。

在图 13 - 1 所示双回输电线路的简单电力系统中，线路上采用三相自动重合闸装置。正常运行时，发电机运行在 P_{I} 上的 a 点，当线路 k 点发生不对称短路故障时，则运行点即跃变至 P_{II} 上的 b 点，如图 13 - 11 所示。若故障切除得较晚，在 δ_c 时切除故障，运行点即跃变至 P_{III} 上的 e 点。由图可见，最大可能的减速面积 S_{defi} 小于加速面积 S_{abcd}，系统是不稳定的。但是当角度达到 δ_R 时，自动重合闸装置重合成功，使切除的线路又投入正常运行，使运行点由 e 跃变至 P_{I} 上的 g 点。当 $\delta = \delta_m$ 时，减速面积 S_{defgkm} 已等于加速面积 S_{abcd}，所以系统是稳定的。最后发电机可以重新恢复同步运行。由此可见，若不采用自动重合闸，系统将不稳定；采用自动重合闸后，将使最大可能的减速面积 S_{defgkh} 远大于加速面积，系统是稳定的。

由图 13 - 11 可见，重合闸装置动作的速度越快越有利于稳定，但重合时间受到短路点处电弧去游离时间的限制，它必须大于去游离的时间。因为过早的重

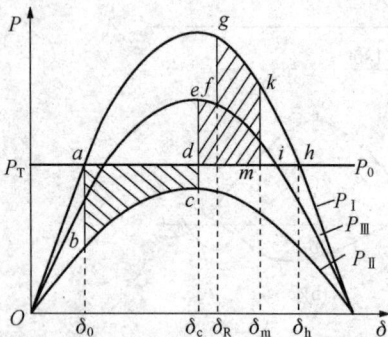

图 13 - 11 自动重合闸装置的应用

合，短路点处的电弧可能还未熄灭，还处于游离状态，重合后必然引起重燃，使重合闸不成功，甚至扩大故障。去游离时间主要取决于线路的电压等级和故障电流的大小，电压越高故障电流越大，则去游离时间越长。一般 110kV 线路的去游离时间约为 0.1s，220kV 线路约为 0.25s。对于采用单相重合闸装置的超高压输电线路，去游离时间将会更长。因为在切除线路一相后，其余两相还会通过相间电容耦合，向故障点继续供给电容电流（称为潜供电流），维持电弧的持续燃烧，对去游离不利。

二、提高发电机功率特性、消耗或输出发电机的过剩功率

在电力系统故障时，提高发电机的电磁功率特性，可以减小过剩功率，减小加速面积，从而提高系统的暂态稳定。采取措施消耗或输出部分发电机过剩功率，可减小加速期间的过剩功率，同样地可以提高系统暂态稳定。

1. 采用强行励磁

现代电力系统中大型发电机都装有强行励磁装置，当系统中发生短路故障，发电机端电压下降到额定电压的 85%～90% 时，强行励磁装置动作，迅速大幅度的增加励磁以提高发电机电动势，从而提高了发电机输出的电磁功率。因此，在故障期间减小了加速面积并增大了减速面积，从而提高了系统的暂态稳定。

2. 电气制动

电气制动是当系统发生故障后，适时地投入制动电阻以消耗发电机的部分过剩功率。即在发电机加速期间投入制动电阻，利用电阻消耗发电机的部分过剩功率，使加速面积减小，使系统振荡受到阻尼的影响，达到提高暂态稳定的目的。

3. 变压器中性点经小电阻接地

变压器中性点经小电阻接地时，当系统发生接地故障，由于零序电流通过该电阻时消耗功率，对发电机产生电气制动的作用，从而改善了系统的暂态稳定性。具体地说，变压器中性点经小电阻接地后，可使故障后的功率特性曲线 P_{II} 向左上方移动，如图 13-12 中的 P'_{II}，从而使加速面积减小，有利于系统稳定。但若电阻值太小，则对提高暂态稳定的作用不明显；电阻值过大，故障期间电阻上消耗的功率过大，使发电机在故障后不是加速而是减速，系统在故障切除后将会出现更大幅度的振荡，

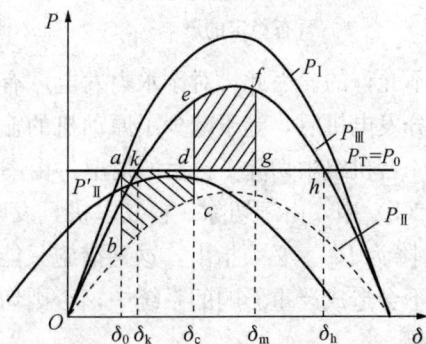

图 13-12　变压器中性点接入小电阻对故障后功角特性曲线的影响

同样不利于暂态稳定。只有通过计算确定合适的电阻值，才能使故障后的加速面积减到最小，对暂态稳定最有利。实际系统中，中性点的电阻值一般取以变压器额定值为基准值的 2.5%～7%。

4. 交直流并联输电

图 13-13 所示交直流并联输电系统，由于直流输送功率与两端交流电压的相角无关，所以直流输电系统自身没有稳定性问题。又因直流系统中直流线路的输送功率是由可控硅整流器和逆变器系统所控制，且控制功率的变化非常迅速，只需几十毫秒。因此，当交流线路上发生故障时，发电机端的过剩功率可以通过直流线路很快地送向受端系统，其作用与制动电阻相似，同时还补偿了受端系统的功率缺额，且没有功率消耗，因此它比采用制动电阻的

措施更为优越。

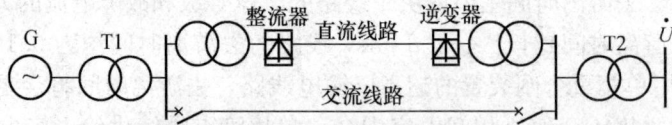

图 13 - 13   交直流并联输电系统

三、减少原动机的输入功率 P_T

故障后减少原动机的输入功率 P_T，也可以减小对转子加速的过剩功率，有利于提高系统的暂态稳定。

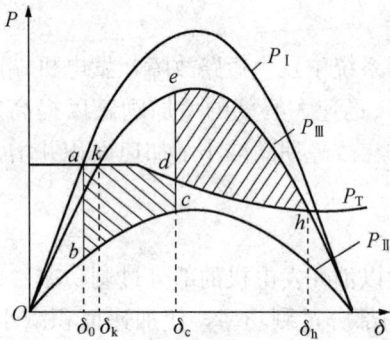

图 13 - 14   快速关闭汽门对
暂态稳定的影响

1. 采用快速调速系统

如图 13 - 14 所示，对于汽轮发电机组，在故障时采用快速关闭汽门的方法使原动机的输入机械功率迅速减小，从而达到减小加速面积增大减速面积的效果，因而有利于暂态稳定。

2. 采用联锁切机

对于水轮发电机，水锤效应一般不采用快速关闭进水阀门的方法，这是因为由水库经压力水管将水引入水轮机，若迅速关闭进水阀，由于水流的惯性将使钢管中水的压力急剧上升，上升的程度与阀门关闭的速度有关，快速关闭阀门将使钢管中的压力过大，这是不允许的。因此，对于水力发电厂有时采用在故障时切除部分发电机，即联锁切机。切除部分发电机后，等于减少了原动机的输入功率 P_T。图 13 - 15 示出在切除故障的同时从发电厂 4 台机组中切除 1 台后的情况。由图 13 - 15（b）可知，此时减速面积将大为增加。图 3 - 15（b）中，由于切除一台发电机，发电机的等值电抗有所增大，功率特性有所下降，即从 $P_Ⅲ$ 降为 $P'_Ⅲ$。必须指出，这种措施只能适用于系统容量大、切除部分发电机对系统的功率平衡不会造成严重影响的系统中，否则切除部分发电机后，将对系统的电压、频率造成不良的后果。

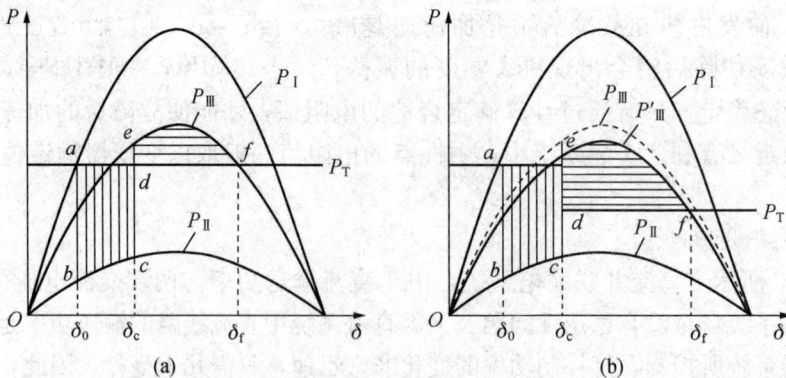

图 13 - 15   切机对提高暂态稳定性的作用
（a）不切机；（b）切除一台发电机（$P_Ⅲ$ 变为 $P'_Ⅲ$）

除以上几种提高暂态稳定的措施外，还有不少提高系统暂态稳定的方法。如对于装有串联电容补偿的线路，在故障后可以采取强行串补的措施，即在切除故障线路的同时，切除部分串联补偿电容器，使容抗 X_C 增大，实现强行串补。这不仅对提高暂态稳定性有效，对提高故障后的静态稳定也是很有利的。其他提高暂态稳定的措施，如设置开关站和近年研究较多且开始投入使用的柔性输电技术等，对提高系统暂态稳定性也是很有效的，限于篇幅这里不再赘述。

第六节　电力系统振荡分析

电力系统若失去稳定，一些发电机将处于不同步的运行状态，即异步运行状态。异步运行可能给系统（包括发电机组）带来严重危害，但若系统能承受短时的异步运行，并有可能再次拉入同步，就可以缩短系统恢复正常运行所需要的时间。

一、发电机的失步过程

图 13 - 16（a）所示的简单电力系统。若线路发生瞬时接地故障，假定断路器跳闸并重合成功，但因故障切除时间过晚而导致加速面积大于最大可能的减速面积，如图 13 - 16（b）所示，系统仍将失去稳定性。当发电机的运行点越过点 7 后，受过剩功率的作用，发电机转子将进一步加速，发电机将由同步运行状态向异步运行状态过渡。在进入稳定异步运行状态过程中，转差率 s 将逐渐增大，发电机的异步功率 P_{as} 也逐渐增大；同时，随转差率 s 增大，原动机调速器动作逐渐减少输入功率 P_T。

同步发电机在异步运行时发出异步功率的原理与异步发电机类似，即由于定子磁场在转子绕组和铁心内产生感应电流，转子磁场与定子磁场相互作用产生异步转矩，使发电机发出电磁功率即异步功率。平均异步功率与端电压平方成正比，是转差率的函数，随转差率的增大而增大。随着原动机调速器动作，输入机械功率逐渐减小。当原动机输入机械功率与发电机异步电磁功率相等（即 $P_T = P_{as}$）时，发电机进入稳定的异步运行状态，如图 13 - 17 所示。转差率 s 围绕着一个稳定的转差率 s_{co} 波动。

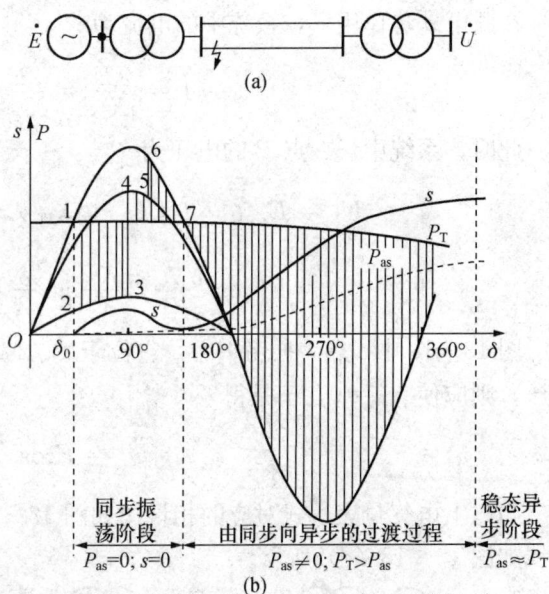

图 13 - 16　同步发电机的失步过程
(a) 系统图；(b) 失步过程

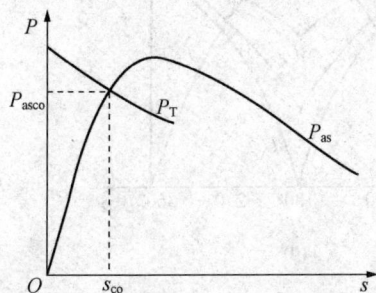

图 13 - 17　稳态异步运行时的功率平衡

发电机进入稳定的异步运行状态后，发出的功率包括同步功率和异步功率两部分。同步功率围绕稳态异步功率 P_{asco} 随相对角度 δ 的变化上下脉动，其平均值为零。

另外，与异步机一样，在异步运行时的发电机从系统中吸收大量的无功功率。

二、振荡特征及处理

当电力系统因发电机失步而发生振荡时，各发电机和系统间联络线上的功率、电流以及某些节点的电压将按照一定规律周期性的变化。发电机和系统间联络线上的电流表和功率表摆动的最厉害，振荡中心的电压周期性地降到零值。此外，对于发电机而言，相当于周期性地遭受三相短路电流的冲击，它将发出不正常的、有节奏的轰鸣声，其节奏与上述表计摆动周期相同。

为了说明上述振荡特征，下面以图 13 - 18（a）所示的简单电力系统为例来分析。设 $\dot{U} = U\angle 0°$，$\dot{E} = E\angle\delta$，且 $E = U$。系统振荡时，参照相量图 13 - 18（c），可得作用于整个回路的电动势为

$$\Delta\dot{E} = \dot{E} - \dot{U} = E(\angle\delta - \angle 0°) = 2\mathrm{j}E\sin\frac{\delta}{2}\angle\frac{\delta}{2} \tag{13 - 18}$$

在此电动势作用下，系统中的电流为

$$\dot{I} = \frac{\Delta\dot{E}}{\mathrm{j}X_\Sigma} = \frac{2E}{X_\Sigma}\sin\frac{\delta}{2}\angle\frac{\delta}{2} \tag{13 - 19}$$

此时，系统中任一点 P 的电压为

$$\dot{U}_\mathrm{P} = E\angle\delta - \dot{I}(\mathrm{j}X_\Sigma - \mathrm{j}X_\mathrm{PU}) = E\angle\delta - \mathrm{j}\dot{I}\left(\frac{X_\Sigma}{2} - X_\mathrm{Pc}\right)$$

$$= E\left(\cos\frac{\delta}{2} + \mathrm{j}2\frac{X_\mathrm{Pc}}{X_\Sigma}\sin\frac{\delta}{2}\right)\angle\frac{\delta}{2} \tag{13 - 20}$$

图 13 - 18 中 c 点为振荡中心，它位于 $X_\Sigma/2$ 处。如果用式（13 - 20）求振荡中心 c 点的电压，则应使 $X_\mathrm{Pc} = 0$，于是得

$$\dot{U}_c = E\cos\frac{\delta}{2}\angle\frac{\delta}{2} \tag{13 - 21}$$

与以上电气量表达式对应的相量图如图 13 - 18（c）所示，其电压、电流随 δ 角的变化曲线如图 13 - 18（d）所示。

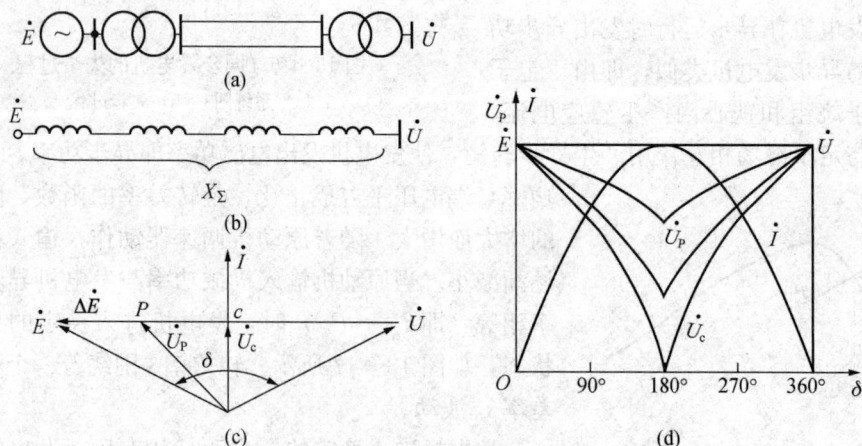

图 13 - 18　振荡失步时的电压、电流分析
（a）系统图；（b）等值电路；（c）相量图；（d）电压、电流随 δ 角的变化曲线

由式（13-18）~式（13-21）可以看出，系统振荡时，系统内任一点的电压、电流及其相位均发生振荡。最严重的时刻是 $\delta=(2n+1)\pi$ 时，此时 $\Delta E=2E$、$I=2E/X_\Sigma$、$U_P=2EX_{Pc}/X_\Sigma$、$U_c=0$，这相当于在振荡中心发生三相短路，该点的电压为零，电流为最大，这可能引起保护装置误动作而使事故进一步扩大。当 $\delta=2n\pi$ 时，$\Delta E=0$、$I=0$、$U_P=U_c=E$。所以，振荡中心的电压在 $0\sim E$ 之间周期性地变化，靠近振荡中心的负荷。由于电压周期性地大幅度降低，电动机将失速、停顿，或者在低电压保护作用下自动脱离系统。

此外，处于异步运行的发电机，其机组的振动和转子的过热等均可能造成机组本身的损伤。且异步运行的发电机从系统中大量地吸收无功功率，若系统无功功率储备不足，势必降低系统的电压水平，甚至使系统陷入"电压崩溃"。

系统振荡时，应尽快将失步的机组拉入同步。再同步的措施一般分为两个方面，一方面是调整调速器，减小原动机输出功率 P_T 使平均转差率减小，造成瞬时转差率过零的条件；另一方面是调整励磁电流以增大发电机电动势，即增大发电机同步功率，以便使发电机组进入持续同步状态。

当采取上述措施后还不能使之同步，则应考虑采用系统解列的措施，将系统在事先规定的解列点解列。运行实践证明，在顺利的情况下，仅需 $1\sim2$min 甚至几秒钟就可以实现人工再同步。若超过 $3\sim4$min 仍未实现人工再同步，就应将系统解列。解列点的选择应能使振荡的系统之间分离，并保证解列后各部分系统的功率尽量平衡，以防止解列后各系统的频率和电压发生大幅度变化；同时要考虑便于进行恢复同步的并列操作。

小 结

本章介绍了暂态稳定的基本概念，通过对简单系统暂态稳定物理过程的分析，导出了等面积定则以及"面积"所代表的物理意义，阐述了具体计算和判断系统暂态稳定的方法。应用等面积定则，在保持简单系统暂态稳定的前提下计算出极限切除角 δ_{cm}；也可根据等面积定则的概念分析简单系统遭受各种不同大干扰时的暂态稳定，研究影响系统暂态稳定的因素，提出提高系统暂态稳定的措施。

本章还介绍了应用分段计算法求解发电机转子运动方程，得出转子的 $\delta(t)$ 摇摆曲线的方法。利用它可以直接由极限切除角 δ_{cm} 得出极限切除时间 t_{cm}，作为系统继电保护整定的依据。也可以在给定故障切除时间 t_c 的情况下，计算从故障开始到故障切除后的 $\delta(t)$ 摇摆曲线。一般按第一次或第二次摇摆幅度不超过 $180°$ 来判断系统是否暂态稳定。对于多机的复杂电力系统，则根据各发电机之间的相对功角 $\delta_{ij}(t)$ 的摇摆曲线来判断系统的暂态稳定。δ_{ij} 随时间而不断增大且超过 $180°$，则表示系统失去了暂态稳定。计算 $\delta_{ij}(t)$ 摇摆曲线的基础仍然是求解各发电机本身的 $\delta_i(t)$ 摇摆曲线。

提高系统暂态稳定的措施很多，从其基本原理来看，就是设法减小加速面积，增大最大可能的减速面积。

当电力系统因发电机失步而发生振荡时，随着转差率的增大，发电机将发出异步功率。当原动机输入的机械功率与发电机发出的异步功率相平衡时，发电机将进入稳定的异步运行状态。此时，各发电机和系统间联络线上的功率、电流以及某些节点的电压将按照一定规律周期性的变化。当系统发生振荡时，应尽快采取措施将失步的机组拉入同步。若经过

3～4min仍未实现人工再同步，就应将系统在规定的解列点解列。

习　题

13-1　构成大干扰的因素有哪些？哪一种干扰最为严重？

13-2　分析系统暂态稳定时，为什么不计短路电流中直流分量的影响？

13-3　分析系统暂态稳定时，为什么不考虑短路电流中负序分量和零序分量的影响？

13-4　分析计算系统暂态稳定性与静态稳定性的过程和方法有哪些显著不同之处？

13-5　等面积定则的基本概念是什么？

13-6　极限切除角和极限切除时间的概念是什么？如何用它们判断系统的暂态稳定性？

13-7　试述分段计算法求解转子运动方程的具体计算步骤。

13-8　对复杂电力系统的暂态稳定，为什么要用相对角 $\delta_{ij}(t)$ 的摇摆曲线来判断？

13-9　研究提高系统的暂态稳定性的基本出发点是什么？

13-10　快速切除故障是否越快越好？为什么？

13-11　重合闸速度是否越快越好？为什么？

13-12　发电机由同步状态向异步状态过渡中，经历了哪几个过程？

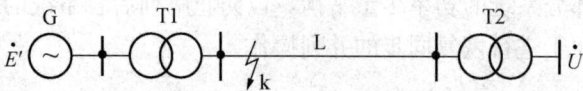

图 13-19　习题 13-15 附图

13-13　何谓异步功率？它与哪些因素有关？

13-14　系统振荡时的特征是什么？有哪些处理措施？

13-15　图 13-19 所示简单电力系统，在线路上发生三相短路故障，三相切除，三相重合成功，试分析其暂态稳定性。

13-16　图 13-20 所示简单电力系统，远方发电厂向无限大系统输送功率为 $P_0 = 320\text{MW}$，$\cos\varphi = 0.98$。若在某一回输电线路首端发生单相短路，采用三相切除，试计算该系统的极限切除角 δ_{cm} 和极限切除时间 t_{cm}。

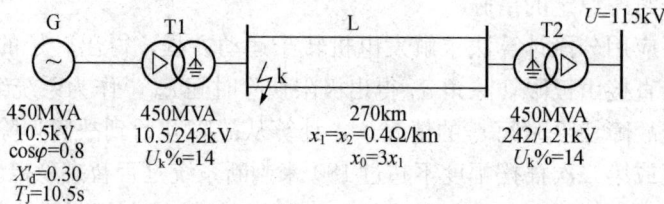

图 13-20　习题 13-16 的系统图

G
450MVA
10.5kV
$\cos\varphi = 0.8$
$X'_d = 0.30$
$T_J = 10.5\text{s}$

T1
450MVA
10.5/242kV
$U_k\% = 14$

L
270km
$x_1 = x_2 = 0.4\Omega/\text{km}$
$x_0 = 3x_1$

T2
450MVA
242/121kV
$U_k\% = 14$

$U = 115\text{kV}$

第十四章 交流远距离输电

第一节 交流远距离输电线路的输电方程

一、匀布参数线路的输电方程

在第二章中已经推导出用线路末端电压 $\dot{U}_2$ 和电流 $\dot{I}_2$ 表示线路中间任一点电压和电流的表达式，即输电线路的方程式

$$
\left.
\begin{aligned}
\dot{U} &= \frac{\dot{U}_2 + \dot{I}_2 Z_C}{2}e^{\gamma x} + \frac{\dot{U}_2 - \dot{I}_2 Z_C}{2}e^{-\gamma x} \\
\dot{I} &= \frac{\dot{U}_2/Z_C + \dot{I}_2}{2}e^{\gamma x} - \frac{\dot{U}_2/Z_C - \dot{I}_2}{2}e^{-\gamma x}
\end{aligned}
\right\}
\tag{14-1}
$$

式中 $\dot{U}$、$\dot{I}$ ——距离线路末端 x 处的电压和电流，kV 和 kA；

$\dot{U}_2$、$\dot{I}_2$ ——线路末端的电压和电流，kV 和 kA；

Z_C——输电线路的特性阻抗，又称波阻抗，$Z_C = \sqrt{z_1/y_1}$，Ω；

γ——输电线路的传播系数，$\gamma = \sqrt{z_1 y_1}$。

若将式（14-1）用双曲函数表示，则为

$$
\left.
\begin{aligned}
\dot{U} &= \dot{U}_2 \cosh\gamma x + \dot{I}_2 Z_C \sinh\gamma x \\
\dot{I} &= \frac{\dot{U}_2}{Z_C}\sinh\gamma x + \dot{I}_2 \cosh\gamma x
\end{aligned}
\right\}
\tag{14-2}
$$

当线路末端电压 $\dot{U}_2$ 和电流 $\dot{I}_2$ 已知时，利用式（14-1）或式（14-2）可以计算线路中间任一点的电压和电流。式（14-1）和式（14-2）即为用末端电压和电流表示的输电方程式。

同理，用线路首端电压 $\dot{U}_1$ 和电流 $\dot{I}_1$ 表示线路中间任一点电压和电流时的输电方程式为

$$
\left.
\begin{aligned}
\dot{U} &= \frac{\dot{U}_1 - \dot{I}_1 Z_C}{2}e^{\gamma x} + \frac{\dot{U}_1 + \dot{I}_1 Z_C}{2}e^{-\gamma x} \\
\dot{I} &= \frac{\dot{I}_1 - \dot{U}_1/Z_C}{2}e^{\gamma x} + \frac{\dot{I}_1 + \dot{U}_1/Z_C}{2}e^{-\gamma x}
\end{aligned}
\right\}
\tag{14-3}
$$

二、输电线路上电压、电流的波过程

式（14-3）中，若令 $\frac{1}{2}(\dot{U}_1 + \dot{I}_1 Z_C) = \dot{U}_i = U_i e^{j\psi_i}$，$\frac{1}{2}(\dot{U}_1 - \dot{I}_1 Z_C) = \dot{U}_r = U_r e^{j\psi_r}$，$Z_C = z_c e^{j\theta}$，$\gamma = \alpha + j\beta$，则式（14-3）可改写为

$$
\left.
\begin{aligned}
\dot{U} &= U_r e^{j\psi_r}e^{\gamma x} + U_i e^{j\psi_i}e^{-\gamma x} = U_i e^{-\alpha x}e^{j(\psi_i - \beta x)} + U_r e^{\alpha x}e^{j(\psi_r + \beta x)} \\
\dot{I} &= \frac{U_i}{z_c}e^{j\psi_i}e^{-j\theta}e^{-\gamma x} - \frac{U_r}{z_c}e^{j\psi_r}e^{-j\theta}e^{\gamma x} = \frac{U_i}{z_c}e^{-\alpha x}e^{j(\psi_i - \beta x - \theta)} - \frac{U_r}{z_c}e^{\alpha x}e^{j(\psi_r + \beta x - \theta)}
\end{aligned}
\right\}
\tag{14-4}
$$

将式（14-4）改为瞬时值的形式，可得

$$u = \sqrt{2}U_i e^{-\alpha x} \sin(\omega t - \beta x + \psi_i) + \sqrt{2}U_r e^{\alpha x} \sin(\omega t + \beta x + \psi_r)$$
$$i = \frac{\sqrt{2}U_i}{z_c} e^{-\alpha x} \sin(\omega t - \beta x + \psi_i - \theta) - \frac{\sqrt{2}U_r}{z_c} e^{\alpha x} \sin(\omega t + \beta x + \psi_r - \theta)$$
$$\left.\right\} \qquad (14-5)$$

由式（14-5）可以看出，线路中间任一点的电压和电流都是随时间 t 和距离 x 变化的正弦波，故可将其看作是一个沿线路距离 x 增加方向（或 x 减小方向）运动的行波，它们表示了输电线路的行波过程。

1. 波速度

波速度（v）是指某一定值相位单位时间内移动的距离。为了对线路的波过程有一全面了解，令

$$u_i(x,t) = \sqrt{2}U_i e^{-\alpha x} \sin(\omega t - \beta x + \psi_i)$$

根据波速度的定义，对这一行波而言，某一时刻 t 的定值相位为 $\omega t - \beta x + \psi_i$，当时间 t 增加 Δt 时，对应的相位移动距离为 Δx，其相位应保持不变，即 $\omega(t+\Delta t) - \beta(x+\Delta x) + \psi_i =$ 定值，故有

$$\omega t - \beta x + \psi_i = \omega(t+\Delta t) - \beta(x+\Delta x) + \psi_i = 定值$$

整理可得

$$\frac{\Delta x}{\Delta t} = \frac{\omega}{\beta}$$

改用微分形式表示，则

$$\frac{\mathrm{d}x}{\mathrm{d}t} = v = \frac{\omega}{\beta} \qquad (14-6)$$

式（14-6）表明，行波 $u_i(x,t)$ 随时间 t 向前移动，移动的速度为 $v = \omega/\beta$，其行波的幅值随距离 x 作减幅衰减，故将行波 $u_i(x,t)$ 称为电压入射波。同理，式（14-5）中第一式的后一项对应的 $u_r(x,t)$ 称为电压反射波，其幅值随反方向距离 x 的增大而减小。电压入射波与反射波如图 14-1 所示。式（14-5）中第二式的第一项称为电流入射波，第二项称为电流反射波。

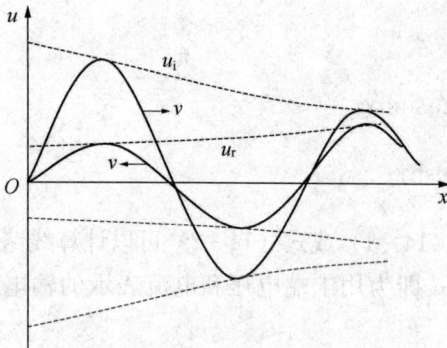

图 14-1　电压入射波与反射波

2. 波长

行波相位相差 2π 弧度的两点间的距离称为波长，用 λ 表示。根据这一定义，有

$$\omega t - \beta(x+\lambda) + \psi_i = \omega t - \beta x + \psi_i - 2\pi$$

则波长为

$$\lambda = \frac{2\pi}{\beta} \qquad (14-7)$$

因而波速度又可表示为

$$v = \frac{\omega}{\beta} = \frac{2\pi f}{\beta} = \lambda f = \frac{\lambda}{T} \quad 或 \lambda = vT \qquad (14-8)$$

式中　T——交流电的周期，当频率为 $50\mathrm{Hz}$ 时，$T=0.02\mathrm{s}$。

由式（14-8）可知，波长等于波速度乘以周期，表示在一个周期时间内行波所移动的距离恰好为一个波长。

三、波阻抗与传播系数

波阻抗又称为输电线路的特性阻抗，由式（14 - 5）可以看出，入（反）射波电压与入（反）射波电流之比即为线路波阻抗 Z_C。其值为

$$Z_C = \sqrt{\frac{z_1}{y_1}} = \sqrt{\frac{Z}{Y}} = \sqrt{\frac{r_1 + jx_1}{g_1 + jb_1}} = R_C + jX_C \qquad (14 - 9)$$

若忽略 r_1 和 g_1 时，则

$$Z_C = \sqrt{\frac{x_1}{b_1}} = \sqrt{\frac{L_1}{C_1}} \qquad (14 - 10)$$

式（14 - 10）表明，当忽略线路的电阻和电导后，线路的波阻抗为一实数。对于普通架空线路 $Z_C \approx 375 \sim 400\Omega$，对于分裂导线 $Z_C \approx 260 \sim 300\Omega$，对于电缆线路 $Z_C \approx 35 \sim 40\Omega$。

传播系数 γ 可表示为

$$\gamma = \sqrt{z_1 y_1} = \sqrt{(r_1 + jx_1)(g_1 + jb_1)} = \alpha + j\beta \qquad (14 - 11)$$

式中　α——衰减系数；

　　　β——相位移系数。

若忽略 r_1 和 g_1 时，则

$$\gamma = \sqrt{jx_1 jb_1} = j\omega \sqrt{L_1 C_1} = j\beta \qquad (14 - 12)$$

式（14 - 12）表明，当忽略线路的电阻和电导后，电压和电流行波在传输过程中没有幅值衰减，只有相位移动。其相位移动的速度等于真空中的光速，即 $v = 3 \times 10^5 \text{km/s}$。对于工频交流电，则其波长近似为 6000km，其相位移系数 $\beta = 360°/6000\text{km} = 6°/100\text{km}$。

第二节　交流远距离输电线路的自然功率

一、输电方程的简化

对于交流远距离输电线路，一般有 $r_1 \ll x_1$，$g_1 \ll b_1$，故可忽略 r_1 和 g_1，即将线路当作无损线路看待，这样得出的结论更加明确。

当 $r_1 = 0$，$g_1 = 0$ 时，输电线路的基本方程式可以由式（14 - 2）双曲函数形式简化为下面的三角函数形式

$$\left.\begin{aligned}
\dot{U} &= \dot{U}_2 \cos\beta x + j\dot{I}_2 Z_C \sin\beta x \\
\dot{I} &= \dot{I}_2 \cos\beta x + j\frac{\dot{U}_2}{Z_C} \sin\beta x
\end{aligned}\right\} \qquad (14 - 13)$$

式（14 - 13）即为无损耗输电线路的简化输电方程式。式中的 x 为距线路末端的距离。若用距线路首端距离 x 表示线路任一点电压和电流，只需要将式（14 - 13）中的 x 用 $l - x$ 代替即可，即

$$\left.\begin{aligned}
\dot{U} &= \dot{U}_2 \cos\beta(l - x) + j\dot{I}_2 Z_C \sin\beta(l - x) \\
\dot{I} &= \dot{I}_2 \cos\beta(l - x) + j\frac{\dot{U}_2}{Z_C} \sin\beta(l - x)
\end{aligned}\right\} \qquad (14 - 14)$$

由式（14 - 14）可知，当距线路首端的距离 $x = 0$ 时，则 $\dot{U} = \dot{U}_1, \dot{I} = \dot{I}_1$，即

$$\left.\begin{array}{l} \dot{U}_1 = \dot{U}_2 \cos\beta l + \mathrm{j}\dot{I}_2 Z_C \sin\beta l \\ \dot{I}_1 = \dot{I}_2 \cos\beta l + \mathrm{j}\dfrac{\dot{U}_2}{Z_C}\sin\beta l \end{array}\right\} \tag{14-15}$$

二、输电线路的自然功率

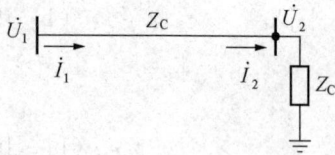

图 14 - 2　无损线路传输自然功率示意图

由上面的分析可知，输电线路传输功率是以波的形式传输的，一般均有反射和折射现象。若无损线路末端所接负载阻抗恰好等于线路波阻抗 Z_C 时，如图 14 - 2 所示，则末端负荷电流 $\dot{I}_2 = \dot{U}_2 / Z_C$。将其代入式（14 - 15）中得

$$\left.\begin{array}{l} \dot{U}_1 = \dot{U}_2 \cos\beta l + \mathrm{j}\dot{U}_2\sin\beta l = \dot{U}_2(\cos\beta l + \mathrm{j}\sin\beta l) = \dot{U}_2 \mathrm{e}^{\mathrm{j}\beta l} \\ \dot{I}_1 = \dot{I}_2 \cos\beta l + \mathrm{j}\dot{I}_2\sin\beta l = \dot{I}_2(\cos\beta l + \mathrm{j}\sin\beta l) = \dot{I}_2 \mathrm{e}^{\mathrm{j}\beta l} \end{array}\right\}$$

上式表明，当负荷阻抗等于线路波阻抗时，沿线电压、电流只有相位差而无幅值差。若线路首端电压为额定电压 U_N 时，沿线各点电压均为 U_N。这时输电线路传输的功率称为自然功率 P_n，即

$$S_n = P_n = \frac{U_N^2}{Z_C} \tag{14-16}$$

式（14 - 16）中由于波阻抗为一实数，因而所计算的功率也为一实数。说明线路在这种情况下只有有功功率传输，而无无功功率传输。不同电压等级线路的自然功率见表 14 - 1。

表 14 - 1　　　　　　　　　　　　线路的自然功率（MW）

线 路 电 压（kV）	架 空 线 路		电 缆 线 路
	单 导 线	分 裂 导 线	
35	3		30
110	30		300
220	120	160（双分裂）	
330	270	360（双分裂）	
500		900（四分裂）	
750		2000（四分裂）	

线路传输自然功率时，具有以下特征：

（1）线路上只有电压、电流的入射波而没有反射波，相当于行波进入了无限长线路。

线路传输自然功率时，线路中间任一点的电压与电流的比值可根据式（14 - 14）并考虑到 $\dot{I}_2 = \dot{U}_2 / Z_C$ 得

$$\frac{\dot{U}}{\dot{I}} = \frac{\dot{U}_2[\cos\beta(l-x) + \mathrm{j}\sin\beta(l-x)]}{\dot{I}_2[\cos\beta(l-x) + \mathrm{j}\sin\beta(l-x)]} = Z_C$$

上式表明，负荷阻抗等于线路波阻抗时，即线路传输自然功率时，沿线任一点的电压与电流的比值都等于波阻抗，相当于行波进入了无限长线路。沿线各点电压、电流没有幅值变化。这种情况称为阻抗匹配，即线路所传输的功率完全被负荷吸收。

（2）线路首末端电压相位相差 βl，电流相位相差 βl。电压的相位差由电抗引起，电流的相位差由电纳引起。对于 $l = 500\mathrm{km}$ 的线路，线路首末端电压、电流的相位差为 $\beta l = 500$

×6°/100=30°；对于 $l=1000\text{km}$ 的线路，$\beta l=1000×6°/100=60°$。

（3）当传输功率等于自然功率时，单位长度线路电抗吸收的无功功率与电纳所产生的容性无功功率处处平衡，因而沿线处处电压、电流相等。

需要说明的是，以上结论都是在线路传输自然功率时得出的，若线路传输的功率不等于自然功率时，沿线的电压、电流必将不相等。若线路传输的功率小于自然功率时，沿线电压将随距离增大逐渐升高；若传输功率大于自然功率时，沿线电压将随距离逐渐下降。

第三节　无补偿线路的开路运行

一、一端电源线路的电压、电流分布

如图 14-3 所示线路，设 1 端为电源，线路参数均为标幺值。当输电线路空载时，即 $\dot{I}_2=0$，输电方程式（14-14）可改写为

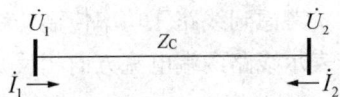

图 14-3　空载线路的电流方向

$$\left.\begin{array}{l}\dot{U}=\dot{U}_2\cos\beta(l-x)\\[2mm]\dot{I}=\text{j}\dfrac{\dot{U}_2}{Z_\text{C}}\sin\beta(l-x)\end{array}\right\}\quad(14\text{-}17)$$

当 $x=0$ 时，线路首端的电压和电流分别为

$$\left.\begin{array}{l}\dot{U}_1=\dot{U}_2\cos\beta l\\[2mm]\dot{I}_1=\text{j}\dfrac{\dot{U}_2}{Z_\text{C}}\sin\beta l=\text{j}\dfrac{\dot{U}_1}{\cos\beta l}\times\dfrac{1}{Z_\text{C}}\sin\beta l=\text{j}\dfrac{\dot{U}_1}{Z_\text{C}}\tan\beta l\end{array}\right\}\quad(14\text{-}18)$$

将式（14-18）中的第一式代入式（14-17）中，可得线路中任一点的电压和电流为

$$\left.\begin{array}{l}\dot{U}=\dot{U}_1\dfrac{\cos\beta(l-x)}{\cos\beta l}\\[2mm]\dot{I}=\text{j}\dfrac{\dot{U}_1}{Z_\text{C}}\times\dfrac{\sin\beta(l-x)}{\cos\beta l}\end{array}\right\}\quad(14\text{-}19)$$

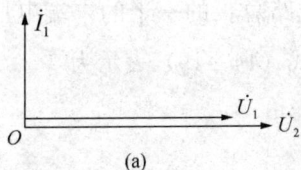

式（14-19）表明，线路的电压随线路长度的增加而逐渐升高，电流则逐渐减小。当线路长度 $l=500\text{km}$ 时，$\beta l=30°$，若线路首端电压 $\dot{U}_1=1$，则 $\dot{U}_2=1.1547$，即线路末端电压升高了 15.47%，该现象称为长线的电容效应（佛兰提效应）。线路首端电流 $\dot{I}_1=\text{j}0.5774$，该电流为一容性电流，将由线路向电源端流动，即电源端发电机吸收的电流等于自然功率电流的 57.74%。其电压、电流相量图及分布示于图 14-4 中。

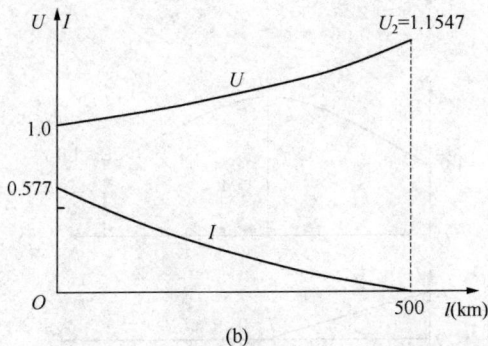

图 14-4　一端电源线路的电压、电流分布图
（a）相量图；（b）电压、电流分布图

显然，当线路长度 $l=1500\text{km}$，即 1/4 波长时，$\beta l=90°$，线路末端电压将升高至无限大，这样的线路将无法运行。

引起线路一端开路的主要原因是线路一端的送电操作以及线路运行中的突然甩负荷。特别是突然甩负荷，发电机的端电压会迅速升高至电动势，线路末端还会升高得更高。因而，一般线路送电端电压升高限制在 25%，受电端电压升高限制在 40%。

二、两端电源线路的空载运行

图 14-3 线路若看作是两端电源线路，为了分析问题方便起见，设 $U_1 = U_2$。当 $x = 0$ 时，则输电方程式（14-14）可写为

$$\left.\begin{array}{l} \dot{U}_1 = \dot{U}_2\cos\beta l + \mathrm{j}\dot{I}_2 Z_\mathrm{C}\sin\beta l \\[2mm] \dot{I}_1 = \dot{I}_2\cos\beta l + \mathrm{j}\dfrac{\dot{U}_2}{Z_\mathrm{C}}\sin\beta l \end{array}\right\} \tag{14-20}$$

考虑到线路无功率传输、线路两端对称性以及线路电流的实际方向，应有 $\dot{I}_1 = -\dot{I}_2$（负号表示线路两端电流方向相反），由式（14-20）中第二式可得

$$\dot{I}_1 = \mathrm{j}\frac{\dot{U}_1}{Z_\mathrm{C}} \times \frac{\sin\beta l}{1+\cos\beta l} = \mathrm{j}\frac{\dot{U}_1}{Z_\mathrm{C}}\tan\frac{\beta l}{2} \tag{14-21}$$

因而有

$$-\dot{I}_2 = \mathrm{j}\frac{\dot{U}_2}{Z_\mathrm{C}}\tan\frac{\beta l}{2} \tag{14-22}$$

将式（14-22）代入式（14-20）的第一式中，可得

$$\dot{U}_1 = \dot{U}_2\cos\beta l + \mathrm{j}\left(-\mathrm{j}\frac{\dot{U}_2}{Z_\mathrm{C}} \times \frac{\sin\beta l}{1+\cos\beta l}\right)Z_\mathrm{C}\sin\beta l = \dot{U}_2 \tag{14-23}$$

通过以上分析可得出以下明显结论：①两端电源线路空载时首、末端电压相位相同；②首、末端电流大小相等，方向相反，都是从线路流向电源的，相量图如图 14-5 所示；③将式（14-21）、式（14-22）与式（14-18）对比可知，空载对称线路每端的电流只有单端电源一半长度线路的电流，即相当于将两个半条线路背靠背放在一起；④由于线路对称，因而线路中点电流 $\dot{I}_\mathrm{m} = 0$；⑤线路中点电压可用线路总长的一半的末端电压表示，即 $\dot{U}_\mathrm{m} = \dot{U}_1 / \cos\beta(l/2)$；⑥线路任一点的电压、电流可用式（14-19）表示为

$$\left.\begin{array}{l} \dot{U} = \dot{U}_1\dfrac{\cos\beta(l/2-x)}{\cos\beta(l/2)} \\[3mm] \dot{I} = \mathrm{j}\dfrac{\dot{U}_1}{Z_\mathrm{C}} \times \dfrac{\sin\beta(l/2-x)}{\cos\beta(l/2)} \end{array}\right\} \tag{14-24}$$

线路的电压、电流分布如图 14-6 所示。

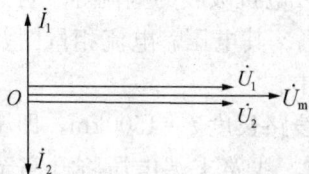

图 14-5 首末端电压、电流相量图

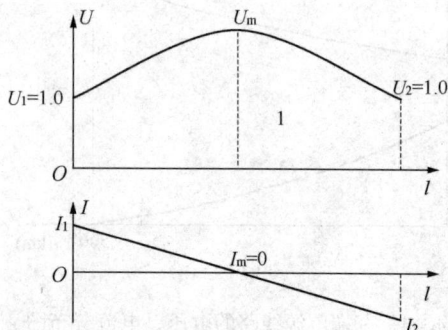

图 14-6 两端电源线路电压、电流分布图

需要说明的是，当线路两端的电压不相等时，即 $\dot{U}_1 \neq \dot{U}_2$，线路中点将偏向电压较高一侧，两端的电流也将不相等。

三、发电机的欠励磁运行

前已述及，对一端电源线路，当线路空载时，线路首端的电压、电流表达式可用式 (14 - 18) 表示。与该电压、电流对应的功率为

$$\dot{S}_1 = \dot{U}_1 \overset{*}{I}_1 = -j \frac{U_1^2}{Z_C} \tan\beta l \qquad (14 - 25)$$

因而有

$$Q_1 = -P_n \tan\beta l \qquad (14 - 26)$$

式 (14 - 26) 表明，发电机带空载长线运行时处于吸收无功功率状态，即欠励磁运行状态。吸收无功功率的多少与线路的长度有关。当 $l = 500 \text{km}$ 时，$I_1 = 0.577\ 4$，即发电机吸收的无功功率相当于线路自然功率 P_n 的 57.74%，这将引起发电机端部严重发热。同时，欠励磁运行时发电机减小励磁使电动势下降，将会降低线路运行的稳定性。

若发电机由于带负荷轻而解列（停运）掉一半机组时，余下的一半机组将吸收全部线路的无功功率（即解列前的 2 倍），发电机组的发热情况将更为严重。发电机端部发热极限允许吸收的无功功率一般规定为发电机额定视在功率的 45%。

【例 14 - 1】 某远距离输电线路，首端电压允许升高上限为 25%，末端电压允许升高上限为 40%；线路首端电源允许吸收的无功功率约为线路自然功率的 30%。试求该电源所允许带的最长线路长度？

解 (1) 按允许电压升高确定线路长度。由题意知，$U_1 = 1.25U_N$，$U_2 = 1.4U_N$，根据式 (14 - 18) 可得

$$\cos\beta l = \frac{U_1}{U_2} = \frac{1.25U_N}{1.4U_N} = 0.892\ 86$$

解得
$$l = 446 \text{km}$$

(2) 根据首端电源允许吸收的无功功率确定线路长度。由题意知，$Q_1/P_n = 0.3$，由式 (14 - 26) 可得 $\tan\beta l = 0.3$，故 $l = 278 \text{km}$。

故该线路最长允许长度为 278km。

第四节　交流远距离输电线路的负荷运行

一、一端电源长线路的负荷运行

图 14 - 7 (a) 所示线路，线路末端所带负荷为 $P + jQ$，对应的末端负荷电流为

$$\dot{I}_2 = \frac{P - jQ}{\overset{*}{U}_2}$$

当 $x = l$ 时，线路首、末端的电压关系为

$$\dot{U}_1 = \dot{U}_2 \cos\beta l + j \frac{P - jQ}{\overset{*}{U}_2} Z_C \sin\beta l \qquad (14 - 27)$$

若线路首端电压 $\dot{U}_1$ 为定值，则对一定线长 l 及不同的功率，其 $\dot{U}_2$ 的解有两个，即 $\dot{U}_2$

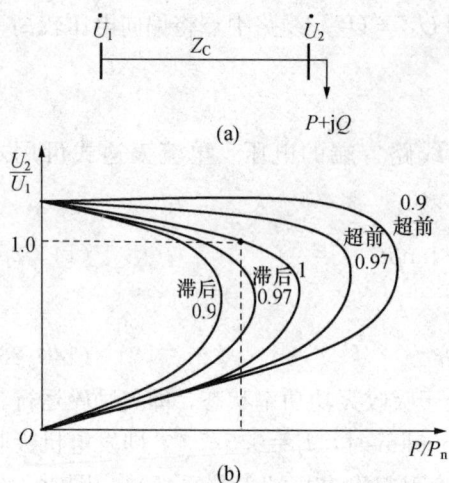

图 14 - 7　线路末端电压与负荷功率的关系曲线
(a) 线路图；(b) 末端电压随负荷变化曲线

随末端负荷 $P+jQ$ 的变化曲线如图 14 - 7（b）所示。

该曲线反映了 $\dot{U}_2$ 随 P 及功率因数 $\cos\varphi$ 的变化情况。

（1）对于不同的 $\cos\varphi$，线路有不同的最大传输功率。当 $P=Q=0$ 时，即线路空载；当 $P=P_n$ 时，$U_1=U_2$。

（2）当 $\cos\varphi$ 滞后时，随着线路传输有功功率 P 的增大，线路末端电压 U_2 将不断下降；相反，当 $\cos\varphi$ 超前时，随着线路传输有功功率 P 的增大，线路末端电压 U_2 反而是升高的。

二、两端电源输电线

由前可知，两端电源输电线路可用两条背靠背连接、长度为原线路一半的一端电源长线表示。设线路两端电压相等，即 $U_1=U_2$；线路带负荷运行时，$\dot{U}_1$ 超前于 $\dot{U}_2$。由线路的对称性可知，线路中点电压 $\dot{U}_m$ 介于 $\dot{U}_1$ 与 $\dot{U}_2$ 之间，线路一端负荷的功率因数角必然是另一端负荷功率因数角的负值，而中点的功率因数为 1。

对于较长的线路，其中点电压 $\dot{U}_m$ 与中点电流 $\dot{I}_m$ 完全与一端电源时的位于 $l/2$ 处的电压和电流相同。因而，两端电源长线相当于将线路长度缩短，而使运行情况得到改善。两端电源长线的端电压、电流与中点电压、电流的相量关系如图 14 - 8 所示。

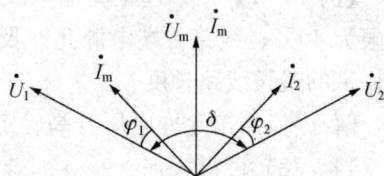

图 14 - 8　两端电源输电线电压、电流相量图

三、线路的无功功率需求

超高压输电线路运行中的无功功率需求取决于电压和功率传输水平。对于传输功率一定的线路，根据线路是一端电源线路还是两端电源线路即可确定线路所需的无功功率补偿容量。

若线路首、末端电压和电流分别为 $\dot{U}_1$、$\dot{I}_1$ 和 $\dot{U}_2$、$\dot{I}_2$，线路中点电压和电流分别为 $\dot{U}_m$、$\dot{I}_m$，则对称线路首端一半长线路的输电方程式可表示为

$$\left.\begin{array}{l} \dot{U}_1 = \dot{U}_m\cos\dfrac{\beta l}{2} + jZ_C\dot{I}_m\sin\dfrac{\beta l}{2} \\[3mm] \dot{I}_1 = j\dfrac{\dot{U}_m}{Z_C}\sin\dfrac{\beta l}{2} + \dot{I}_m\cos\dfrac{\beta l}{2} \end{array}\right\} \tag{14 - 28}$$

在中点由于 $\dot{U}_m$ 与 $\dot{I}_m$ 同相位，因而中点功率 $\dot{S}_m$ 可表示为

$$\dot{S}_m = P_m + jQ_m = \dot{U}_m\overset{*}{\dot{I}}_m = P \tag{14 - 29}$$

式中的 P 为线路传输的有功功率，线路中点的无功功率 $Q_m=0$，即没有无功功率流过线路的中点。

送电端电源必须供给线路的有功功率和无功功率确定为

$$\dot{S}_1 = P_1 + jQ_1 = \dot{U}_1 \overset{*}{\dot{I}_1} \tag{14-30}$$

将式（14-28）代入式（14-30）中，并取 $\dot{U}_m$ 为参考相量，同时考虑到 $P_m = U_m I_m = P$，则有

$$P_1 + jQ_1 = \left(\dot{U}_m \cos\frac{\beta l}{2} + jZ_C \dot{I}_m \sin\frac{\beta l}{2}\right)\left(-j\frac{\dot{U}_m}{Z_C}\sin\frac{\beta l}{2} + \dot{I}_m \cos\frac{\beta l}{2}\right)$$

$$= U_m I_m \cos^2\frac{\beta l}{2} + U_m I_m \sin^2\frac{\beta l}{2} + j\left(I_m^2 Z_C \sin\frac{\beta l}{2}\cos\frac{\beta l}{2} - \frac{U_m^2}{Z_C}\sin\frac{\beta l}{2}\cos\frac{\beta l}{2}\right)$$

$$= U_m I_m + j\frac{\sin\beta l}{2}\left(I_m^2 Z_C - \frac{U_m^2}{Z_C}\right)$$

故得

$$P_1 + jQ_1 = P + j\frac{\sin\beta l}{2}\left(I_m^2 Z_C - \frac{U_m^2}{Z_C}\right) \tag{14-31}$$

由于假设线路无损，故有 $P_1 = P_m = P$；同理，在线路末端也有 $P_2 = P_m = P$。利用 $P_n = U_N^2/Z_C$ 和 $P_m = U_m I_m$ 这些关系，在式（14-31）中线路首端需要的无功功率 Q_1 可表示为

$$Q_1 = \frac{\sin\beta l}{2}\left(\frac{U_N^2}{P_n} \times \frac{P^2}{U_m^2} - \frac{U_m^2}{U_N^2}P_n\right) \tag{14-32}$$

或表示为

$$Q_1 = P_n \frac{\sin\beta l}{2}\left[\left(\frac{P}{P_n}\right)^2\left(\frac{U_N}{U_m}\right)^2 - \left(\frac{U_m}{U_N}\right)^2\right] \tag{14-33}$$

式（14-33）给出了线路首端需要的无功功率 Q_1 与中点电压 U_m 的关系。由线路的对称原理可知，每端电源应供给一半的无功功率。根据无功功率符号惯例，有 $Q_1 = -Q_2$。

若线路传输的有功功率等于线路的自然功率，即 $P = P_n$。当 $U_m = U_N = 1.0$ 时，则由式（14-33）可得线路首端需要的无功功率 $Q_1 = 0$，线路末端需要的无功功率 $Q_2 = 0$。同时有 $U_1 = U_2 = U_m = U_N = 1.0$，即线路传输自然功率时沿线处处电压相等，且都等于线路额定电压；当线路空载时，即 $P = 0$，若线路首、末端电压均保持为额定电压（$U_1 = U_2 = U_N = 1.0$），于是有 $I_m = 0$，从式（14-33）可得线路空载时首端无功功率的另一表达式为

$$Q_1 = P_n \sin\frac{\beta l}{2}\cos\frac{\beta l}{2}\left(-\frac{1}{\cos^2\frac{\beta l}{2}}\right) = -P_n \tan\frac{\beta l}{2} \tag{14-34}$$

式（14-34）表明，线路空载运行时，线路两端的发电机（电源）处于吸收无功功率状态，线路首、末端发电机各吸收线路一半无功功率。

若在系统运行时调整线路端电压，使得在任何传输功率下都有 $U_m = U_N = 1.0$，则由式（14-33）可得

$$Q_1 = P_n \frac{\sin\beta l}{2}\left[\left(\frac{P}{P_n}\right)^2 - 1\right] = -Q_2 \tag{14-35}$$

同时，由式（14-28）可得

$$\dot{U}_1 = U_m \cos\frac{\beta l}{2} + jZ_C \frac{P}{U_m}\sin\frac{\beta l}{2}$$

因而线路首端的电压为

$$U_1 = U_m \sqrt{\cos^2 \frac{\beta l}{2} + \left(\frac{U_N^2}{P_n}\right)^2 \left(\frac{P}{U_m}\right)^2 \frac{1}{U_m^2} \sin^2 \frac{\beta l}{2}}$$

即

$$U_1 = U_2 = U_m \sqrt{1 - \sin^2 \frac{\beta l}{2}\left[1 - \left(\frac{P}{P_n}\right)^2\right]} \tag{14 - 36}$$

由式（14 - 35）和式（14 - 36）可以看出，当线路传输的功率 P 小于自然功率 P_n 时，其线路中点电压 U_m 高于线路两端电压 U_1 和 U_2；当线路传输功率 P 等于线路自然功率 P_n 时，沿线路电压处处相等；当线路传输功率 P 大于自然功率 P_n 时，线路中点电压 U_m 将低于线路两端电压 U_1 和 U_2。

第五节　交流远距离输电线路的传输功率极限

一、交流长线的传输功率

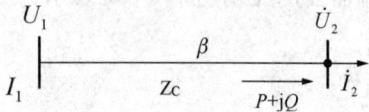

图 14 - 9　两端电源对称线路

图 14 - 9 所示为两端电源的对称输电线路。若线路传输的功率为 $P+jQ$，则根据输电方程有

$$\dot{U}_1 = \dot{U}_2 \cos\beta l + jZ_C \frac{P - jQ}{\overset{*}{U}_2} \sin\beta l \tag{14 - 37}$$

取末端电压 $\dot{U}_2$ 为参考相量，若首、末端电压夹角为 δ，则有

$$\dot{U}_1 = U_1 \cos\delta + jU_1 \sin\delta = U_2 \cos\beta l + jZ_C \frac{P - jQ}{U_2} \sin\beta l \tag{14 - 38}$$

按虚部等于虚部的原则可得

$$U_1 \sin\delta = \frac{Z_C P}{U_2} \sin\beta l \tag{14 - 39}$$

或

$$P = \frac{U_1 U_2}{Z_C \sin\beta l} \sin\delta \tag{14 - 40}$$

式（14 - 40）即为线路传输有功功率 P 与相角 δ 及线长 l 之间的关系。当线路较短时，$\sin\beta l \approx \beta l$，故有

$$Z_C \sin\beta l = Z_C \beta L = \sqrt{\frac{x_1}{b_1}} \times \sqrt{x_1 b_1} \times l = x_1 l = X_L$$

故式（14 - 40）可简化为 $P = \dfrac{U_1 U_2}{X_L} \sin\delta$，这与第十三章的功角方程相同。

若线路首、末端电压相等，都等于额定电压时，式（14 - 40）可表示为

$$P = P_n \frac{\sin\delta}{\sin\beta l} \tag{14 - 41}$$

对于线路长度分别为 320、500km 和 1000km 的输电线路，根据式（14 - 41）所做的功角特性曲线如图 14 - 10 所示，中点电压随传输功率的变化曲线如图 14 - 11 所示。

由两条曲线可以看出，对于一定长度的输电线路，当线路传输功率 P 增大时，线路的功角 δ 也随之增大，线路的中点电压 U_m 将随之下降；当传输功率 P 达到最大值 P_{max} 时，即 $P = P_{max}$，对应的功角 $\delta = 90°$，中点电压 U_m 下降达到稳定的临界电压 U_{cr}；在功角 $\delta > 90°$

时，线路中点电压 U_m 的下降超过中点电流 I_m 的增加，使得线路传输功率 P 减小，中点电压 U_m 将急剧下降，即出现所谓的"电压崩溃"，从而使系统的稳定遭到破坏。

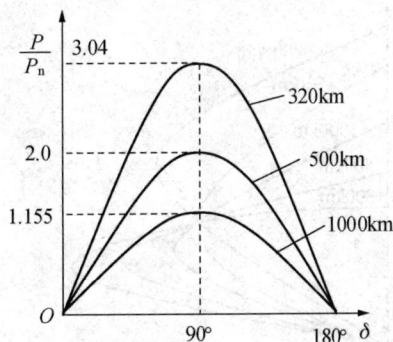

图 14 - 10 不同长度线路的功角特性　　图 14 - 11 中点电压与传输功率的关系

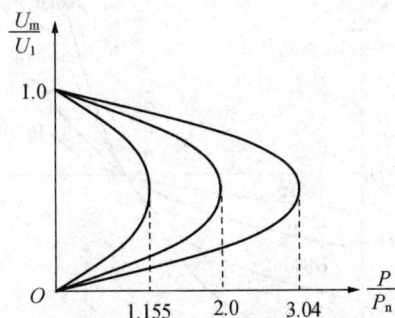

由曲线还可以看出，线路的功率极限 P_{max} 随线路长度的增加而降低，即线路的稳定水平随线长的增加而降低。当线路长度为 320km 时，其功率极限约为自然功率的 3.04 倍；线长 500km 时，功率极限仅为自然功率的 2 倍；当线长达到 1000km 时，功率极限仅仅为自然功率的 1.155 倍。

二、端点无功需求与传输功率的关系

若令式（14 - 38）中的实部等于实部，则可得到线路无功功率需求的另一表达式，即

$$U_1\cos\delta = U_2\cos\beta l + \frac{QZ_C}{U_2}\sin\beta l$$

由此可得线路末端的无功功率为

$$Q_2 = \frac{U_2(U_1\cos\delta - U_2\cos\beta l)}{Z_C\sin\beta l} \tag{14 - 42}$$

由线路的对称性可知，线路首端的无功功率需求为

$$Q_1 = -Q_2 = -\frac{U_1(U_2\cos\delta - U_1\cos\beta l)}{Z_C\sin\beta l} \tag{14 - 43}$$

考虑到线路的对称性，即首、末端电压相等（$U_1 = U_2$），式（14 - 43）可简化为

$$Q_2 = -Q_1 = \frac{U_1^2(\cos\delta - \cos\beta l)}{Z_C\sin\beta l} \tag{14 - 44}$$

显然，当传输功率小于线路自然功率时，线路两端电压的夹角小于线路的相位自然转角，即 $\delta < \beta l$，对应的 $\cos\delta > \cos\beta l$，Q_1 为负，而 Q_2 为正，表明此时线路两端都在吸收无功功率。当传输功率等于自然功率时，则 $Q_1 = Q_2 = 0$；当 $P > P_n$ 时，$\delta > \beta l$，$\cos\delta < \cos\beta l$，表明线路两端电源此时都必须向线路提供无功功率；当 $P = 0$ 时，即线路空载，$\cos\delta = 1$，$Q_2 = -Q_1 = P_n\tan\frac{\beta l}{2}$，这和前面分析的结论完全相同。

当线路较短时，$\cos\beta l \approx 1$，$Z_C\sin\beta l \approx X_L$，则式（14 - 44）可改写为

$$Q_1 = \frac{U_1^2(1 - \cos\delta)}{X_L} = -Q_2 \tag{14 - 45}$$

根据式（14 - 44）所作的线路端点无功需求与传输功率及线长的关系曲线如图 14 - 12

所示。不同长度线路的中点电压与传输功率的关系曲线，如图 14 - 13 所示。

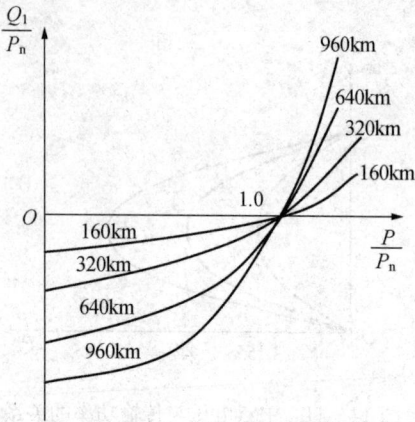

图 14 - 12　端点无功与传输功率及线长曲线

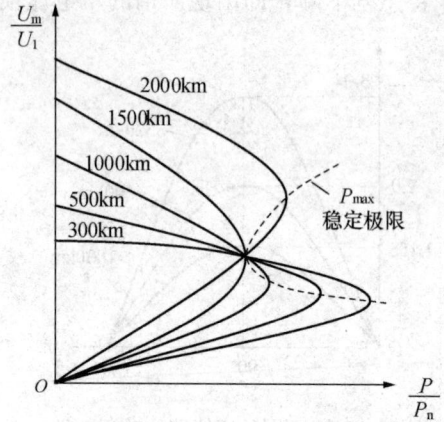

图 14 - 13　中点电压与传输功率的关系曲线

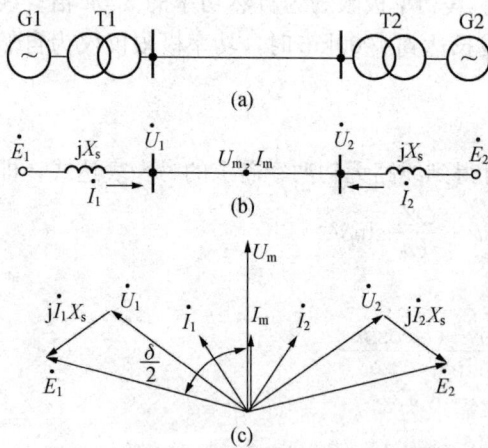

图 14 - 14　两等值系统经交流长线相连
(a) 系统接线图；(b) 等值系统图；(c) 相量图

三、发电机电抗对功率极限的影响

图 14 - 14（a）所示为两等值系统通过交流长线相连的接线。为了分析问题简单起见，设 $U_1 = U_2$，$E_1 = E_2 = E$，且两端系统内参数相同，则两端等效发电机内电抗为 $X_S = X_d' + X_T$，其中 X_T 为变压器电抗，参见图 14 - 14（b）。

对于线路首端和末端分别有

$$\left. \begin{aligned} \dot{E}_1 &= \dot{U}_1 + j\dot{I}_1 X_S \\ \dot{E}_2 &= \dot{U}_2 + j\dot{I}_2 X_S \end{aligned} \right\} \tag{14 - 46}$$

以线路中点电压 U_m 为参考相量，式（14 - 46）对应的相量图如图 14 - 14（c）所示。

对于图 14 - 14 所示的交流长线，以中点电压 U_m 和中点电流 I_m 表示的线路一端电压、电流分别为

$$\left. \begin{aligned} \dot{U}_1 &= U_m \cos\frac{\beta l}{2} + jI_m Z_C \sin\frac{\beta l}{2} \\ \dot{I}_1 &= j\frac{U_m}{Z_C}\sin\frac{\beta l}{2} + I_m \cos\frac{\beta l}{2} \end{aligned} \right\} \tag{14 - 47}$$

考虑到 $P_m = U_m I_m$，将式（14 - 47）输电方程代入式（14 - 46）中，得

$$\dot{E}_1 = \left(U_m\cos\frac{\beta l}{2} + j\frac{P}{U_m}Z_C\sin\frac{\beta l}{2}\right) + jX_S\left(j\frac{U_m}{Z_C}\sin\frac{\beta l}{2} + \frac{P}{U_m}\cos\frac{\beta l}{2}\right)$$

再考虑到 $\dot{E}_1 = E_1\angle\dfrac{\delta}{2}$，则上式可改写为

$$E_1\cos\frac{\delta}{2} + E_1 j\sin\frac{\delta}{2} = U_m\left(\cos\frac{\beta l}{2} - \frac{X_S}{Z_C}\sin\frac{\beta l}{2}\right) + j\frac{P}{U_m}\left(Z_C\sin\frac{\beta l}{2} + X_S\cos\frac{\beta l}{2}\right)$$

按实部等于实部，虚部等于虚部的原则，可得

$$U_m = \frac{E_1}{\cos\frac{\beta l}{2} - \frac{X_S}{Z_C}\sin\frac{\beta l}{2}}\cos\frac{\delta}{2} \tag{14-48}$$

$$P = \frac{E_1 U_m}{Z_C\sin\frac{\beta l}{2} + X_S\cos\frac{\beta l}{2}}\sin\frac{\delta}{2} \tag{14-49}$$

再将式（14-48）代入式（14-49）中，可得交流长线的功角特性为

$$P = \frac{E^2}{\left(Z_C - \frac{X_S^2}{Z_C}\right)\sin\beta l + 2X_S\cos\beta l}\sin\delta \tag{14-50}$$

式（14-50）反映了系统内电抗对稳定性的影响。显然，当 $X_S = 0$ 时，其表达式将与式（14-40）完全一样。

图 14-15 是根据式（14-50）绘制的线路传输最大功率 P_{max} 与等值系统内电抗 X_S 之间的关系曲线。当输电线路较短时，随着系统内电抗 X_S 的增大，线路传输的功率极限 P_{max} 迅速下降，表明系统内电抗 X_S 对线路传输功率的稳定性有较大的影响，即不利于稳定性。相反，当线路较长时，系统内电抗 X_S 对传输功率极限 P_{max} 影响较小。但当 X_S 增大到一定程度后，功率极限 P_{max} 反而上

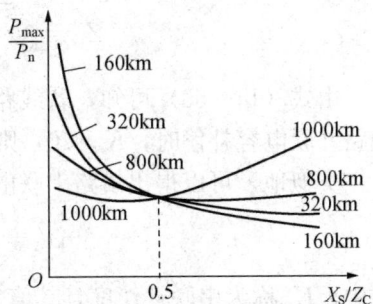

图 14-15　P_{max} 与 X_S 的关系曲线

翘，这意味着要保持较高的功率极限 P_{max} 必须有较高的输电电压及足够的无功功率，这种情况在工程上已无实际价值和意义。

第六节　交流远距离输电线路的补偿运行

一、补偿的概念

前已述及，对于匀布参数线路，当 $P = P_n$ 时，沿线电压分布均匀，从而有利于稳定性。若改变线路的波阻抗 Z_C 为 Z_C'，并使 Z_C' 等于负荷阻抗 Z，则此时线路传输的功率 P 恰好为自然功率 P_n'，即 $P_n' = U_n^2/Z_C' = P$，这种补偿方式称为波阻抗补偿。这种补偿方法要求不断改变波阻抗 Z_C'，使 $P_n' = P$。

由于 βl 对稳定性有决定性的影响，若 Z_C' 确定之后，改善稳定性最有效方法就是减小 βl 的实际值。对于输电线路，可以通过串联电容补偿等措施减小电抗 X_L，从而使 βl 值减小。这种方法相当于缩短了线路长度，故称为长度补偿。

若将线路分成若干个较短的线路，它们或多或少是相对独立的。即每隔一定距离设一补偿装置，这种补偿称为分段补偿。

二、匀布补偿后的线路参数

1. 补偿度的概念

若线路未补偿前，原始参数为 x_1 和 b_1（忽略线路的 r_1 和 g_1），则线路波阻抗 $Z_C = \sqrt{x_1/b_1}$。若线路上并联补偿的电抗沿线路均匀分布，其电抗为 x_{sh}（$\times 10^{-3}\,\Omega/m$），则交流

长线上的实际并联电纳为

$$jb'_1 = (j\omega C)' = j\omega C_1 + \frac{1}{j\omega L_{sh}} = j\omega C_1(1 - K_{sh}) \tag{14-51}$$

式中，K_{sh} 称为并联补偿度，其值为

$$K_{sh} = \frac{1}{\omega^2 L_{sh} C_1} = \frac{b_{sh}}{b_1} \tag{14-52}$$

式中，b_{sh} 称为并联电抗的电纳，$b_{sh} = 1/x_{sh}$；b_1 为线路分布容纳。

若线路并联电容补偿，其容纳为 b_{sh}，则式（14-52）同样成立，此时的补偿度 K_{sh} 为负值。

并联补偿后，线路的波阻抗 Z_C 变为 Z'_C，其值为

$$Z'_C = \sqrt{\frac{jx_1}{jb'_1}} = \sqrt{\frac{jx_1}{jb_1(1 - K_{sh})}} = \frac{Z_C}{\sqrt{1 - K_{sh}}} \tag{14-53}$$

由式（14-53）可知，若线路并联电抗补偿时，$K_{sh} > 0$，从而可增大线路的波阻抗；若线路并联电容补偿时，$K_{sh} < 0$，则可以减小波阻抗。

类似地，可以得出线路串联电容 C_{se} 补偿时对线长 l 的作用，即

$$jx'_1 = j\omega L_1 + \frac{1}{j\omega C_{se}} = j\omega L_1(1 - K_{se}) \tag{14-54}$$

式中，K_{se} 称为串联补偿度，其值为

$$K_{se} = \frac{1}{j\omega^2 L_1 C_{se}} = \frac{x_{se}}{x_1} \tag{14-55}$$

将串、并联补偿综合起来后，线路的等效波阻抗 Z'_C 为

$$Z'_C = Z_C \sqrt{\frac{1 - K_{se}}{1 - K_{sh}}} \tag{14-56}$$

通过以上对串、并联补偿的分析，可得以下结论：

（1）补偿后线路的自然功率为

$$P'_n = \frac{U_N^2}{Z'_C} = P_n \sqrt{\frac{1 - K_{sh}}{1 - K_{se}}} \tag{14-57}$$

（2）相位移系数为

$$\beta' = \beta \sqrt{(1 - K_{se})(1 - K_{sh})} \tag{14-58}$$

（3）线路的自然相位转角为

$$\theta' = \beta' l = \beta l \sqrt{(1 - K_{se})(1 - K_{sh})} \tag{14-59}$$

（4）线路进行补偿后，可将式（14-56）～式（14-59）代入前面各式，同样成立。如

$$P = \frac{U_1 U_2}{Z'_C \sin\beta' l}\sin\delta = P'_n \frac{\sin\delta}{\sin\beta' l} \tag{14-60}$$

由式（14-56）和式（14-57）所作的波阻抗及自然功率随补偿度变化的曲线，如图 14-16 所示。

2. 匀布补偿的作用分析

由图 14-16 可知，当串联补偿度 K_{se} 一定时，并联电容补偿将使线路的波阻抗 Z'_C 减小，传输的自然功率 P'_n 增大，可提高线路的稳定极限 P'_{max}，从而有利于长线路的稳定运行。但这种补偿方法将使线路空载时沿线的电压分布极不均匀，使单电源线路末端或两端电源线路

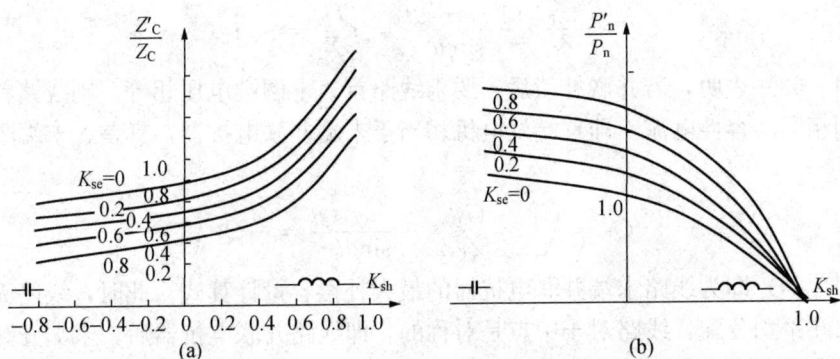

图 14 - 16　波阻抗与自然功率随补偿度的变化曲线

（a）波阻抗随补偿度的变化曲线；（b）自然功率随补偿度的变化曲线

中点电压达到较高的数值。其优点是线路重载时，可以获得较平坦的电压分布。

当串联补偿度 K_{se} 一定时，并联电抗补偿则使波阻抗 Z'_C 增大，线路的自然功率 P'_n 降低，从而使线路的稳定极限 P'_{max} 降低。这种补偿的突出优点是可以拟制线路轻载或空载时的电容效应（佛兰提效应），使线路轻载或空载时沿线电压分布均匀。极端情况是当 $K_{se}=1$ 时，即线路补偿电抗的电纳完全补偿线路的容纳时，将使相位移转角 θ' 和传输的自然功率 P'_n 降为零，波阻抗 Z'_C 变为无穷大，这表明线路在传输零负荷时沿线电压分布也可以是平坦的。

当并联补偿度 K_{sh} 一定时，串联电容补偿既可以降低波阻抗 Z'_C，又可以提高线路的自然功率 P'_n，进而提高线路的稳定极限 P'_{max}，但对改善沿线电压分布的作用则不明显。因此，由于稳定问题不突出，对于长度小于 300km 的短线路，串联电容补偿的主要目的是提高线路的自然功率；对于 300～750km 的长距离输电线路，由于线路实际传输的功率很难达到自然功率，故串联电容的主要作用是提高线路运行的稳定极限。

三、并联电抗的集中补偿

在工程实际中，由于并联电抗不可能沿线均匀分布，只能集中补偿，故下面讨论电抗器的安装位置及容量的确定方法。

1. 单电源线路多处并联电抗补偿

图 14 - 17 所示为一交流长线示意图，若在线路末端并

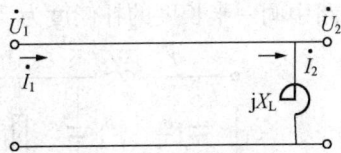

图 14 - 17　线路末端并联电抗器

联电抗器，则线路末端电压 $\dot{U}_2 = j\dot{I}_2 X_L$，线路首端电压为

$$\dot{U}_1 = \dot{U}_2\cos\beta l + jZ_C\dot{I}_2\sin\beta l = \dot{U}_2\cos\beta l + jZ_C\frac{\dot{U}_2}{jX_L}\sin\beta l$$

$$= \dot{U}_2\left(\cos\beta l + \frac{Z_C}{X_L}\sin\beta l\right) \qquad (14 - 61)$$

若经过并联补偿后，要求线路首、末两端电压相等，即 $\dot{U}_1 = \dot{U}_2$，则应并联补偿的电抗值为

$$X_L = Z_C\frac{\sin\beta l}{1 - \cos\beta l} = Z_C\cot\frac{\beta l}{2} \qquad (14 - 62)$$

考虑到式 （14 - 62），则线路首端电流为

$$\dot{I}_1 = j\frac{\dot{U}_1}{Z_C}\sin\beta l + \dot{I}_2\cos\beta l = j\frac{\dot{U}_1}{Z_C}\sin\beta l + \frac{\dot{U}_2}{jX_L}\cos\beta l$$

$$= j\frac{\dot{U}_1}{Z_C} \times \frac{1-\cos\beta l}{\sin\beta l} = j\frac{\dot{U}_1}{X_L} = -\dot{I}_2 \qquad (14-63)$$

式（14-63）表明，若并联补偿后，要求线路首、末两端电压相等，则线路首端也必须吸收与末端相同的容性电流，即首端发电机相当于末端并联电抗器，其首、末端吸收的无功功率为

$$Q_1 = \frac{U_1^2}{X_L} = \frac{U_1^2}{Z_C} \times \frac{1-\cos\beta l}{\sin\beta l} = -Q_2 \qquad (14-64)$$

式（14-64）即为线路末端并联电抗器的最大补偿容量计算式。此时，线路无功功率在线路首、末端平均分配，线路对于中点是对称的，即线路并联电抗器后，末端开路时线路相

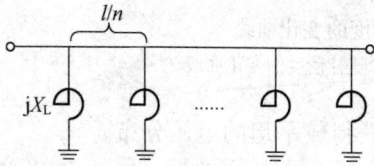

图 14-18 沿长线多处安装并联电抗器

当于两条半段线路背靠背连在一起。

仿照上述分析方法，若将线路平均分成 n 段，则需装设 $n-1$ 个并联电抗器，如图 14-18 所示。若线路总长为 l，则每段线路长为 l/n，设补偿后各电抗器安装点的电压均相同，则对每一段线路而言，其所需的并联电抗值为

$$X_L' = Z_C \frac{\sin(\beta l/n)}{1-\cos(\beta l/n)}$$

因线路中间的并联电抗器吸收的无功功率为相邻两个半段线路无功功率之和，故中间每个电抗器的电抗值为

$$X_L = \frac{X_L'}{2} = \frac{Z_C}{2} \times \frac{\sin(\beta l/n)}{1-\cos(\beta l/n)} \qquad (14-65)$$

2. 两端电源线路的中点并联补偿

中点补偿可以看作是上述 $n-1$ 个补偿点的一种特殊形式，即 $n=2$ 的情况。下面将详细研究这种补偿形式。

将线长为 l 的线路每一半（$l/2$）都用"π"形等值电路表示，如图 14-19（a）所示。若 $U_1 = U_2$，线路首、末两端的容纳 $B_C/4$ 产生的无功全部由电源吸收，因而并联补偿只要补偿线路中间长度 $l/2$ 的电纳，即 $B_C/2$。线路可通过断路器投、切并补设备，使 B_γ 改变。线路中间一半长度的补偿度为

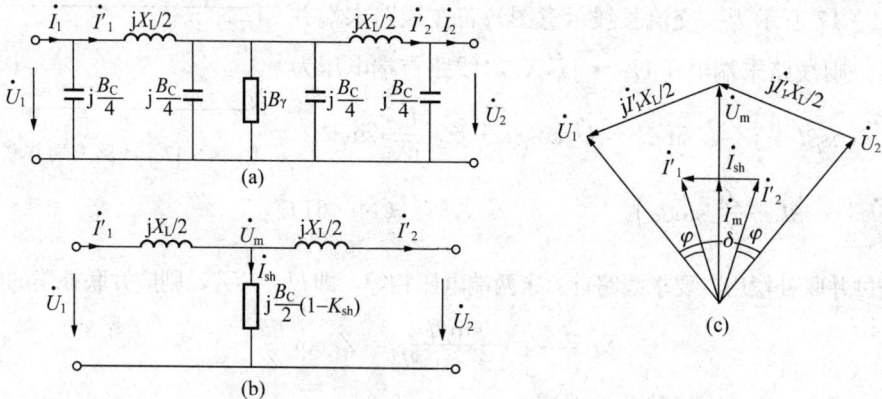

图 14-19 交流长线的中点补偿

(a) 中点补偿原理图；(b) 简化的等值电路；(c) 相量图

$$K_{sh} = \frac{B_\gamma}{B_C/2} \tag{14-66}$$

并联电抗补偿时，$K_{sh} > 0$；并联电容补偿时 $K_{sh} < 0$。图 14-19（a）可进一步简化为图 14-19（b），相量图如图 14-19（c）所示。对应各量的关系为

$$\dot{U}_m = \dot{U}_1 - j\dot{I}_1'\frac{X_L}{2} = \dot{U}_2 + j\dot{I}_2'\frac{X_L}{2} \tag{14-67}$$

$$\dot{I}_{sh} = \dot{I}_1' - \dot{I}_2' = j\frac{B_C}{2}(1 - K_{sh})\dot{U}_m \tag{14-68}$$

$$\dot{I}_{sh} = 2(\dot{I}_1' - \dot{I}_m) = 2(\dot{I}_m - \dot{I}_2') \tag{14-69}$$

式中，$\dot{I}_1' = \dot{I}_1 - j\dot{U}_1(B_C/4)$，$\dot{I}_2' = \dot{I}_2 + j\dot{U}_2(B_C/4)$。

若将图 14-19（b）中的星形电路转化为三角形等值电路，如图 14-20 所示。若经过补偿后，使 $U_1 = U_2 = U_N$，则由图 14-20 不难得出以下关系

$$P = \frac{U_N^2}{X_L(1-s)}\sin\delta \tag{14-70}$$

式中

$$s = \frac{X_L}{2} \times \frac{B_C}{4}(1 - K_{sh})$$

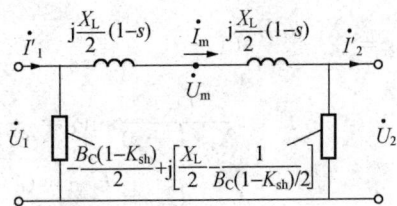

图 14-20　并补线路的 Π 型等值图

根据式（14-67）可得线路中点电压为

$$\dot{U}_m = \left(U_1\cos\frac{\delta}{2} + jU_1\sin\frac{\delta}{2}\right) - j\frac{X_L}{2}\left(\dot{I}_m + \frac{1}{2}\dot{I}_{sh}\right)$$

$$= U_1\cos\frac{\delta}{2} + jU_1\sin\frac{\delta}{2} - j\frac{X_L}{2}\left[\dot{I}_m + j\frac{B_C}{4}(1 - K_{sh})\dot{U}_m\right]$$

若取 $\dot{U}_m$ 为参考相量，并按实部等于实部的运算规则，可得

$$U_m = \frac{U_1\cos(\delta/2)}{1-s} \tag{14-71}$$

中点补偿电纳中的无功功率为

$$Q_\gamma = U_m^2 B_\gamma = U_m^2 K_{sh}\frac{B_C}{2} = \frac{U_N^2 K_{sh} B_C}{4(1-s)^2}(1 + \cos\delta) \tag{14-72}$$

由式（14-71）可以看出，当 $s < 1$ 时，中点补偿按 $1/(1-s)$ 的系数提高了中点电压，因而减少了负荷时中点电压的下降；若 $K_{sh} = 1$ 时，则 $s = 0$，即中点加设的电纳全部补偿掉 $B_C/2$，电压分布只有在线路空载时才是均匀的。

必须指出的是，上述几种补偿中 $K_{sh} > 0$ 表示线路采用并联电抗补偿，$K_{sh} < 0$ 表示线路采用并联电容补偿。通过式（14-72）可以计算所需要的并联补偿容量。

【例 14-2】　某 500kV 超高压交流输电线路长为 700km，已知 $x_1 = 0.298 \times 10^{-3}\,\Omega/m$，$b_1 = 3.736 \times 10^{-9}\,S/m$。若线路空载，在线路中点补偿且补偿度 $K_{sh} = 1$，试求线路中点电压及所需并联补偿电抗的电抗值和容量。

解　由于 $P = 0$，$K_{sh} = 1$，$s = 0$，故有中点电压

$$U_m = U_1 = 500kV$$

并联电抗值为

$$X_L = \frac{1}{B_\gamma} = \frac{1}{K_{sh}B_C/2} = \frac{1}{\frac{1}{2}b_1lK_{sh}} = \frac{1}{\frac{1}{2} \times 3.736 \times 10^{-6} \times 700 \times 1} = 765(\Omega)$$

并联电抗容量为

$$Q_\gamma = U_m^2 B_\gamma = 500^2 \times \frac{1}{765} = 327(\text{Mvar})$$

即每相所需并联补偿电抗容量 109Mvar。

【**例 14 - 3**】　［例 14 - 2］中，若该线路稳定性所要求的线路两端电压夹角 $\delta \leqslant 30°$，线路的中点补偿度 $K_{sh} = -1$，试求该线路正常运行时输送的功率、线路中点电压和并联补偿容量。

解　由题意知 $K_{sh} = -1$，故有

$$s = \frac{X_L}{2} \times \frac{B_C}{4}(1 - K_{sh}) = \frac{1}{8} \times 0.298 \times 700 \times 3.736 \times 10^{-6} \times 700 \times (-2) = 0.136\ 383$$

$$P = \frac{U_N^2}{X_L(1-s)}\sin\delta = \frac{500^2}{0.298 \times (1 - 0.136\ 383)}\sin 30° = 693.86(\text{MW})$$

$$U_m = \frac{U_N\cos(\delta/2)}{1-s} = \frac{500 \times \cos 15°}{1 - 0.136\ 383} = 559.23(\text{kV})$$

$$Q_\gamma = U_m^2 K_{sh}\frac{B_C}{2} = 559.23^2 \times (-1) \times \frac{1}{2} \times 3.736 \times 10^{-6} \times 700 = -408.94(\text{Mvar})$$

式中，负号表示并联电容补偿。

小　结

本章介绍了交流远距离输电线路的输电方程及线路上的行波过程，输电线路的自然功率以及线路传输自然功率时的特点，介绍了远距离输电线路在空载及负荷情况下运行时，线路各点电压、电源端的无功需求等概念。通过对交流长线的稳定分析，指出了影响长线路稳定运行的主要因素。

交流远距离输电线路在运行中会遇到一系列问题，如线路轻载或空载时中点电压或末端电压的升高问题、重载线路的电压下降问题、长线路的稳定极限低的问题等。这些问题必须通过必要的补偿才能加以解决。因此，本章最后重点介绍了交流远距离输电线路的补偿运行。

习　题

14 - 1　线路特性阻抗与线路实际阻抗有什么不同？它与线路长度有关吗？

14 - 2　什么是相位移系数？工频交流电的相位移系数约为多少？

14 - 3　什么是自然功率？线路传输自然功率有何特点？

14 - 4　线路空载时末端电压有何变化？中点电压有何变化？

14 - 5　两端电源线路中点电流为什么与电压同相位？

14 - 6　两端电源线路中点电压与传输功率有什么关系？

14 - 7　线路输电的稳定极限与线路长度有何关系？影响稳定性的因素有哪些？

14 - 8　什么是波阻抗补偿？什么是长度补偿？两者有何区别？

14 - 9　并联电抗补偿对稳定性有何影响？对电压有何影响？

14 - 10　并联电抗器对线路沿线的电压分布有何影响？它一般安装在线路什么位置？

14 - 11　并联电容补偿的作用是什么？串联电容补偿的作用是什么？

14 - 12　某 750kV 线路长为 600km，已知线路单位长度的参数为 $x_1 = 0.260\ 5\Omega/\text{km}$，$b_1 = 4.46 \times 10^{-9}\text{S/m}$。若忽略电阻及电导，试计算：

(1) 线路的波阻抗 Z_C 及相位移系数 β。

(2) 线路的自然功率 P_n。

(3) 若线路为单端电源且空载时，$U_1 = 750\text{kV}$，则 U_2、I_1 及 Q_1 分别为多少？

(4) 若 $U_1 = U_2 = U_N$，线路空载时的 U_m、I_1 及 Q_1 分别为多少？

(5) 若 $U_1 = U_2 = U_N$，$P = 0.2P_n$ 及 $P = 1.5P_n$ 时的 U_m 及 Q_1 分别为多少？

(6) 若 $U_1 = U_2 = U_N$，$P = 1500\text{MW}$，要求 $U_m = U_N$，中点应补偿的容量 Q_y 为多少？

附录 A　导线的主要技术参数

附表 A-1　　　　　　　　　各种常用导线的规格

标称截面(mm²)	LJ 型 计算外径(mm)	LJ 型 计算截面(mm²)	LJ 型 单位质量(g/m)	LGJ 型 计算外径(mm)	LGJ 型 计算截面(mm²)	LGJ 型 单位质量(g/m)	LGJQ 型 计算外径(mm)	LGJQ 型 计算截面(mm²)	LGJQ 型 单位质量(g/m)	LGJJ 型 计算外径(mm)	LGJJ 型 计算截面(mm²)	LGJJ 型 单位质量(g/m)	GJ 型 计算外径(mm)	GJ 型 计算截面(mm²)	GJ 型 单位质量(g/m)
10	4.46	10.10	27.6	4.50	12.37	42.90									
16	5.10	15.89	43.5	5.40	17.81	61.70									
25	6.36	24.71	67.6	6.60	26.61	92.20							6.6	26.6	22.77
35	7.50	34.36	94.0	8.40	43.11	149							7.8	37.15	31.82
50	9.00	49.48	135	9.60	56.30	195							9.0	49.49	42.37
70	10.65	69.29	190	11.40	79.39	275							11.0	72.19	61.50
95	12.50	93.27	257	13.68	112.04	401							12.5	93.22	79.45
95 (1)	12.42	94.23	258	13.68	112.04	398							12.6	94.11	79.39
120	14.00	116.99	323	15.20	138.33	495							14.0	116.18	98.10
120 (1)				15.20	138.33	492									
150	15.75	148.07	409	16.72	167.37	598	16.44	161.39	537	17.50	181.62	677			
185	17.75	182.80	504	19.02	216.76	774	18.24	198.49	661	19.60	227.83	850			
240	19.90	236.38	652	21.28	271.11	969	21.88	285.55	951	22.40	297.57	1110			
300	22.40	297.59	822	25.20	377.21	1348	23.70	335.00	1116	25.68	389.75	1446			
300 (1)							23.72	335.74	1117						
400	25.90	397.83	1099	27.68	454.62	1626	27.36	446.6	1487	29.18	502.99	1868			
400 (1)							27.40	448.34	1491						
500	28.98	498.97	1376				30.16	538.5	1795						
600	31.95	603.78	1699				33.20	652.83	2175						
700							36.24	778.18	2592						

附表 A-2　　　　　　　　　LJ、TJ 型导线的电阻及感抗

导线型号	电阻(LJ 型)	0.6	0.8	1.0	1.25	1.5	2.0	2.5	3.0	3.5	4.0	电阻(TJ 型)	导线型号
LJ-16	1.98	0.358	0.377	0.391	0.405	0.416	0.435	0.449	0.460			1.2	TJ-16
LJ-25	1.28	0.345	0.363	0.377	0.391	0.402	0.421	0.435	0.446			0.74	TJ-25
LJ-35	0.92	0.336	0.352	0.366	0.380	0.391	0.410	0.424	0.435	0.445	0.453	0.54	TJ-35
LJ-50	0.64	0.325	0.341	0.355	0.365	0.380	0.398	0.413	0.423	0.433	0.441	0.39	TJ-50
LJ-70	0.46	0.316	0.331	0.345	0.359	0.370	0.385	0.399	0.410	0.420	0.428	0.27	TJ-70
LJ-95	0.34	0.303	0.319	0.334	0.347	0.358	0.377	0.390	0.401	0.411	0.419	0.20	TJ-95
LJ-120	0.27	0.297	0.313	0.327	0.341	0.352	0.366	0.382	0.393	0.403	0.411	0.158	TJ-120
LJ-150	0.21	0.287	0.312	0.319	0.333	0.344	0.363	0.377	0.389	0.398	0.406	0.123	TJ-150

几何均距(m)　　感抗(Ω/km)

附表 A-3　　　　　　　　　　　　LGJ 型导线的电阻及感抗

几何均距（m）／感抗（Ω/km）

导线型号	电阻	1.0	1.5	2.0	2.5	3.0	3.5	4.0	4.5	5.0	5.5	6.0	6.5	7.0	7.5	8.0
LGJ-35	0.85	0.366	0.385	0.403	0.417	0.429	0.438	0.446								
LGJ-50	0.65	0.353	0.374	0.392	0.406	0.418	0.427	0.435								
LGJ-70	0.45	0.343	0.364	0.382	0.396	0.408	0.417	0.425	0.433	0.440	0.446					
LGJ-95	0.33	0.334	0.353	0.371	0.385	0.397	0.406	0.414	0.422	0.429	0.433	0.438				
LGJ-120	0.27	0.326	0.347	0.365	0.379	0.391	0.400	0.408	0.416	0.423	0.429	0.433	0.438			
LGJ-150	0.21	0.319	0.340	0.358	0.372	0.384	0.393	0.401	0.409	0.416	0.422	0.426	0.432			
LGJ-185	0.17				0.365	0.377	0.386	0.394	0.402	0.409	0.415	0.419	0.425			
LGJ-240	0.132				0.357	0.369	0.378	0.386	0.394	0.401	0.407	0.412	0.416	0.421	0.425	0.429
LGJ-300	0.107										0.399	0.405	0.410	0.414	0.418	0.422
LGJ-400	0.08										0.391	0.397	0.402	0.406	0.410	0.414

附表 A-4　　　　　　　　LGJQ、LGJJ 型导线的电阻及感抗

几何均距（m）／感抗（Ω/km）

导线型号	电阻	5.0	5.5	6.0	6.5	7.0	7.5	8.0
LGJQ-300	0.108		0.401	0.406	0.411	0.416	0.420	0.424
LGJQ-400	0.08		0.391	0.397	0.402	0.406	0.410	0.414
LGJQ-500	0.065		0.384	0.390	0.395	0.400	0.404	0.408
LGJJ-185	0.17	0.406	0.412	0.417	0.422	0.426	0.433	0.437
LGJJ-240	0.131	0.397	0.403	0.409	0.414	0.419	0.424	0.428
LGJJ-300	0.106	0.390	0.396	0.402	0.407	0.411	0.417	0.421
LGJJ-400	0.079	0.381	0.387	0.393	0.398	0.402	0.408	0.412

附表 A-5　　　　　　　　LGJ、LGJQ、LGJJ 型导线的容纳

几何均距（m）／容纳（×10⁻⁶ S/km）

导线型号		1.5	2.0	2.5	3.0	3.5	4.0	4.5	5.0	5.5	6.0	6.5	7.0	7.5	8.0	8.5
LGJ	35	2.97	2.83	2.73	2.65	2.59	2.54									
	50	3.05	2.91	2.81	2.72	2.66	2.61									
	70	3.12	2.99	2.88	2.79	2.73	2.68	2.62	2.58	2.54						
	95	3.25	3.08	2.96	2.87	2.81	2.75	2.69	2.65	2.61						
	120	3.31	3.13	3.02	2.92	2.85	2.79	2.74	2.69	2.65						
	150	3.38	3.20	3.07	2.97	2.90	2.85	2.79	2.74	2.71						
	185			3.13	3.03	2.96	2.90	2.84	2.79	2.74						
	240			3.21	3.10	3.02	2.96	2.89	2.85	2.80	2.76					
	300									2.86	2.81	2.78	2.76	2.72		
	400									2.92	2.88	2.83	2.83	2.78		
LGJQ LGJJ	120						2.80	2.75	2.70	2.66	2.63	2.60	2.57	2.54	2.51	2.49
	150						2.85	2.81	2.76	2.72	2.68	2.65	2.62	2.59	2.57	2.54
	185						2.91	2.86	2.80	2.76	2.73	2.70	2.66	2.63	2.60	2.58
	240						2.98	2.92	2.87	2.82	2.79	2.75	2.72	2.68	2.66	2.64
	300						3.04	2.97	2.91	2.87	2.84	2.80	2.76	2.73	2.70	2.68
	400						3.11	3.05	3.00	2.95	2.91	2.87	2.83	2.80	2.77	2.75
	500						3.14	3.08	3.01	2.96	2.92	2.88	2.84	2.81	2.79	2.76
	600						3.16	3.11	3.04	3.02	2.96	2.91	2.88	2.85	2.82	2.79

附表 A - 6 铜芯三芯电缆的电阻、感抗及容纳

截 面 (mm²)	电 阻 (Ω/km)	感 抗（Ω/km）				容 纳（×10⁻⁶S/km）			
		6kV	10kV	20kV	35kV	6kV	10kV	20kV	35kV
10		0.100	0.113			60	50		
16		0.094	0.104			69	57		
25	0.740	0.085	0.094	0.135		91	72	57	
35	0.520	0.079	0.083	0.129		104	82	63	
50	0.370	0.076	0.082	0.119		119	94	72	
70	0.260	0.072	0.079	0.116	0.132	141	100	82	63
95	0.194	0.069	0.076	0.110	0.126	163	119	91	68
120	0.153	0.069	0.076	0.107	0.119	179	132	97	72
150	0.122	0.066	0.072	0.104	0.116	202	144	107	79
185	0.099	0.066	0.069	0.100	0.113	229	163	116	85
240		0.063	0.069			257	182		
300		0.063	0.066						

附表 A - 7 裸铜、铝及钢芯铝线的载流量

（按环境温度＋25℃，最高允许温度＋70℃）

钢 绞 线			铝 绞 线			钢 芯 铝 绞 线	
导线型号（mm²）	载流量（A）		导线型号（mm²）	载流量（A）		导线型号（mm²）	屋外载流量（A）
	屋外	屋内		屋外	屋内		
TJ-4	50	25	LJ-10	75	55	LGJ-35	170
TJ-6	70	35	LJ-16	105	80	LGJ-50	220
TJ-10	95	60	LJ-25	135	110	LGJ-70	275
TJ-16	130	100	LJ-35	170	135	LGJ-95	335
TJ-25	180	140	LJ-50	215	170	LGJ-120	380
TJ-35	220	175	LJ-70	265	215	LGJ-150	445
TJ-50	270	220	LJ-95	325	200	LGJ-185	515
TJ-60	315	250	LJ-120	375	310	LGJ-240	610
TJ-70	340	280	LJ-150	440	370	LGJ-300	700
TJ-95	415	340	LJ-185	500	425	LGJ-400	800
TJ-120	485	405	LJ-240	610		LGJQ-300	690
TJ-150	570	480	LJ-300	680		LGJQ-400	825
TJ-185	645	550	LJ-400	830		LGJQ-500	945
TJ-240	770	650	LJ-500	980		LGJQ-600	1050
TJ-300	890		LJ-625	1140		LGJJ-300	705
TJ-400	1085					LGJJ-400	850

注 附表 A - 7 数值均系按最高温度70℃计算的。对于铜线，当最高温度采用80℃时，则表中数值应乘以系数1.1；对于铝线和钢芯铝绞线，当最高温度采用90℃时，则表中数值应乘以系数1.2。

附表 A - 8 载流裸导线的温度校正系数 K_θ 值

实际环境温度（℃）	−5	0	5	10	15	20	25	30	35	40	45	50
K_θ	1.29	1.24	1.20	1.15	1.11	1.05	1.00	0.94	0.88	0.81	0.74	0.67

注 当环境温度不是＋25℃时，附表 A - 7 中的载流量应乘以本表中的温度校正系数 K_θ。

附录 B 变压器主要技术参数

附表 B-1   **35kV 无励磁调压电力变压器的主要技术参数**

变压器型号	额定容量 (kVA)	额定电压 (kV)		连接 组别	损耗 (kW)		阻抗电压 (%)	空载电流 (%)
		高压	低压		空载	负载		
S9-50/35	50				0.21	1.22		2.2
S9-100/35	100				0.30	2.03		2.1
S9-125/35	125				0.34	2.39		2.0
S9-160/35	160				0.38	2.84		1.9
S9-200/35	200				0.44	3.33		1.8
S9-250/35	250				0.51	3.96		1.7
S9-315/35	315	35±5%	0.4	Yyn0	0.61	4.77	6.5	1.6
S9-400/35	400				0.74	5.76		1.5
S9-500/35	500				0.86	6.93		1.4
S9-630/35	630				1.04	8.28		1.3
S9-800/35	800				1.23	9.99		1.1
S9-1000/35	1000				1.44	12.15		1.0
S9-1250/35	1250				1.76	14.67		0.9
S9-1600/35	1600				2.12	17.55		0.8
S9-800/35	800				1.23	9.9	6.5	1.2
S9-1000/35	1000		3.15		1.44	12.2	6.5	1.1
S9-1250/35	1250	35±5%	6.3		1.76	14.7	6.5	1.1
S9-1600/35	1600		10.5		2.12	17.6	6.5	1.0
S9-2000/35	2000			Yd11	2.72	17.8	6.5	1.0
S9-2500/35	2500				3.20	18.4	6.5	0.9
S9-3150/35	3150		3.15		3.80	24.3	7.0	0.9
S9-4000/35	4000	35±5%	6.3		4.52	28.8	7.0	0.8
S9-5000/35	5000	38.5±5%	10.5		5.40	33.0	7.0	0.8
S9-6300/35	6300				6.56	36.9	7.5	0.7
S9-8000/35	8000		3.15		9.20	40.5	7.5	0.7
S9-10000/35	10000		3.3		10.88	47.7	7.5	0.7
S9-12500/35	12500		6.3		12.80	56.7	8.0	0.6
S9-16000/35	16000	35±2×2.5%	6.6	YNd11	15.20	69.3	8.0	0.6
S9-20000/35	20000	38.5±2×2.5%	10.5		18.00	83.7	8.0	0.6
S9-25000/35	25000		11		21.28	99.0	8.0	0.6
S9-31500/35	31500				25.28	118.8	8.0	0.5

附表 B-2   **35kV 有载调压变压器的主要技术参数**

变压器型号	额定容量 (kVA)	额定电压 (kV)		连接 组别	损耗 (kW)		阻抗电压 (%)	空载电流 (%)
		高压	低压		空载	负载		
SZ9-1000/35	1000				1.55	12.78	6.5	1.2
SZ9-1250/35	1250	35±3×2.5%	0.4	Yyn0	1.88	15.41	6.5	1.2
SZ9-1600/35	1600				2.4	18.40	6.5	1.1
SZ9-2000/35	2000				2.88	18.72	6.5	1.1

变压器型号	额定容量 （kVA）	额定电压（kV）		连接 组别	损耗（kW）		阻抗电压 （%）	空载电流 （%）
		高压	低压		空载	负载		
SZ9-1600/35	1600				2.40	18.40	6.5	1.1
SZ9-2000/35	2000		6.3 10.5	Yd11	2.88	18.40	6.5	1.1
SZ9-2500/35	2500				3.40	19.32	6.5	1.1
SZ9-3150/35	3150				4.04	26.01	7.0	1.0
SZ9-4000/35	4000	35			4.84	30.69	7.0	1.0
SZ9-5000/35	5000	38.5			5.80	36.00	7.0	0.9
SZ9-6300/35	6300	±3×2.5% ±$^2_4$×2.5%			7.04	38.70	7.5	0.9
SZ9-8000/35	8000		6 6.3 10.5 11	YNd11	9.84	42.75	7.5	0.9
SZ9-10000/35	10000				11.60	50.58	8.0	0.8
SZ9-12500/35	12500				13.68	59.85	8.0	0.8
SZ9-16000/35	16000				15.80	73.20	8.0	0.6
SZ9-20000/35	20000				20.15	91.00	8.7	0.4

附表 B-3　　　　　　　110kV 双绕组变压器的主要技术参数

变压器型号	额定容量 （kVA）	额定电压（kV）		连接 组别	损耗（kW）		阻抗电压 （%）	空载电流 （%）
		高压	低压		空载	负载		
SZ9-6300/110	6300				7.6	36.9		0.67
SFZ9-8000/110	8000				9.1	45.0		0.63
SFZ9-10000/110	10000				11.0	53.1		0.60
SFZ9-12500/110	12500				12.7	63.0		0.56
SFZ9-16000/110	16000		6.3 6.6 10.5 11	YNd11	15.4	77.4	10.5	0.53
SFZ9-20000/110	20000	110±8×1.25%			18.2	93.6		0.49
SFZ9-25000/110	25000				21.2	110.7		0.46
SFZ9-31500/110	31500				25.6	133.2		0.42
SFZ9-40000/110	40000				30.7	156.6		0.39
SFZ9-50000/110	50000				36.3	194.4		0.35
SFZ9-63000/110	63000				43.3	234.0		0.32
S8-6300/110	6300				8.0	41		0.72
SF8-8000/110	8000				9.6	50		0.68
SF8-10000/110	10000				11.2	59		0.64
SF8-12500/110	12500				13.2	70		0.60
SF8-16000/110	16000		6.3 6.6 10.5 11	YNd11	16.0	86	10.5	0.56
SF8-20000/110	20000	110±2×2.5% 121±2×2.5%			19.0	104		0.52
SF8-25000/110	25000				22.4	123		0.48
SF8-31500/110	31500				26.6	148		0.44
SF8-40000/110	40000				31.8	174		0.40
SF8-50000/110	50000				37.6	216		0.36
SF8-63000/110	63000				44.6	260		0.32

续表

变压器型号	额定容量 (kVA)	额定电压（kV）		连接 组别	损耗（kW）		阻抗电压 （%）	空载电流 （%）
		高压	低压		空载	负载		
SFL1-6300/110	6300				9.76	52		1.1
SFL1-8000/110	8000				11.6	62		1.1
SFL1-1000/110	10000				14.0	72		1.1
SFL1-16000/110	16000				18.5	110		0.9
SFL1-20000/110	20000				22.0	135		0.8
SFL1-31500/110	31500		6.3		31.05	190		0.7
SFL1-40000/110	40000	110±5%	6.6		42	200	10.5	0.7
SFPL1-50000/110	50000	110±2×2.5%	10.5	YNd11	48.6	250		0.75
SFPL1-63000/110	63000	121±5%	11		60	298		0.8
SFPL1-90000/110	90000	121±2×2.5%			75	440		0.7
SFPL1-120000/110	120000				100	520		0.65
SSPL-2000/110	20000				22.1	135		0.8
SSPL-63000/110	63000				68	300		
SSPL-90000/110	90000				85	451		
SSPL-120000/110	120000		13.8		120	588	10.4	0.57
SSPL-150000/110	150000				204.5	646.25	12.68	1.73

附表 B-4　　　　　　　　　110kV 三绕组变压器的主要技术参数

变压器 型　号	额定容量 (kVA)	额定电压（kV）			空载 损耗 (kW)	负载损耗（kW）			阻抗电压（%）			空载 电流 （%）
		高 压	中 压	低 压		高 中	高 低	中 低	高 中	高 低	中 低	
SFSZ9-6300/110	6300/6300/6300				9.1	47.7						0.7
SFSZ9-8000/110	8000/8000/8000	高压			11.0	56.7			降压型			0.66
SFSZ9-10000/110	10000/10000/10000	110±8×1.25%			13.0	66.6			高中：10.5			0.63
SFSZ9-12500/110	12500/12500/12500				14.9	78.3			高低：17.5			0.60
SFSZ9-16000/110	16000/16000/16000	中压			18.4	95.4			中低：6.5			0.56
SFSZ9-20000/110	20000/20000/20000	38.5±2×2.5%			21.8	112.5						0.53
SFSZ9-25000/110	25000/25000/25000				25.7	133.2			升压型			0.42
SFSZ9-31500/110	31500/31500/31500	低压			30.6	157.5			高中：17.5			0.39
SFSZ9-40000/110	40000/40000/40000	6.3，6.6			36.6	189.0			高低：10.5			0.36
SFSZ9-50000/110	50000/50000/50000	10.5，11			43.3	225.0			中低：6.5			0.34
SFSZ9-63000/110	63000/63000/63000				51.5	270.0						0.32
SS8-6300/110	6300/6300/6300				9.6	53			降压型			0.80
SFS8-8000/110	8000/8000/8000	高压			11.5	63						0.76
SFS8-10000/110	10000/10000/10000	110±8×1.25%			13.6	74			高中：10.5			0.72
SFS8-12500/110	12500/12500/12500				16.0	87			高低：17.5			0.68
SFS8-16000/110	16000/16000/16000	中压			19.3	106			中低：6.5			0.64
SFS8-20000/110	20000/20000/20000	38.5±2×2.5%			22.8	125						0.60
SFS8-25000/110	25000/25000/25000				27.0	148			升压型			0.56
SFS8-31500/110	31500/31500/31500	低压			32.0	175			高中：17.5			0.52
SFS8-40000/110	40000/40000/40000	6.3，6.6			38.2	210			高低：10.5			0.48
SFS8-50000/110	50000/50000/50000	10.5，11			45.2	250			中低：6.5			0.44
SFS8-63000/110	63000/63000/63000				53.6	300						0.40

变压器型号	额定容量(kVA)	额定电压(kV) 高压	中压	低压	空载损耗(kW)	负载损耗(kW) 高中	高低	中低	阻抗电压(%) 高中	高低	中低	空载电流(%)
SFSL1-6300/110	6300/6300/6300	121±2×2.5%	38.5±2×2.5%	11	12.5	62.9	62.6	50.7	17	10.5	6	1.4
		110±2×2.5%		10.5		62.3	62.	50.7	17	10.5		
		121±2×2.5%		6.6		66.2	60.2	51.6	10.5	17		
		110±2×2.5%		6.3		65.6	59.6	51.6	10.5	17		
SFSL1-8000/110	8000/4000/8000 8000/8000/4000	121±5%	38.5±2×2.5%	11	14.2	27	83	19	10.5	17.5	6.5	1.36
		110±5%		10.5								
		121±5%		6.6		84	27	21	17	10.5		
		110±5%		6.3								
SFSL1-10000/110	10000/10000/10000	121±2×2.5%	38.5±2×2.5%	10.5	17	91	89	69.3	17	10.5	6	1.5
		110±2×2.5%		6.3		89.6	88.7	69.7	10.5	17	6	
SFSL1-15000/110	15000/15000/15000	121±2×2.5%	38.5±2×2.5%	10.5	22.7	120	120	95	17	10.5	6	1.3
		110±2×2.5%		6.3					10.5	17		
SFSL1-20000/110	20000/20000/10000 20000/10000/20000	121±5% 110±5%	38.5±2×2.5%	10.5	50.2	152.8	52	47	10.5	18	6.5	4.1
		121±2×2.5% 110±2×2.5%		6.3		52	148.2	50.2	18	10.5	6.5	
SFSL1-20000/110	20000/20000/20000	121±2×2.5%	38.5±2×2.5%	10.5	43.3	145	158	117	10.5	18	6.5	3.46
		110±2×2.5%		6.3		154	154	119	18	10.5	6.5	
SFSL1-25000/110	25000/25000/25000	121±2×2.5%	38.5±2×2.5%	10.5	49.5	175	197	142	10.5	18	6.5	3.6
		110±2×2.5%		6.3					18	10.5	6.5	
SFSL1-31500/110	31500/31500/31500	121±2×2.5%	38.5±2×2.5%	10.5	37.2	229.1	212	181.6	10.5	18	6.5	0.8
		110±2×2.5%		6.3		215.4	231	184	18	10.5	6.5	
SFPSL1-40000/110	40000/40000/40000	121±2×2.5%	38.5±2×2.5%	10.5	72	276	250	205.5	10.5	17.5	6.5	2.7
		110±2×2.5%		6.3		244	274.5	205.5	17.5	10.5	6.5	
SFPSL1-50000/110	50000/50000/50000	121±2×2.5%	38.5±2×2.5%	10.5	62.2	308.8	350.3	351	10.5	17.5	6.5	1
		110±2×2.5%		6.3		350.6	318.3	252.9	17.5	10.5	6.5	
SFSL1-50000/110	50000/50000/50000	121±2×2.5%	38.5±2×2.5%	10.5	53.2	350	300	255	10.5	17.5	6.5	0.8
		110±2×2.5%		6.3		300	350	255	17.5	10.5	6.5	
SFTSL1-63000/110	63000/63000/63000	121±2×2.5%	38.5±2×2.5%	10.5	64.2	380	470	320	10.5	18.5	6.5	0.7
		110±2×2.5%		6.3		470	380	330	18.5	10.5	6.5	
SFSLQ1-10000/110	10000/10000/10000	121±2×2.5%	38.5±2×2.5%	10.5	21.4	87.95	90.05	67.9	10.5	17	6	1.5
		110±2×2.5%		6.3		88.76	85.55	67.7	17	10.5	6	
SFSLQ1-15000/110	15000/15000/15000	121±2×2.5%	38.5±2×2.5%	10.5	30.5	120	120	94	10.5	17	6	1.2
		110±2×2.5%		6.3					17	10.5	6	
SFSLQ1-20000/110	20000/20000/20000	121±2×2.5%	38.5±2×2.5%	10.5	33.5	153	147.6	111.6	10.5	17	6	1.1
		110±2×2.5%		6.3		142.9	152.9	110.4	17	10.5	6	
SFSLQ1-31500/110 SSPSL1-31500/110	31500/31500/31500	121±2×2.5%	38.5±2×2.5%	10.5	46.8	217	200.7	158.6	10.5	17	6	0.9
		110±2×2.5%		6.3		202	214	160.5	17	10.5	6	

续表

变压器型号	额定容量(kVA)	额定电压(kV)高压	中压	低压	空载损耗(kW)	负载损耗(kW)高中	高低	中低	阻抗电压(%)高中	高低	中低	空载电流(%)
SSPSL1-50000/110	50000/50000/50000	121±2×2.5%	38.5±5%	10.5	89.6	350	318.3	250.9	18	10.5	6.5	2.82
SSPSL1-75000/110	75000/75000/75000	121±2×2.5%	38.5±2×2.5%	10.5	76	580	510	450	18.5	10.5	6.5	0.8
SFSL-15000/110	15000/15000/15000	121±2×2.5% 110±2×2.5%	38.5±2×2.5%	10.5 6.3	27	120	120	95	17 10.5	10.5 18	6 6	4.0
SFSL-31500/110	31500/31500/31500	121±2×2.5% 110±2×2.5%	38.5±2×2.5%	10.5 6.3	49	235	235	115	18 10.5	10.5 18	6.5 6.5	2.5
SFSL-63000/110	63000/63000/63000	121±2×2.5% 110±2×2.5%	38.5±2×2.5%	10.5 6.3	84	410	410	260	18 10.5	10.5 18	6.5 6.5	2.2

注 SFSZ——三相风冷三绕组有载调压变压器;

SFS——三相风冷三绕组变压器;

SFSL——三相油浸风冷三绕组变压器;

SFPSL——三相强迫油循环风冷三绕组铝线变压器;

SFSLQ——三相油浸风冷三绕组铝线全绝缘变压器;

SSPSL——三相强迫油循环水冷三绕组铝线变压器。

附表 B-5　　　　220kV 三相双绕组变压器的主要技术参数

变压器型号	额定容量(kVA)	额定电压(kV)高压	低压	损耗(kW)负载	空载	阻抗电压(%)	空载电流(%)	接线组别
SSPL-63000/220	63000	242±2×2.5%	10.5	404	93	14.45	2.41	YNd11
SSPL-90000/220	90000	242±2×2.5%	10.5	472.5	92	13.75	0.67	YNd11
SSPL-120000/220	120000	220±2×2.5%	10.5	1011.5	98.2	14.2	1.26	YNd11
SSPL-120000/220	120000	242±2×2.5%	10.5	1011.5	98.2	14.2	1.26	YNd11
SSPL-150000/220	150000	242±2×2.5%	13.8	883	137	13.13	1.43	YNd11
SSPL-150000/220	150000	242±2×2.5%	10.5	894.6	137	13.13	1.43	YNd11
SSPL-150000/220	150000	236±2×2.5%	13.8	873	137	12.5	1.43	YNd11
SSPL-180000/220	180000	242±2×2.5%	15.75	892.8	175	12.22	0.427	YNd11
SSPL-180000/220	180000	242±2×2.5%	13.8	904	175	12.55	0.427	YNd11
SSPL-260000/220	260000	242±2×2.5%	15.75	1460	232	14	0.963	YNd11
SSP-360000/220	360000	242±2×2.5%	18	1950	155	15	1.0	YNd11

附表 B-6　　　　220、330kV 三相自耦变压器的主要技术参数

型号	额定容量 高/中/低(MVA)	额定电压(kV)高	中	低	损耗(kW)空载	负载高中	高低	中低	阻抗电压(%)(已归算到高压侧)高中	高低	中低	空载电流(%)	接线组别
SSPSO-360000/330	360/360/72	363±5%	242	11	207				7.5	77.5	66.7	0.351	YNyn0d11
OSFPSZ-90000/330	90/90/30	345	121±6×1.67%	11	97	339.4	93.92	78.4	9.65	25.74	14.25	0.483	YNyn0d11
OSFPS-150000/330	150/150/40	330±2×2.5%	121	11	145.4	569.5	83.95	106.4	9.9	24.3	13.8	0.627	YNyn0d11

型　号	额定容量 高/中/低 (MVA)	额定电压 (kV)			损　耗 (kW)				阻抗电压 (%) (已归算到高压侧)			空载 电流 (%)	接线 组别
		高	中	低	空载	负　载			高中	高低	中低		
						高中	高低	中低					
OSFPS-240000/330	240/240/40	330±2× 1%	242	10.5	73.5	565.3	176.9	180.4	8.64	94.2	78.5	0.206	YNyn0d11
OSFPSL-90000/220	90/90/45	220±2× 2.5%	121	11	77.7	323.7	315	253.5	9.76	36.62	24.24	0.5	YNyn0d11
OSFPSL-120000/220	120/120/60	220±4× 2.5%	121	11	73.25	455	366	346	9.35	33.1	21.6	0.346	YNyn0d11
SSPSOL-300000/220	300/300/150	242±2× 2.25%	121	13.8	224.7	1043	508.2	612.5	13.43	11.74	18.66	0.582	YNyn0d11

附录 C 补偿电容器技术参数

附表 C-1 高压并联电容器主要技术参数

序号	型号规格	额定电压 (kV)	额定容量 S_N (kVA)	标称电容 (μF)
1	BWF6.3-S_N-1W	6.3	25, 30, 50	2.01, 2.41, 4.01
2	BWF6.3/$\sqrt{3}$-S_N-1W	6.3/$\sqrt{3}$	25, 30, 50, 100, 200, 334	6.02, 7.22, 10.97, 21.94, 43.88, 73.27
3	BFF7.2/$\sqrt{3}$-S_N-1W	7.2/$\sqrt{3}$	50, 100	9.21, 18.43
4	BWF11/$\sqrt{3}$-S_N-1W	11/$\sqrt{3}$	25, 30	1.97, 2.37
5	BFF11/$\sqrt{3}$-S_N-1W	11/$\sqrt{3}$	50, 100	3.95, 7.86
6	BAM11/$\sqrt{3}$-S_N-1W	11/$\sqrt{3}$	100, 200, 334	7.89, 15.79, 26.37
7	BWF11-S_N-1W	11	25, 30	0.66, 0.79
8	BFF11-S_N-1W	11	50, 100	1.32, 2.63
9	BFFr11-S_N-1W	11	334	8.79
10	BFF12/$\sqrt{3}$-S_N-1W	12/$\sqrt{3}$	100, 200, 334	6.64, 13.27, 22.15
11	BAM12/$\sqrt{3}$-S_N-1W	12/$\sqrt{3}$	100, 200, 334	6.64, 13.27, 22.15
12	BFF12-S_N-1W	12	100, 200, 334	2.21, 4.42, 7.39
13	BAM12-S_N-1W	12	100, 200, 334	2.21, 4.42, 7.39
14	BFFr11/2$\sqrt{3}$-S_N-1W	11/2$\sqrt{3}$	150	47.37
15	BFM11/4$\sqrt{3}$-S_N-1W	11/4$\sqrt{3}$	150	189.43
16	BFFR11-S_N-3W	11	36, 65, 100, 120	0.95, 1.71, 2.63, 3.16

附表 C-2 高压串联电容器主要技术参数

型号	额定电压 (kV)	额定容量 (kvar)	额定电容 (μF)	型号	额定电压 (kV)	额定容量 (kvar)	额定电容 (μF)
CY0.6-10-1	0.6	10	88.5	CL0.6-40-1	0.6	40	354
CY0.6-20-1	0.6	20	177	CL1-20-1	1.0	20	63.6
CY0.6-50-1	0.6	50	442	CL1-40-1	1.0	40	127.3
CY1-10-1	1.0	10	31.8	CL1-45-1	1.0	45	143.5
CY1-20-1	1.0	20	63.6	CL1-50-1	1.0	50	159
CL0.6-20-1	1.0	20	177				

附录 D　短路电流运算曲线

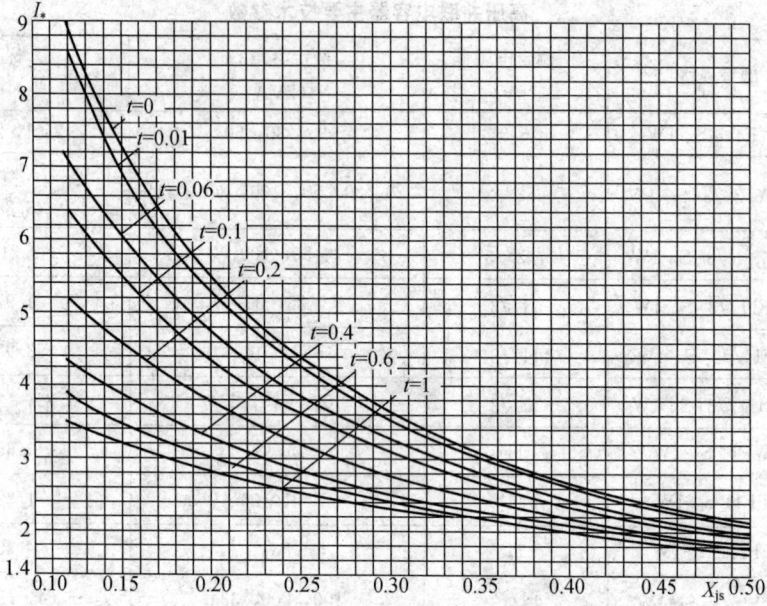

图 D-1　汽轮发电机运算曲线（一）（$X_{js}=0.12\sim0.50$）

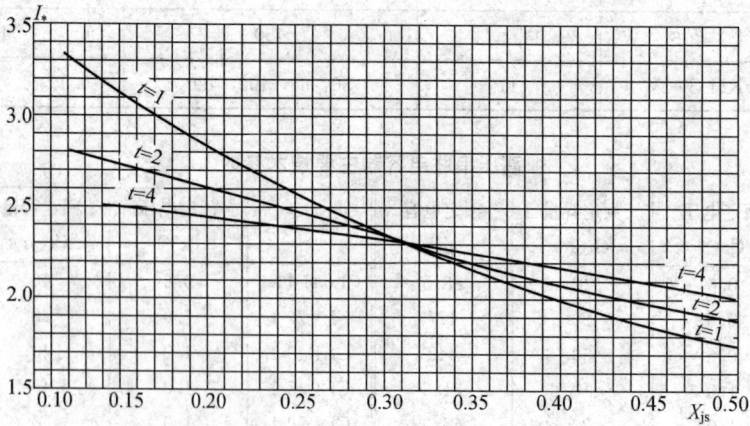

图 D-2　汽轮发电机运算曲线（二）（$X_{js}=0.12\sim0.50$）

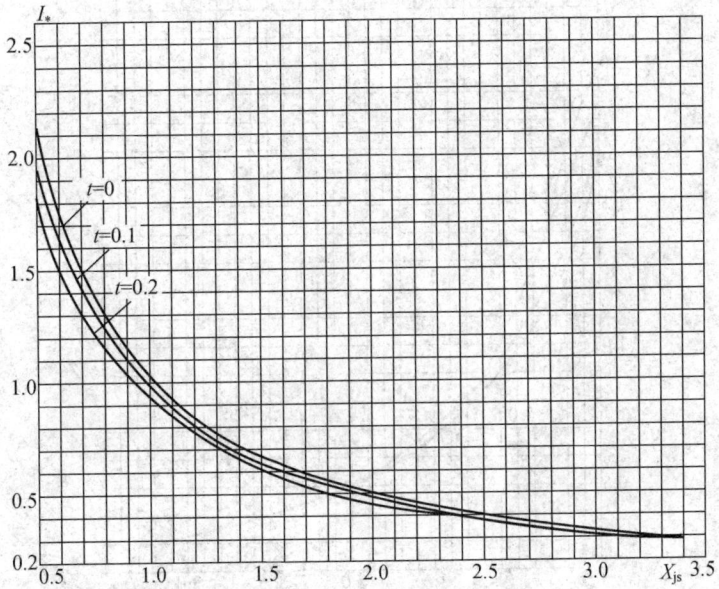

图 D-3　汽轮发电机运算曲线（三）（$X_{js} = 0.50 \sim 3.45$）

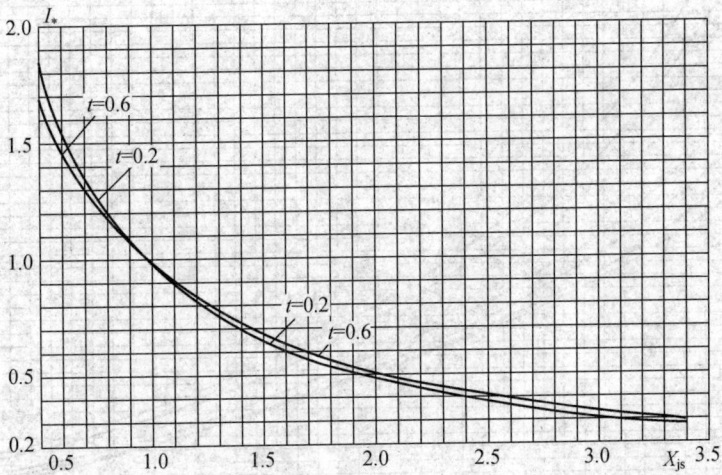

图 D-4　汽轮发电机运算曲线（四）（$X_{js} = 0.50 \sim 3.45$）

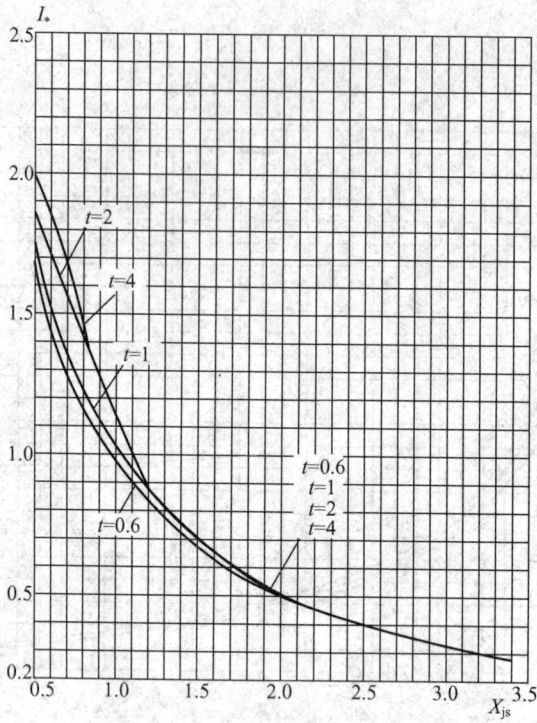

图 D-5　汽轮发电机运算曲线（五）（$X_{js} = 0.50 \sim 3.45$）

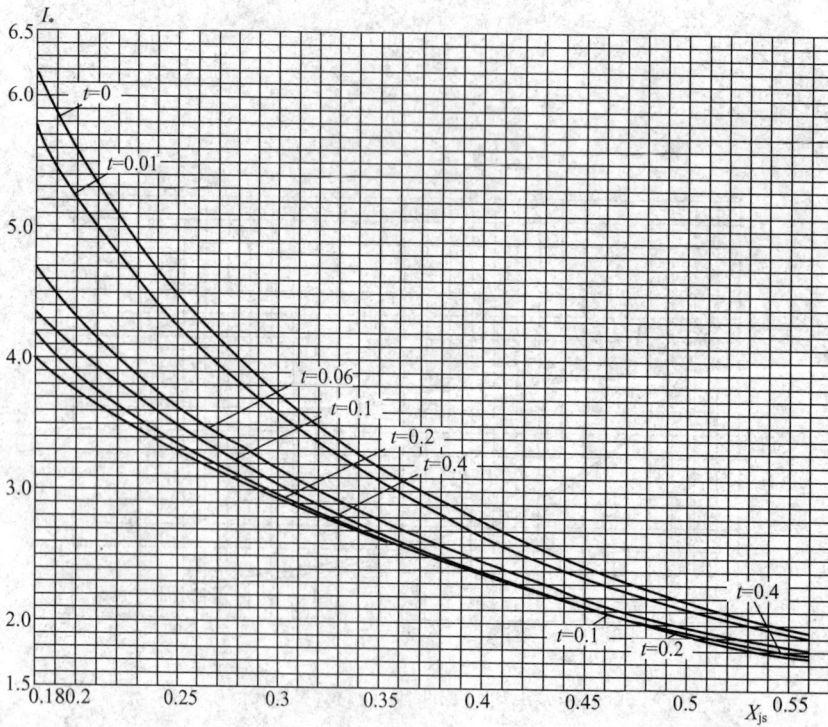

图 D-6　水轮发电机运算曲线（一）（$X_{js} = 0.18 \sim 0.56$）

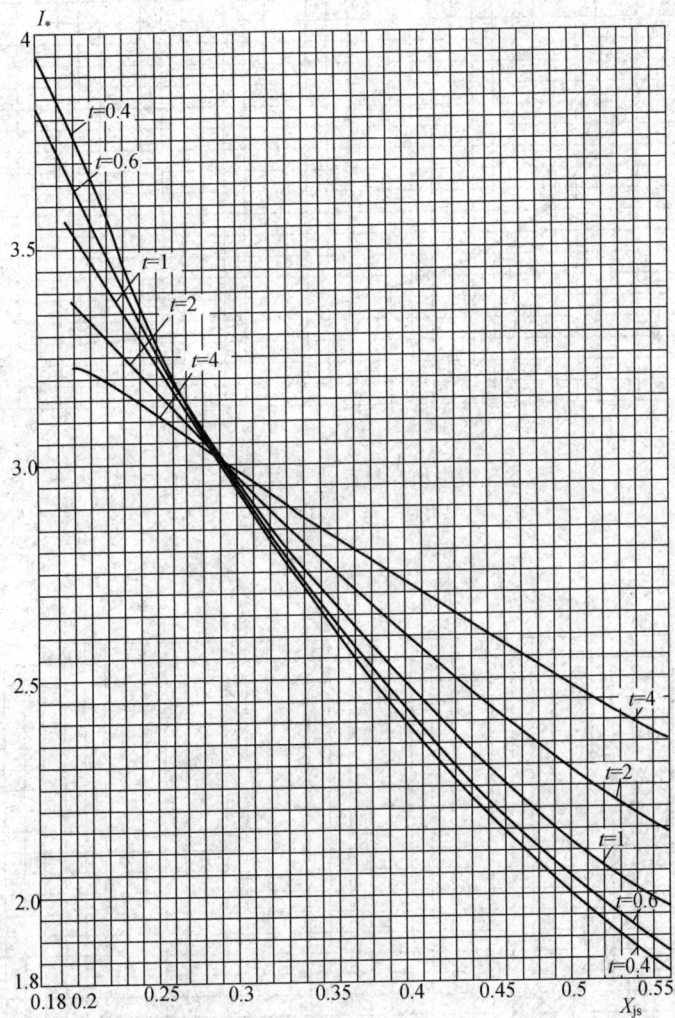

图 D-7　水轮发电机运算曲线（二）（$X_{js}=0.18\sim0.56$）

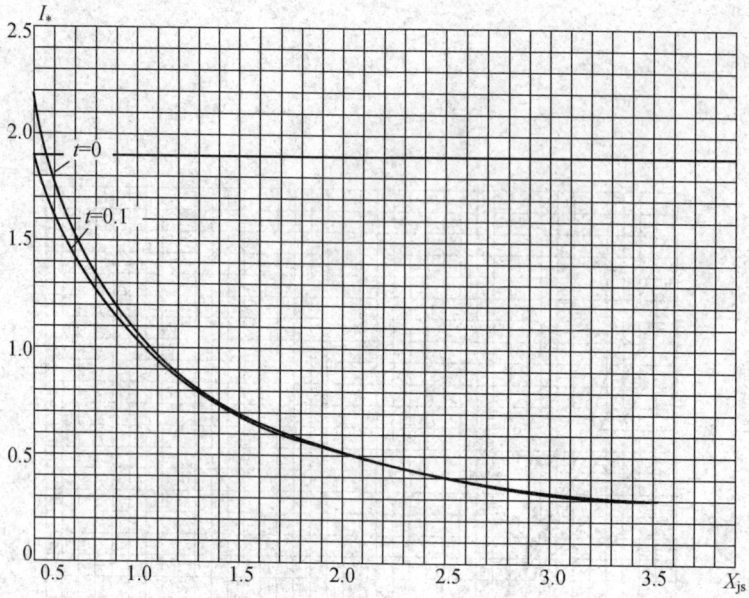

图 D-8 水轮发电机运算曲线（三）（$X_{js}=0.50\sim3.50$）

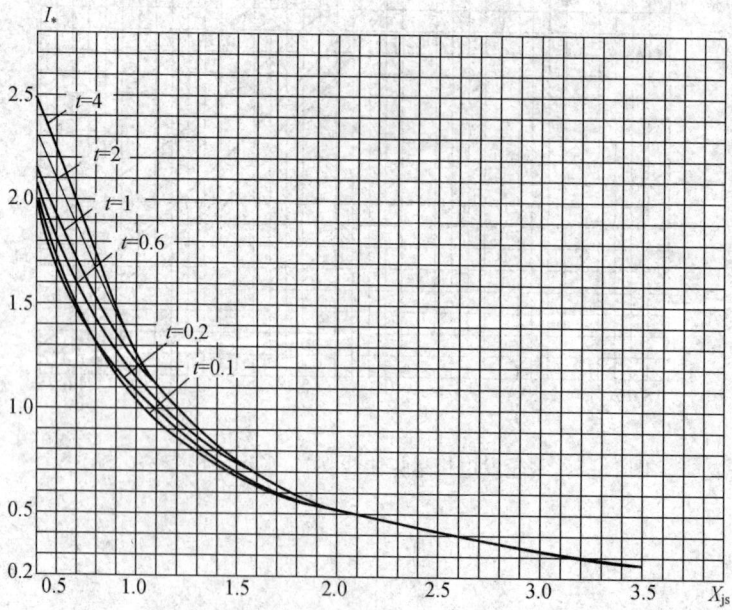

图 D-9 水轮发电机运算曲线（四）（$X_{js}=0.50\sim3.50$）

参 考 文 献

[1] 陈珩主编. 电力系统稳态分析. 4 版. 北京：中国电力出版社，2015.

[2] 李光琦主编. 电力系统暂态分析. 4 版. 北京：中国电力出版社，2017.

[3] 夏道止主编. 电力系统分析. 2 版. 北京：中国电力出版社，2011.

[4] 杨淑英编. 电力系统概论. 2 版. 北京：中国电力出版社，2016.

[5] 王锡凡主编. 现代电力系统分析. 北京：科学出版社，2003.

[6] 杜文学主编. 供用电工程. 北京：中国电力出版社，2005.

[7] 杜文学主编. 电力工程. 北京：中国电力出版社，2006.

[8] 杜文学主编. 电气设备运行及事故处理. 北京：化学工业出版社，2006.

[9] 尹克宁主编. 电力工程. 2 版. 北京：中国电力出版社，2004.

[10] 刘健，杜文学等编著. 城乡电网建设与改造指南. 北京：中国水利水电出版社，2001.

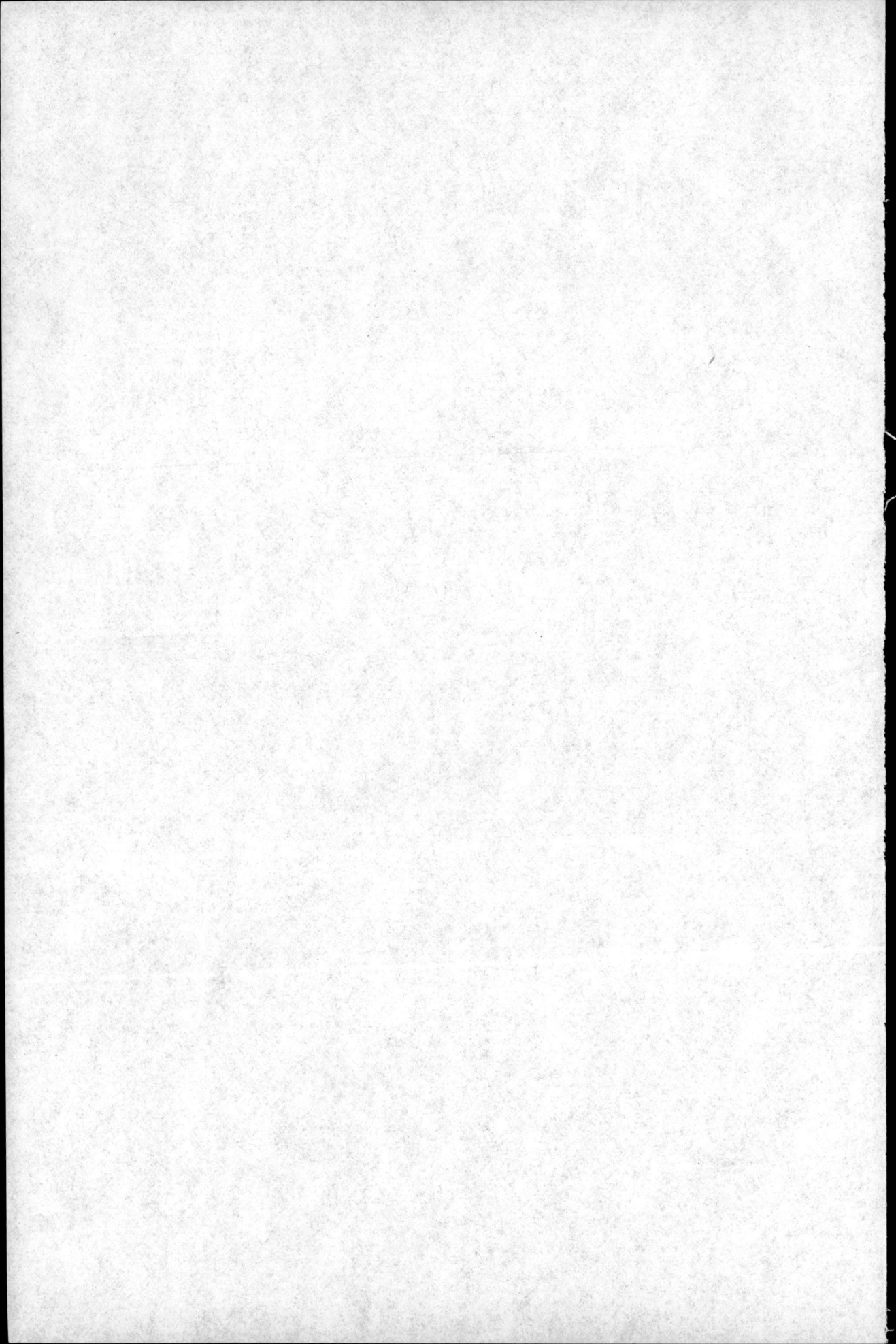